国有企业采购管理系列丛书

《国有企业采购操作规范》（修订）释义

中国物流与采购联合会公共采购分会　组织编写
陈川生　主　编
彭新良　朱晋华　副主编

中国财富出版社有限公司

图书在版编目（CIP）数据

《国有企业采购操作规范》（修订）释义／中国物流与采购联合会公共采购分会组织编写；陈川生主编；彭新良，朱晋华副主编．—北京：中国财富出版社有限公司，2023.5

（国有企业采购管理系列丛书）

ISBN 978－7－5047－7934－2

Ⅰ．①国…　Ⅱ．①中…　②陈…　③彭…　④朱…　Ⅲ．①国有企业—采购—规范—说明—中国　Ⅳ．①F279.241－65

中国国家版本馆 CIP 数据核字（2023）第 088623 号

策划编辑	王　靖	**责任编辑**	王　靖	**版权编辑**	李　洋
责任印制	尚立业	**责任校对**	杨小静	**责任发行**	敬　东

出版发行	中国财富出版社有限公司		
社　　址	北京市丰台区南四环西路 188 号 5 区 20 楼	**邮政编码**	100070
电　　话	010－52227588 转 2098（发行部）		010－52227588 转 321（总编室）
	010－52227566（24 小时读者服务）		010－52227588 转 305（质检部）
网　　址	http://www.cfpress.com.cn	**排　　版**	宝蕾元
经　　销	新华书店	**印　　刷**	宝蕾元仁浩（天津）印刷有限公司
书　　号	ISBN 978－7－5047－7934－2/F·3565		
开　　本	710mm×1000mm　1/16	**版　　次**	2023 年 8 月第 1 版
印　　张	25.75	**印　　次**	2023 年 8 月第 1 次印刷
字　　数	421 千字	**定　　价**	96.00 元

《〈国有企业采购操作规范〉（修订）释义》编委会

《〈国有企业采购操作规范〉（修订）释义》编写组

主　编：陈川生

副主编：彭新良　朱晋华

编写组成员：杨砚砚　阎利捷　王　昕　何玉龙　魏祝明　高明霞　薛秀莉　凌大荣　漆家华　张志军　俞　烈　王胜辉　陈杍晖　陈　兵　白如银　马天琦　吴英健　张建中

起草单位名单

中国物流与采购联合会公共采购分会

国家电网有限公司

中采物联（北京）供应链管理咨询有限公司

广东粤港供水有限公司

内蒙古蒙牛乳业（集团）股份有限公司

中国人民解放军陆军勤务学院

北京筑龙信息技术有限责任公司

中国中车集团有限公司

招商局集团

中国航空集团有限公司

中国第一汽车集团有限公司

东风国际招标有限公司

中国融通资产管理集团有限公司

中国五矿集团有限公司

郑州煤矿机械集团股份有限公司

北京首创生态环保集团股份有限公司

华侨城集团有限公司

中国移动通信集团有限公司

中国联合网络通信集团有限公司

中国电信集团有限公司
中国交通建设集团有限公司
中国能源建设集团有限公司
中国南方电网有限责任公司
中国银联股份有限公司
中国船舶集团物资有限公司
中国石油化工集团有限公司
中国石油天然气集团有限公司
中国海洋石油集团有限公司
中国南方航空集团有限公司
平安集团采职管理运营中心
中化商务有限公司
华润守正招标有限公司
通号（北京）招标有限公司
厦门航空有限公司
中铁物贸集团有限公司
中铁物资集团有限公司
北京京东世纪贸易有限公司
苏宁易购集团股份有限公司
内蒙古电力（集团）有限责任公司
陕西延长石油物资集团有限责任公司
北京首钢股份有限公司
江苏交通控股有限公司
泸州老窖股份有限公司
建银工程咨询有限责任公司
北控水务集团有限公司
安徽古井贡酒股份有限公司
云南锡业集团（控股）有限责任公司
雅安市交通建设（集团）有限责任公司

安徽省优质采科技发展有限责任公司

欧菲斯集团股份有限公司

上海晨光科力普办公用品有限公司

深圳齐心集团股份有限公司

领先未来科技集团有限公司

西域智慧供应链（上海）股份公司

广州交易集团有限公司

震坤行工业超市（上海）有限公司

鑫方盛控股集团有限公司

深圳市云中鹤科技股份有限公司

用友网络科技股份有限公司

国泰新点软件股份有限公司

广联达科技股份有限公司

博思数采科技发展有限公司

深圳天源迪科信息技术股份有限公司

中国物流与采购联合会采购与供应链管理专业委员会

青岛阳光采购服务平台有限公司

中国航天科技集团有限公司

前　言

由中国物流与采购联合会（以下简称“中物联”）组织编制、批准和发布的团体标准《国有企业采购操作规范》（修订）（标准号 T/CFLP 0016—2023）（以下简称《标准》或“本文件”）于 2023 年 5 月 15 日起实施。本书是针对《标准》解读与应用的配套用书。

本文件属于行业推荐性自律规范，适用于广大国有企业的采购管理与执行机构组织及其从业人员，也适用于国有企业采购代理机构。除依法必须进行招标的工程、货物和服务以外的其他采购活动，以及招标失败后依法不再招标的各种采购活动，可采用本文件的各类采购方式。

本书由三篇组成。第一篇是《标准》的修订说明，主要论述了修订背景和项目来源、修订过程、修订原则和修订的主要内容等；第二篇对《标准》正文及其附录进行了全面、系统的说明和解释，重点解读了条文的依法合规和可操作性；第三篇辑录了编制标准过程中借鉴和使用的文献资料，可帮助读者准确理解与应用《标准》。

本书由中物联公共采购分会组织编写，由公共采购专家委员会成员和“国有企业采购管理与采购操作规范”课题组成员组成编委会，由《标准》起草组的主要起草人执笔。

《标准》难免存在不妥之处，恳请广大从业人员对《标准》和本书提出宝贵意见和建议。联系地址为北京市丰台区丽泽路 16 号院 2 号楼铭丰大厦 1213 室中物联公共采购分会，电子邮箱 yjb@ chinascm. org. cn，联系电话 010 - 83775750，联系人为吴老师。

目 录

第一篇 《国有企业采购操作规范》修订说明 …… 1

1 修订背景和项目来源 …… 3
2 修订过程 …… 7
3 修订原则 …… 10
4 修订的主要内容 …… 12
5 《标准》主要内容及确定依据 …… 15
6 与现行法律法规和强制性国家标准的关系 …… 18
7 宣贯及实施建议 …… 19
附件:《国有企业采购操作规范》2019 版编制说明 …… 20

第二篇 《国有企业采购操作规范》(修订)释义与应用 …… 33

1 范围 …… 35
2 规范性引用文件 …… 58
3 术语和定义 …… 59
4 采购流程与通用要求 …… 61
5 采购组织模式 …… 189
6 采购方式 …… 252
附录 A 企业项目采购方式指南 …… 303

附录 B　企业运营采购方式选用指南 …………………………… 315
附录 C　各种采购方式的采购程序 ……………………………… 335

第三篇　《国有企业采购操作规范》参考资料 ………………… 355

资料 A　服务过程和服务产品的分类及其采购原则 ……………… 357
资料 B　《联合国国际贸易法委员会公共采购示范法》的
　　　　采购方法和工具 ………………………………………… 365

参考文献 …………………………………………………………… 396

第一篇

《国有企业采购操作规范》修订说明

1　修订背景和项目来源

1.1　《标准》修订的必要性、目的、意义

1.1.1　必要性

由中物联组织编制、批准和发布的《国有企业采购操作规范》团体标准（标准号 T/CFLP 0016—2019）于 2019 年 5 月 1 日起实施，截至目前已满四年。

2019 年《国有企业采购操作规范》发布以来，国内外、企业内外的营商环境都发生了很大的变化。

国有企业采购发展与时俱进，无论是在管理组织与体制、管理流程与运营、供应商管理、信息化与大数据应用方面，还是在供应链管理创新方面，都有了长足的进步和显著的提升，管理成熟度不断提升，表现在以下方面。

一是采购普遍由分散走向集中，采购集约化水平有了明显提高。这几年，不少国有企业在制度建设、组织与体制调整、流程管理与运营创新等方面采取了重要的改革创新举措，逐步建立了集中采购制度和机制，集中采购率逐年提高，采购管理规范化水平有了明显提升。

二是采购管理信息化建设和数字化转型步伐明显加快。国有企业通过采购管理信息化建设和数字化转型，既做到了采购流程的透明可追溯，又做到了采购效率的极大提升，很好地解决了采购程序与效率之间的矛盾。

三是采购管理逐渐向供应链管理转变。越来越多的国有企业开始重视供

应链管理提升和创新应用，很多企业已经成立了专门的供应链管理部门。

四是采购管理朝着更加绿色低碳方向发展，包括采购政策重点支持绿色环保、节能减排产品，支持减碳技术进步，采购过程符合低碳环保要求，减少“碳足迹”“水足迹”。

五是采购管理开始注重供应链韧性建设。随着中美战略博弈进入新阶段，尤其是新冠肺炎疫情全球蔓延，国际环境中不稳定不确定性因素明显增加，供应链稳定安全的重要性凸显，一些国有企业也受到中美博弈的影响被列进美国所谓的“实体清单”，供应链稳定受到挑战，采购管理必须更加注重解决影响供应链的“断点”“堵点”问题，以及核心环节和关键技术的替代。当前国际格局和安全环境发生了深刻变化，单边主义上升，地区冲突加剧，大国矛盾凸显，世界经济走向衰退，全球产业链，供应链因非经济因素受到冲击，世界进入动荡变革期，应该说采购管理更加注重供应链韧性并不是短期的策略，而是长期的趋势。这一点必须引起我们的高度重视。

近年来，物联网技术不断推陈出新，特别是最近以来，数字技术已成为供应链创新发展的新引擎。数字化技术的快速扩散应用，为采购管理拓宽边界、提升效率、智能监管提供了有利条件。传统的采购管理只是企业的一般管理职能，以降低合同成本为目标，在供应链采购中，通过数字化赋能，采购管理边界对内扩展到供应管理，对外拓宽到供应商的供应商，以及客户的客户。采购目标关注供应链成本最低，同时采购部门作为企业内部的供应部门参与需求管理，牵头整合内部的信息流、物流，协助财务部整合资金流，通过对供应链的精细化管理提高企业供应链的竞争力和可持续力。

传统采购部门由企业采购职能部门转变为实施供应流程管理的综合战略部门，这是国有企业管理进步的一个重要转折点，是企业实施供应链创新的组织基础。

供应链数字化转型（DT，Digital Transformation）是现代供应链创新发展的一个重要里程碑。

所谓供应链数字化转型是指利用现代数字技术为各种利益相关者（广义客户）创造价值和提供服务，创新并获得快速适应不断变化的环境的能力。

数字化转型和信息化、数字化不同。它不仅涉及技术发展，还涉及商业模式创新，以及组织、运营、行业或生态系统文化的变革，并涉及价值、人员以及通过使用智能技术和信息从而在需要时可以快速适应的能力。

供应链数字化转型需要企业高层管理人员认识到供应链数字化对企业的价值。有研究表明：供应链数字化水平的提高有望降低10%~30%的设计和工程成本、缩短20%~50%的市场投放时间、降低80%的供应链管理成本，以及减少20%~50%的库存持有成本。

不言而喻，在供应链数字化转型过程中，其管理工具，包括采购方法的制度设计及应用，也应当适应转型的需要。2019版的《国有企业采购操作规范》需要适应这种变化的要求，修订工作也势在必行。

1.1.2 目的

合规性：通过编制本文件，规范广大国有企业的采购行为，提高国企采购的合规性，在此基础上，适应数字化转型要求，为国企实施供应链采购提供全方位服务。

合规与效率：通过编制本文件，推动国企采购供应链转型，提升国企采购的专业化水平，帮助企业处理好采购“合规”与“效率”之间的矛盾。

和国际标准接轨：通过编制本文件，总结和梳理国企的采购管理经验，实现国企采购的流程规范化和标准化，推动国企采购与国际惯例接轨。

1.1.3 意义

由行业组织牵头，编制一部适合国有企业采购实体参照的操作规范和业务标准，其意义如下。

（1）有利于规范国有企业采购行为、提高国有企业的采购工作效率、降低企业采购成本，解决采购部门在采购执行中的困惑；

（2）弥补我国国有企业采购领域法规空白，缓解当前国有企业供应链采购“无规可循”的问题，填补当前国企采购行业规范的空白；

（3）借鉴和吸收国际上政府采购的通用规范，为下一步我国国有企业加入世界贸易组织《政府采购协定》（GPA）做好准备。

1.2 项目来源

2021 年 11 月 5 日，经中物联批准立项，《国有企业采购操作规范》（修订）团体标准列入 2021 年度第四季度的项目计划，项目计划号为 2021—TB—021。

2 修订过程

2.1 预研阶段

《国有企业采购操作规范》（T/CFLP 0016—2019）自2019年5月1日发布实施以来，受到了广大央企、地方国企的普遍欢迎和高度评价，反映最多的是该标准“非常管用、非常好用”。但在实施过程中，实施单位发现该标准某些地方有待改进和完善，如采购通用流程过于笼统、现实中普遍应用的“战略寻源”没有提及、采购方式中“竞争谈判”与“竞争磋商”区别不大等。

2021年3月，中物联公共采购分会正式启动2019版《标准》的修订工作，在原标准的起草单位及起草人组成的课题组基础上，扩充了企业及专家力量，成立了起草组。起草单位如下。

中国物流与采购联合会公共采购分会、国家电网有限公司、中采物联（北京）供应链管理咨询有限公司、广东粤港供水有限公司、内蒙古蒙牛乳业（集团）股份有限公司、中国人民解放军陆军勤务学院、北京筑龙信息技术有限责任公司、中国中车股份有限公司、招商局集团、中国航空集团有限公司、中国第一汽车集团有限公司、东风国际招标有限公司、中国融通资产管理集团有限公司、中国五矿集团有限公司、郑州煤矿机械集团股份有限公司、北京首创股份有限公司、华侨城集团有限公司、中国移动通信集团有限公司、中国联合网络通信集团有限公司、中国电信集团有限公司、中国交通建设集团有限公司、中国能源建设集团有限公司、中国南方电网有限责任公司、中国银联股份有限公司、中国船舶集团有限公司、中国石油化工集团有限公司、中国石油天然气集团公司、中国海洋石油集团有限公司、中国南方航空集团有限公司、中国通用技术（集团）控股有限责任公司、中国平安保险（集团）股份有限公司、中化商务有限公司、华润守正招标有限公司、通号（北京）招标有限公司、厦门航空有限公司、中铁物贸集团有限公司、中铁物资集团有限公司、北京京东世纪贸易有限公司、苏宁易购集团股份有限公司、内蒙古电力（集团）有限责任公司、陕西延长石油（集团）有限责任公司、北京首钢股份有限公司、江苏交通控股有限公司、泸州老窖股份有限公司、建银工程咨询有限责任公司、北控水务集团有限公司、安徽古井贡酒股份有限公司、云南锡业集团（控股）有限责任公司、雅安市交通建设（集团）有限责任公司、安徽省优质采科技发展有限责任公司、欧菲斯集团股份有限公司、上海晨光科力普办公用品有限公司、深圳齐心集团股份有限公司、领先未来科技集团有限公司、西域智慧供应链（上海）股份公司、广州交易集团有限公司、震坤行工业超市（上海）有限公司、鑫方盛控股集团有限公司、深圳云中鹤科技股份有限公司、用友网络科技股份有限公司、国泰新点软件股份有限公司、广联达科技股份有限公司、博思数采科技发展有限公司、深圳天源迪科信息技术股份有限公司、中国物流与采购联合会采购与供应链管理专业委员会。

2.2　立项阶段

2021 年 10 月 22 日，中物联团体标准化技术委员会召开工作会议，对 2021 年度第四季度的项目计划进行审议；11 月 5 日，《国有企业采购操作规范》（修订）团体标准被批准立项，项目计划号为 2021—TB—021。

2.3　编制阶段

起草组将 2019 版《标准》实施、宣贯过程中收集到的反馈意见集中处理，对 2019 版《标准》进行修订，完成了《国有企业采购操作规范》（修订）工作组讨论稿。起草组将工作组讨论稿发送给部分会员企业以及已实施

2019 版《标准》的企业征求意见，并邀请中国交建、中国能建、国家电网、江苏交控等的企业专家，研究国有企业采购的院校专家及行业专家参加“《国有企业采购操作规范》（工作组讨论稿）专家研讨会”，会上与会专家就三个主要问题达成一致：

（1）与会专家就《标准》的框架达成了一致，普遍赞同在修订过程中对 2019 版《标准》框架的修改。

（2）为使《标准》的结构、逻辑更加清晰、合理，与会专家普遍赞同将“采购组织模式”（归并了采购组织形式、采购安排和工具箱等概念）、“采购方式”各单独作为一章。

（3）“公开采购”的概念，既要跟国务院国有资产监督管理委员会（以下简称“国务院国资委”）关于央企采购对标评估文件中的要求基本一致，也要适当拓展和创新。

随后，起草组结合与会专家的意见完成了《国有企业采购操作规范》（征求意见稿）。

2.4 征求意见阶段

2022 年 7 月 20 日，中物联采购与供应链管理专业委员会依据《中国物流与采购联合会团体标准管理办法》，发出《关于团体标准〈国有企业采购操作规范〉（征求意见稿）公开征求意见的通知》，向会员单位和全社会征求意见。委员会共收集会员单位和社会人士的反馈意见 92 条，其中文字性修改意见 74 条、内容实质性修改意见 18 条。起草组召开会议进行研讨，吸收了大部分意见，对《标准》的文本进行了再次完善，最终采纳了 12 条内容实质性修改意见，未采纳的意见有 6 条，无重大分歧。

2.5 送审阶段

2022 年 12 月 15 日，《标准》起草组向中物联团体标准化技术委员会提交了《标准》送审稿及相关送审材料。

3　修订原则

3.1　“引领性”

随着近几年来国务院国资委对供应链管理的要求不断提升，以及数字供应链、数智化采购等技术的发展，原标准亟须对在供应链视角下规范企业采购操作的相关内容进行补充完善。因此，编写组在采购流程和通用要求中增加了供应链采购的一些基本要求：如补充增加了采购需求预测、需求识别、品类细分、编码等条款；补充增加了确定采购订单的办法；增加了确定采购方案，以及对电子采购平台的功能要求等条款。

3.2　“可操作性”

修订版归纳的各种采购组织模式是国企多年采购经验的总结和制度创新。企业依据项目特点先确定采购组织模式，在此基础上依制度选择采购方式，降低了采购复杂度，操作规范、方便。在第二次大范围征求意见稿中，编写组提出两个版本，一是2019版的基本版本，二是增加采购组织模式的版本，几乎所有的企业专家都同意选用后者，之后的多次修改就以该版本为基础不断进行修改。

可操作性还体现在各种采购程序的制度安排上，如自愿开标不足三人、程序规定采购实体可依企业制度规定直接转入其他采购方式等。对咨询专家的资格条件、聘请方式等都做了具体的规范，与依法必须招标的制度要求区别开。

3.3 “合理性”

依据大多数企业专家的意见，修订版在采购方式中取消了“竞争磋商”，将其并入竞争谈判中，通过程序区分，分别适应紧急、紧迫采购和复杂采购。修订版将谈判方式简化为合作谈判和竞争谈判。“合作谈判”就是“谈判学”中的增值型谈判；“竞争谈判”就是“谈判学”中的分配型谈判。修订版理顺了《标准》（即本文件）和学科的一致性关系。

此外，合理性还体现在各种采购程序的设计中，如《标准》的各种采购程序都突出了公开性，原标准没有对公开做解释。有企业误以为合同也应在网上公开，实际上这是做不到的。企业采购和政府采购不同，企业采购的合同价格一般属于企业商业秘密。因此，各种采购程序都规定了向企业有关部门“告知、备案、审核”等制度，既体现了采购的公开性，又方便了企业操作。关于评审制度修订版也依据企业特点做了修改。

4 修订的主要内容

修订版是在2019版基础上的补充和完善，修订版基本保持了2019版的章节结构。

4.1 章节调整

2019版《标准》的章节是：第1章范围、第2章术语和定义、第3章采购流程和通用要求、第4章采购方式，以及附录、参考文献。修订版增加了第2章规范性引用文件，原第2章、第3章分别改为第3章、第4章，增加了第5章采购组织模式，采购方式依次改为第6章。

修订版第5章采购组织模式是国有企业采购制度的创新，是依据采购供应渠道归属、采购管理策略、采购公开程度、采购操作载体、采购资源整合程度、采购合同属性等不同属性规定的组织范式，同时将2019版纳入流程中的“集中采购”和“框架协议采购”并入其中。企业依据采购项目特点在此基础上决定采购方式。

2019版满足了《联合国国际贸易法委员会公共采购示范法》（以下简称《示范法》）中关于采购制度设计的基本要求，制度除了满足正常采购外，还应有满足简单低价值项目、紧急或紧迫项目、复杂和特殊项目的采购方式。因此，修订版对“采购方式”一章没有做大的修改，仅对适用条件和实施办法作了精练和完善。

4.2 修订的条款

本文件代替《国有企业采购操作规范》（T/CFLP 0016—2019），与 2019 版相比，除结构调整和编辑性改动外，主要技术变化如下：

a）更改了术语和定义的引导语，更改为“T/CFLP 0027 界定的及以下术语和定义适用于本文件”（见第 3 章，见 2019 版的第 2 章）；

b）删除了“非依法必须招标项目”“采购人”“供应商”“寻源”“电子采购平台”“集中采购”“框架协议采购”“公开招标”“邀请招标”“竞价采购”“询比采购”“合作谈判”“竞争谈判”“竞争磋商”“单源直接采购”“多源直接采购”术语和定义（见 2019 版的 2.1，2.2，2.3，2.4，2.6，2.7，2.8，2.11，2.12，2.13，2.14，2.15，2.16，2.17，2.18，2.19）；

c）增加了“采购组织模式”“采购方式”“响应文件”术语和定义（见 3.4、3.5、3.6）；

d）增加了“采购需求准备”的内容（见 4.1.1）；

e）更改了“采购寻源”的标题和内容（见 4.1.2，2019 版的 3.1）；

f）将“采购咨询”更改为“确定采购需求”，并更改了相应内容（见 4.1.3，2019 版的 3.2）；

g）删除了“选择采购平台”的内容（见 2019 版的 3.3）；

h）将“采购需求计划”更改为“编制采购实施计划”，并更改了相应内容（见 4.1.4，2019 版的 3.4）；

i）增加了“采购方案策划”的内容（见 4.1.5）；

j）将“确定组织形式和采购方式”修改为“确定采购组织模式”和“确定采购方式”，并将采购组织模式在第 5 章进行分类及描述（见 4.1.6.2、4.1.6.3、第 5 章，2019 版的 3.5）；

k）将“采购文件”更改为“编制、审核采购文件”（见 4.2.1，2019 版的 3.6）；

l）增加了“要约邀请”“组织采购活动”“资料收集和归档”（见 4.2.2、4.2.3、4.2.6）；

m）更改了第4章“采购方式”的有关内容，将每种采购方式的适用条件与实施要点写入第6章“采购方式”，将每种采购方式的采购程序写入附录C（规范性）；

n）更改了“竞价和询比采购”，更改为“询价采购”和“比选采购”（见6.4、6.5，2019版的4.2）；

o）删除了“竞争磋商”的内容，将该采购方式并入“竞争谈判”（见2019版的4.3.3）；

p）更改了“竞争谈判”的适用条件（见6.7，2019版的4.3.2）。

对2019版《标准》进行技术调整的依据是标准实施过程中，参编单位以及大量在企业管理中应用该标准的国有企业给出的反馈意见，以及最新的政策法规与行业的发展趋势。

4.3 其他说明

4.3.1 关于框架协议“采购”和框架协议“程序”的取舍。2019版选用“框架协议采购”并定义为采购组织形式。在本版讨论中，有专家指出，《示范法》采用“框架协议程序”是科学的，这个程序包括了第一阶段选用采购方式的程序，以及第一阶段本身要求的程序；第二阶段选用是否竞争的采购方式的程序和本身要求的程序。“程序”涵盖了多种采购方式，演变为多种程序规定。如政府采购就选用了招标采购的封闭式框架协议方式。因此，本版决定用“框架协议程序”。

4.3.2 关于电子竞价程序。2019版将询价和竞价统一用“竞价采购”定义，在程序上规定一次报价就是询价，询价只适用货物采购；多次报价就是竞价，竞价还包括服务和简单工程。本次修订中，企业专家指出询价是企业针对简单项目常用的采购方式，应单独列出。竞价项目包括了买和卖两个方向，而且一般都在平台实施，并自动评审无须组织专家。因此，编写组将其列入采购组织模式中上网和线下采购模式，且用“电子竞价平台”定义。在企业中处理废旧物资也是供应链管理中的一个步骤，通常采用电子竞价。

5 《标准》主要内容及确定依据

《标准》主要内容及确定依据如表 1 所示。

表 1 《标准》主要内容及确定依据

章节编号	主要内容	来源和依据
1	本文件规定了国有企业的采购流程和通用要求，以及采购组织模式和采购方式。本文件不适用于国有企业依法必须招标项目的采购活动	按团体标准的一般要求编写
2	列出了本文件的规范性引用文件：T/CFLP 0027—2020 国有企业采购管理规范；T/CFLP 0030—2021 国有企业网上商城采购交易操作规范	
3	本文件对“供应资源库”“项目采购”“运营采购”“采购组织模式”“采购方式”“响应文件”六项术语作了定义	在术语定义中，本着必要、精练的原则，凡在其他文献中已经明确或社会已经公认的术语不在本修订版中列示。创新型或容易引起歧义的列入定义范围。创新的术语有：项目采购、运营采购、采购组织模式。容易引起歧义的有：供应资源库、采购方式和响应文件
4	本章规定了采购实体实施采购的流程与通用要求，分为采购准备阶段，包括采购需求准备、寻源、确定采购策略、确定采购需求、编制采购实施计划、采购方案策划六个步骤；采购实施阶段包括编制审核采购文件、要约邀请、组织采购活动、确	本部分参照中物联编写的 SCMP 教材、“科尔尼战略寻源七步法”，将采购流程归纳为采购准备和采购实施两阶段。与 2019 版相比，在采购准备阶段把采购需求准备纳入采购流程，增加了对重大采购组织方案策划的规定。在供应链管理的视角下，采购部门不仅要满足合同价

续 表

章节编号	主要内容	来源和依据
4	定成交供应商、采购合同管理、资料收集和归档六个步骤	格最低，还要满足供应链成本最低，同时在满足供应的前提下，整合企业设计、生产、销售等部门参与需求管理，通过内外合作，实现共赢，提高企业供应链的竞争力和可持续性。这就是所谓的供应链采购，也称作“大采购”，是国务院国资委在采购对标工作中要求的一个重要指标
5	采购组织模式是依据产业特点和企业内部管理制度，针对不同类别项目采购的组织模式进行选择和管理。本章按照一般国企采购管理模式的决策过程，分为6组、共12种采购组织模式，包括：内部供应与外部采购、战略采购与非战略采购、公开采购与非自愿公开采购、上网采购与线下采购、集中采购与分散采购、框架协议程序与一般采购程序	“采购组织模式”是修订版的一个创新，2019版将集中采购、框架协议采购归纳为采购组织形式。在行业中，采购组织形式指委托代理和自行采购，在政府采购领域，采购组织形式指集中采购和分散采购，因此，在实际操作中容易引起概念的混淆。 本次修订版，中车集团创新地提出采购组织模式的概念，包括了战略采购等六种采购导向范式，在征求意见过程中，得到众多央企专家的一致认可，编写组将其正式编入《标准》
6	本章根据采购需求、市场情况、紧急程度以及采购实体能力等因素，规定了不同情况下适用的采购方式，即采购活动规则和程序。 依照采购对象的公开程度，分为公开、邀请两种采购方式；针对简单项目依照评“价”或评“标”，分为询价、比选两种采购方式，其中，比选采购也可称竞标、议标、比质比价等；适应长期战略采购和非战略采购的需要，分为合作谈判、竞争谈判两种采购方式；针对市场供应异常和供应特殊的情形，分为单源直接采购和多源直接采购两种方式	依据《示范法》案文评注第二章第一节的解释，作为一个采购制度的设计“至少应规定一种可用于低价值和简单采购的方法；一种可用于紧急情况和其他紧迫采购的方法；一种可用于进行较为专业或较为复杂采购的方法”。 本文件中参考《示范法》推荐的各种采购方式，依据近两年来各国企实施原标准后反馈的意见，保留了原标准4组采购方式的结构，但经反复征求有关企业的意见，有两点修订：一是将原标准的“竞价”和“询比”，改为“询价”（与《中华人民共和国政府采购法》（以下简称《政府采购法》）的提法保持一致）和

续 表

章节编号	主要内容	来源和依据
6		“比选”（大多数的央企习惯使用这个名称）；二是将原标准的“竞争谈判”和“竞争磋商”合并为“竞争谈判”（中国中车、中国中铁等大多数国企认为没有必要进行如此细致的区分）。这些采购方式的调整，是进行了大量调研和专家研讨后得出的结论。 在合作谈判的程序设计中，参照美国沃顿商学院斯图尔特·戴蒙德教授的四象限谈判模式和哈佛商学院瓦金斯四阶段谈判技巧等文献，结合企业谈判实际，制定了组建团队、谈判计划、谈判准备、谈判管理以及签订合同的谈判流程
附录 A	附录 A 是企业项目采购方式选用指南，将项目采购分为企业工程建设项目、企业技术改造的项目、企业生产设备设施项目、招标失败后的项目、与工程建设项目有关的服务、与工程建设项目无关的服务六种情况的采购，提出选择采购方式的建议	这些采购程序大部分是沿用原标准的相应内容，并根据原标准实施期间收到的反馈意见进行修订
附录 B	附录 B 是企业运营采购方式选用指南，将运营采购分为企业运营工程采购，企业原材料物资采购，企业生产零部件、模块或总成采购，生产维护项目采购，企业咨询服务采购，专业作业劳务采购，仓储物流服务采购，公共服务采购八种情形，归纳其采购特点，提出选用采购方式的建议	对企业项目采购方式的分类与相关项目内容及采购方式的编写参考了课题组对二十余家央企和地方国企的调研结果
附录 C	附录 C 给出了各种采购方式的采购程序，包括自愿公开招标、自愿邀请招标、询价、比选、合作谈判、竞争谈判、单源直接采购、多源直接采购，给出了每个程序中每个阶段的程序及具体要求	对企业运营采购方式的分类与相关项目内容及采购方式的编写参考了课题组对二十余家央企和地方国企的调研结果

6 与现行法律法规和强制性国家标准的关系

6.1 与法律法规的关系

本文件规定了国有企业采购的办法、组织及程序等内容，适用于国有企业的采购行为。国有企业的采购，包括国家规定依法必须招标的工程建设项目和其他项目，以及国有企业经营活动实施的各类采购活动。

依法必须招标的工程建设项目和其他项目，严格执行《中华人民共和国招标投标法》（以下简称《招标投标法》）及《中华人民共和国招标投标法实施条例》（以下简称《招标条例》）。上述规定之外的其他各类采购项目、国有企业采购活动可以参照执行本文件规定的有关采购办法和相关规定。

因此，本文件是对《招标投标法》未涵盖部分的一种补充，是对财政部《企业国有资本与财务管理暂行办法》有关采购管理部分的细化。

6.2 与强制性国家标准的关系

本技术领域没有相关强制性国家标准。

7　宣贯及实施建议

本文件计划通过三个阶段在国有企业中广泛推广：宣传认知阶段、企业试点阶段、全行业推广阶段。

7.1　宣传认知阶段

目标是推动标准在行业内普及与认知。本阶段的主要工作为编写标准宣讲文件，并通过在标准发布会、全国公共采购年会中增加子活动进行专题推介，通过举办 2 ~ 3 次标准宣讲会、培训会等形式，对标准进行推介和培训。

7.2　企业试点阶段

目标是积累经验、逐步推广。在本阶段，依托会员单位和专家的影响力，以参与标准编制的国有企业为基础组织标准试点单位，通过试点单位带动标准在各行业宣传、贯彻、实施。计划在考虑行业覆盖率的情况下，根据参与企业自身的执行意愿，选取 10 个行业左右，每个行业选取 2 ~ 3 家企业进行标准试点工作。

7.3　全行业推广阶段

以公共采购年会为契机，总结前两个阶段的成果，通过参与国内大型采购行业论坛和会议，组织专家和企业交流、试点企业经验分享、全国分区域培训辅导等方式，在全行业推行本文件，促进国有企业采购技术进步。

附件：《国有企业采购操作规范》2019版编制说明

1　编制背景和任务来源

1.1　《标准》编制的背景

1.1.1　国有企业深化改革的需要

1.1.1.1　机遇和挑战

2018年是我国改革开放40周年，改革开放为我国带来翻天覆地的变化；在纪念改革开放40周年之际，以习近平总书记南巡为标志，我国将进入进一步加快改革开放的新的历史时期。改革开放给国有企业带来发展的重大机遇，同时也带来应当正视的挑战。

早在2012年，美国就制定了《全球供应链安全国家战略》，对世界各国企业的发展产生重大影响。2018年4月，我国明确提出了融入全球供应链，打造“走出去”的战略升级版。部署了供给侧供应链创新发展的相关政策，提出基于互联网环境，中国企业需要在供应链层面建立基于自主创新的核心竞争能力。采购技术的提升和打造企业自主创新的核心能力紧密相关。采购技术的先进性主要体现在其针对供应链需求的适用性，“一单一招”“一单一采”模式显然不适合供应链管理的需求。因此，颁布一部适合我国企业的采购操作规范迫在眉睫。

1.1.1.2　国家高水平开放呼唤深层次改革的需要

国企改革的重点，将在遵循市场化原则的基础上进行。一方面，在保障产业安全的前提下，将在国企分类的基础上继续深化混合所有制改革，特别是竞争性国企将进一步向民企等多种所有制资本敞开大门；另一方面，国企的并购重组会进入一个新的阶段，不仅国内市场上的兼并重组加速，海外布局也将循序推进。

国有企业采购具有公共采购的属性。在公共采购领域，联合国国际贸易法委员会颁布了《示范法》，该法规定了多种采购方式和组织形式，可以为国有企业采购活动提供有益的制度框架。因此，借鉴《示范法》制定一部符合我国国有企业采购特点的技术标准就成为国有企业"走出去"的共同需求。

1.1.2 国有企业提高国际竞争力的需要

1.1.2.1 企业采购围绕供应链进行

关于企业采购，著名的经济学家克里斯多夫说："市场上只有供应链而没有企业，真正的竞争不是企业与企业之间的竞争，而是供应链与供应链之间的竞争。"

企业采购是围绕供应链进行的，这是企业采购和一般公共采购的首要区别。

在供应链采购管理中，采购的目标是满足供应链最终目标的一致性。企业采购对供应链管理和创新有重要的引领作用。大型跨国公司的采购方式不断创新，包括数据采购、智能采购等先进采购技术的普遍应用，引领企业在降本增效的基础上通过采购创造价值。

通常，在企业采购中获得较低价格并不难，但是如果不能同时注重系统的整体价值，更低的价格可能会意味着质量更糟糕，交付时间难以保证；低质量、低价格的供应商可能是高库存成本的源头。因此，企业供应链采购价值增值的关键是要从整体、全局的视角审视各类采购决策。

和发达国家相比，我国国有企业采购理念和采购技术还有很大差距。采购理念以反腐败为主要目标，采购技术大都以招标采购为主要方式，采购管理主要以招标程序的合规性为重点。但招标方式仅是多种采购方式之一。采用招标采购方式遏制腐败，很大程度上在于其公开性而不是其竞争性。主要依赖"招标式采购"也在一定程度上束缚了企业采购技术的创新，影响了企业的竞争力。

1.1.2.2 企业采购在“采购—供应”大系统中进行

1983年9—10月号的《哈佛商业评论》首次刊载了彼得·卡拉杰克(Peter Kraljic)的《采购必须纳入供应管理》(*Purchasing Must Become Supply Management*)一文,提出了卡拉杰克矩阵(Kraljic Matrix)通过收益影响和供应风险组成的矩阵将企业采购分为杠杆项目、战略项目、非关键项目、瓶颈项目,并据此提出了采购策略,包括采购原则、目标、方式等。彼得·卡拉杰克的贡献在于他把采购和供应作为一个系统进行研究。

企业采购必须在“采购—供应”大系统中进行,是国有企业采购和一般公共采购的第二个区别。

在我国,一般政府采购大都是买方市场,购买标的一般是市场通用商品;企业采购不同,企业采购的市场既有买方市场,也有卖方市场,采购标的既有市场通用商品,又有需要私人定制的商品。因此,采购人确定采购策略不能仅依据己方项目特点和需求闭门造车,还必须结合供应商的技术垄断性、生产能力甚至政治环境通盘考虑。在全球供应链的环境下,供应安全甚至比质量还重要。

1.1.2.3 企业采购对其盈利能力的提高至关重要

企业采购也是供应链运营活动的首要环节。

和一般公共采购的消费属性不同,企业的属性是营利,企业采购对其盈利能力的提高至关重要。这是企业采购和一般公共采购的第三个区别。

在供应链管理中,采购成本节约对企业利润的增加有重要的杠杆作用。依据采购成本在总成本的比例,如采购成本占总成本的60%,其杠杆作用为1:6。即如果在采购环节节约10%的采购成本,相当于增加了企业产品60%的利润。此外,企业采购部门还可对库存管理、协议外包等供应链管理环节进行不断优化。如沃尔玛购买了商业卫星,通过优化供应链管理,使其库存流动速度达到美国零售业平均速度的两倍,大大降低了采购成本。

因此,世界各国都特别重视站在供应链的高度对采购技术进行研究。为提高国有企业的国际竞争力,学习国外同行的先进采购技术,出台一部符合我国国有企业采购实际的操作规范就成为必然。

1.1.3　完善国有资产管理制度的需要

1.1.3.1　其他国家对国有资产的管理模式

其他国家涉及国有资产管理的法律制度通常包括三个层次：第一个层次是规定政府层面由什么机构、通过什么程序对国有资产进行管理的法律制度；第二个层次是对作为国有资产组织体的国有企业组织和管理形态进行规定的法律制度；第三个层次则是对国有企业与其他经济体的交易行为进行调整的法律制度。一般来说，对于国有企业与其他经济体的交易应当由一般的民商事法律或技术标准进行调整。因此，狭义的国有资产管理法律制度应当仅指前两个层次的法律制度。

1.1.3.2　我国国有资产管理法律框架的构建

国有资产产权交易和资产交易的管理应当有不同路径。

针对国有资产管理的第一层次，即政府层面由什么机构、通过什么程序对国有资产进行管理，我国通过《企业国有资产法》进行规制；第二个层次，即国有企业的组织和管理与非国有企业一样，通过《公司法》予以规制；第三个层次，即对国有企业与其他经济体的交易行为进行调整的法律制度，我国采取区别规定，分类管理的办法。

第三个层次包括企业投资、建设和运营三个阶段。在投资和建设阶段，在法定范围内达到一定规模标准的项目适用《中华人民共和国招标投标法》(以下简称《招标投标法》)以及其他相关法规，如《企业投资项目核准和备案管理条例》《中央预算内投资补助和贴息项目管理办法》《企业境外投资管理办法》等。在运营阶段按《中华人民共和国企业国有资产法》规定，企业依法享有“自主经营权”。该阶段经营物资（固定资产）的采购，企业依法制定章程及相关采购规则进行规范。其中，固定资产采用招标方式采购的，参照《工程建设项目货物招标投标办法》进行；不良资产处置，遵从《中华人民共和国企业国有资产法》《企业国有资产交易监督管理办法》等规制。

综上所述，现行采购规制对国有工业企业而言，在项目建设阶段较完整，但在投资和运营阶段均不完整。其中，投资阶段缺少国务院专项投资行政法规，运营阶段缺失国有工业企业专项采购办法，不利于规范国有工业企业采购行为和推动其创新与技术进步①。

1.1.3.3 国有资产管理制度的补充

国有企业采购是企业经营的重要环节，依据《中华人民共和国企业国有资产法》的规定，企业依法享有“自主经营权”。但是这种“自主经营”并不意味着对其采购“放任自流”，鉴于国有企业的采购具有一定的公共属性，要接受专门部门的审计监督。因此，2016 年国务院办公厅颁布了《关于建立国有企业违规经营投资责任追究制度的意见》（国办发〔2016〕63 号），2018 年中办、国办颁布了《关于创新政府配置资源方式的指导意见》。两个文件都涉及企业采购的合规性。

众所周知，在企业经营活动中，除招标投标法之外没有其他针对采购的法律或标准，因此在国资委对采购环节的考核中，招标率是一个重要指标。但是鉴于企业采购活动的多样性和复杂性，企业采购不能仅限于招标采购一种方式，对于具体、微观、灵活的法律关系，企业需要有一部适合企业的采购制度，规范自己的行为。所以，参照国际通行规则制定行业技术标准，就成了国有企业规范其生产经营交易活动的期盼。

《国有企业采购操作规范》的颁布和实施是对我国国有资产管理制度的补充和完善。

1.2 任务来源

在经济领域，法规一般通过原则、刚性的规定解决行为定性的是非问题，技术标准主要通过细化、柔性的规定解决行为定量的技术问题，两者从宏观和微观两个层面共同作用维护公平的市场秩序。2018 年 9 月 14 日，由中国物流与采购联合会公共采购分会申请团体标准的立项，中国物流与采购联合会根据 2018 年度中国物流与采购联合会团体标准制订项目计划，批准《国有企业采购操作规范》团体标准的制定。

1.3 规范适用范围

本标准适用于国有企业在中国境内开展的非依法必须招标项目的采购活动。

---

① 毛林繁，《深化采购制度改革助力国企可持续发展》，载于工信部采购中心内刊，2019（1）。

【释义】

上述条款涉及以下概念定义。

（1）招标。

在《示范法》第2条定义（p）项“‘招标’系指邀请投标、邀请递交提交书，或者邀请参加征求建议书程序或电子逆向拍卖程序”，即“招标”是各种采购方式的要约邀请。《示范法》第33条至第35条对公开招标、限制性招标、竞争性谈判、单一来源等11种采购方式，都有用“招标办法”的解释规定。如“向单一供应者或承包商征求建议或者征求报价”就是所谓单一来源采购的“招标”，即“招标”指采购人在各种采购方式中邀请供应商参与采购活动的意思表示，不是特指一个采购方式。

（2）招标采购。

招标采购指某种特定的竞争性采购方式，包括公开和邀请两种方式。必须招标项目的程序由法律规定；必须招标之外项目的程序由本标准或企业制度规定。

（3）非招标采购方式。

——财政部2013年12月19日颁布的《政府采购非招标采购方式管理办法》（财政部令第74号）第二条第二款规定：“本办法所称非招标采购方式，是指竞争性谈判、单一来源采购和竞价采购方式。”

——本标准规定了竞价采购、询比采购、合作谈判、竞争谈判、磋商谈判、单源直接采购、多源直接采购等非招标采购方式。

（4）非必须招标项目。

本标准所称“非必须招标项目”指法律规定必须进行招标之外的工程、货物和服务采购项目。包括以下几种。

a）非法律规定必须招标的工程项目；

b）依法必须招标可以不进行招标的工程项目；

c）依法必须招标失败后不再进行招标的工程项目；

d）非关境外机电产品依法必须进行招标的项目；

e）非必须招标采购的其他项目。

示例：企业生产物资、服务采购等其他项目。

2 主要编制过程

2.1 准备阶段

2.1.1 标准课题立项

2017 年 11 月 24 日，在第四届全国公共资源交易论坛上，中国物流与采购联合会公共采购分会根据会员单位和专家的呼吁及意见，决定成立“国有企业采购管理与采购操作规范”课题组，开始“国有企业采购操作规范”和“国有企业采购管理规范”课题研究。

2.1.2 成立标准编制工作起草小组

2018 年 4 月 23 日，根据任务要求，中国物流与采购联合会公共采购分会成立了标准编制工作起草小组（以下简称“起草小组”），启动标准编制组织工作。起草小组在 2018 年 4 月积极组织筹备和征集标准起草单位。经过征集、评审和筛选，最终由中国物流与采购联合会确定了起草小组的成员单位。

国家电网有限公司、招商局集团、中国航空集团有限公司、北京首创股份有限公司、广东粤港供水有限公司、内蒙古蒙牛乳业（集团）股份有限公司、中国公共采购有限公司、北京筑龙信息技术有限责任公司等 14 家单位参与课题研究和标准编制，并联合成立了标准起草工作组。

起草小组制订了标准编制工作计划、编写大纲，明确任务分工及各阶段进度时间。同时，标准起草工作组成员认真学习了《标准化工作导则 第 1 部分：标准的结构和编写》（GB/T 1.1—2009），《标准化工作指南 第 2 部分：采用国际标准》（GB/T 20000.2—2009），结合标准制定工作程序的各个环节，进行了探讨和研究。

2.2 起草阶段

2.2.1 完成初稿

2018 年 5 月 4 日，起草小组完成初稿后，公共采购分会组织召开全体专家会议，第一次征求专家组意见。会议讨论了当前国有企业采购依循标准和工作开展的现状和问题，确定了标准起草的总体框架和主要内容。

2.2.2 完成初步征求意见稿

2018 年 5 月 15 日，公共采购分会召开第二次全体专家会议，对《国有企业采购操作规范征求意见稿》的内容条款及技术指标进行了逐条研讨，对标准制定中遇到的相关问题进行了深入交流并达成共识，确定了标准征求意见稿的内容。

2.2.3 征求意见稿的座谈和调研

2018 年 6 月 23 日，课题组赴央企调研，就征求意见稿听取企业意见；2018 年 6 月 24 日赴中国人民解放军陆军勤务学院就征求意见稿听取采购专家意见。

2.2.4 综合修改意见

2018 年 7 月 13 日，公共采购分会召集第三次专家会议，将企业调研意见分类归纳，对标准征求意见稿再次修改完善。

2.2.5 标准完善初稿

2018 年 8 月 15 日，公共采购分会召集第四次专家会议，对标准条文逐条审议、推敲形成标准立项报批稿。

2.2.6 批准标准立项

2018 年 9 月 14 日，中国物流与采购联合会团体标准化技术委员会召开工作会议，对 2018 年度第三季度的项目计划进行审议；《国有企业采购操作规范》团体标准被批准立项；项目计划号为 2018—TB—005。

2.2.7 向社会发布标准征求意见稿

2018 年 11 月 14 日，公共采购分会在武汉第九届全球采购（武汉）论坛暨采购博览会正式向社会发布标准征求意见稿。11 月 22 日，公共采购分会依据《中国物流与采购联合会团体标准管理办法》，发出《关于团体标准〈国有企业采购操作规范〉公开征求意见的通知》，向会员单位和社会征求意见。

2.3 审查阶段

起草小组对收集的意见进行了认真的分析和处理，采纳 42 条，部分采纳 3 条，不采纳 12 条，对征求意见稿进行了修改，形成标准送审稿初稿。2019

年1月10日，中国物流与采购联合会团体标准化技术委员会召开送审稿专家审查会，专家组对送审稿初稿进行逐条审查，要求起草小组会后根据会议审查意见对标准进行完善。

2.4 报批阶段

（1）召开工作会议：起草小组根据审查会议纪要对标准逐条修改，形成报批稿及其说明。

（2）完成报批报告：报告内容包括标准制定任务来源、编制情况概况、标准主要内容、审查会议意见的处理情况、标准的作用和效益、标准中尚存在的主要问题、今后需要改进的主要工作等。

2019年3月25日，中国物流采购联合会发布公告，《国有企业采购操作规范》团体标准经中国物流与采购联合会团体标准化技术委员会审查通过，并经国家标准委备案，自2019年5月1日起实施。

2.5 标准发布

2019年4月，中国物流与采购联合会举行新闻发布会，对社会公开发布《国有企业采购操作规范》团体标准，组织专家对该规范进行了解读，并确定了标准宣贯实施的试点单位。

3 指导思想和编制原则

3.1 指导思想

本标准的制定工作遵循“统一性、协调性、适用性、一致性、规范性”的基本原则，注重标准的先进性、科学性、合理性和可操作性，并严格按照《标准化工作导则 第1部分：标准的结构和编写》（GB/T 1.1—2009）相关规则编写。

本标准研究了国有企业采购的特点和需求，标准内容考虑了国有企业采购兼具企业采购和公共采购的双重特点，既要符合国家的有关法律法规、行政规章，又要适应国企改革方向，符合现代企业制度，兼顾“公平”与“效率”；既要具备宏观指导性和普遍适应性，又要结合企业实际，具备较强的指导性和可操作性。

3.2 标准的设计思路

作为采购操作标准，设计思路有两个选择：一是按照工程、货物和服务设计采购方法；二是依据采购条件从管理的角度考虑制度设计。示范法的设计路径就是后者。本标准是企业的标准，采购管理是企业管理的重要内容。依照管理的属性，本标准将企业采购分为项目采购和运营采购。其中，项目采购的目标是实现项目生命周期利益的最大化；运营采购的目标是满足供应链目标的一致性。显然两者选用的采购办法也不同。

标准正文主要规范采购组织形式和采购方法，标准参考资料通过项目条件的不同，为企业选择适当的采购方法提出指导意见，纵横两个维度形成的矩阵构成本标准的基本框架。

3.3 关于采购方法的设计

依据《示范法》案文评注第二章第一节的解释，作为一个采购制度的设计“至少应规定一种可用于低价值和简单采购的方法；一种可用于紧急情况和其他紧迫采购的方法；一种可用于进行较为专业或较为复杂采购的方法”。经反复征求有关企业的意见，本标准归纳了招标采购、询比竞价采购、谈判采购和直接采购四组方法，每一组方法包括2~3种采购方式，基本覆盖了目前企业采用的采购方式。

除了在符合招标适用条件时应当使用招标采购方式外，在本标准中，询比竞价采购适用于低价值和简单采购的方式，谈判采购适用于紧急情况和其他紧迫的采购方式，竞争磋商适用于进行较为专业或较为复杂采购的方式；同时依据企业采购的特点，规定了合作谈判采购方式，主要用于企业战略采购；规定了在缺乏竞争条件下的直接采购方式，包括在卖方市场条件下单源直接采购和在买方市场条件下的多源直接采购。其中，单源直接采购用于企业紧急或特殊采购，多源直接采购主要为满足企业原料的供应。

在采购方法适用条件和程序设计中，凡是示范法中可以参考的制度尽量向示范法靠拢，为我国加入 GPA（政府采购协定）后国有企业采购境外原材料、设备等活动或外商进入我国市场，适应企业采购方法做一个和示范法相似的基础铺垫。

3.4 本标准和有关部门规章的衔接

招标投标法适用于在我国境内必须招标和必须招标之外的两种不同性质的招标投标活动。本标准针对必须招标之外的采购活动，是对招标投标法规在技术标准层面上的补充。

关于必须招标工程项目的范围和规模标准应由有立法权的机关提出并经国务院批准。

财政部负责对国有资金的管理。

财政部依据金融类和非金融类对国有企业资本管理颁发了两个文件。

2018 年，财政部《关于印发〈国有金融企业集中采购管理暂行规定〉》（财金〔2018〕9 号）自 2018 年 3 月 1 日起施行，同时废止了 2001 年印发的《关于加强国有金融企业集中采购管理的若干规定》（财金〔2001〕209 号）。本标准是对财金〔2018〕9 号文件在采购方法方面的补充。

财政部 2001 年印发了《企业国有资本与财务管理暂行办法》的通知，该文件针对国有企业采购作了原则规定："企业大宗原辅材料或商品物资的采购、固定资产的购建和工程建设一般应当按照公开、公正、公平的原则，采取招标方式进行"。上述规定分别针对物资采购、固定资产的购建和工程建设三个方面。

关于企业生产物资采购，《招标投标法》没有将其纳入必须进行招标的范围，财政部规定的"一般应当"指符合招标条件的物资采购应当采用招标方式，包含了可以自愿招标（公开/邀请）的采购方式和必须进行招标之外的其他采购方式，本标准规定的采购方式为企业物资采购提供了可操作的采购方法。

关于企业固定资产的采购管理，应当执行国家发展改革委等部委发布的《工程建设项目货物招标投标办法》第六十一条规定："不属于工程建设项目，但属于固定资产投资的货物招标投标活动，参照本办法执行”；本标准提供的采购方式为企业固定资产采购提供了可参照的标准。

企业工程建设的范围和规模达到《必须招标的工程项目规定》的范围和规模，其采购办法包括采购项目的审批、核准或备案，采购过程和结果的监督等执行《招标投标法》。范围和规模之外的工程项目的采购方式可执行本标准。

第二篇

《国有企业采购操作规范》（修订）释义与应用

1 范围

本文件规定了国有企业的采购流程和通用要求，以及采购组织模式和采购方式。

本文件适用于国有企业的采购活动。

本文件不适用于国家规定必须进行招标的采购活动。

【释义】

本条第一款是本文件规定的内容。主要由第 4 章规定了采购流程与通用要求，第 5 章和第 6 章规定了各种采购组织模式和采购方式的适用条件和程序，纵横两个方面构成企业采购操作规范的框架。

本条第二款规定了本文件适用的范围。

本条第三款是适用范围的除外规定。

针对适用范围，2019 版采用“非依法必须招标”的定义，专家审议认为，该定义不严谨。

依据《示范法》第 2 条定义（p）项“‘招标’系指邀请投标、邀请递交提交书，或者邀请参加征求建议书程序或电子逆向拍卖程序”，即“招标”是各种采购方式的要约邀请。《示范法》第 33 条至第 35 条对公开招标、限制性招标、竞争性谈判、单一来源采购等采购方式都用“招标办法”解释要约邀请，如“向单一供应商或承包商征求建议书或者征求报价”就是所谓单一来源采购的“招标”，即“招标”指采购人在各种采购方式中邀请供应商参与采购活动的意思表示，不是特指一个采购方式。

在日常工作中，人们可以理解用“非招标方式”指代《招标投标法》定义的公开招标、邀请招标之外的其他采购方式，但是在正式的标准中使用这个定义不妥。编写组采纳了评审专家的意见，用第三款做了除外的表述。

本文件属于行业推荐性自律规范，适用的主体范围主要针对国有企业，其他非国有企业也可参照执行。

一、本文件适用于国有企业工程、货物、服务的采购活动

国有企业的采购具有公共采购的属性，但又与政府机关采购、事业单位（如公立学校、公立医院等）采购、军队系统采购不同。

机关的采购属于“消费”型采购，其采购是在满足使用要求的前提下，追求合同价格的最低；事业单位的采购专业性较强，需求的复杂程度远超过政府机关的采购，因此，满足采购的“效能”应是采购关注的重点；军队系统的采购除了复杂以外，采购标的的“效力”是其关注的重点，先解决有无的问题，再考虑“效力”的问题，最后才是采购价格的考量。

国有企业采购关注的是盈利。“国有”的属性要求国有企业采购首先要合规，“企业”的属性要求企业必须以采购结果为导向。例如，企业采购某种标准件，A 企业报价 100 元，企业采购使用后可盈利 10 元；B 企业报价 300 元，企业采购使用后可盈利 50 元，在政府采购中一般选用 A 供应商，但在企业采购中，应考虑 B 供应商，因为和 B 合作企业可获得更大的经济效益。

本条第三款是除外条款，明确本文件不适用于国家规定的依法必须招标的项目。

二、依法必须招标的工程项目不适用本文件

法律规定的必须进行招标的项目包括：

（一）必须招标的工程项目

依据《招标条例》第二条的规定：“招标投标法第三条所称工程建设项目，是指工程以及与工程建设有关的货物、服务。

前款所称工程，是指建设工程，包括建筑物和构筑物的新建、改建、扩建及其相关的装修、拆除、修缮等；所称与工程建设有关的货物，是指构成工程不可分割的组成部分，且为实现工程基本功能所必需的设备、材料等；所称与工程建设有关的服务，是指为完成工程所需的勘察、设计、监理等服务。”

（1）工程的定义。

——为了和《政府采购法》中工程的定义统一，《招标条例》对工程建设项目做了上述规定，但该规定对工程的定义不能理解为建设工程仅指建筑物和构筑物，所谓“包括”指建筑物和构筑物是建设工程项目的组成部分而不是全部。

——依据《建设工程质量管理条例》（以下简称《质量条例》）和《建设工程安全生产管理条例》（以下简称《安全条例》）定义，建设工程是指土木工程、建筑工程、线路管道和设备安装工程及装修工程。

——住房和城乡建设部2013年颁布的国家标准《建设工程分类标准》（以下简称《分类标准》）（GB/50841—2013）将“建设工程”分为建筑工程、土木工程和机电工程三类。

建设工程是指“为人类生活、生产提供物质技术基础的各类建（构）筑物和工程设施”的统称，可分为以下三类：

a）建筑工程：“供人们进行生产、生活或其他活动的房屋或场所”；

b）土木工程：“建造在地上或地下、陆上或水中、直接或间接为人类生活、生产、科研等服务的各类工程”；

c）机电工程：“按照一定的工艺和方法，将不同规格、型号、性能、材质的设备、管路、线路等有机组合起来，满足使用功能要求的工程”。

按照工程的自然属性，建筑工程本质上也属于土木工程，但是由于建筑工程量大面广、占投资比重大，从资质管理、市场准入、行业管理和便于监管的角度，《分类标准》将建筑工程从土木工程中分离了出来。

上述不同法规和标准关于建设工程分类的对应关系如表1所示。

表1　不同法规和标准关于建设工程分类对应

《分类标准》	《安全条例》	《招标条例》
建筑工程	建筑工程	建筑物新建、改建、扩建及其相关的装修、拆除、修缮等
土木工程	土木工程	构筑物新建、改建、扩建及其相关的装修、拆除、修缮等
机电工程	线路管道和设备安装工程及装修工程	工程建设项目的设备和材料

（2）与工程建设有关的货物。

构成与工程建设有关的货物需要同时满足两个要件：一是与工程不可分

割；二是为实现工程基本功能所必需，即需要与工程同步整体设计施工的货物，属于与工程建设有关的货物①。

（3）与工程建设有关的服务。

《招标条例》采用例示性立法技术表述工程建设有关的服务："勘察、设计、监理等"，这里的"等"表示未尽之意，即和工程有关的服务还有其他，如可行性研究报告、项目管理、代理、审计等。但这种扩展性解释只有当具有立法权的机关认为需要的时候，才可以通过立法补充。《国家发展改革委办公厅关于进一步做好〈必须招标的工程项目规定〉和〈必须招标的基础设施和公用事业项目范围规定〉实施工作的通知》（发改办法规〔2020〕770 号）第一条第（三）项规定："关于范围列举事项。依法必须招标的工程建设项目范围和规模标准，应当严格执行《招标投标法》第三条和《必须招标的工程项目规定》（国家发展改革委 2018 年第 16 号令，以下简称"16 号令"）、《必须招标的基础设施和公用事业项目范围规定》（发改法规规〔2018〕843 号，以下简称"843 号文"）规定；法律、行政法规或者国务院对必须进行招标的其他项目范围有规定的，依照其规定。没有法律、行政法规或者国务院规定依据的，对 16 号令第五条第一款第（三）项中没有明确列举规定的服务事项、843 号文第二条中没有明确列举规定的项目，不得强制要求招标。"

因此在招标投标制度中，必须招标的服务项目仅包含和工程有关的勘察、设计和监理三项。

（4）必须招标工程项目的范围和规模。

2018 年 3 月 27 日，国家发展和改革委员会（以下简称"国家发展改革委"）经国务院批准颁布《必须招标的工程项目规定》（16 号令），其中对采用国有资金必须招标的工程范围和规模作了具体规定。

"第二条　全部或者部分使用国有资金投资或者国家融资的项目包括：

（一）使用预算资金 200 万元人民币以上，并且该资金占投资额 10% 以上的项目；

---

① 国家发展和改革委员会法规司、国务院法制办公室财金司、监察部执法监察司，《中华人民共和国招标投标法实施条例释义》，中国计划出版社，2012。

（二）使用国有企业事业单位资金，并且该资金占控股或者主导地位的项目。”

“第五条 本规定第二条至第四条规定范围内的项目，其勘察、设计、施工、监理以及与工程建设有关的重要设备、材料等的采购达到下列标准之一的，必须招标：

（一）施工单项合同估算价在400万元人民币以上；

（二）重要设备、材料等货物的采购，单项合同估算价在200万元人民币以上；

（三）勘察、设计、监理等服务的采购，单项合同估算价在100万元人民币以上。

同一项目中可以合并进行的勘察、设计、施工、监理以及与工程建设有关的重要设备、材料等的采购，合同估算价合计达到前款规定标准的，必须招标。”

该规定需要注意以下两点：

一是是否强制招标，首先应依据16号令的第二、三、四条规定确定范围；在范围内再从单项合同的预算规模判定是否达到规模要求，不在范围内的采购项目无论合同金额多大都不是强制招标的项目。

二是上述“同一项目可以合并进行”指施工、货物和服务同类项可以合并的应当合并。从工程组成分类，各类建筑工程一般包括：地基与基础工程、主体结构工程、建筑屋面工程、建筑装修工程和室外建筑工程。这些分部分项工程可以合并的应当合并，不能肢解分包，如主体结构工程；有些可以分包也可以合并，如室外装修。在这种情形下，判断合同合并合理性的关键是三个“有利于”：是否有利于合同履行；是否有利于保证质量；是否有利于节约投资。

上述工程范围内，单项合同估算价金额达到400万元人民币属于必须招标的工程项目，工程包含的设备采购，以及勘察、设计和监理单项合同估算价分别达到200万元人民币和100万元人民币的属于必须招标的项目。

（二）国家法律或者国务院对必须进行招标的其他项目的规定

1. 商务部关于进口机电产品招标投标的规定

商务部《机电产品国际招标投标实施办法（试行）》（商务部令2014年

第1号）第六条规定："通过招标方式采购原产地为中国关境外的机电产品，属于下列情形的必须进行国际招标：

（一）关系社会公共利益、公众安全的基础设施、公用事业等项目中进行国际采购的机电产品；

（二）全部或者部分使用国有资金投资项目中进行国际采购的机电产品；

（三）全部或者部分使用国家融资项目中进行国际采购的机电产品；

（四）使用国外贷款、援助资金项目中进行国际采购的机电产品；

（五）政府采购项目中进行国际采购的机电产品；

（六）其他依照法律、行政法规的规定需要国际招标采购的机电产品。

已经明确采购产品的原产地在中国关境内的，可以不进行国际招标。必须通过国际招标方式采购的，任何单位和个人不得将前款项目化整为零或者以国内招标等其他任何方式规避国际招标。

商务部制定、调整并公布本条第一项所列项目包含主要产品的国际招标范围。"

附件一规定了"机电产品范围"，在其范围内原产地在中国关境外的机电产品适用该部门规章。

2. 交通部关于经营性公路建设项目投资人和客运班线经营权招标投标的规定

（1）《经营性公路建设项目投资人招标投标管理规定》（交通部令2007年第8号）

第九条规定："经营性公路建设项目投资人招标应当采用公开招标方式。"

（2）《道路旅客运输班线经营权招标投标办法》（交通运输部令2008年第8号）

第四条规定："国家鼓励通过招标投标的方式配置客运班线经营权。"

3. 关于国有建设用地使用权土地招标、拍卖、挂牌的规定

《招标拍卖挂牌出让国有建设用地使用权规定》（国土资源部令第39号）（以下简称"39号令"）第二条规定，国有建设用地使用权可以采取招标、拍卖或者挂牌出让方式在土地的地表、地上或者地下设立；第四条规定，工业用地包括仓储用地，但不包括采矿用地。

39号令第十三条第四款规定：“按照价高者得的原则确定中标人的，可以不成立评标小组，由招标主持人根据开标结果，确定中标人”。

4. 探矿权、采矿权招标、拍卖、挂牌的规定

《关于印发〈探矿权采矿权招标拍卖挂牌管理办法（试行）〉的通知》（国土资发〔2003〕197号）第七条规定：“新设探矿权有下列情形之一的，主管部门应当以招标拍卖挂牌的方式授予：

（一）国家出资勘查并已探明可供进一步勘查的矿产地；

（二）探矿权灭失的矿产地；

（三）国家和省两级矿产资源勘查专项规划划定的勘查区块；

（四）主管部门规定的其他情形。”

第八条：“新设采矿权有下列情形之一的，主管部门应当以招标拍卖挂牌的方式授予：

（一）国家出资勘查并已探明可供开采的矿产地；

（二）采矿权灭失的矿产地；

（三）探矿权灭失的可供开采的矿产地；

（四）主管部门规定无须勘查即可直接开采的矿产；

（五）国土资源部、省级主管部门规定的其他情形。”

第九条：“符合本办法第七条、第八条规定的范围，有下列情形之一的，主管部门应当以招标的方式授予探矿权采矿权：

（一）国家出资的勘查项目；

（二）矿产资源储量规模为大型的能源、金属矿产地；

（三）共伴生组分多、综合利用技术水平要求高的矿产地；

（四）对国民经济具有重要价值的矿区；

（五）根据法律法规、国家政策规定可以新设探矿权采矿权的环境敏感地区和未达到国家规定的环境质量标准的地区。”

5. 关于药品公开招标的规定

《国务院办公厅关于完善公立医院药品集中采购工作的指导意见》（国办发〔2015〕7号）2015年2月由国务院办公厅发布。

该文件第二条“实行药品分类采购”的第一项和第四项对招标做了规定：

“（一）对临床用量大、采购金额高、多家企业生产的基本药物和非专利药品，发挥省级集中批量采购优势，由省级药品采购机构采取双信封制公开招标采购，医院作为采购主体，按中标价格采购药品……”

“（四）对临床必需、用量小、市场供应短缺的药品，由国家招标定点生产、议价采购”。

6. 关于物业的规定

《物业管理条例》于2003年9月1日起施行。2018年3月19日，根据《国务院关于修改和废止部分行政法规的决定》（国务院令第698号）第三次修订。

《物业管理条例》第二十四条规定：“国家提倡建设单位按照房地产开发与物业管理相分离的原则，通过招投标的方式选聘物业服务企业。

住宅物业的建设单位，应当通过招投标的方式选聘物业服务企业；投标人少于3个或者住宅规模较小的，经物业所在地的区、县人民政府房地产行政主管部门批准，可以采用协议方式选聘物业服务企业。”

注意：在上述规定中，交通运输部关于道路旅客运输班线经营权的确定，使用了“鼓励”的意思表示，在《物业管理条例》中，使用了“提倡”的意思表示。和其他法规相比，这些规定不是强制性的。

三、适用本文件的其他招标采购活动

《招标投标法》第二条规定：“在中华人民共和国境内进行招标投标活动，适用本法。”不仅包括该法列出必须进行招标的活动，而且包括必须招标以外的所有投标活动。《招标投标法》对招标投标活动的监督管理分为三个层次：

一是招标投标活动；

二是依法必须进行招标的项目；

三是国有资金控股或者占主导地位的依法必须招标的项目。

（一）《招标投标法》的专属规定

《招标投标法》规定的“招标投标活动”适用本文件并被称为“自愿招标”。法规中所有的针对依法必须招标项目的规定，自愿招标可自行决定是否适用，相关条款被称作专属规定。

《招标投标法》在法条设计中有 12 条是针对依法必须招标项目的强制性条款。所谓强制性条款就是采用“不得”“必须”等法条用语，强制性规定不允许当事人有个人意思表示，但法律也照顾了非强制项目的不同情况，作了区别规定。

《招标投标法》中仅针对“依法必须进行招标的项目”做出规定的条款如下：

第四条：“任何单位和个人不得将依法必须进行招标的项目化整为零或者以其他任何方式规避招标。”

第六条：“依法必须进行招标的项目，其招标投标活动不受地区或者部门的限制。任何单位和个人不得违法限制或者排斥本地区、本系统以外的法人或者其他组织参加投标，不得以任何方式非法干涉招标投标活动。”

第十二条：“……依法必须进行招标的项目，招标人自行办理招标事宜的，应当向有关行政监督部门备案。”

第十六条：“招标人采用公开招标方式的，应当发布招标公告。依法必须进行招标的项目的招标公告，应当通过国家指定的报刊、信息网络或者其他媒介发布。招标公告应当载明招标人的名称和地址、招标项目的性质、数量、实施地点和时间以及获取招标文件的办法等事项。”

第二十四条：“招标人应当确定投标人编制投标文件所需要的合理时间；但是，依法必须进行招标的项目，自招标文件开始发出之日起至投标人提交投标文件截止之日止，最短不得少于二十日。”

第三十七条：“评标由招标人依法组建的评标委员会负责。依法必须进行招标的项目，其评标委员会由招标人的代表和有关技术、经济等方面的专家组成，成员人数为五人以上单数，其中技术、经济等方面的专家不得少于成员总数的三分之二……”

第四十二条：“评标委员会经评审，认为所有投标都不符合招标文件要求的，可以否决所有投标。依法必须进行招标的项目的所有投标被否决的，招标人应当依照本法重新招标。”

第四十七条：“依法必须进行招标的项目，招标人应当自确定中标人之日起十五日内，向有关行政监督部门提交招标投标情况的书面报告。”

第五十二条："依法必须进行招标的项目的招标人向他人透露已获取招标文件的潜在投标人的名称、数量或者可能影响公平竞争的有关招标投标的其他情况的，或者泄露标底的，给予警告……"

第五十四条："投标人以他人名义投标或者以其他方式弄虚作假，骗取中标的，中标无效，给招标人造成损失的，依法承担赔偿责任；构成犯罪的，依法追究刑事责任。

依法必须进行招标的项目的投标人有前款所列行为尚未构成犯罪的……"

第五十五条："依法必须进行招标的项目，招标人违反本法规定，与投标人就投标价格、投标方案等实质性内容进行谈判的，给予警告，对单位直接负责的主管人员和其他直接责任人员依法给予处分……"

第五十七条："招标人在评标委员会依法推荐的中标候选人以外确定中标人的，依法必须进行招标的项目在所有投标被评标委员会否决后自行确定中标人的……"

（二）《招标条例》的专属规定

1.《招标条例》针对"国有资金占控股或主导地位的依法必须招标的项目"的条款：

第八条："国有资金占控股或者主导地位的依法必须进行招标的项目，应当公开招标……"

第十八条："……国有资金占控股或者主导地位的依法必须进行招标的项目，招标人应当组建资格审查委员会审查资格预审申请文件。资格审查委员会及其成员应当遵守招标投标法和本条例有关评标委员会及其成员的规定。"

第五十五条："国有资金占控股或者主导地位的依法必须进行招标的项目，招标人应当确定排名第一的中标候选人为中标人……"

2.《招标条例》针对"依法必须进行招标的项目"的条款中：

第十五条："……依法必须进行招标的项目的资格预审公告和招标公告，应当在国务院发展改革部门依法指定的媒介发布……

编制依法必须进行招标的项目的资格预审文件和招标文件，应当使用国务院发展改革部门会同有关行政监督部门制定的标准文本。"

第十七条:“……依法必须进行招标的项目提交资格预审申请文件的时间,自资格预审文件停止发售之日起不得少于5日。”

第二十三条:“……依法必须进行招标的项目的招标人应当在修改资格预审文件或者招标文件后重新招标。”

第二十四条:“招标人对招标项目划分标段的,应当遵守招标投标法的有关规定,不得利用划分标段限制或者排斥潜在投标人。依法必须进行招标的项目的招标人不得利用划分标段规避招标。”

第四十六条:“除招标投标法第三十七条第三款规定的特殊招标项目外,依法必须进行招标的项目,其评标委员会的专家成员应当从评标专家库内相关专业的专家名单中以随机抽取方式确定……

依法必须进行招标的项目的招标人非因招标投标法和本条例规定的事由,不得更换依法确定的评标委员会成员……”

第五十四条:“依法必须进行招标的项目,招标人应当自收到评标报告之日起3日内公示中标候选人,公示期不得少于3日。”

即对于发布资格预审公告(招标公告)、使用标准文本、资格预审提交时间、文件修改后重新招标、专家确定、公示等环节的强制规定仅针对“依法必须进行招标的项目”。

需要说明的是《招标投标法》第二十三条“招标人对已发出的招标文件进行必要的澄清或者修改的,应当在招标文件要求提交投标文件截止时间至少十五日前,以书面形式通知所有招标文件收受人。该澄清或者修改的内容为招标文件的组成部分。”

虽然该条没有“依法必须进行招标”的定语,但该条也是针对依法必须进行招标项目的规定,否则,《招标投标法》第二十四条规定的“合理时间”就无意义也无法落实。

同时,结合招标实践反映出的此类问题,《招标条例》第二十一条规定:“招标人可以对已发出的资格预审文件或者招标文件进行必要的澄清或者修改。澄清或者修改的内容可能影响资格预审申请文件或者投标文件编制的,招标人应当在提交资格预审申请文件截止时间至少3日前,或者投标截止时间至少15日前,以书面形式通知所有获取资格预审文件或者招标文件的潜在投标人；不足3日或者15日的，招标人应当顺延提交资格预审申请文件或者投标文件的截止时间。”

该条针对澄清、修改的内容增加了“可能影响”的限制性条件，如果不影响资格预审申请文件或投标文件的编制，要约邀请的截止时间不变。

企业自愿公开招标或邀请招标活动中对上述专属规定的应用可以按照本文件附录C的程序进行。

上述规则的汇总详见图1。

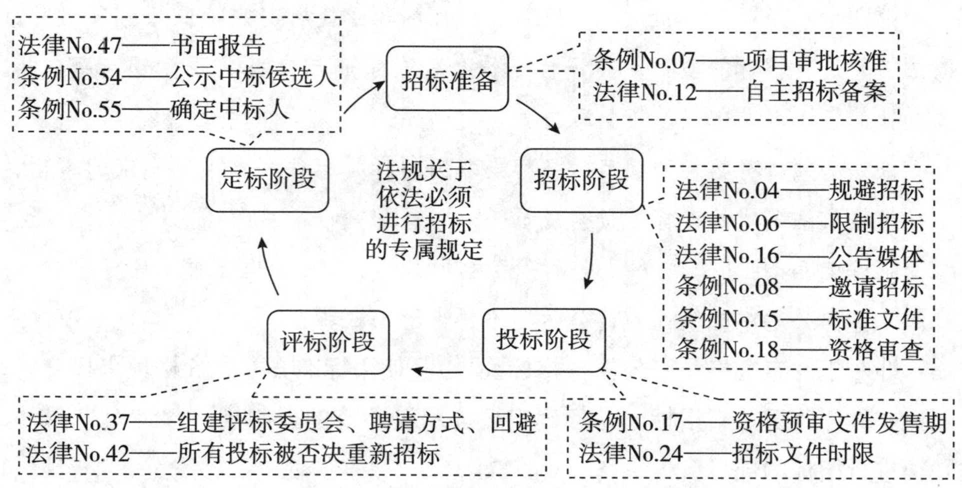

图1　依法必须进行招标的规定汇总

注1：条例No. 08——邀请招标、条例No. 18——资格审查、条例No. 55——确定中标人等三条是针对国有资金控股或占主导地位依法必须招标的项目。

注2：《招标投标法》在责任条款中还有四条针对依法必须进行招标的项目，本图没有标注。条例中针对依法必须进行招标项目的责任是对法律适用行为的解释补充，本图也没有标注。

（三）依法必须招标可以不进行招标的项目

1. 法律法规的规定

《招标条例》第九条规定：“除招标投标法第六十六条规定的可以不进行招标的特殊情况外，有下列情形之一的，可以不进行招标：

（一）需要采用不可替代的专利或者专有技术；

（二）采购人依法能够自行建设、生产或者提供；

（三）已通过招标方式选定的特许经营项目投资人依法能够自行建设、生产或者提供；

（四）需要向原中标人采购工程、货物或者服务，否则将影响施工或者功能配套要求；

（五）国家规定的其他特殊情形。

招标人为适用前款规定弄虚作假的，属于招标投标法第四条规定的规避招标。”

2. 部门规章的规定

(1)《工程建设项目申报材料增加招标内容和核准招标事项暂行规定》。

第五条：“属于下列情况之一的，建设项目可以不进行招标。但在报送可行性研究报告或者资金申请报告、项目申请报告中须提出不招标申请，并说明不招标原因：

（一）涉及国家安全、国家秘密、抢险救灾或者属于利用扶贫资金实行以工代赈、需要使用农民工等特殊情况，不适宜进行招标；

（二）建设项目的勘察、设计，采用不可替代的专利或者专有技术，或者其建筑艺术造型有特殊要求；

（三）承包商、供应商或者服务提供者少于三家，不能形成有效竞争；

（四）采购人依法能够自行建设、生产或者提供；

（五）已通过招标方式选定的特许经营项目投资人依法能够自行建设、生产或者提供；

（六）需要向原中标人采购工程、货物或者服务，否则将影响施工或者配套要求；

（七）国家规定的其他特殊情形。”

(2)《工程建设项目施工招标投标办法》。

第十二条：“依法必须进行施工招标的工程建设项目有下列情形之一的，可以不进行施工招标：

（一）涉及国家安全、国家秘密、抢险救灾或者属于利用扶贫资金实行以工代赈需要使用农民工等特殊情况，不适宜进行招标；

（二）施工主要技术采用不可替代的专利或者专有技术；

（三）已通过招标方式选定的特许经营项目投资人依法能够自行建设；

（四）采购人依法能够自行建设；

（五）在建工程追加的附属小型工程或者主体加层工程，原中标人仍具备承包能力，并且其他人承担将影响施工或者功能配套要求；

（六）国家规定的其他情形。”

（3）《机电产品国际招标投标实施办法（试行）》（商务部令 2014 年第 1 号）。

第七条：“有下列情形之一的，可以不进行国际招标：

（一）国（境）外赠送或无偿援助的机电产品；

（二）采购供生产企业及科研机构研究开发用的样品样机；

（三）单项合同估算价在国务院规定的必须进行招标的标准以下的；

（四）采购旧机电产品；

（五）采购供生产配套、维修用零件、部件；

（六）采购供生产企业生产需要的专用模具；

（七）根据法律、行政法规的规定，其他不适宜进行国际招标采购的机电产品。

招标人不得为适用前款规定弄虚作假规避招标。”

上述项目的特点和招标投标活动的公开性、竞争条件以及合同相对人的不确定性等与招标制度的属性相悖，一般不适用招标方式。企业可采用本文件规定的其他采购方式进行采购。

3. 关于《招标条例》第九条第二项采购人的解释

（1）法律规定了依法应当招标可以不招标的除外条款。

国家发展改革委等有关部门编写的《中华人民共和国招标投标法实施条例释义》（以下简称《条例释义》），以及国家发展改革委在其网站上对《招标条例》第九条第二项关于采购人的规定作了如下解释：

对于《招标条例》第九条第（二）项有关“采购人依法能够自行建设、生产或者提供”的规定，应符合以下相关要求：一是采购人是指符合民事主体资格的法人或者其他组织，不包括与其相关的母公司、子公司，以及与其具有管理或利害关系的，具有独立民事主体资格的法人、其他组织；二是采购人自身具有工程建设、货物生产或者服务提供的资质和能力；三是采购人不仅要具备相应的资质和能力，还应当符合法定要求，对于依照法律法规规定采购人不能自己同时承担的工作事项，采购人应当进行招标。本条规定中的采购人是指项目投资人本身，而不是投资人委托的其他项目业主，否则若任何项目通过委托有资质能力的项目业主即可不进行招标，将使招标制度流于形式。

鉴于国家发展改革委的上述解释，也为了避免审计的麻烦，企业目前的普遍做法是，集团投资的工程项目按照依法必须招标的程序规定发布招标公告。同行了解该发包人内部单位具有施工资质，看到此类公告一般不会投标，两次招标失败，企业直接确定内部施工单位。也有的通过邀请招标确定内部施工单位。

（2）地方政府做了实事求是的规定。

《条例释义》在关于强制招标的范围释义中指出，确定强制招标的项目范围：一是要考虑项目是否具有公共性。二是要考虑成本因素。即便是具有公共性的项目，也并不意味着一律要进行招标。三是要考虑市场发育程度。对于具有公共性的项目，如果成本、质量、效益、工期等约束机制比较健全，也可以不纳入强制招标范围，发挥市场机制的作用即可。

依据上述原则，江苏省人民政府颁布了《江苏省国有资金投资工程建设项目招标投标管理办法》，该办法于2018年2月11日经省人民政府第1次常务会议讨论通过，自2018年4月1日起施行。

该办法第九条规定："国有企业使用非财政性资金建设的经营性项目，建设单位控股或者被控股的企业具备相应资质且能够提供设计、施工、材料设备和咨询服务的，建设单位可以直接发包给其控股或者被控股的企业。"

（3）对"采购人"正确的解释是企业对发展产业链、供应链的需要。

目前，在供应链、产业链的模式下，我国企业集团呈现产业化、多元化的趋势，企业内的二级、三级单位在推向市场的过程中注册为法人，但是集团内部长期形成的生产协作配套的供应链没有改变，因此，如果企业集团以自有资金新建工程建设项目时，在采购环节就很尴尬。一方面，其中有些项目属于依法必须招标的项目，应当公开招标，但招标结果不确定的属性导致不能保证集团内部可以承担分包或提供装备材料的企业中标，从而影响企业产业链的战略发展和集团的增值保值。另一方面，由于项目投资的主体是企业，不是国家财政部门，依据谁投资谁负责的原则，这类项目政府相关部门不去监督；鉴于各级国资委对集团国有资产增值、保值的考核只针对集团总部，企业内部的监督部门对此也是敷衍了事。这类项目在招标采购中走过场、假招标就在所难免。

（4）我国的“两级法人”有其特殊性。

针对我国这种多级法人的特殊管理体制，中国政法大学李显冬教授在其早年和陈川生教授合写的硕士学位论文《论我国的两级法人》中对其作了解读，国际上通行的做法是通过控股权对子公司进行管理，我国主要是通过党组织和行政管理对集团公司内部进行控制，所持股份也是国有资金，只是资金管理权限有区分；子公司依据集团公司的发展战略经营，集团公司对子公司增值、保值进行考核。由集团公司承担最终法人责任是核心本质，也是国务院国资委对集团进行增值、保值的深层次原因。

《国有企业采购操作规范》编写组认为，对这类集团项目，可援引《招标条例》第九条关于采购实体除外的条款，将采购实体定义为集团层级的法人，其内部分包和采购方式应由集团自主确定，符合国家发展改革委的上述解释。首先，集团公司是项目的发起人和投资人，集团对项目决策和收益承担完全责任；其次，集团具有工程建设、货物生产或者服务提供的资质和能力；最后，集团不仅应具备相应的资质和能力，还应当符合法定要求。

在这类项目采购中，采购方式由采购实体通过企业制度约束并自主确定，采购活动的监督应实行事后综合监督（包括采购监督），在项目后评价中包含对采购贡献的评价，不能仅仅以是否采用招标的形式作合规性判断。这样把“合理”不“合法”的采购活动调整为既合理又不违法，也解决了国家发展改革委担心的招标制度流于形式的困惑。

4. 关于对《工程建设项目货物招标投标办法》第六十一条的辨析

《工程建设项目货物招标投标办法》第六十一条：“不属于工程建设项目，但属于固定资产投资的货物招标投标活动，参照本办法执行。”据此，一些国有企业的制度规定，国有企业采购设备等固定资产，采购单项合同达到200万元属于依法必须进行招标的项目公开招标。这是对法条本意的误解。

该法条是对固定资产招标采购流程的程序规定而不是准入规定。换句话说，该法条的本意是采用招标时参照本规定，而不是要求该类货物参照本办法进行招标的准入规定。即采购人选用招标方式采购设备等固定资产时，可参照《招标投标法》规定的流程完成采购任务。这里的“参照”指对法规中的专属规定可以选择性执行，但其他一般性规定应完全执行。

该法条不是依法必须招标的准入条款，依据《必须招标的工程项目规定》（16 号令）的规定，工程建设项目的固定资产采购不属于依法必须招标的项目，采购实体若采用招标方式采购属于自愿招标，也可以采用其他竞争方式或直接采购。

5. 无须对“采购人”定义辨析的情形

企业内部运营采购除个别进口机电产品外都不是依法必须招标的采购项目，因此也没有必要对应当招标可以不招标的“采购人”定义进行辨析，可直接参照援引本规范采用合适的采购组织模式和方式实施供应或采购。

在修订 2019 版《标准》的调研中，编写组发现，多数企业对《招标投标法》的强制制度有误解，认为只要设备材料采购合同超过 200 万元甚至更低金额都要求招标，集团内部可以供应的也走招标过场。如某省能源企业有煤矿、炼钢厂、焦化厂、化工厂、房地产等多种产业，为了企业利益最大化，集团规定了集团内部供应的合同不得低于同类物资合同的 70%，否则扣罚二级企业领导的奖金，但同时规定采购合同达到 50 万元应招标采购。至于如何实现 70%，集团职能部门不管，结果出现假招标走过场、陪标、补手续等违法违纪行为，不仅增加了交易成本，助长了弄虚作假的风气，还滋生了腐败。

（四）关于工程总承包项目的采购

1. 对需要管制的国有资金的误解

招标投标制度主要是对工程建设项目的管制，从某种意义上讲，这个制度主要是对“花钱人”的管制，而不是对“赚钱人”的约束。换句话说，重点是对招标人的管制，要求项目法人对工程项目建设必须保证质量节约投资。《招标投标法》对中标人的约束除了投标程序合法，主要是在履约中不得非法转包和违法分包。

一些国有企业认为，自己中标后组织生产使用的是国有资金，所以必须招标，这是对《招标投标法》中关于“国有资金”的误解。此处的“国有资金”指项目使用的国有资金，不是指中标人（国有企业）的自有资金。

工程建筑企业通过投标竞争成为工程总承包中标人，体现了法律对招标人的管制：其会计科目是投资支出、管理费用等，项目完成后形成固定资产。中标单位用甲方预付款组织生产是为国家“赚钱”，其会计科目是成本支出、管理费用等，项目完成后产生利润。法律不约束“赚钱”单位。即使中标项目单位垫资也是甲方向施工企业的借款，是甲方法人所有的、项目的“国有资金”，即从招标开始到项目竣工结算，项目法人（招标人）是项目资金的所有者和责任人，是《招标投标法》主要管制的对象，企业中标后的施工活动在《合同法》《建筑法》及其相关质量、安全等法规的框架内正常运营，企业日常运营活动，包括采购方法在企业盈利属性的约束下，会通过企业内部制度对在建项目进行有效管控，所以国家无须通过法律对中标企业的采购活动进行管制。

因此，《国务院办公厅关于促进建筑业持续健康发展的意见》（国办发〔2017〕19号）第三条“完善工程建设组织模式”第三项规定：“……除以暂估价形式包括在工程总承包范围内且依法必须进行招标的项目外，工程总承包单位可以直接发包总承包合同中涵盖的其他专业业务。”即集团公司经投标中标后，作为总承包单位，施工中的分包和采购项目依法也都不属于强制招标的范围，无论合同规模的大小，可依照协议直接发包。

总承包人项目结算后获得的利润是施工企业管理的“国有资金”，施工企业使用该资金建设工程项目，执行《必须招标的工程项目规定》（16号令）。即施工企业用这部分利润投资新工程项目，施工企业成了项目甲方，达到合同规模要求，则属于《招标投标法》管制的对象；如购买生产设备等固定资产投资则不在《招标投标法》的管制范围，无论合同金额大小，均属完全的民事行为，其采购活动适用本文件。

2. 工程总承包中标后可以直接发包

国际上常见的工程总承包形式如表2所示。

表2　　常见的工程总承包形式

工程总承包类别	工程项目建设程序					
	项目咨询	初步设计	施工图设计	材料设备采购	施工	试运行
交钥匙总承包(Turnkey)	→	→	→	→	→	→
设计—采购—施工总承包(Engineering – Procurement – Construction)		→	→	→	→	→
设计+施工总承包(Design – Build)		→	→		→	
设计+采购总承包(Engineering – Procurement)		→	→	→		
采购+施工总承包(Procurement – Construction)				→	→	

(五)依法必须招标失败后不再进行招标的项目

1. 依法必须招标项目失败后处理办法的法律规定

《招标投标法》第四十二条第二款:“依法必须进行招标的项目的所有投标被否决的,招标人应当依照本法重新招标。”

依据上述规定,国家有关部委对招标失败的处理作了细化和补充。

(1)《工程建设项目施工招标投标办法》第三十八条第三款:“依法必须进行招标施工的项目提交投标文件的投标人少于三个的,招标人在分析招标失败的原因并采取相应措施后,应当依法重新招标。重新招标后投标人仍少于三个的,属于必须审批、核准的工程建设项目,报经原审批、核准部门审批、核准后可以不再进行招标;其他工程建设项目,招标人可自行决定不再进行招标。”

(2)《工程建设项目货物招标投标办法》第三十四条第三款规定:“依法必须进行招标的项目,提交投标文件的投标人少于三个的,招标人在分析招标失败的原因并采取相应措施后,应当重新招标。重新招标后投标人仍少于三个,按国家有关规定需要履行审批、核准手续的依法必须进行招标的项目,报项目审批、核准部门审批、核准后可以不再进行招标。”

(3)《工程建设项目勘察设计招标投标办法》第四十九条：“招标人重新招标后，发生本办法第四十八条情形之一的，属于按照国家规定需要政府审批、核准的项目，报经原项目审批、核准部门审批、核准后可以不再进行招标；其他工程建设项目，招标人可自行决定不再进行招标。”

(4)《机电产品国际投标实施办法（试行)》第四十六条第二款：“投标人少于3个的，不得开标，招标人应当依照本办法重新招标；开标后认定投标人少于3个的应当停止评标，招标人应当依照本办法重新招标。重新招标后投标人仍少于3个的，可以进入两家或一家开标评标；按国家有关规定需要履行审批、核准手续的依法必须进行招标的项目，报项目审批、核准部门审批、核准后可以不再进行招标。”

2. 招标采购失败后不再进行招标的工程项目

上述依法必须招标的工程项目重新招标失败后可选用本文件规定的采购方式采购。

（六）关于容易混淆的活动的法律规定

（1）与建筑物和构筑物新建、改建、扩建无关的单独的装修、拆除和修缮不属于依法必须招标的项目。

依据法律规定，国务院法制办公室《对政府采购工程项目法律适用及申领施工许可证问题的答复》（国法秘财函〔2015〕736号）明确，“与建筑物和构筑物的新建、改建、扩建无关的单独的装修、拆除和修缮等不属于依法必须招标的项目。”

国家发展改革委在其网站上刊登群众来信：关于与建筑物和构筑物新建、改建、扩建无关的单独的1000万元专修工程是否必须招标的答复：“根据《招标投标法实施条例》第二条规定……您所咨询的工程项目不属于《招标投标法》规定的依法必须招标项目。”

（2）境内审批、核准或备案工程项目在国内的采购不属于必须招标的项目。

鉴于法律规定必须招标的范围是境内审批、核准或备案使用国有资金的工程项目，有外国资本投资的境外实施的工程项目不属于必须招标的范围。该类项目的设备、材料和服务等在国内的采购项目属于非必须招标的项目，符合条件的执行本规范相关采购程序。

四、国有企业采购理念的战略转变

(一)公共采购逢采必招的缘由

各国上百年的公共采购实践表明，各国在制度建立的初期，建立的都是以公开招标为主的制度。以美国联邦政府为例：1809 年，《联邦采购法》建立了通过使用正式公告进行采购的一般要求；1861 年，《民用综合拨款法》规定，正式公告即竞争性密封招标（类似于公开招标）为法定优先采购方式；1868 年，美国国会通过法律将密封招标作为政府采购的强制性要求。在以后的一百多年里，密封招标一直是美国政府采购的基本方式。1972 年，美国国会的《政府采购委员会报告》指出，“竞争性谈判应当被确认为一种正常有效的方法，在密封招标不适用的情况下优先使用”，首次试探性地挑战了密封招标的优先地位。1984 年，《合同竞争法》明确取消了密封招标在政府采购中的优先地位，由此改变了人们长期以来所坚持的招标等于竞争的错误观念。从美国联邦政府采购制度的发展历程可以看出，在设计政府采购交易制度时，人们对于竞争的认识存在逐步了解和深化的过程。

在我国政府采购和招标投标制度建立的初期，由于价值目标的初级性和单一性、采购人的能力不足、配套机制不完善以及整体社会环境缺乏支持等多方面的原因，使得原本是万千交易方式中沧海一粟，哪怕在公共采购中也仅是几种方式之一，并有其特定适用情形的公开招标，占据了采购方式中“中流砥柱”的位置。长期以来，罔顾采购人的需求、忽视市场竞争类型、无视公开招标的条件和采购人的能力，逢采必招、遇标乱招的“招标万能论”成为公共采购的主流。公开招标，这一在主管、监管、审计、监察等部门眼中的“万能神器”，逐渐演变为少数采购人推卸责任的“挡箭牌”、一些中介机构用合法程序掩盖非法目的的“遮羞布”、部分评审专家吃拿卡要的“摇钱树”和个别供应商肆意串通的“保护伞”。凡此种种，不仅无助于公共采购价值目标的实现，而且有损于社会各界对于公共采购交易制度的信赖。可以说，曾经在公共采购制度建立之初发挥过“奠基石”作用的公开招标，由于各方当事人对它的迷信和滥用，如今已经成为深化公共采购制度改革路上的“绊脚石”。

2003 年 1 月 1 日生效的《中华人民共和国政府采购法》第二十六条第二款规定“公开招标应作为政府采购的主要采购方式”。经过二十年的政府采购实践，司法部门、政府有关部门也开始认识到规定招标作为主要采购方式的局限性，为避免对招标制度的误解和滥用，2022 年 7 月 15 日财政部发布了《中华人民共和国政府采购法》（修订草案征求意见稿）摒弃了公开采购是缺省方式的表述，明确了“采购人应当根据采购项目特点，按照本法规定的适用情形合理确定采购方式”。这是政府采购法制建设的一个重要里程碑，对国有企业采购制度的设计也有重要的指导意义。

（二）国有企业采购理念的战略转变

依照国务院国资委《关于中央企业在建设世界一流企业中加强供应链管理的指导意见》（国资发改革规〔2023〕22 号）的通知精神，在建设世界一流的供应链管理体系进程中，中央企业采购理念正在发生战略转变。

采购管理的特征是职能管理，视角的重点在于最佳的性价比，其盈利途径是竞争博弈。而当采用招标方式进行采购时，“价值最大”的采购目标在实践中往往被操作为“价格最低”。随着管理水平的提升，企业采购管理正向着供应链管理转变。供应链管理的特征是流程管理，是跨部门的管理，其盈利的途径不再是单纯的竞争博弈而是合作共赢，即在信任的基础上长期合作，通过积极主动的合作共同创造新的价值，满足供应链总成本最低。供应链总成本包括生产成本、交易成本、物流成本以及残值处理成本等供应链全生命周期的成本。

在供应链管理中，企业应从需求和市场两个层面确定采购战略，包括自制、外包、分包、租赁、现货购买、提前采购、批量采购协议、生命周期采购、长期合同、供应商库存管理模式（VMI）、准时制采购（JIT）和采购期权等多种战略选择。其中分包、外包是最重要的战略选择之一。

依照项目采购的特点确定采购方式首先应注意（传统的）招标采购和（依照现代理念的）供应链采购的区别和不同适用条件。招标采购和供应链采购方式的选择有以下不同。

一是立法宗旨和价值导向不同。

《招标投标法》的立法宗旨是规范招标投标活动，在保护国家社会公共利益和当事人利益的基础上强调节省投资、保障项目质量，即强调质量和效益，效率是第二位的。

供应链采购管理的价值取向是要求企业采购在稳定的基础上协同，强调效率、效益和安全。在企业生产运营中，如果没有效率，就没有效益。

二是适用范围不同。

招标采购适用于在一定范围和规模内工程建设的项目采购，项目具有一次性、不可移动性和生产要素流动性的特点，符合招标采购缔约结果不确定的要求。

供应链采购适用于企业的运营采购，运营采购具有重复性、可移动性以及生产要素相对稳定性的特点。

三是管理目标不同。

招标采购是围绕工程建设项目通过竞争博弈缔结并履行合同，完成项目。

供应链采购的目标是围绕核心企业或以品牌商为核心的企业群构成网络结构，满足持续生产的需要，实现供应链的可持续和提高竞争力。

四是降本增效的办法不同。

招标采购通过竞争博弈降低合同成本，实现项目生命周期收益最大化。供应链采购通过和供应商的长期协同，产生增值，达到供应链总价值最高，包括采购成本、生产成本、物流成本、绿色回收成本等的降低和质量、工期、服务等全方位的增值。

五是供应商关系管理不同。

招标采购在一定范围内要求供应商越多越好，采购人和供应商在合同期内是一般关系，考核办法是合同验收；供应链采购双方在运营期间是战略伙伴关系，品目供应商相对越少越好，特点是长期、稳定、合作、共赢，其考核办法是绩效评价、集成管理。

在供应链采购中，招标采购以外的采购方式应当是常态，招标采购是例外。

2 规范性引用文件

下列文件中的内容通过文中的规范性引用而构成本文件必不可少的条款。其中，注日期的引用文件，仅该日期对应的版本适用于本文件；不注日期的引用文件，其最新版本（包括所有的修改单）适用于本文件。

T/CFLP 0027—2020 国有企业采购管理规范

T/CFLP 0030 国有企业网上商城采购交易操作规范

【释义】

本文件引用的文件一是《国有企业采购管理规范》（以下简称“管理规范”），二是《国有企业网上商城采购交易操作规范》。

其中，管理规范是操作步骤的依据，由于国有企业“逢采必招”的现象很普遍，对《招标投标法》的误解和滥用成了落实国家供应链战略的障碍。因此，在2019年中物联发布了《国有企业采购操作规范》（以下简称“操作规范”），解决了当时需要迫切需要解决的问题。2020年，在操作规范的基础上，中物联组织专家编写并发布了管理规范。管理规范更多地体现了供应链采购的理念，因此，在操作规范修订中，管理规范应作为操作规范的引用文件之一。

目前，国有企业普遍采用电子采购平台实施采购，包括在电子商城的采购，在最大限度体现公开性的同时，提高采购效率。在相应环节，本文件涉及网上商城的交易规则，按照《国有企业网上商城采购交易操作规范》做了规定，保持了两个标准在网上商城交易规则的一致性。

3 术语和定义

T/CFLP 0027—2020 界定的以及下列术语和定义适用于本文件。

【释义】

修订版关于术语和定义，本着必要、精练的原则，凡是在其他文件已经有明确的定义或在行业内已经普遍认同的不再列示，只列入创新的或容易引起歧义的术语。下列术语和定义适用于本文件，并依据在正文出现的次序排序。

3.1

供应资源库 supply resources base

采购实体为保障供应而建立的咨询服务信息、供应商信息及其相关产品信息的总称。

3.2

项目采购 project procurement

为实现项目管理目标，在项目交付使用前完成的一次性采购活动。

3.3

运营采购 operation procurement

为实现运营管理目标、维持日常经营活动实施的重复性采购活动。

3.4

采购组织模式 procurement organization mode

依据采购管理的不同属性，针对采购活动中主要管控点制定、供采购实体选择使用的标准化解决方案。

3.5

采购方式 procurement method

采购实体为实现采购目标制定的采购活动规则和程序。

3.6

响应文件 response document

参与采购活动的供应商按照采购文件的要求编制提交的要约文件的统称。

4 采购流程与通用要求

【释义】

本文件将企业采购流程归纳为两个阶段：采购准备和采购实施。

采购准备阶段包括了需求准备、供应准备（寻源）、确定采购策略、确定采购需求（规格）、计划准备和方案策划准备六个步骤；采购实施阶段包括编制、审核采购文件，要约，组织采购活动，确定成交供应商，采购合同管理，资料收集整理和归档六个步骤。

所谓采购就是指寻源并采买交易，供应寻源的方式除了采购，还有租赁、分包等多种形式。此外供应还包括分配流程。采购向供应管理转变体现了企业管理的进步。

在传统采购管理中，依据采购计划提出采购申请，满足企业供料需求，采购实体主要通过竞争博弈采购，在满足质量和工期（交货期）的基础上和报价最低的供应商签订合同。这个采购过程称作常规采购或“小采购”，该过程的管理被称为采购职能管理。

在供应链采购管理中，采购的角色不仅是简单的持币采购，还要兼顾运输、仓储、关税、汇率、使用、回收等供应全过程，保证供应链总成本最低。采购部门不单纯是一个职能部门，还是企业的一个战略部门。

在供应链采购中，采购部门还需介入需求管理。要理顺需求、理顺供应商。

本文件设计的采购流程体现了供应链采购，即“大采购”的通用要求。

采购部门相对于企业内部的设计部门、生产部门、物流部门，其扮演供应的角色，需要倾听和协调各部门对供应的要求，例如，如果预测销售供不应求，应及时与需求计划部门沟通适当增加库存，减少紧急采购，降低不必要的赶工费；把库存保持在合理水平，在满足生产的前提下尽可能降低财务成本；此外还要理顺供应商，供应商太多，采购额分散，会使供应商忠诚度下降，如果供应商选不好、管不好，供应商业绩不稳定可能驱使生产部门找备份供应商，增加企业成本，影响供应链的可持续性和竞争力。特别是随着专业化分包在企业占有的比重越来越大，企业对供应商的依赖程度增加，企业采购的价值占成本的比重越来越大。考虑到采购的杠杆效应，采购部门和销售部门一样成了企业实现效益的战略部门。协作外包可以提高协作件的质量、降低成本、防范市场风险。采购“买”得不好，销售就“卖”得不好，如果采购停留在价格谈判的采购管理阶段，其实质还是“利润转移”，但是，如果上升到理顺需求、理顺供应商和全面增值阶段，在信任的基础上双方共同创造新的价值，企业和供应商实现了“创造利润”，这就是所谓的供应链采购，也称作“大采购”。

在供应链采购管理中，采购部门也增加了许多财务、运营方面的指标内容，如现金流、资金周转率等。采购部门和企业内部各部门的关系如表1所示。

表1　　采购部门和企业内部各部门的关系

部门	部门角色描述及与采购部门的关系
最高管理层	规划企业的愿景和战略并分配资源 采购部门需依据战略目标，与高层充分沟通，以明确如何协助企业达成战略性目标
研发部门	负责对产品和生产流程的基本研究与应用性研究 采购部门要保证研发工作有最好的原材料和设备可用，采购部门可将产品专家的意见和供应商的经验带到研发过程中
产品开发部门	设计新产品和进行产品的改进，建立产品规范 采购部门应当及时介入产品开发过程中，协助制定最适当的产品技术规范，并选择最理想的原材料；采购部门可将供应商的经验带到产品开发的过程中
工程部门	为企业的产品和生产过程制定技术规范 采购部门应与工程部门充分沟通，对照工程部门的规范，以确保所采购的物料能够满足这些规范的要求，而在新产品开发的过程中，采购部门则应协助工程部门与供应商进行沟通

续 表

部门	部门角色描述及与采购部门的关系
生产计划部门	进行生产排程，明确所需资源 采购部门与生产计划部门协调，为生产出物美价廉的产品而采购合适的原材料
生产制造部门	生产排程、计划产能、管理库存，并规划设施的布局 采购部门与制造部门关系密切，制造部门往往是采购部门最大的内部客户，因此这两个部门应尽量协调各自的工作，以保证满足原料的及时供应
质量控制部门	鉴定物料和流程，以确保能生产出合格的产品 采购部门检验供应商的能力，并与质量控制部门一同对供应商进行培训认证和开发
市场营销部门	组织产品促销，交付物美价廉的产品，以满足客户需求 采购部门必须充分了解市场的需求，并尽可能合理预测购入产品的最佳数量和服务，以支持客户交付策略
销售部门	负责分销和零售环节的产品销售 采购部门与销售部门密切协作，通过两部门的及时沟通，使热销产品能够及时补货，并在滞销货物过多占用企业资源前将其售出，两部门的协作能减少这些产品由于降价所带来的损失
信息系统管理部门	设计并管理信息系统，包括企业内部电子平台的整合和数据分析 采购部门与信息系统部门合作，确保信息的采集分析和报告是正确的，以便做出更好的采购决策
财务部门	监控现金流、编制财务预算、执行财务计划 采购部门与财务部门一同监控和评估成本绩效，并保证按时付款给供应商；采购部门与财务部门一同评估各种供货来源，同时协助进行价值分析
法务部门	为企业解决法律问题，复核合同及其他法律文件，由于采购往往涉及合同问题以及与外部实体的关系，法务部门应当仔细检查采购的每一项活动 采购部门应当于所有合同签署前将合同交给法务部门，并就审核合同发现的问题与法务部门沟通，法务部门同样要针对可能影响采购的法律法规对采购部门进行培训

续 表

部门	部门角色描述及与采购部门的关系
公共关系部门	向外包客户和供应商展示积极的企业形象 采购部门应与公共关系部门一同调整那些可能会影响外界的采购活动，这些活动可能包括少数供应商的发展计划以及针对环保要求采购部门所做出的努力等；当出现意外和潜在的伤害性事件时，采购部门应与公共关系部门紧密合作，如化学泄漏等意外事件
设备管理部门	管理生产场地和布局，同时对企业的设施设备进行维护保养 采购部门需要提前介入设施计划阶段，协助选择适当的服务和物料来源，包括为构建和维持世界级的设计水平而采购的重要设备
设备维修部门	保证设备的工作状态良好，并能正常运转 采购部门和维修部门要协同工作，以防设备发生故障，很多时候采购部门要负责跟进，使损坏的配件设备能够尽快修复
物流部门	计划和控制物料与成品的出入 采购部门和物流部门应当共享信息，确保物料按时送达，以支持生产运作和分销活动；采购部门也应帮助物流部门与服务供应商谈判签订更有利的合同
售后服务部门	提供产品售后的安装和服务 采购部门必须要了解当地服务机构，对产品和服务的需求予以保证，无论何时都能为客户提供迅速而可靠的服务
其他	采购部门应与企业的每一个部门共同协作，满足他们所需要的原材料并服务到位。采购部门应当同所有内部客户建立密切的工作关系，以便迅速满足其需求

4.1 采购准备

【释义】

采购准备活动包括需求准备、供应准备（寻源）、确定采购策略、确定采购需求（规格）、计划准备和方案策划准备六个步骤；企业在执行采购流程时，如果之前已经完成规定准备步骤，可直接进入下一阶段的流程。

4.1.1　采购需求准备

4.1.1.1　采购需求预测

采购实体应依据项目采购或运营采购的特点组织采购需求预测。

项目采购中，采购实体宜根据项目的内部立项、项目实施进度计划，在项目管理的初期阶段提出采购需求预测报告。

运营采购中，采购实体宜组织相关部门应用有关预测工具和技术，依据企业发展战略、年度生产计划安排，对企业采购需求提出年度、季度采购需求预测报告。

【释义】

本文件规定的对采购需求的预测、识别、细分、编码都是采购实体在供应链管理中进行的主动的、战略性或策略性的活动，属于采购需求的准备范畴。

一、预测是对未来进行前瞻性的判断

预测是商业决策的基础，包括需求预测、技术预测、产能预测、价格预测、经济走势预测、消费行为模式预测、气候预测等。预测的根本目的是在看似有无限多的不确定性中，基于各种定量、定性、合乎逻辑的分析，将这些不确定性最小化，从而做到决策程序的优化，并提高决策的有效性。

需求预测就是基于对某项产品/服务/工程项目的历史需求量、变化趋势、未来市场走向、客户偏好、供求关系等方面的数据进行的分析判断，对未来某一时期内产品/服务/工程项目本身及其相关原材料、设备和其他服务的需求作出评估。

在采购管理中，采购部门执行企业计划部门的采购计划即可，一般不参加企业采购需求的预测活动，但是在供应链管理中，为了整合需求，采购部门应当参与企业采购的预测工作，特别是针对类似项目、老产品，采购部门对年度采购计划有更大的发言权。

本条规定了采购实体应依据项目采购和运营采购的不同特点组织需求预测活动的步骤和内容。由于行业和企业各有不同，采购实体中具体承担预测的部门也不同。

二、预测分析技术与工具

在数字化供应链管理中，预测性分析是分析数据、识别模式和预测未来情景的技术，属于高级分析技术范畴。高级分析技术包括预测性分析和规范性分析。预测性分析一般包括模拟、统计建模、预测和机器学习；规范性分析包括优化方法，如线性规划、预测分析和规则的组合、启发式方法以及影响图等决策分析方法。

预测一般是从历史数据出发，通过数据分析提出产品生产计划的建议，应尽量提高预测的准确度。预测一般都是“错”的，然而，没有预测意味着有很多预测，风险更大，所以有预测要比没有强。常用预测工具如表2所示。

表2　常用预测工具

预测方法		时间范围		
定性分析法	描述	长期	中期	短期
销售团队汇总法	每个销售人员对所在区域的客户需求作出最佳估计，并提交销售经理检查，然后在地区和国家两级编制一份总体预测	×	×	×
市场调研	从消费者处收集调查问卷，预估他们对某一产品或服务感兴趣的程度	×	×	×
高管团队的意见	采购实体内关键领域和外部各方如客户和供应商个人的经验知识和意见	×	×	×
德尔菲法	主持这一操作的人先从发给专家组的调查问卷中收集结果，然后创建一个发送给该专家组的新调查问卷，这一进程一直持续，直到达成共识	×		
定量分析法	描述	长期	中期	短期
单纯预测法	下一周期的预测被设定等于最近一个时期的需求			×
简单移动平均	近期至少两次需求数据的平均值是下期需求预测的基础		×	×
加权移动平均	给固定跨越期限内的每个变量值以不同的权重		×	×
指数平滑法	每一个预测都是由最近周期实际需求和下一期预测数两者加权而来的，这个权重称为平滑系数		×	×
季节成绩效应法	季节性是用指数表示的平均需求的百分比		×	

续 表

预测方法		时间范围		
定量分析法	描述	长期	中期	短期
添加趋势修正值	可以在一定程度上改进指数平滑预测结果		×	
线性回归	用一种称为最小二乘法的拟合技术，通过历史数据分析，找出相关变量与独立变量之间的线性关系	×	×	
博克斯—詹金斯法	针对剧烈震荡的平稳随机时间序列进行短期猜测的一种有效猜测方法。该方法假定时间序列的变化与自身过去的历史数据有关，建立自相关的回归模型及其变形——移动平均模型，将模型外推作出猜测		×	
三次指数平滑法	用指数平滑技术，同时考虑趋势和季节影响		×	
单阶段模型	根据概率分析，用过去的需求数据确定要订购的库存量		×	×
蒙特卡罗方法	数学模拟方法，考虑各种风险因素，分析一系列可能的结果		×	×

三、预测的一般程序（见表3）

表3　　预测的一般程序

第一步	第二步	第三步	第四步	第五步
1. 选择要预测的内容； 2. 选择预测的时间范围； 3. 选用预测模型	1. 收集相关数据； 2. 时间序列分析； 3. 销售预估； 4. 高管意见； 5. 市场调研； 6. 其他	1. 组织预测； 2. 定性分析； 3. 定量分析	验证并批准预测	实施并得出结果

案例：中国×建优化需求计划、提前预测

案例

建筑业采购是基于建设项目的建设过程中物资的采购，采购过程涉及项

目策划、设计、施工等多个环节。中国×建某单位以EPC模式承建的××国际会展中心（一期）项目中最大的单体工程为超高层建筑“××酒店”，按初步设计，××酒店的上部结构主体为钢结构。常规钢结构均设计为焊接H型钢，钢结构工厂按设计图纸对钢板进行下料、焊接、打孔、除锈防腐等加工。为节省成本，该单位在确保设计性能参数的前提下，积极推进成品热轧H型钢替代焊接H型钢的设计优化工作，最终上部主体70%的钢结构确认使用成品热轧H型钢方案，达到降低采购成本、简化加工工序、控制加工损耗率、提升生产效率等设计目标，直接采购成本降低达600余万元。

案例

设计优化的钢结构清单出来后，该单位研判市场大宗材料的价格走势，预测第四季度因为“限电限产”，钢材价格还会持续上涨。该单位立即和×钢集团（2020年拥有国内唯一、世界第五的重型H型钢生产线，国内H型钢生产模具和种类最齐全的厂家）进行多轮合作谈判，争取到“重点项目源头直采保供价”“锁定价格时不再另加后期市场预期因素”等多项优惠措施，签订合同后支付一定比例预付款锁定当期市场价格，有效规避了后续市场涨价的风险。

专家点评：

管理专家认为，预测总是“错”的，但这个“错”的地方可以不断修正。

需求预测往往从数据开始到判断结束。数据加判断，整合了跨职能智慧，就得到了准确度最高的“错误”的预测。虽然采购人的这种预测往往是错的，但错得最少。一般来讲，存量来自数据，增量来自判断。在本案例中，依据预测数据准确判断，抓住时机，效果显著。

4.1.1.2　采购需求识别

在实施采购前，采购实体应识别和分析采购需求的相关要求，包括并不限于：

——需求构成要素的明确性；

——需求的必要性与可变通性；

——需求的可替代性；

——收益/成本分析。

【释义】

一、识别和分析采购目标及其相关要素是确定采购需求的前置步骤

采购需求指需求部门或使用部门提出采购订单或建议书申请采购任务的文书。有需求时才会启动寻源周期。

1. 对日常购买或重复购买的物料的需求

采购实体一般可通过以下三种途径确定需求。

一是针对日常订单，内部客户填写标准采购申请单（电子）描述采购的需求、规格、数量、供货时间等。采购实体依据企业过去和当前采购项目的经验以及供应市场的知识，可能对申请提出个别建议，如对某品牌替代的建议等。又比如为满足本部门使用的方便性，使用部门一次提出半年的材料采购任务，采购实体则应当和生产部门、库房、物流等部门沟通，通过分析确定最佳的采购数量。

二是针对重复采购，可由库存控制部门生成采购申请单，当库存水平达到预定的再订购点时，可以自动发出订单。

三是使用物料需求计划系统（MRP），也可基于物料清单（BOM）自动生成采购申请单。

2. 对企业开发新产品或组织重大项目的需求

如流水线技术改造的需求，采购实体应与内部客户协同或作为职能团队成员共同确定需求。需求应满足采购项目的必需的采购要求。在需求分析中，应注意以下两点：

一是区分必要的需求和不必要的需求，更高的但不必要的需求会减少供应商的数量，增加交货期并增加成本。如工程部门提出购买的一台设备要求10 年的使用寿命，采购部门评估认为，该类型设备技术预计 3 年内有变化，只需要 3 年的使用寿命，采购价格可能因此而降低。

二是不能把解决需求的方案视为需求，如需求部门提出一个造型很特殊的包装，需要“私人定制”，需求部门提出的这个要求只是解决需求的一个方案，真正的需求是解决容器密封的问题，因此，可以通过向专家咨询帮助提出其他物美价廉的采购要求，不能把解决问题的方案等同为唯一的采购需求。

在需求识别中，技术要求是指对采购标的功能和质量的要求，包括性能、材料、结构、外观、安全，或者服务内容和标准等。

商务要求是指取得采购标的的时间、地点、财务和服务要求，包括交付（实施）的时间（期限）和地点（范围）、付款条件（进度和方式）、包装和运输、售后服务、保险等。

采购需求可以是有形的实物需求，也可以是无形的服务性需求。有形的实物需求按照其消耗特性可以分为消耗性需求和资本性需求；有些需求是为了满足生产活动的生产性需求，有些则是非生产性需求，在生产性需求中，存在相关需求和非相关需求。

在采购实施活动前应对需求部门提出的需求进行识别和分析，判断实际需求和申请要求的一致性。

二、识别采购需求的标准

（一）需求构成要素的明确性

在供应链教科书中，一般把需求要素用“规格”表述，规格包括一致性规格和性能规格、服务规格以及可持续规格。

其中一致性规格的表现形式包括技术规格或设计规格、由化学或物理特性表示的规格、由商标表示的规格、用样品作为规格、用市场等级作为规格、用标准表示的规格。一致性规格可以详细了解供应究竟由什么构成。

1. 一致性规格可以准确确定采购需求，但有以下缺点和局限性：

（1）制定说明非常困难，而且耗时、花费大；

（2）买方承担着设计达不到预想功能的风险；

（3）缩小了可供选择供应商的范围；

（4）限制创新或限制了最优解决方案的出现。

2. 性能规格的表现形式包括功能性要求（公差范围内）、影响性能的输入（公共设施）、运行环境和条件（功能需要）、产品与过程要素链接、相关标准（质量水平、健康安全、环境性能）、测量达到期望的功能、方法等。

性能规格在识别和确定采购需求中得到广泛应用，有以下原因：

（1）性能规格更易于制定，成本也更低；

（2）性能规格的功效不依赖于采购方自身的技术知识水平；

（3）供应商可以充分利用自己的专业技能、技术和创新能力来开发最合适的、成本最低的解决方案；

（4）性能规格的大部分风险由供应商承担，如部件没有达到期望的功效，或者某个流程或服务没有达到目标，采购方有权获得赔偿；

（5）潜在的提供产品或服务的供应商数量会比使用一致性规格时要多，并且不同供应商的专业知识可以提供范围很广的解决方案。

3. 服务规格包括有形的服务和无形的服务。前者可用功能性规格描述，后者更多是模糊性的表述和评价，可持续规格主要是社会、市场和环境方面的伴随性要求。

在确定需求时容易混淆的是把解决需求的方案误认为需求，即应当分清需求和要求的一致性。

（二）采购需求的必要性和可变通性

在供应链管理中，满足供应的途径除了采购还有租赁、内部分包、外包等多种形式，在采购环节还可分为内部调剂供应、外部采购等不同途径。在电子交易平台，采购实体一般比较容易通过查询识别需求部门提出采购任务的必要性。所谓的可变通性在瓶颈类物资需求方面显得尤为重要，特别是通过寻源了解到市场供应难以满足需求部门的要求，采购实体应第一时间同设计部门沟通寻找替代方案。

（三）确定采购的最佳的唯一性

在性能规格或服务规格方面，由于两类规格呈现的相对模糊性，一般还可以由不同技术路径或由不同国家、地区的供应商提供，因此，采购实体应当对不同的技术方案、不同供应商在市场中的地位进行识别或分析，确定唯一性的品类及其供应商。

（四）对确定采购要求的性价比分析

在确定唯一供应商时，对其供应设备、物资（物料）进行性价比分析是前提条件。所谓性价比就是价格和成本的比值。采购的最高限价不能超过计划预算。

成本由项目或产品的复杂性决定；价格由市场决定。

价格是指购买的、售出的或报盘出售的任何东西的金额或其等价物；相比之下，成本是做业务所需的全部费用的总和，这些费用包括生产产品或服务的直接成本以及经营业务的所有间接成本。成本是供应商在确定产品和服务价格时所考虑的因素，但不是唯一的因素，供应商的销售价格减去实际成本是其净收入。

预算是一个财务计划，支持战略和运营计划的各项行动，以及完成这些行动所需的财务资源。一般来说，预算以成本为基础进行编制，涵盖一个特定的时期（通常是一年），确定并分配财务资源给一个组织的产品、服务部门和/或分部。在功能上，预算包含的内容不仅仅是预测，它还涉及有计划地巧妙处理所有变量，这些变量决定了公司未来努力达到某一有利地位的绩效。

经验：一个老采购人的采购笔记

（1）过去购买了什么？未来需要购买什么？

（2）过去购买花了多少钱？未来购买需要花多少钱？

（3）谁购买的？为什么购买？如何使用？

（4）购买了合适的东西吗？

（5）在什么样的范围内购买不同的东西来满足相同的需要？

（6）有什么机会可以提升在品类购买方式和使用方式上的效率？

（7）现在或未来有什么机会去实现技术进步？

4.1.1.3　品类细分

采购实体应结合企业发展战略、采购需求特征和入库资源等，对采购标的的种类、属性、交易成本、采购规模、采购方式等进行细分。

【释义】

一、品类的概念

中物联在其主导编制的团体标准《供应链术语》中对“品类/支出品类”给出的定义是：“具有相似特征或属性的商品或服务，出于规划和管理目的而组合在一起，能够在任何交易场合进行买卖。”

《采购与供应中的品类管理》（*Category Management in Procurement and Supply*）进一步给出了品类划分的六个参考标准：①供应来源相似；②生产过程相似；③用途相似；④材料相似；⑤规格相似；⑥技术相似。

上述标准可以总结成两个维度，即需求属性和供应属性。当这两个维度都具有比较强的相似性或相关性时，就适宜划分为一个采购“品类”。既然要称其为采购“品类”，就必须存在某种特征或属性上的相似性或相关性。当然，“品类”还可以继续细分为“子品类”。

案 例

某电子企业内部“机械结构件”门类下的“品类树”示例如图1所示。

图1 机械结构件品类树示例

二、品类管理

许多企业正在通过采购品类管理为本企业增加更大的价值。麦肯锡公司的一项研究表明，优秀企业领先于其他公司，采购品类管理是重要原因。采购品类管理是一个主动过程，其识别整个企业的开支、标准化供应流程。虽然战略寻源是采购品类管理的一个重要方面，但采购品类管理还应实时对优先级品类的支出、未来需求的评估、市场化分析和是否可以进一步细分进行监控，并对供应商绩效、风险进行管理，维护供应商关系，进一步改善对供应商绩效的综合管理。

采购品类管理过程的第一步是支出分析、对采购实体未来需求进行的评估、供应市场分析和采购品类细分，建立管理的采购品类体系并确定优先级。第二步制定采购品类战略和制订行动计划，包括供应库优化等。第三步是采购品类管理实施行动计划。采购品类细分是采购品类管理的基础性工作。

三、品类细分的意义和条件

（1）在供应链管理中，制定差异化细分战略是提高供应链竞争力的重要途径，采购端的品类管理是实现企业差异化战略的基础。其核心要义是“充分发挥出协同效应，为采购组织获得价值创造的最大化”。

（2）在企业采购实务中，“相似性”和“相关性”有多种维度，如某设备制造央企按照物料、重要度、交易频次、交易规模、收益风险等不同维度对企业需求进行细分，从而为确定企业采购策略提供依据。

（3）品类细分的条件。在新品开发中，要依据企业发展战略提前布局，在清晰了解设计生产部门需求的基础上，按照不同维度进行细分；通过寻源对可能满足需求的供应商细分。从企业需求和寻源供应两方面定位，以提高细分效率和可操作性，在此基础上提出相应采购策略。

四、内部需求和外部市场供应资源的分析

（一）内部分析阶段

企业首先要对采购标的的品类划分进行回顾，必要时进行重新梳理和调整。针对某个或某几个具体的采购品类或子品类进行具体细致的分析。

（1）分析某具体品类/子品类的采购支出现状（如金额、数量、使用单位、使用地、供应来源等多个维度）。

（2）预测在产品全生命周期间内（如汽车生命周期一般是 8 年）该品类的采购支出规模和趋势。

（3）了解、理解、澄清和确定来自不同利益相关方对某品类具有普适性的商务及技术要求。在分析中兼顾与之存在关联关系的其他子品类或品类的相关数据与信息，因为品类管理过程中始终存在着聚类和分类的可能性和动态性。

（二）外部分析阶段

在对品类支出历史、需求趋势及采购要求等企业内部状况进行摸底分析前、分析中和分析后，都需要对企业外部的供应市场及宏观环境有所了解。

外部分析主要包括三个方面。

1. 供应商分析

《战略采购和供应链管理》的作者卡洛斯·梅纳等引入了“风车图”（见图2），对供应商客户细化分类。

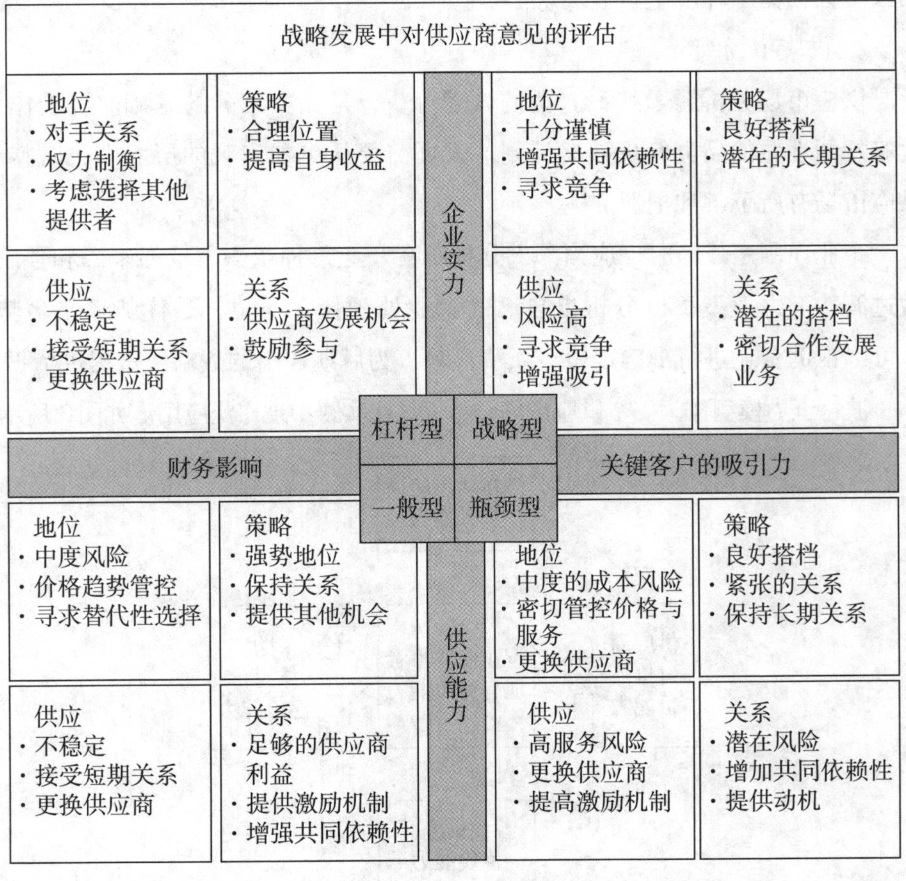

图2 “风车图”

细分原则包括企业实力、财务影响、关键客户的吸引力、供应能力四项指标。针对四种采购项目类别——杠杆型、一般型、战略型、瓶颈型的供应商，细分采购双方地位、供应方生产能力、己方策略，以及和供应方保持的关系。

供应商也可通过该图定位自身的策略。如战略供应商把一个战略客户看作很好的合作者，并获得长期合作的机会。然而，如果采购实体认可的战略供应商并没有把采购实体视为战略合作者，双方之间的关系就处于危险状态，采购实体可能面临竞争挑战。反之，如在左上方杠杆型项目中，有供应商认为采购实体是战略合作者，采购实体将处于有利位置。因为供应商不会弃你而去，会在竞争环境中积极表现。

2. 供应市场细分

供应市场分析属于细致入微的微观分析，是品类细分的基础。对于作为战略规划性质的品类管理战略计划，无疑需要从更加宏观的层面上，对整个供应市场有所了解和把握。

企业在制定战略时，应当深入分析所在产业每种竞争力量的来源和强度，通过波特五力模型可以分析出自己的企业处于什么地位，是优势还是劣势。这可以帮助企业进行准确定位，认清形势，为后期作出的战略决策提供依据。

波特五力模型作为一个供应市场分析工具在实践中被广泛应用。如图 3 所示。

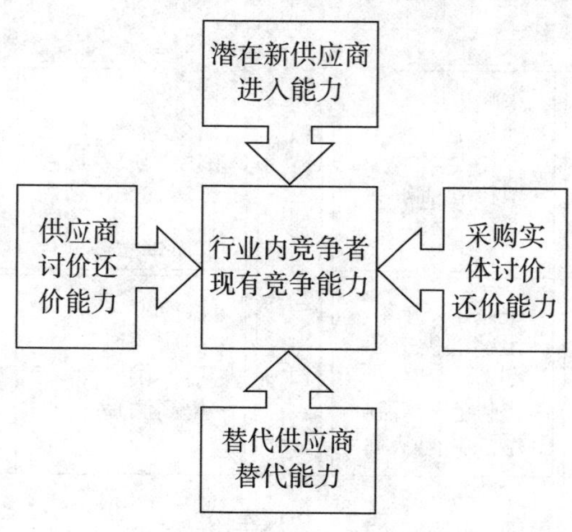

图 3　波特五力模型

3. 宏观环境分析

对供应商及供应市场进行分析了解后，我们还需要考虑外部环境对于供需两端的作用与影响，比较常见的分析方法是 PESTLE 分析法，即从政治（Politics）、经济（Economics）、社会（Social）、技术（Technology）、法律（Legal）和自然环境（Environment）六个方面入手，把握外部宏观环境对品类供需的影响。还有一种被称为“STEEPLE”的分析方法，即在上述六个方面以外，增加了道德（Ethics）视角。相关内容在《〈国有企业采购管理规范〉释义》中已有阐述，本书不再赘述。

案例：某央企物料的品类管理步骤

某制造业央企在品类管理中按照以下程序确定了采购策略和采购方法。

（1）该产品是国家发展战略支持的在全球有竞争力的重点产品。

（2）对该产品所需物资的采购作了以下分类。

首先，将企业上万个品种物料分为外购、外协、外委、自制四大类。

其次，按照物料属性将品类分为关键重要专用件、关键重要通用件、一般专用件、一般通用件、标准件等。

再次，按照物料的规模、标准化、通用化、常用化、技术复杂度分为四类采购方式：

——技术复杂、特殊紧急类，用谈判采购方式，包括合作谈判、竞争谈判；

——用户指定、供应资源有限、特殊要求类，采用直接采购方式；

——需求明确、竞争性强、小额类，采用询价或比选方式采购；

——需求明确、竞争性强、大额类，自愿用招标方式采购，包括自愿公开或邀请招标。

最后，将采购品类分为年度型重复采购和项目型单项采购。

（3）确定采购策略、管理办法，并执行采购。

依据卡拉杰克模型综合供应风险和收益影响，将年度型重复采购归类逐项分析，制定最适宜的采购方案，包括在全球采购中防范风险的预案。评审通过后有序推进。

4.1.1.4 品类编码

采购实体宜按照时间顺序赋码、归类分组赋码或智能物料赋码等编码方式，对采购品类细目进行编码。基于编码记录相关信息，包括但不限于：物料名称、供应商、规格型号、订单号、项目名称、生产日期、批次、时间、地点、所有人、质量报废处置等。

【释义】

采购需求准备的第四个环节是对细分需求品类进行编码，采购实体通过将设备、物资、服务等信息数据标签化、结构化处理，形成符合企业自身特点的设备、物资、服务的层级化分类体系，并辅以编码，最终实现一物一码、以码识物、一码到底的企业设备、物资、服务的数子化管理体系。既是企业现代化管理的需要，更是企业实现“数智化”采购供应管理的基础。品类细目编码一般包括流水（顺序）码、隶属（结构）码两个基本类型。

一、两种基本编码技术

（一）流水（顺序）码

流水码也称为顺序码，编码方式为采用13～18位（如1000000000001）的流水编号按时间先后顺序给物料进行赋码，相邻的流水码之间只代表了生成顺序的先后，没有任何业务关联。流水码采用较为特殊的编码方式，一般产生于对物料分类信息不明确或不需要借助分类信息的场景，这种编码方式类似于设计图中的材料信息，优点是可以快速生成，无其他依赖性要求，缺点是不容易理解，不太适合编码的人工管理和使用。

（二）隶属（结构）码

隶属码也称为结构码，编码方式为隶属设备信息码+部件码（如设备信息码DA-06-02-DAY67，部件码10665），设备信息码更多的是体现设备的功能、用途、方位等信息，部件码体现的是物料的从属信息。隶属码采用基于使用场景的编码方式，这种编码方式的优点是与生产和库存管理紧密结合，对于标准化好、重复性高的大型化生产业务的安全库存管理作用突出，不足之处是会导致很多一物多码的情况发生。流水码和隶属码的优缺点如表4所示。

表4 流水码和隶属码的优缺点

流水（顺序）码的优点	隶属（结构）码的优点
（1）新产品给予新编码时，不需要特殊的知识或对产品的了解 （2）易予扩展。当原用编码已被用尽时，可以对编码进行扩展 （3）简要。由于编码是连续使用的，现有编码数量会与当前库存品种数量完全相等	（1）便于减少品种 （2）便于统一理解。通过避免对产品品名或描述的依赖，结构编码有利于明确理解所指定产品，无须用文字描述 （3）便于使用。每个产品大类都可细分为多个子产品类 （4）有内在的索引功能。由于编码的层级结构，每种产品的编码都具有逻辑和索引特征 （5）不存在重复编码 （6）便于发现差错
流水（顺序）码的缺点	**隶属（结构）码的缺点**
（1）不利于品种的减少。这是由于编码系统中不存在可见的产品层级结构 （2）难以记忆。类似的产品不一定有类似的编码 （3）需要索引。通常需要另有一套单独品名索引，以便查找特定的编码 （4）容易出错。字符的多写与少写都会构成另一个有效编码，进而容易产生差错并难以纠正	（1）难于设计。标准的编码系统可能并不能反映库存或采购产品的自然层级 （2）寿命有限。由于企业业务性质会发生变化，编码结构中的产品分组方法可能会过时，这会要求进行大量的重新编码工作 （3）编码较长。由于要考虑到结构需求，与简单的顺序编码相比，这种编码一般都更长

二、组合编码技术

为了克服以上两种编码的缺点，有些行业或企业采用组合的办法以适应企业编码的需要。

（一）分类码+顺序码

分类码+顺序码的编码方式是目前行业内最为普遍的做法，该方式根据物料的品类归属生成逐级分类码［如果分类是三级分类，则每个级别会对应3位的编码，然后拼接为9位分类码（如121010001）；如果分类是四级分类，则每个级别会对应 2 位的编码(也有三四级使用 3 位编码的做法),然后拼接为 8 位(或 10 位,如 0102003001)分类码],对于同一个物料品类下不同的规格型号组合,按照出现或者使用的先后顺序,生成对应的顺序码(通常为 6 位的顺序编码,如 000001),最后将分类码和顺序码组合后就是最终的物料编码。分类码 + 顺序码的编码方式对于采购、商品管理、仓储物流管理、生产管理都十分适用,既容易快速阅读编码的物料信息,又因格式统一方便使用和流转。但这种编码方式也存在一定的弊端,通过编码只能区分到品类级别,对物料参数属性信息进行逐个或多个区分很难实现,这种情形严重制约了企业物料管理数字化和精细化的发展。

(二)分类码 + 特征码

分类码 + 特征码的编码方式是一种完全体现物料属性的做法,该方式对于分类码的处理方式与“分类码 + 顺序码”的一致,但对于不同的属性参数组合,采用了通过编码逐一体现每个物料参数的方法(如某个物料品类 01020304,其属性参数有 4 个,分别使用 2 位编码体现一个参数,则特征码为 11223344),对于特征码的长度行业内又有两种做法:一种是固定特征参数的数量,这样可以保证编码长度的一致性;另一种是不固定特征参数的数量,所有重要参数都加入编码,这样也导致了不同的物料其编码的长度是不一致的。分类码 + 特征码的编码方式技术较为先进,通过编码可以对物料进行 SKU① 级别的区分,对于编码数据的精准分析和智能化应用都很有帮助,但缺点也同样明显,如果固定特征码长度,会使一些物料丢失重要信息,如果不固定特征码长度,则会给阅读、使用、数据流转等带来很大的不便。

三、智能赋码

智能赋码也称为双编码,是北京筑龙信息技术有限公司推出的一种兼顾多种编码技术的数字化编码技术。双编码结合了“分类码 + 顺序码”和“分类码 + 特征码”两种编码方式的优点,在向用户展示时采用“分类码 + 顺序

① SKU(Stock Keeping Unit)一般指最小存货单位,即库存进出计量的基本单元,可以是以件、盒、托盘等为单位。

码”，在底层处理时采用“分类码+特征码”，并且特征码的生成是通过智能化算法将物料的文本描述内容结构化再编码，同时将两种编码进行映射匹配，实现前后端编码的对应，由于编码过程中大量结合了智能化技术，也称为智能赋码。双编码方案的优势十分明显，既容易阅读并快速理解物料的品类信息，也能服务于后续的精细化分析和数字化、智能化应用。这种编码的最大优点是真正快速实现了一物一码。例如对杯子的编码，从使用材料、形状、容量、颜色、保温效果、其他特殊要求等方面加以区分有成千上万个种类，采用智能赋码技术，只要输入编码就确定了唯一的杯子。但双编码也存在一定的壁垒，就是技术门槛比较高，需要一定的技术支持。

4.1.2 寻源

【释义】

一、全面解读寻源的概念和意义

美国供应管理协会（ISM）为寻源（Sourcing）给出了定义（ISM 术语，2016)，这个定义涉及两个层面：

（1）以最佳价格获得最佳质量的过程，包括规格制定、价值分析、供应商市场研究、谈判和采购活动，以达到通过品类管理确定的目标。

（2）反映整个采购过程或周期。

从定义中可以看出，寻源是一个过程，包括两个层面：第一个层面强调“获得”的过程；第二个层面侧重“采购”的全过程。

既然是过程，其中就会有步骤和活动。第一个层面列举了规格制定、价值分析、供应市场研究、谈判和采购等各项主要活动；第二个层面虽然在定义中没有详细列出各个步骤或活动，但 ISM 在另外给出的一个术语“寻源周期”（Sourcing Cycle）中，明确了寻源的八个主要步骤，如图 4 所示。

英国皇家采购与供应学会（CIPS）认为寻源是指对组织运作所需的所有重要投入进行定位、获取和管理，包括原材料、零部件、产品、所有形式的劳动力、地点和服务，并指出寻源是采购周期的关键部分，它包括购买商品或服务时识别、评估和确定供应商，以实现最佳的资金价值，还包括供应商分析、自制还是外购决策、外包的考虑和评估相关的风险。

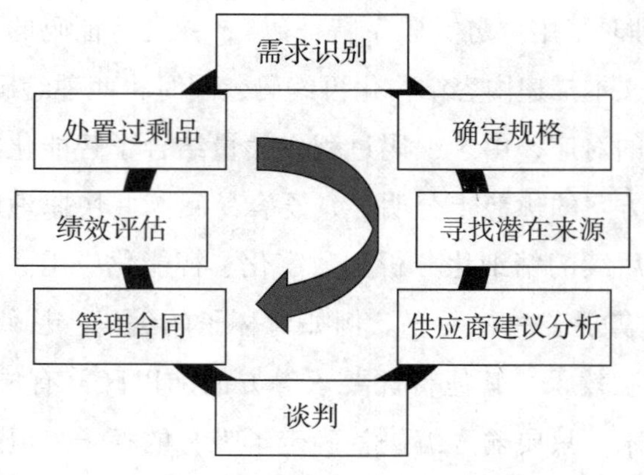

图4　寻源周期示意

从上面的定义可以看到，寻源包括“寻找货源”，即 CIPS 所说的“识别供应商”，但还包括后续更多的工作，即“评估和确定供应商”等，并涉及自制还是外购决策这样的显著具有战略性质的货源决策管理。

二、战略寻源与战术寻源的区别

一般意义上，寻源是一项具有战略性质的工作。在实际工作中，依然存在即时性或紧急需求出现后，需要实时搜寻供应来源，通过招标、询比、谈判、直采等方式选定能够满足这些需求的供应来源的情况。这种情况可能是由某个新产品开发或老产品升级过程中出现的企业未曾有过的采购需求触发的，也可能是由企业曾经使用过但使用频率很低的偶发性需求触发的，还可能是由于突发性断供风险发生而产生短期内快速找到替代货源的需求触发的。因此，寻源工作可以分为战略寻源和战术寻源两个子集。

从上文 ISM 对寻源给出的两个层面的定义，第一个层面所涉及的规格制定、价值分析、供应商市场研究等工作，都是采购品类管理中的相关活动，是主动性的寻源，具有战略性质；而第二个层面提及的采购流程或周期的八个步骤中的第三步“寻找潜在来源”，则包含了战术寻源所面对的几种情况。

战术寻源的模型如图 5 所示。

战略寻源的模型如图 6 所示。

战术寻源和战略寻源之间的关系程度特征如图 7 所示。

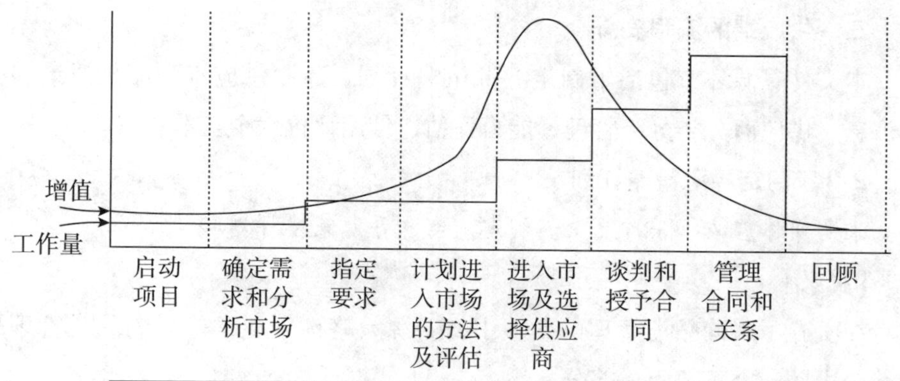

图 5 战术寻源模型

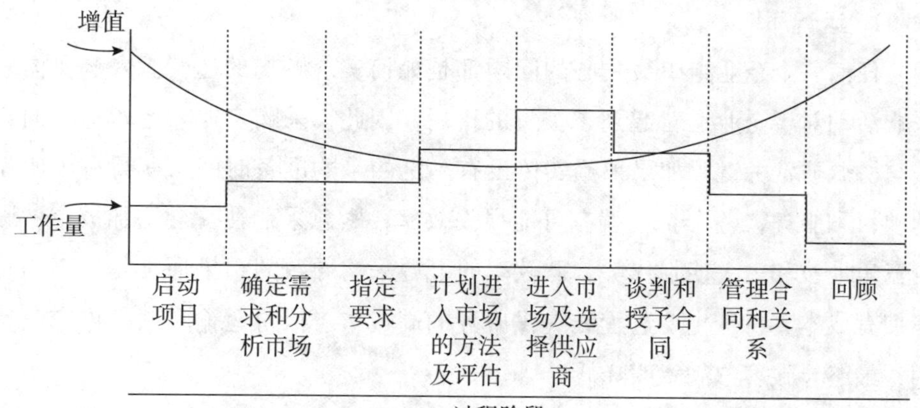

图 6 战略寻源模型

“服务费”
交易型

“服务费
降低价格”
首选

“风险分担
和共享里程碑”
合作伙伴

“共享利润
和风险”
联盟

整合

属性	价格占主导地位	确保标准	绩效改善	业务目标	核心竞争力
特征	招标 战术谈判	先决条件 资格预审	共同发展	合资公司	兼并与收购

关系逐渐密切

图 7 战术寻源和战略寻源之间的关系程度特征

三、供应端的流程安排

本文件寻源环节包括了制定寻源策略计划、建立供应资源库、搜集供应商信息、供应商分类分级管理、能力评估、信用评价六个基本环节。

4.1.2.1 制定寻源策略计划

采购实体应依据采购需求，制定、实施寻源策略计划。

【释义】

在实施了采购品类管理的企业中，寻源策略计划通常是采购品类管理战略组合中的一个重要组成部分。

一、制定战略寻源采购计划的约束条件

1. 运营环境

任何一个企业组织最关心的问题都是如何实现顺畅的运营。采购实体的采购活动对于企业运营起到了关键的作用。因此，采购实体和运营部门的合作与协调非常关键。如果采购实体没有一定的采购准备时间来获得一个所需的项目和服务，整个企业就有可能损失效率，紧急采购往往会增加成本，影响竞争地位和失去谈判优势。低效率的寻源采购导致的结果通常是较高的总体拥有成本、特殊生产进程或提供服务的高成本、保价运输和服务供应商费用，最终导致客户满意度降低。

2. 成本分析

一个企业如何并且何时来使用它的资金取决于市场趋势、市场和采购实体的预测以及风险评估。在需求认知和描述阶段，采购实体应当根据经济因素和组织的整体目标来分析采购方案以决定其是否合适。如果成本分析显示较低的总体拥有成本，那么在预期价格上涨或供应短缺条件下进行提前采购（先期采购）就是一个明智的决定，尽管持有成本会增加。根据财务和经济环境及现金管理战略做出的采购和存货的决定，使得供应可以为采购实体做出最大的贡献。

3. 市场预测

采购计划也应该同市场战略相吻合。因为销售预测通常来自市场，实际需求以及企业的采购需求则来自销售预测。由于绝大多数企业的销售预测做得还远远不够，采购实体必须尽可能精确地跟踪预测并且将这些信息及时地传递给供应商，以便使他们能够有效地计划和执行任务流程。除了准确的预测，供应管理还可以通过和供应商共享实时信息来一起制定延迟战略和供应商库存管理战略，这样可以减少不准确预测带来的影响。预测不准确的时候供应商不得不仓促应付需求，这就不可避免地使采购实体的成本增加。

4. 供应管理

供应管理战略包括供应管理的所有部分。战略寻源采购是整个计划的一部分，并且必须同其他的每一部分相契合。建立一个供应管理组织的部分原因在于这个结构能够使不同的职能和业务流程一体化，并在供应管理之下相互协调。

5. 技术条件

组织层面的技术战略通常关注获取并执行企业范围内的解决方案，以便每一个职能部门都可以在共同的数据库上进行工作，从而加强了客户的互动。随着技术更广泛地作为促成战略应用于供应管理，战略寻源采购计划必须在考虑到企业目前和未来技术能力的前提下进行制定。随着采购实体对采购流程进行简化和自动化，这样做就显得更加重要，能够确保促成供应商基本数据库。

二、寻源计划的主要内容

（一）确定供应来源的数量

依据某品类的采购支出规模与趋势以及供应商的产能水平，品类管理者可能会决定使用单一来源、双来源或多个来源。采购支出规模相对于可用供应商的产能来说较小时，品类管理者通常会倾向于选择单一来源，如果同时考虑到单一来源存在较大的供应保障风险时，可以考虑双来源策略，形成一主一次、一用一备或平均分配采购量。如果采购规模相对于可用供应商的产能来说比较高的时候，那么双来源或多来源就顺理成章。但是，如果供应质量的一致性要求很高时，当采购支出规模在供应商的产能或销售总规模中的占比并没有过高时（多数企业会以 30% 或 50% 为参考基准），则不宜采用过多数量的供应来源，2 ~ 3 家供应商比较常见。

当企业期望通过关键品类的差异化来为自身的产品或服务提升市场竞争力时，该关键品类往往具有独特的要求，并造成只有一家供应商能够满足自己的供应需求的局面。此时，唯一供应来源策略就势在必行。

（二）确定供应商来源的类型

1. 自制、购买或内购/外包

（1）生产活动的分类。

企业生产资料所需的活动分为核心活动、支持活动和辅助活动。核心活动是竞争优势的来源，通常在企业内部进行；支持活动是创造价值所必需的，但不是组织业务的核心活动，内购和外包决策通常基于对优点和缺点的彻底分析；辅助活动是运营所必需的，但通常是一般性的，如清洁服务，它通常是外包的。

（2）战略性分析。

外包决策是战略性的，是企业高层团队在综合考虑战略问题和成本因素之后作出的决策，必须考虑的战略因素，包括核心能力的影响、长期供应的影响、技术能力获得的可能性、供应链风险中的拥有成本、产品生命周期、劳动力考虑、资本投资资产以及灵活性。

（3）成本分析。

为了开展自制或购买的成本分析，要对内部制造产品的总成本与购买产品的总成本进行比较，盈亏平衡分析是比较生产成本和购买成本的重要工具；由于自制或和购买的决策通常是长期的，这时应用比较现金流的净现值法（NPV），此外如果劳动力成本、材料成本、运输成本、资本成本，或其他关键成本发生变化，应进行敏感性分析，以了解平衡量如何变化。

2. 现有供应商和新供应商

继续使用现有供应商和寻找新供应商的决策，取决于许多因素，包括市场条件和供应竞争态势、产品复杂性、技术革新需要的迫切性、质量期望、供应商流程、竞争的充分性、资源的成本与价值、短期与长期的要求、长期关系、工艺合理化和优化、供应商组织的变革和供应的连续性等。

当决定是否使用现有供应商或从一个新的来源购买时，供应中断是一个重要的考虑因素。保障现有供应商供应的连续性，可以通过以下措施降低风险，包括实施有效的风险管理和应急计划，安排多个生产设施，组织有效的生产、加强质量控制系统以及启动管理的后续计划等。

3. 国内寻源和全球寻源

（1）国内寻源。

针对一般物料，只要质量能够满足、价格可以接受，考虑到运输成本和供货风险，一般都在国内、省内甚至在主机厂周围设立配套企业，如酒类企业的包装生产企业、汽车的一般零部件生产商都是围绕核心企业布局，一方面降低了成本，另一方面也降低了供应风险，是企业精益化生产的保障。

（2）全球寻源。

是否会选择使用国际供应商或某种组合，也是制定寻源策略计划的重要内容。

使用国际寻源也被称为离岸外包。

使用国际寻源，除了较低的采购价格，从国际渠道采购也创造了更大的竞争，可以获得更广泛的产品或服务，获得当地的创新和技术，以及扩大国际销售的机会，通过全球寻源获得的经验，可以增加企业在不同国家内开展业务的常规知识，使其能够进入该国市场销售产品。

全球采购的主要成本要素包括：单价、关税；选择供应商所需的评估成本、管理供应商所需的成本；内陆和国际运费及其保险费、时间延误的风险，拒收和更换成本、运输中的损坏费用，库存持有成本与国内运输基础设施相关的成本；经纪成本和其他费用（信用证、货币成本包括货币兑换、利润汇回产生的费用）；语言技能支持、技术和通信费，员工差旅费，与供应链长度相关的成本，技术复杂性和其他地区基础设施等支出成本。

全球采购还需对供应方所在国家或地区进行风险评估。为了作出有效的采购决策，采购实体必须彻底分析特定国家的合作环境，包括基础设施、政治稳定性、法律环境、金融、经济和文化等，侧重于区域和国家的特点，而不是特定的供应商。

三、制定寻源策略计划的其他因素

供应商其他特征，在评估产品或服务的潜在供应商时需要考虑。其他特征包括能力、规模、产权结构等因素，每一个因素都有各自的优点和缺点。按照特征类型，供应商可分为制造商与分销商、大供应商与小供应商、全国性企业或地方性企业、小型多元化企业、科技风险型企业等，这些都应在寻源策略计划中予以考虑。

4.1.2.2 建立供应资源库

应建立供应资源库并进行相应管理。

供应资源库包括并不限于：供应商库、采购品目库、标准物料库、咨询专家库、技术标准库。

【释义】

本条第一款规定了企业应建立供应资源库。不言而喻，供应资源库是执行寻源策略计划的结果。供应资源库的管理包括了不断更新、补充、完善的制度规定。

本条第二款列示了供应资源库的内容，包括供应商库、采购品目库、标准物料库、咨询专家库及技术标准库，其中采购实体应是前四项资源库的主管部门，是第五项技术标准库的协助管理部门。各类资源库应为有管理层级的开放式资源库。

该资源库一般在企业电子平台上建立，采购实体依照企业电子平台相应供应资源库管理制度，对供应商、各类品目和物料进行科学管理。企业供应资源库的建设应尽可能满足信息数据的完整性、时效性、连续性，即包括企业法人、非企业法人和自然人在内的主体征信数据库；包括内置质量（安全）信用数据在内的各类供给资源库；包括采购、结算、物流等采购管理和应急处理在内的动态数据库。三类数据库中的所有数据经过结构化处理后应满足向公司各部门提供标准化数据（或特征变量）服务的要求。

同 2019 版相比，本文件一是扩大了供应资源库的内容范围，二是没有规定建立供应资源库的方法，各类资源库性质不同，入库的方式也不应做统一的规定。是否需要履行招标采购程序、组织谈判，是否推荐入库，或依据历年业绩评价自动入库等，由企业依据资源库的类别和本企业实际情况通过企业制度规定。

4.1.2.3 搜集供应商信息

应搜集供应资源库内相应品目的供应商信息。搜集的信息宜至少包括：

——企业法人营业执照或非法人营业执照等资格证明文件；

——财务状况、资质证书，质量、环境、安全、职业健康管理体系等管

理证明文件;

——业绩及社会信誉等能力证明文件。

应对入库供应商上述信息的真实性进行核实和确认。

【释义】

本条第一款规定的搜集供应商信息属于战略寻源的范畴，采购实体依据企业发展战略主动在全球范围搜集企业相关的供应商信息。

1. 信息搜集的途径

一是通过供应商信息登记系统，自行采集公共采购领域相关主体的征信数据。

二是通过与已经建立的各级政府、行业组织、大型企业集团等社会信用信息平台进行数据交换，建立全国统一、专业、标准化的行业采购领域主体信用信息库。

此外，还可以使用现代物联网技术，实现对供给资源的状态、分布、规模、权属等信息的归集和处理，进一步提升企业采购的管理能力，实现行业采购领域基本数据的完整性与连续性。

2. 信息搜集的主要内容

资格证明文件、管理证明文件和能力证明文件。本条第一款规定了三类证明文件的例示性内容。由于产业、行业、企业的不同，这些证明文件的内容也会不同。

本条第二款是对信息真实性核实和确认的规定。目前在一些央企的采购交易平台，如中建集团云筑网，通过 VR 等数字技术将重要供应商资质业绩用视频的方式直观呈现给采购需求部门，提高了采购效率，降低了采购风险。

4. 1. 2. 4 供应商分类分级管理

应对各需求品目的供应商进行评估，分类、分级管理。

对供应链战略供应商的调整、转换应进行相应的风险评估，计算转换成本。

应建立统一、标准化的供应商管理体制与流程，包括对供应商的识别、评估、选择、考核、奖罚等。

【释义】

企业供应商管理制度至少应包括分类、分级管理制度，定期考核和动态管理制度。分类、分级管理制度建立在评估的基础上。能力评估的内容见本文件 4. 1. 2. 5 第二款。

有研究表明，如果没有后续的供应商管理，战略寻源等 75% 的节支成果会在未来 18 个月消失殆尽，如图 8 所示。因此，企业应通过建立健全制度加强对供应商的管理。

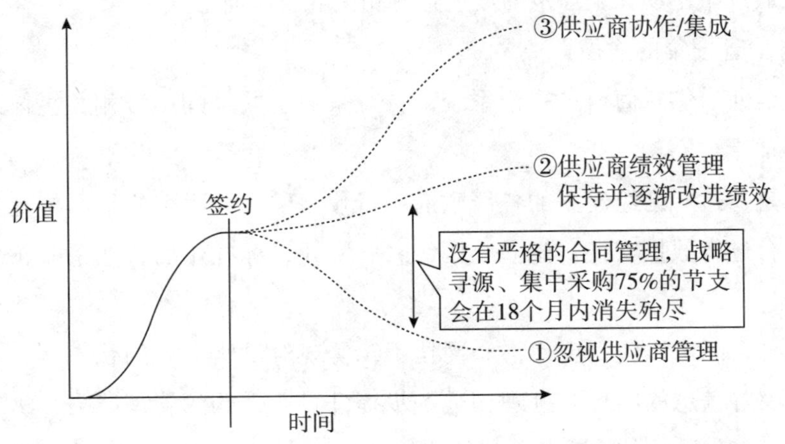

图 8　供应商管理时间和价值关系示意

分级管理制度是企业供应资源库管理的主要制度之一。本条规定了供应资源库分级管理的基本要素。依据工程、货物和服务项目性质的不同，上述条件的重点和内容也有所侧重。如供应商可分为 A、B、C 三级。A、B 级物资供应商为主要采购供应商。A 级物资供应商数量控制在总量的 5% 以内；B 级物资供应商数量控制在总量的 15% 以内。针对考评不合格的，给予终止交易、取消准入资格的处理。

在供应商分级管理中应特别注意战略性供应商与运营性供应商的不同。

战略性供应商应对向合作伙伴提供的商品“升级”和技术进步不断投资。

一、供应商分级管理

某企业的供应商分级管理策略存在三个不同的级别，每个级别对关系管理的要求逐级增加，如表 5 所示①。

① 引自《供应链管理——从入门到精通》配套软件工具，天津科学技术出版社。

表 5 供应商分级管理策略

分类	定义	关系管理方法
级别Ⅰ	• 这些供应商为公司提供极大的价值，同时也对公司向客户的供货力形成最高的潜在威胁； • 公司的供应商管理活动将集中于此类供应商；这些供应商都是采购的供应商； • 这类供应商最能代表公司运营的核心产品和服务需求； • 公司将对关系进行全面管理，而不只是处理供应商关系中的业务活动	• 季度关系会议 • 既定问题升级议程 • 既定联系名单 • 供应商满意度调查 • 正式的沟通渠道和频率 • 月度标准性能指标报告 • 月度可行性性能指标报告 • 合同管理 • 共享未来需求
级别Ⅱ	• 这些供应商对公司的业务很重要，但他们并不一定如级别Ⅰ供应商那般重要和贡献价值； • 这些供应商可能会参与到日后成为高价值商业伙伴的潜在关系中来； • 这些供应商可能成为和公司有大量业务关系的供应商（美元价值），但他们对公司运作来说并不是必需的； • 这些供应商都是采购的供应商	• 年度关系会议 • 年度标准性能指标报告 • 年度可行性性能指标报告 • 既定问题升级议程（可行性） • 既定联系名单 • 合同管理
级别Ⅲ	• 这些供应商提供产品和（或）服务，对公司的业务可能价值不高或不起关键作用； • 这些供应商可能是管理某些活动的一次性供应商或者不一定是供应商； • 公司不会花费太多时间和资源来管理与此类供应商的关系	• 无须关系会议 • 无业绩数据收集 • 在解决与特定事件相关的问题时，可能涉及客户的标准问题解决流程 • 合同管理

二、供应商分类管理

采购实体是选择和管理供应商的主管部门，采购实体一般都建立了较完善的供应商管理办法，在操作层面主要是依据制度规定对供应商全过程进行管理。

某企业对供应商分类管理的策略如表 6 所示。

表 6　　供应商分类管理策略

分类	管理	战略供应商	主力核心供应商	区域性供应商	一般供应商
沟通与关系管理	关系原则	•发展长期战略协作关系（3年+）	•发展长期稳定关系（3年+）	•发展长期战略协作关系（2年+）	•短期交易型关系（0~1年）
	沟通原则	•经常沟通及培训（12次/年+）	•经常沟通及培训（12次/年+）	•经常沟通及培训（12次/年+）	•定期沟通（2次/年）
与供应商筛选和协商的联系	合同分配原则	•该品类物资采购首选供应商	•该品类物资采购第二选择供应商	•该品类物资采购第三选择供应商	•该品类物资采购依据绩效酌情选择
	合同谈判原则	•签订框架协议（2年+） •合同条款由总部统一制定	•签订框架协议（2年+） •合同条款由总部或供应商统一制定	•签订框架协议（1年+） •合同条款由区域采购中心统一制定	•签订短期合同（0~1年） •合同条款由区域采购中心统一制定
与合同管理和执行监控的联系	采购执行监控原则	•由区域采购中心/企业采购部门负责合同执行 •总部物装部寻购部门负责合同执行监控	•由区域采购中心/企业采购部门负责合同执行 •总部物装部寻购部门负责合同执行监控	•由区域采购中心/企业采购部门负责合同执行 •区域采购中心寻购部门负责合同执行监控	•由区域采购中心/企业采购部门负责合同执行 •区域采购中心寻购部门负责合同执行监控，并向总部物装部寻购部门汇报备案
供应商绩效评估及业务引导	绩效评估及反馈原则	•由总部物装部寻购部门负责定期评估并反馈评估结果	•由总部物装部寻购部门负责定期评估并反馈评估结果	•由区域采购中心寻购部门负责定期评估并反馈评估结果	•由区域采购中心寻购部门负责定期评估并反馈评估结果
	业绩引导原则	•总部物装部寻购部门与其制定改善计划，重新调整订单分配	•总部物装部寻购部门与其制定改善计划，重新调整订单分配	•区域采购中心寻购部门与其制定改善计划，重新调整订单分配	•区域采购中心寻购部门与其制定改善计划，重新调整订单分配

续　表

分类	管理	战略供应商	主力核心供应商	区域性供应商	一般供应商
供应商绩效评估及业务引导	动态调整原则	●由总部物装部寻购部门定期评估供应商级别的调整	●由总部物装部寻购部门定期评估供应商级别的调整	●由区域采购中心寻购部门定期评估供应商级别的调整	●由区域采购中心寻购部门定期评估供应商级别的调整

三、关于对供应商的动态管理

供应商关系生命周期如图 9 所示。

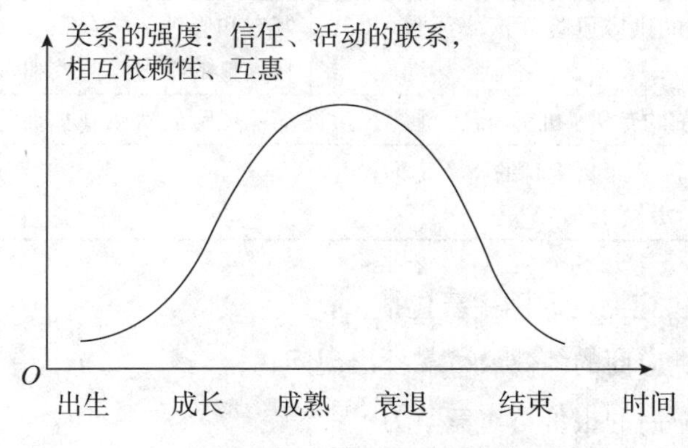

图 9　供应商关系生命周期

采购实体一方面应制定完善的供应商库准入、评价、退出机制，严格入库审核，对入库企业建立完善的全生命周期评价体系，实施日常评价与定期评价相结合的办法，对于确实符合退出标准的供应商，企业应严格执行有关制度，切实发挥供应资源库的作用。

另一方面，加强动态管理还包括管理制度的动态调整。随着企业发展战略的改变、管理模式的变化以及其他因素的变化，企业在保持制度相对稳定的基础上，也应适时调整资源库管理制度及相关准入、评价标准，以适应不断发展变化的新形势。

四、更换运营供应商的成本

本条第二款是对 2019 版的补充，针对战略供应商的调整、转换应当慎重，如确定需要转换，应组织风险评估，计算转换成本。

（1）表7列示了更换供应商的风险和成本。

表7　更换供应商的风险和成本

风险	成本
新供应商绩效不过关	筛选和评估新供应商
流程不匹配	活动或其他合同流程的采购成本
公司文化或人际关系不匹配	老供应商的未供货物、未处理的索赔、中断合同的赔偿等
知识丢失（与老供应商没有成文的文件）	改变内部系统或流程以适应新供应商
学习曲线	培训新供应商来适应系统、流程和要求
面对新的不熟悉的供应风险（汇率风险、CSR问题、政治风险）	制定和管理新的合同（在关系初期需花费大量的精力来监控和管理）
双方信任建立之前的专利、机密信息的泄露风险	消除风险的费用（如保险）
因老供应商向新供应商交接时的不负责而产生的问题	

（2）更换供应商的原因主要包括：

——当前供应商的绩效或可靠性出现问题；

——新供应商的报价更有竞争力；

——新供应商可以使用新兴技术（JIT等）；

——从松散型关系的供应商处购买低风险标准化产品（此类产品更换供应商本来就相对简单）以获得更好的价格。

（3）更换供应商注意事项。

——对于将要续签的合同要提前打招呼，以便买方可以和关键利益相关者商讨续签和转换的方案；

——事先要做好转换计划和风险管理工作，包括制定合同条款和供应商的关键绩效指标，以及准备好给新供应商的移交材料。

案例

案例：供应商运营监测

对入库重要供应商的运营监测可委托第三方信用管理公司实施。

北京某信用管理公司受用户委托运用大数据技术，以动态的方式监测其产业链中所有供应商的信用风险变动状况以及趋势，从产业链内供应商主体数量、质量、能力和公共信用信息四个方面的经济运行数据进行运营监测。

具体方法：通过建立数据收集系统、信用风险评价系统对全产业链实施数据采集与风险评价；将行业内信用信息变化实时传达至信息使用方。在行业层面，实现行业信用风险实时发布、行业信用风险信息实时查询，形成产业链各行业、各区域等的多维度信用报告，从而在总体上提升防控行业风险的能力，掌控风险变化情况与趋势，并及时、动态地进行风险揭示。在主体层面，通过信用风险发现和计量技术对供应商信用风险进行量化分析，通过指数趋势判别和信息动态采集实现动态监测和风险预警，为供应商动态管理提供数据支持。

4.1.2.5 能力评估

应对供应资源库中供应链需求品目的供应商进行综合能力评估。参加评估的部门和人员至少应包括需求部门、采购或供应链管理部门以及相关技术部门的专家；也可委托第三方专业机构对供应商能力进行评估。

能力评估内容应至少包括：财务状况、商务能力、技术与服务能力、生产能力、质量管理、环境保护、社会责任、创新能力、可持续发展能力和战略合作意愿等。

【释义】

能力评估是对供应商进行评估的主要内容。

综合能力评估指供应商履约能力的评估。本条款规定了评估的主体，包括企业使用、供应、相关技术、供应商管理等部门的专业人员。评估主体可以是临时组织，也可以是兼职的评估委员会，依制度定期对供应商履约能力进行评估；也可委托第三方评估，如奶制品企业规定，众多奶源供应商的供货质量标准由第三方专业部门评价，更具有专业性和公正性。

在签订合同前，供应商能力评估主要通过采购的符合性条件和资质、业绩条件等进行；之后企业应记录入库供应商参与投标和中标后履行合同的信息，包括其信誉、诚信记录和履约情况的评价信息，如业绩情况、管理能力、价格竞争力、质量安全环保管理体系、交付能力、服务能力、技术和工艺方案、战略合作意愿、信息化和创新管理水平等。

某央企关于供应商能力评估审核报告格式及内容如表8所示，供读者参考。

表8　　　　供应商能力评估审核报告

供应商名称：				评估审核日期：	
供应商主要产品：				审核类型：新供应商□ 复审□	
项目	水平	项目	水平	项目	水平
1. 质量		3. 交付		6. 持续改进	
质量水平（PPM）		交货能力		对达成改进目标的承诺	
产品质量先期策划（APQP）		交期频度		顾客满意度和顾客支持服务	
过程质量控制		交期效率		员工参与和授权	
统计制程控制		库存		过程改进方法	
检验		4. 研发		7. 次级供应商关系和控制	
校准		产品知识熟悉度		寻源策略	
预防/问题解决		设备和测试能力		供应商选择	
绩效数据		供应商早期参与		相互关系	
内审		集成设计工具		APQP 和产品认证	
记录保留/追踪		标准化		整体质量改进	
2. 成本		原型原件、制程开发期间的制造能力支持		8. 社会责任	
财务管理		原型样件成本		环保	
成本管理		5. 管理		健康	
财务计划		沟通		安全	
材料来源计划		组织		节能和绿色生产	
存货计划和控制		业务计划		加班和童工	
不良品成本管理		管理能力审核		遵守法规	
义务保证		培训		公平	
		预防保养			
		5S			
		工厂布局			
		保密能力			
				综合得分	

4.1.2.6　信用评价

宜主动运用政府、行业征信与信用评价结果，同时结合供应商以往参与采购过程和履约表现，建立供应商的征信和评价机制。

【释义】

信用评价是供应商资格审查的内容之一。采购实体根据社会综合信用体系、企业内部信用管理体系的基本要求和公司业务的需求，可以引入第三方征信和评价，以账期[①]设定和资金占有率为风险控制目标，建立企业供应链相关企业的征信和评价机制，确保入选供应商经过适当的评估与验证，从而满足相关法律法规标准要求、质量标准以及公司和外部最终用户要求。

第三方征信和评价机构由供应商自主选择；第三方征信和评价机构应当在所在地的中国人民银行省会（首府）城市中心支行以上的分支机构备案。

案例：第三方信用评价

委托第三方评价重要供应商对企业规避风险而言非常重要。

所谓第三方信用评价就是对参与提供货物、服务、工程的各类商业交易的供应商履约能力和履约意愿进行科学、合理、公正的评价。其反映的是受评主体在提供产品、服务或参与项目建设的前期，实施和竣工验收的各个阶段在执行国家相关法律法规及政策，履行相关合同和对合同履行的组织、管理方面的表现情况的意见。其核心是评价企业是否具备履行相关合同所需的专业和技术能力、财力资源和经营管理能力。

北京某信用管理公司受理社会企业第三方评价。它们对供应商主体信用的评价不仅评价受评企业的信用风险，也包括充分考虑其他外部环境特别是市场因素的变化对受评供应商信用能力的影响，因此，公司主体信用评价也同时揭示了受评企业经营的稳定性以及市场条件变化对企业信用能力的影响，揭示其是否具备可持续性的责任能力，并对企业的经营稳定性包括对外部环

① 账期是指从生产商、批发商向零售商供货开始，至零售商付款的这段时间周期，其本质是零售商（卖场）利用时间差对供应商资金的占用。

境变化其自身的适应能力及临界表现给予说明。

该公司在构建供应商主体信用评价的方法论时，主张定性与定量结合的方法并充分考虑宏观经济环境、产业发展趋势、政策和监管措施等外部因素和基本经营、管理素质等企业内部因素对企业履约能力的影响。同时积极吸收国内外信用评价机构先进理念及合理内核，即揭示和预警风险，结合受评主体的具体情况，对影响其未来偿付能力的各种因素进行系统而深入的分析；特别注重经营现金流的变化以及覆盖相关债务的水平；强调对各因素变化规律的了解与把握；强调同类企业的对比等。

案例

4.1.3 制定采购策略

采购实体依据企业发展战略，结合采购品类细分和供应市场分析结果制定相应采购策略。

【释义】

采购策略包括自制、外包、分包、租赁、现货购买、提前采购、批量采购协议、生命周期采购、长期合同、供应商管理库存模式（VMI）、准时制采购（JIT）、期权（option）等。

一、企业发展战略

（一）企业发展战略的内涵

企业发展战略通俗地讲，就是研究并决定企业要做什么、做多大、与谁争、由谁争、动态转换、行业整顿、多元化、专业化等。所谓供应链战略目标就是依据企业发展战略在满足客户需要的前提下，对整个供应链（从供货商、制造商、分销商到消费者）的各个环节进行综合目标管理。

企业发展战略对于企业采购战略而言，站在企业发展期望的角度，表现为一种计划；从供应链系统的视角看，表现为一种定位；从企业市场竞争角度看，则表现为一种策略。因此，企业的采购战略制定，是以企业整体发展战略目标为中心，经过业务需求分析、经营策略和目标制定、供应市场细分，并结合对内外部环境、优劣势、未来挑战、企业战略方向及供应链中的角色定位等因素进行的分析，形成采购战略规划。换言之，采购战略规划（方案）

是为企业发展战略服务的。

（二）建立战略体系和进行战略创新是制定企业发展战略的关键点

1. 战略体系

战略体系包含四个层面：基础分析、企业战略、业务战略以及职能战略。这四个层面并未脱离经典的战略制定框架。基础分析指的是内外部环境分析；企业战略指的是企业层面的整体发展目标；业务战略指的是业务层面的总体战略和进一步细分层面的战略；职能战略指的是职能管理层面的战略。这四个层面相互关联、自成逻辑体系。

2. 战略创新

对于战略制定而言，创新为魂，或者是“创新决定战略制定的内涵与分量”。创新并非战略制定的独有要求，整个中国的各个领域都在强调创新。具体到战略制定，创新可以分为理念创新、工具创新、技术创新等。理念创新指的是在战略制定中提出客户不曾意识到或接触过的理念；工具创新指的是在战略制定中创造性地运用原有的分析工具或模型，或者创造新的分析工具或模型；技术创新指的是当传统的工作方法（注意：不是分析工具或模型）无助于战略制定时，寻求新的技术来为客户制定战略。对于战略制定而言，创新并不止这些，每一次的战略制定也无须苛求在这些方面都要有创新。

二、采购战略与策略

供应链管理与传统管理模式的重要区别之一是供应链管理强调和依赖战略管理，它影响和决定了整个供应链的成本和市场占有份额。

采购战略是指导或决定采购全局的策略，是一个简单的方向目标。采购策略就是实现采购目标的方法、步骤。战略更关注规划（Plan），而策略更关注方法（Method）；战略是具有全局性和决定性意义的长远规划；而策略则是为了达到战略目标而使用的具体方法，它具有阶段性、局部和灵活的特征。

在采购领域，所谓采购战略（Procurement Strategies），指的是企业通过分析自身的采购需求、市场状况、竞争状况和采购品类的变化状况来制定的基于现实和未来的、指导采购工作的长远规划。

通常，国有企业采购管理关注的是提高采购流程效率、降低采购价格、防范腐败；采购战略则着眼于建立并提高采购方对供应方的影响力，创造新价值或降低整个供应链的总成本，驱动供应方技术革新和产业升级，提升供需双方甚至多方的总体效能，决定并维护与供应商的关系层级和合作路线。

采购战略的主要内容包括三个方面，即资源战略、供应商战略以及采购控制战略。

本条中的采购策略是指采购控制策略。

三、制定采购策略的依据

采购需求层面和市场供应细分的结果分析是企业制定采购策略的基础。

成熟的采购策略应该上能承接企业战略，下能指导各部门的工作。不同的企业发展阶段会有不同的企业战略，采购策略也应随之而调整。

从企业的角度出发，处于产品引入期时，企业一般把重心放在如何快速占领市场和抓口碑上，此时企业的采购部门一般不会以成本为核心，而是更注重供应商的研发配合能力以及质量控制水平。接近成熟期时，市场已经积累到一定的阶段，这个时候的采购策略应该是如何和供应商一起优化成本，让企业能够开源节流；如何维护与优质供应商的长期合作关系，如何培养供应商与企业之间的黏度等，从而让企业实现长远发展。如果企业不幸进入衰退期，那么如何稳定好与供应商的关系进而实现成功转型应该是采购策略中应该考虑的。如果按照项目发展的进程来考虑，不同的项目阶段采购策略都要重新谋划。

从供应商的角度出发，一个好的采购策略一定要结合供应商的实力和所处供应市场的环境来考量。供应商本身的实力有差别，提供的产品和服务会有差异，所处供应市场的地位就不一样，采购方与其合作的模式也是有差别的。

（1）对于处于垄断环境和完全竞争环境下的供应商，采购策略是不同的，一个需要注重与其合作保证生产，同时培养替代供应商；另一个则需要注重其成本、质量、交付、库存等能力的考核。

（2）对于同样处于完全竞争环境下的供应商，若其实力不一样，那么采购策略也是不一样的。对于实力强的供应商，可以考虑向新品研发方面倾斜，因其反应会更快，同时考核其成本优化空间；对于实力较弱的供应商，可以重点管理其质量、交付等，与其合作相对成熟的产品。

同时采购方还需要监控供应商配合过程中的表现，这些都会影响采购策略的制定。

采购策略是随着内外环境而动态变化的，有一定的周期性。一般而言，采购管理人员实时调整或重新规划采购策略最长的周期间隔不应超过一年。比如，在年初或年尾时应该准备好下一个自然年的采购策略，或者在新旧项目交替的时候准备好相应的采购策略。保持和企业发展战略的一致性。

四、常见采购策略的解读

本条释义列举了我们熟悉的若干采购策略，包括交易环节和合同要求两方面，本书仅就合同要求中的 VMI、JIT 以及期权做以下解读。

(一) VMI

VMI 是一种以用户和供应商双方都获得最低成本为目的，在一个共同的协议下由供应商管理库存，并不断监督协议执行情况和修正协议内容，使库存管理得到持续改进的合作性策略。这种库存管理策略打破了传统的各自为政的库存管理模式，体现了供应链的集成化管理思想，适应市场变化的要求，是一种新的、有代表性的库存管理思想。VMI 在分销链中的作用十分重要，因此被越来越多的人重视。

对于供应商管理的库存，因为有最低与最高库存点，按时交货可通过相对库存水平来衡量。例如库存为零，风险很高；库存低于最低点，风险相当高；库存高于最高点，断货风险很小但过期库存风险升高。这样，统计上述各种情况可以衡量供应商的交货表现。根据未来物料需求和供应商的供货计划，还可以预测库存点在未来的走势，从而确定具体时间的具体库存指标。

VMI 是从 QR（快速响应，Quick Response）和 ECR（有效客户响应，Efficient Customer Response）基础上发展而来，其核心思想是供应商通过共享用户企业的当前库存和实际耗用数据，按照消耗模型、消耗趋势和补货策略进行有实际根据的补货。由此，交易双方都变革了传统的独立预测模式，尽最大可能地减少由于独立预测的不确定性导致的商流、物流和信息流的浪费，降低了供应链的总成本。

（二）JIT

JIT是日本丰田汽车公司在20世纪60年代实行的一种生产方式，其对采购部门的供应提出了更高的要求。

JIT运作的基本理念是按需定时供应，采购部门作为企业内部的供应方应根据需求方的要求（或称看板），按照需求方的品种、规格、质量、数量、时间、地点等要求，将物资配送到指定的地点。不能早、不能晚、不能多、不能少，并且确保所送物资没有任何残次品。由此可知，JIT对库存的认识与传统的库存控制方法截然不同，其认为库存是毫无用处的，是对资源的浪费。传统的观念认为，库存可以对运作起到缓冲作用，因此，库存管理者总是思考如何能在最小成本的基础上提供缓冲；而信奉JIT运作的管理者则是思考我们怎么样才能消除对库存的依赖。他们还认为持有库存会把运作过程中的一些明显的问题掩盖起来，如订单提前期太长、运作不均衡、设备出现故障、物料质量不过关、供应商不可靠、大量的文案工作以及改变过于随意等。解决这些问题不能依赖持有大量的库存，真正具有建设性意义的是，在明确问题之后加以解决。

JIT的本质是保持材料流和信息流在生产过程中的同步化，以实现如下的目标：在必要的时候，以必要的数量，生产或供应必要的产品。“准时”意味着不会耽搁顾客（内部或外部）的购买或使用，总会在顾客需要的某个必要时刻前将产品准备到位或将其准时送达。当顾客需求发生变化，生产过程也相应地发生变化，但仍能保证以高水平服务顾客。

（三）期权

期权是一种选择权，期权的买方在向卖方支付一定数额的权利金后，就能获得这种权利，即拥有在一定时间内以一定的价格（执行价格）出售或购买一定数量的标的物（实物商品、证券或期货合约）的权利（即期权交易）。期权的买方行使权利时，卖方必须按期权合约规定的内容履行义务。相反，买方可以放弃行使权利，此时买方只是损失权利金，同时，卖方则赚取权利金。总之，期权的买方拥有执行期权的权利，无执行的义务；而期权的卖方只是履行期权的义务。

4.1.4　确定采购需求

【释义】

本条所指的采购“需求”是可以执行采购的“要求”，也有专家称为“商业需求”，即在需求识别评估和供应商供应条件的基础上最终确定的“规格”，即一方需要什么，另一方能供应什么，两者结合才能确定最终可以执行的“采购要求”。要求内容应包括采购目标、采用标准、技术条件、实施时间地点、伴随服务、验收要求等相关内容。

采购需求可以是有形的实物需求，也可以是无形的服务性需求。有形的实物需求按照其消耗特性可以分为消耗性需求和资本性需求；有些需求是为了满足生产活动的生产性需求，有些则是非生产性需求；在生产性需求中，存在相关需求和非相关需求。

4.1.4.1　确定采购需求的方式

采购需求依据生产经营计划确定，包括采购订单（电子请购单）、采购建议书等形式。

【释义】

企业使用部门提出并编制采购需求书面（电子）清单是采购部门执行采购的基础。

本条规定了企业确定采购需求的两类文件：采购订单（申请单、物料订单）和采购建议书。

企业运营采购的需求计划是基于企业工作指令及其相应工艺文件汇总提出的。

一、采购订单

采购订单是合同的一种特定形式，是由采购方发出的，用于向特定供应商采购的具有法律约束力的文件。采购订单描述采购方出具的合同条件和条款、交易细则。采购订单可能会作为要约、承诺、对口头协议的确认、对供应商供应成果或结果的默认，或作为既定合同履约的执行文件。采购订单在供应商正式回复接受之前，本身通常不构成合同及合同关系。例如，采购方电话通知供应商紧急供应一批物料，随后发出相应的采购订单，则采购订单构成对该口头协议的确认；供应商在没有合同或订单的前提下送来一批物料，该批物料可以使用而被采购方接收，采购方补发出一张采购订单给供应商，则该采购订单构成对供应商送货行为的确认。

二、采购订单的分类

（1）不确定交付订单/合同。适用于在企业授予合同时尚不知道未来交付的确切时间和数量、交付频率的情况下，使用交货通知（delivery notice）或交货计划（delivery schedule）给供应商启动具体交付。交货通知的格式本质上与采购订单相同，如果标准的条款和条件直接引用所依据的订单/合同的可以不重复列出。

（2）总括订单（blanket order）。总括订单典型地应用于连续性的生产性物料需求的采购。由于生产物料的规格要求基本确定，但需求的时间与数量将取决于生产计划的安排与调整，所以，固定的采购订单（fixed purchase order）难以明确预先确定交付的时间与数量，即便是分段交付计划也可能因为生产计划的调整而难以执行。在商业实践中，总括订单有着不同的应用，双方一般会约定交易的产品类别或规格、交易价格及条件、预计的最大交易数量（或预计的最高、最低量）和订单有效期；有些总括订单并不指定交易价格，而是以采购方发出的价格通知单作为价格依据。总括订单有效期的设定可以很灵活，可以设定为时间（如一个季度或一年），可以设定为完成约定的最大交货数量，也可以约定为价格调整则总括订单终止（适用于指定价格的总括订单）。

总括订单一般会伴随交货订单或交货通知的使用，以及（或）月度交货清单（对账单）的使用。交货订单或交货通知是根据实际的生产计划需要通知供应商送货，交货对账单是定期核对每单交货的数量与时间，便于合并发票进行货款支付作业。交货订单或交货通知的格式依赖于总括订单，通常不需要包含详细的交易条款和条件。在使用企业资源规划系统（ERP）和供应商管理库存（VMI）的企业实践中，总括订单被广泛使用，极大地简化了采购订单作业流程，使交付流程更为顺畅并提高了流程效率、降低了库存水平，促进了供应链准时制战略的实施。

三、电子采购订单

随着数字技术在采购管理中的广泛应用，部分企业开始引入订单管理系统和仓储管理系统自动生成电子采购订单（申请单），使用电子订单可以增强企业内部与外部的协同性，提高采购效率，降低供应链的总成本，是供应链整合的技术创新。

订单管理系统（OMS，Order Management System）指可无缝集成多渠道订单，通过授权对接，以自动抓取、录入、导入订单的方式支持来自企业或外部平台信息的集中处理系统，包括实现下单、审单、取消拦截、发货、包装、配送、签收等全生命周期的智慧化采购。

仓储管理系统（WMS，Warehouse Management System）指具备即时库存管理功能，有效控制并跟踪仓库业务的物流和成本管理系统。

此外，物料清单（BOM）除在 ERP 系统中的典型应用外，在其他一些场景中也常被使用，如项目采购。

四、项目采购的工作分解结构

在工程项目生产计划的制定中，项目采购需求计划书一般依据项目工作分解结构（WBS，Work Breakdown Structure）的分解任务书编制，运营采购的需求计划书基于生产经营计划任务编制。

WBS 是以可交付成果为导向对项目要素进行的分组，它归纳和定义了项目的整个工作范围，每下降一层代表对项目工作的更详细定义。WBS 是制定进度计划、资源需求计划、成本预算、风险管理计划和采购计划等的重要基础；同时也是控制项目变更的重要基础。创建 WBS 是把项目可交付成果和项目工作分解成较小的、更易于管理的组成部分的过程。项目范围是由 WBS 定义的，所以 WBS 也是一个项目管理的综合工具。其主要分为纲要性工作分解结构、项目纲要性工作分解结构、合同工作分解结构三种。

WBS 是项目管理的重要工具之一，有关专业书籍对此都有系统的论述，本书不再赘述。

4.1.4.2 采购订单的生成方式

宜在电子采购交易平台引入电子订单管理系统生成订单，并连接相关仓储管理系统实现订单智能采购。

【释义】

本条是对 2019 版的补充，是关于采购订单生成方式的倡导性规定。

传统采购之所以成为企业的成本中心，是由于许多企业仍然采用传统的采购运作模式，采购部门以拉动采购的管理模式进行运作，围绕计划部门下达的采购订单，按照与供应商询价议价、下订单、跟踪订单、跟踪交期、收货付款等流程进行采购。在实际操作中，为了降低可见成本往往通过招标、议价等方式千方百计压低合同价格，这样一来，原材料、零部件或元器件的采购价格看起来降低了，但很可能造成隐性成本的上升。后来发展的 e 采购解决了一部分采购的手工操作问题，但更多是把线下操作改为线上操作而已，没有真正实现数字化采购。

在供应链管理中，采购部门从成本中心向利润中心转变。供应链管理集中体现在对企业信息流、资金流、物流的整合。为适应供应链管理的需要，订单管理系统、仓储管理系统等软件系统应运而生。

一、电子订单管理系统

OMS 是目前使用较为广泛的一个软件系统，定位于为处于供应链上游的供应商和下游的买方，以及各类物流服务供应商，使其基于订单进行业务沟通、实现物流服务和控制管理，通过对订单的管理和控制，合理安排运送计划，有效降低库存。

1. OMS 的主要功能和特点如表 9 所示。

表 9　　OMS 的主要功能和特点

<table>
<tr><th></th><th>主要功能</th><th>系统特点</th></tr>
<tr><td>1</td><td>跟踪与查询</td><td rowspan="2">供应链全过程的透明化，减少中间环节，减少库存，减少供需信息不准确</td></tr>
<tr><td>2</td><td>里程碑管理</td></tr>
<tr><td>3</td><td>事件管理</td><td rowspan="2">满足供应链上下游买家、卖家的不同角度需求，创立协作式的供应链作业流程与管理模式</td></tr>
<tr><td>4</td><td>规则引擎及配置</td></tr>
<tr><td>5</td><td>运输任务管理</td><td rowspan="2">物流服务透明化，全过程可监控，减少物流延迟，提高物流服务效率</td></tr>
<tr><td>6</td><td>运输状态跟踪</td></tr>
<tr><td>7</td><td>意外报告/监控报告/装运报告</td><td rowspan="2">公共的电子商务平台，标准的接口，易于扩充</td></tr>
<tr><td>8</td><td>订单物流成本分析</td></tr>
<tr><td>9</td><td>工作流程引擎及配置</td><td></td></tr>
<tr><td>10</td><td>销售订单管理</td><td></td></tr>
</table>

2. 系统框架

OMS 框架如图 10 所示。

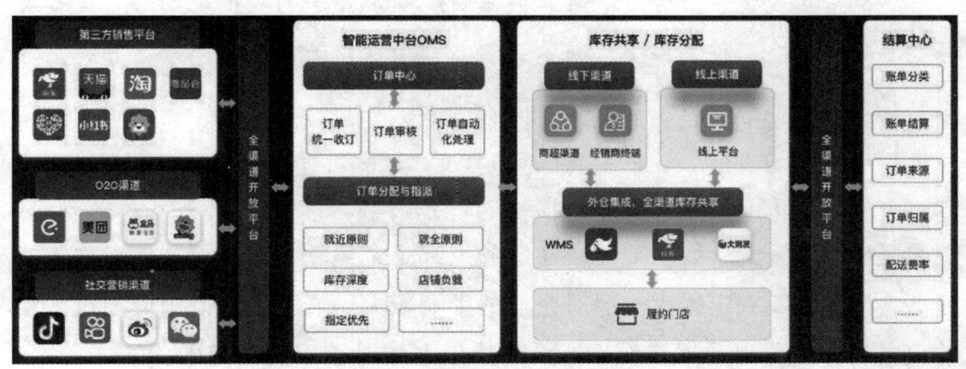

图 10 OMS 框架

二、电子仓储管理系统

WMS 是通过入库业务、出库业务、仓库调拨、库存调拨和虚仓管理等功能，综合批次管理、物料对应、库存盘点、质检管理、虚仓管理和即时库存管理等功能的管理系统，有效控制并跟踪仓库业务的物流和成本管理全过程，实现完善的企业仓储信息管理。该系统可以独立执行库存操作，与其他系统的单据和凭证等结合使用，可提供更为完整全面的企业业务流程和财务管理信息（注：来源于百度文库）。

WMS 采用 Microsoft SQL 数据库结合先进的前台开发工具开发而成。后台数据库可运行于 Windows 2000 或 Windows 9X 网络平台，前台程序运行于 Windows 2000、XP 或 Windows 98，界面美观，操作简便，可通过互联网连接各分支机构，实现异地数据实时交换、异地出单、费用结算等，且具有极高的安全性、可靠性和稳定性。

该系统协助企业进行公仓和合同仓库的管理，支持装运整合、配送等仓储延伸作业，可实现多仓共管、虚拟库存管理等供应链职能，细分仓库配置。系统内建结算功能，能协助物流商为客户提供从仓储、装卸、集装箱场装、配送到结算的集成作业环境。

其主要功能包括进货管理、出货管理、配送指令控制、配送分拨调度、库存管理、月度处理、资源优化、基本数据维护、系统管理等功能模块。

4.1.4.3 提交采购建议书

达到一定规模、采购频次高或企业制度规定要求的其他采购项目应提交采购建议书。在同等条件下，采购计划宜选用绿色产品、节能产品并关注其对资产全生命周期内供应链总成本的影响。

【释义】

本条规定了需要提交建议书的三个要件：一是合同规模，二是采购频率，三是其他专项采购。前两项反映在财务上都是金额较大合同，其他专项采购任务合同金额不一定很大，但对企业的影响较大。这类采购需求应通过采购建议书的方式提出。不言而喻，采购建议书相对于采购订单的内容较复杂，本条规定了采购建议书中在同等条件下采购绿色产品、节能产品并关注供应链总成本的要求。

一、绿色供应链管理

绿色供应链管理就是将产品生命周期管理和生产者责任延伸理念融入企业供应链管理中，依托上下游企业之间的供应关系，通过绿色供应商管理、绿色采购等工作，实现经济社会环境效益的协调统一。

我国在绿色低碳发展机制上做了三方面的重要探索和创新。

一是标准与信息机制。为应对气候变化、保护生态环境，需要规范的标准体系和完善的环境信息公开制度，这对于引导资金、资本等资源在绿色部门和非绿色部门之间的配置尤为重要。2016 年 8 月，我国正式启动推进绿色金融体系建设的工作，其中就将标准和环境信息披露作为建设绿色金融体系的重中之重。

二是激励与约束机制。为了更好地应对气候变化，推动社会经济发展的全面绿色转型，我国高度重视利用市场化机制来激励与约束各类主体的绿色转型，鼓励企业和金融机构的绿色转型。除了在税收补贴等方面采取直接的公共性激励，还采取绿色溢价的价格机制。中国人民银行宣布推出“碳减排支持工具”这一结构性货币政策工具，以稳步有序、精准直达的方式，支持清洁能源、节能环保、碳减排技术等重点领域的发展。与此同时，2021 年 7 月，《中国人民银行关于印发〈银行业金融机构绿色金融评价方案〉的通知》施行，通过绿色金融绩效评估、评价来形成更有效的绿色发展激励约束机制。

三是价值转化与实现机制。价值转化与实现是应对气候变化的关键一环，关系到气候变化应对等生态环境保护的投入能否转化为经济发展的成效，同时也关系到气候变化应对的长效性。

对此，我国大力推进全国碳市场等环境权益市场建设，同步建立绿电、绿证、用能权、用水权、绿色技术等交易市场，并在全国开展绿色金融改革创新试点，借助绿色金融的市场化机制打通保护、应对与福利、产出之间的转化渠道，最终实现“绿水青山就是金山银山”的高质量发展。

在绿色供应链管理中，采购绿色产品、节能产品是供应链采购管理的应有之义。

二、绿色产品

1. 绿色产品的定义

所谓绿色产品是指在其研究开发、生产制造、销售使用及淘汰报废等全过程中，能有效地利用资源，有利于生态平衡，不对社会环境及消费者造成污染和危害的产品。20 世纪 60 年代以来，环境问题已开始引起社会公众的普遍关注，在全球面貌和公众思想方面引起深刻变化的环保运动逐步兴起。因而，综合考虑经济发展和社会发展，开发生产既符合环保要求又有经济效益的绿色产品，已经成为具有战略眼光的决策者们研究的重要课题。

2. 绿色产品认证

“绿色产品认证”是一种自愿性产品认证，是国家市场监督管理总局在全国全面推行的一种产品认证，旨在统一涉绿认证。认证对象以终端消费品为主，选取消费者关注度高、亟须消费升级、对生态环境及人体健康影响大的产品，按照统一目录、统一标准、统一评价、统一标识的方针，将现有环保、节能、节水、循环、低碳、再生、有机等产品整合为绿色产品，市场定位为绿色高端产品认证。目前，我国绿色产品认证已覆盖建材、快递包装等近 90 种与消费者密切相关的产品。

三、节能产品

（一）节能产品及其认证

节能产品是节能环保的象征，是利国利民的新生事物。简单来说，节能产品就是用最少的能源消耗为人类做更多的贡献。节能产品种类很多，如日光灯、LED灯、仁天和HAR22制冷剂等。现国家明确规定节能产品既要符合“节能产品认证”的要求，又要符合环保减排的要求。因此，人们不断地在节能减排指标上下功夫，比如空调节能改造中的置换仁天和HAR22制冷剂就是一个很好的例子，既节电又减少氟利昂排放。

节能产品认证是根据《中华人民共和国节约能源法》，按照国家节能产品认证标准，采用国际上最严格的“产品检验+产品生产场地质量保证能力现场检查+每年的监督（含产品监督+生产现场监督）”的认证规定与程序，由国家权威、公正的第三方机构——中标认证中心（原中国节能产品认证中心）对产品能效水平、生产企业持续的保证能力进行实物和现场的确认，最后通过颁发认证证书，证明某一产品是节能产品；通过在产品上张贴节能认证标志，便于消费者识别节能产品和非节能产品。

（二）节能产品分类

1. 电能质量类

电能质量类产品3EM－PW－APF是采用高频电力电子开关变换技术、模拟和数字混合电路技术进行电流检测和电流注入的新型电力电子装置，它是一种用于动态抑制谐波、补偿无功的新型电力电子装置，能对大小和频率都变化的谐波以及变化的无功进行补偿，其应用可克服LA滤波器等传统的谐波抑制和无功补偿方法的缺点，获得比无源电谐士更好的补偿特性，是一种理想的补偿谐波装置。

2. 电机节能类

电机节电系统以高压变频器为基础，高压变频采用功率单元串联技术，直接输出6kV、10kV电压。由于采用功率单元串联而非功率器件的直接串联，因此解决了器件耐压的问题。主控部分采用DSP+FPGA（现场可编程门阵列）+PLA的大规模高速集成数字电路控制模式，高速运算可以实现实时精确电机控制，达到了兼顾高性能和高可靠性的目的。核心控制算法采用空间矢量PWM控制算法，有效提高了直流电压利用率，FPGA实现功率单元脉冲分配算法，实时快速地驱动功率单元，保证所有单元等功率输出。

3. 照明路灯类

电力供电系统中，为避免送电过程中的线路损耗给用电高峰时造成的末端电压过低，往往都以较高的电压传输，特别是午夜后用电低谷时，电网电压更高（许多地方出现高达260V电压），增加电力消耗并带来安全隐患。目前在照明路灯中发挥极大功效的是电掌门电效管理系统，该系统由亚太电效系统研发，采用电磁平衡调压技术，可根据不同的使用环境设定三相不同的电压，平衡输出电压，保证设备工作在安全的电压下，从而实现节能。

4. 中央空调类

中央空调节能控制系统是集工业计算机控制技术、模糊控制技术、系统集成技术、现场总线控制技术和智能拖动控制技术于一体的自动控制系统，实现了对中央空调冷冻水系统、冷却水系统及冷却塔风机系统的变流量智能控制，并通过智能优化单元，提高主机效率，科学地实现了中央空调的供冷量随末端负荷需求量变化而变化，在保障末端舒适度的前提下，最大限度地减少了空调系统的能源浪费，达到最佳节能的目的。

5. 系统安全类

系统安全类电效强化系统装置（3EM－G4）是通过抑制瞬变、提高系统用电效率来提高电效和保护用电设备。3EM－G4能够实时监控电源的各相电压，具有清洁、去除和吸收系统中破坏性和不经济电力污染的功能。它能高速吸收高能瞬变，最终达到提高电效的目的，并具备一定的防雷功能。

6. 太阳能地暖

太阳能地板辐射采暖既是一种能量消耗系统，也是能量生产系统，它具有节能、清洁与环保、舒适性好、便于热计量等特点，是一种绿色的采暖方式。随着人们对生活质量要求的提高，太阳能地板辐射采暖系统必将得到越来越广泛的应用。

辐射采暖是依靠辐射传热的方式将热量传递到物体和人体表面，在辐射采暖正常运行的情况下，若室内外温度相同，要想达到相同的舒适度，地面周围的空气温度比对流采暖条件要求低3℃左右。根据人体的舒适感生理条件要求，地面温度为24℃～28℃。因为地板辐射采暖的热媒是温度为40℃～60℃的低温热水，这就使利用太阳能集热器成为可能。太阳能利用技术的发展，将逐步解决日益紧缺的能源问题。所以，太阳能地板辐射采暖将越来越受到人们的欢迎。

案例：中国纸业集团绿色供应链建设

案例

1. 制度机制方面

中国纸业在2022年发布了《碳达峰行动方案》，在造纸行业率先研究并制定了碳达峰、碳中和行动方案，明确目标任务，发挥中央企业的示范引领作用，促进以纸代塑、非木和杂木制浆技术、碳回收和固碳技术、林业碳汇开发等技术创新，在推动高质量发展过程中实现绿色低碳转型，并推动全行业、全社会实现绿色低碳发展。

2. 绿色低碳转型

（1）强化绿色低碳布局。包括美利云光伏发电和绿色数字经济发展、森海碳汇碳代运营业务等。

（2）推动产业向集约化和绿色化方面转型。如以纸代塑，红塔仁恒纸业开发食品级高阻隔涂料和高阻隔涂层纸，打造绿色产品等。

（3）循环经济助力降碳行动。如利用制浆和造纸过程产生的废弃物，开展污水厌氧沼气发电项目和碱回收项目等。

3. 绿色供应链

（1）木浆：优先采购经森林体系认证的木浆，采购经FSC认证的木浆比例约为34%。

（2）能源：加快煤炭减量步伐，积极探索煤炭替代方案，持续提高非化石能源消耗比重。因地制宜实施分布式、集中式光伏项目、沼气提纯发电项目，推动自备电厂煤改生物质或掺烧生物质项目。

（3）设备：推进重点用能设备节能增效，存量项目节能改造，以电机、风机、真空泵、空气压缩机、变压器、换热器、工业锅炉等生产设备为重点。

（4）鼓励供应商使用可回收再利用的包装材料，原材料包装综合利用率约为95%。

（5）与供应商共同推进可持续发展。要求供应商在遵守商业道德规范、尊重人权、保护环境和知识产权、对社会产生积极影响、反商业贿赂等方面作出承诺，新入围的供应商《共同推进可持续发展承诺书》签约率100%，将可持续发展相关要求纳入供应商入围及评审体系。

四、供应链总成本

在供应链采购中，采购实体不能满足于采购合同价格最低，应当保证供应链总成本最低。这是常规采购和供应链采购非常重要的一个区别。

一个物品的采购价格和其总拥有成本之间是有很大差别的。总拥有成本不仅包含物品的价格，还包括以下方面：

（1）各种交易成本，如税收、外汇交易成本及签订合同的成本；

（2）财务成本（如用于购买物品的资金是借来的）；

（3）获取成本，如运输、安装及佣金成本；

（4）运营成本，如能源、备件、耗材、超过使用年限的维护和维修的成本（如设备和机器）、操作人员培训、供应商的支持等；

（5）存储成本和其他需要的搬运、装配或精加工的成本；

（6）质量成本，如检查、返修或拒绝、销售损失、客户赔偿等成本；

（7）生命结束成本，如拆卸、搬移和处置的成本。

4.1.4.4 评估采购需求

达到一定规模或特殊要求的项目，采购实体宜从企业采购咨询专家库选取若干专家组成专项咨询小组，对采购订单或建议书进行评估，咨询小组应及时向采购实体提出评估报告。

评估报告内容应至少包括：

——采购实体库存相关信息查询报告；

——对采购需求和要求一致性的评估意见；

——采购需求产生的原因，采购目标，最终实现的效果描述，主要采购难度和风险；

——对预算的评估意见；

——对执行采购组织模式的评估意见；

——对选择采购方式的评估意见。

【释义】

本条规定了对达到一定规模或特殊要求项目的第三方评估程序。这类评估可能更加专业和客观。

在供应链采购中，采购部门的职能扩大了。在常规采购中，采购部门作为企业采购任务的职能部门完成企业下达的采购计划即可；但是在供应链采购中，采购部门作为企业内部供应的战略部门，还应对内部供应进行流程整合管控，采购部门采购工作范围也应随之进行调整。采购活动关注点有以下两点变化：

一是在成本管理上，应从仅关注采购合同成本最低调整到关注供应链总成本最低；

二是参与需求管控，在传统采购活动中，采购部门执行计划即可，但在供应链采购中，采购部门还应参与需求管理，完成需求管控的相关工作。相关内容详见本书“4 采购流程和通用要求”的释义解读。

本条第一款指出的达到一定规模或特殊要求的项目是指采购合同金额较大或对企业生产具有重要战略意义的采购项目。为降低采购风险，本规范规定了评估程序。需要评估项目的规模范围由企业制度规定。

在企业制度规定的范围内，采购实体宜按照《国有企业采购管理规范》中第4.4条的规定建立采购咨询专家管理制度，专家委员会完成评估后有向采购实体报告的责任和义务。

《国有企业采购管理规范》第4.4条相关内容如下：

“4.4　采购咨询专家管理

4.4.1　采购实体应建立采购咨询专家管理制度。

4.4.2　入库专家标准：应参照学历、不唯学历，重在对项目评审能力的考察。

4.4.3　入库专家程序：应采取自愿报名、基层组织推荐、咨询专家库管理部门审核的方式组建；对确有专长但不符合一般条件的专业人士，可采取其他专家联名推荐的方式入库。

4.4.4　入库专家信息：应包括专家的学历、专业职称、主要工作经历、现工作岗位、曾参与或评审的项目管理、运营管理业绩、主要近亲属名单等信息。

4.4.5　专家工作评价：采购实体应在采购结果评价中对咨询专家的评审能力进行回顾性评价；对优秀的咨询专家宜依据项目需要列入专家短名单。

4.4.6　短名单制度：采购实体可依据项目需要，从本企业在职或离退休专业人员中选拔聘用若干专业的常用咨询专家，建立专家短名单；本企业内部专家参与采购咨询服务的工作量，应纳入其工作绩效考核体系；专家短名单应保持稳定性，企业可根据项目需要和专家条件的变化，进行必要调整。”

本条第二款规定了评估的六项内容。

第一项是实施采购的前置评估，采购实体满足供应可以有多种渠道，在集团电子采购平台查询集团本部或子公司现有库存是否能够满足、替代或对现有拟报废的设备物料是否有可修复的可能性、修复成本进行评估等，所有其他方案排除后才能进入新的采购环节。

第二项是采购要求和需求合理性的评估，评估的范围包括技术指标要求、商业条件要求等。采购需求的合理性包括了采购需求分析、采购需求量化、需求和要求的逻辑关系匹配、要求指标量化、收益性价比分析、市场测试修正等内容。

第三项是采购预期目标和风险的评估。所谓预期目标指采购任务完成后预期达到的技术指标、社会效益等，一般针对项目采购。同理，项目一次性的属性本身具有一定的不确定性，包括市场和需求变化等，咨询专家委员会应运用专业知识和经验对该采购活动的风险进行评估。

第四项是对预算的评估。咨询专家委员会应当对采购项目的预算进行专业评估，在项目采购中，采购任务可能分阶段、按照子目实施，每个子目的采购原则上不能突破子目预算。但是对于由于市场或需求发生变化需要调整的，应对其合理性与准确性进行充分论证，采购最高限价原则上不能突破原项目总预算。

第五项是对采购组织模式的建议。

第六项是对采购方式的建议。

4.1.5　确定采购实施计划

4.1.5.1　汇总采购需求

采购实体应对需求实体提出的采购订单或采购建议书进行梳理、汇总，并依据企业制度规定的采购模式管理办法分类组合。

【释义】

确定采购实施计划包括汇总梳理、编制、报批三个环节。

其中，对需求的汇总梳理是工作的基础。

需求部门的采购要求经过上述程序归纳整理并依据战略采购与非战略采购、内部供应与外部采购、公开采购与非公开采购、上网采购与线下采购、集中采购与分散采购、框架协议采购与一般合同采购分类组合，并依据企业制度编制采购实施计划。

4.1.5.2 编制采购实施计划

采购实体应依据批准的采购预算编制采购实施计划。

【释义】

本条规定了实施采购计划的约束条件：在批准的采购预算内。

采购实施计划是指企业管理人员在了解市场供求情况，认识企业生产经营活动过程和掌握物料消耗规律的基础上对计划期内物料采购管理活动所做的预见性的安排和部署。它包括两方面的内容：

一是编制采购实施计划；

二是拟定采购订单或采购建议书。

广义的采购实施计划是指为了保证供应各项生产经营活动所需的物料而编制的各种采购实施计划的总称。狭义的采购实施计划是指每个年度的采购实施计划，即对企业计划年度内生产经营活动所需采购的物料的数量和采购的时间等所做的安排和部署。

一、采购实施计划的分类

1. 按计划期的长短分，可以把采购实施计划分为年度物料采购计划、季度物料采购计划、月度物料采购计划等。

2. 按物料的使用方向分，可以把采购实施计划分为生产用物料采购计划、维修用物料采购计划、基本建设用物料采购计划、技术改造用物料采购计划、科研用物料采购计划、企业管理用物料采购计划。

3. 按自然属性分类，可以把采购实施计划分为金属物料采购计划、机电产品物料采购计划、非金属物料采购计划等。

二、采购实施计划的专业性

1. 工程采购工作计划内容

主要有工程项目特点、采购实体需求、工程建设程序、工程总进度计划、采购相关工作顺序及时间安排和相关责任主体等。

2. 货物采购工作计划内容

主要有采购货物名称、数量、技术指标、时间节点、顺序安排、与工程建设项目或生产需求的衔接配套和相关责任主体等。

3. 服务采购工作计划内容

主要有服务内容、目标要求、需求特点、时间安排和相关责任主体等。

对于复杂项目的工作计划还有单行的补充文件，应予以说明，如对进口机电产品的管理等。

三、采购实施计划的作用

1. 可以有效地规避风险，减少损失。

2. 为企业组织采购提供了依据。

3. 有利于资源的合理配置，以取得最佳的经济效益。

示例：某实业公司编制年度采购计划的程序规定

1. 范围

适用于全公司所有的原材料、仪器仪表、固定资产、设备、备品备件和各种生产及非生产性低值易耗品等物料（不包含办公用品采购）的年度采购计划的编制、审核及下达。

2. 控制目标

2.1 保证采购计划能够满足需求计划，尽量避免生产中由于供货不足产生的损失。

2.2 保证库存量的经济合理性。

2.3 保证年度计划与经营目标一致。

3. 主要控制点

3.1 采购部计划员结合年末预计库存表和安全库存制度编制年度采购计

划草案。

3.2　主管副总经理结合年度经营目标值审批经采购部经理审批通过的年度采购计划。

4. 特定政策

4.1　年度采购计划各类别物资采购数量必须分解指标到每月。

4.2　非生产用低值易耗物资采购参照固定资产采购流程。

4.3　办公用品的采购各需求部门根据公司经营目标编制本部门的年度预算经财务部审核后确定。采购部门每月将调整后的办公用品需求预算报财务部审核后在采购部确定的合格供应商处购买，自行到财务部报销，报销时必须详细填写项目、数量、单价。

4.4　劳保用品的采购各需求部门根据公司劳动保护管理要求直接报年度预算给财务部，财务部结合相关规定汇总审批后下发给采购部，采购部根据安技环保部提供的标准进行采购。执行时如无财务部审批的劳保用品采购变更计划，采购部根据年度预算按月订购，通知需求部门领取。

4.5　年度预算中给生产维修用小金额物资准备有月采购备用资金（原则上1000元以下/月）。具体金额由采购部、财务部和相关部门讨论确定，按需求分解指标到各需求上报部门。该笔资金只用于当月未能在月计划中确定的与生产有关的应急小金额物资，不滚动执行。需求上报部门经理控制该笔资金使用，采购人员凭发票到财务部报销。

4.6　程序

4.6.1　集团公司采购部根据需要向实业公司购买进口原材料、备品配件及设备，实业公司采购部根据集团的订单负责进口，并有义务向集团采购部事先提供采购物资的价格和综合费用。

4.6.2　采购计划经内部审批确定后，集团公司采购部对该笔物资的预算及库存负责。进口计划作为需求计划递送实业公司采购部，实业公司采购部不考虑库存，只考虑采购提前期和实际价格编制采购计划，经审批后执行。

4.6.3　由于该操作存在因集团与实业公司审批价格有差异而造成预算资金不匹配的风险，双方需事先约定物资价格转移办法，实际结算时根据协议确定内部交易价格。在制定计划时双方计划员及时沟通，共享物资价格。

4.6.4　对于进口物资采购计划，经集团财务审批后集团采购部须于每月3日12点前报实业公司采购部，实业公司采购部于次日12点前报财务部，以确保实业公司采购计划及时编制审批。

4.6.5　运输由实业公司储运部负责，物资入库时，该种物资直接入集团仓库，由集团质量管理部检验，入库单和检验单须同时报送集团和实业公司财务部和采购部，实业公司采购员凭集团入库单报实业公司财务付款，集团财务凭入库单和事先制定的价格协议定期向实业公司财务付款，实业公司财务开具增值税发票。

附表　　　　年度采购计划制定、审核及下达流程说明

步骤	涉及部门	步骤说明
1	采购部计划员	采购部计划员10月26日根据计划调度室递送的年度物料需求计划，设备能源部递送的年度固定资产添置计划、年度备品配件/材料需求计划，信息技术部递送的年度信息设备需求计划，储运部门递送的年度铁路维修备件/材料需求计划、年末预计材料/备件库存报表、储备定额计划，汇总编制年度采购计划
2	采购部计划员	计划员根据历史交易价格、预期价格变动趋势、供应商信息库填制价格信息和年度采购计划，编制年度采购预算送采购部经理审批
3	采购部经理	10月30日采购部经理根据往年采购预算、年度经营目标值审批年度采购预算，同意即签署意见，否则退回计划员重新编制
4	主管副总经理	10月31日主管副总经理结合年度经营目标值审批采购部经理审批后的年度采购预算，同意即签署意见；不同意的，和相关部门协调，重新调整采购物资种类及数量，编制年度采购预算
5	采购部计划员	主管副总经理审批同意后，采购部计划员将进口物资采购计划于11月1日前报实业公司采购部
6	预算相关会议	预算相关会议审核主管副总经理审批后的年度采购预算，经下达流程形成经审批的年度采购预算
7	采购部计划员	计划员收到审批下达的年度采购预算后留存年度采购计划，为月度采购计划提供依据

4.1.5.3 报批采购实施计划

采购实体应依据企业制度程序上报采购实施计划。

【释义】

采购实体分别依据不同采购组织模式的制度规定，上报企业职能部门批准采购计划。

不同的需求类别具有不同的特性、支出金额、交付风险，需要制定不同的采购战略和政策，因此需要不同的审批和管控手段。虽然总体审批流程可以保持相对一致，但管控重点会有所不同。例如，生产性物料需求计划的审批，经有关部门批准后，系统产生的需求清单就直接传递到采购部门，甚至直接转成采购订单；资本性设备的采购申请涉及的金额大、专业性强、采购周期长，以及整个生命周期的维护保养需要，特别还涉及资产投资的财务运作，故需要特别的审批流程和权限，例如财务部门的介入；低值易耗品的采购申请可能只需要需求单位的主管审批即可。

采购订单发出之前必须得到批准，考虑到采购的专业性和对组织可能产生的影响，采购工作应该是由经过良好培训的被授权采购人员处置。应避免未经授权的采购。

可能有些企业的部分采购工作由其他部门来实施，如差旅、办公用品由行政部来负责实施，市场和广告支出由市场销售部门来承担，等等，但这需要在流程、职责上做出明确的定义，哪些人被授权负责采购哪些物品。

使用部门有可能在流程、职责范围以外直接与供应商沟通、询价、进行价格谈判，这属未经授权的采购行为。产生的可能原因如下：

a. 可能不了解组织内部的流程，直接和供应商讨论采购事宜；

b. 认为通过采购部门的审批流程手续太繁杂，或者急用，自己直接操作方便、效率高；

c. 认为采购部门对于供应市场和供应商能力及需求不了解，没有附加值；

d. 出于自身利益违规操作。

采购管理层级主要应体现采管分离，分体系进行采购的精细化管理，保障制度的日常落实效果，通过审批备案制度和临时性的各种检查，来保证企业的制度在执行机构得以充分落实。

案例：华润集团计划管理制度与执行程序

1. 集团层面

华润集团的采购管理制度明确要求各二级企业应加强采购计划管理，根据采购需求制定采购计划，增强采购计划的准确性，提高采购效率，发挥管控效果；定期检查计划实施情况，及时采取有效措施纠偏，保证项目建设和生产经营需要。

2. 二级企业层面

华润啤酒的计划管理制度包括《华润啤酒采购运作管理办法》《华润啤酒供应链计划制度》《华润啤酒需求计划管理工作指引》《华润啤酒采购管理中心采购业务审批流程》等，采购和供应链管理相关部门与需求部门各司其职，充分协同，实现供需动态调整和匹配。

（1）需求计划管理物资及申报部门：工厂啤酒之路办公室/制造部负责申报酿酒物料、辅助物料、低值易耗品等月度/临时/增补需求计划；工厂包装部、酿造部、运营部/制造部负责申报备品、备件等月度/临时需求计划；华润啤酒生产中心生产发展部负责申报酿酒物料 3～5 年中长期年度需求计划；工厂运营部负责申报权限内包装材料（流转）等月度/临时/增补需求计划。

（2）需求计划提报时间及要求：对于包装材料、周转包装物、包装（流转）等，申报部门每月 15 日前将下一个月度需求计划导入 SRM 系统并完成审批；对于酿酒物料、辅助材料、备品备件、低值易耗品等，申报部门每月 20 日前将下一个月度的需求计划导入 SRM 系统并完成审批。临时需求计划：所有物资的临时需求计划按其对应的采购周期提前 5 个工作日按照华润物资需求计划主责流程完成申报审批。

（3）到货计划管理：采购各岗依据 SRM 系统价格库、货源分配、需求计划等编制月度、临时、增补计划，具备采购下单条件的，4 个工作日内完成，采购订单/发货通知单在采购计划审批后的一个工作日内完成。分批到货物资由工厂运营部或啤酒之路办公室/制造部根据库存、销售计划、生产计划、采购周期等编制月度或周滚动到货计划，每周四传递至工厂采购部，工厂采购部依据 SRM 系统编制到货通知单，每周五将供应商已确认到货信息反馈至工厂运营部或啤酒之路办公室/制造部。

（4）产销协调。月度/周包装材料供应异常：工厂采购部将包材供货异常信息传递至工厂运营部，工厂运营部在规定时间上报片区运营部，由片区运营部协调片区采购执行解决，并视影响程度，于规定时间内报总部运营中心供应链计划部，总部运营中心供应链计划部协调总部采购管理中心解决，采购管理中心需在48小时内回复意见。每月10日前召开“总部月度产销协调会议”，回顾存在的问题，评估行动计划的执行情况等。每月10日前召开“总部月度供应会议”，确定未来三个月供应意见，解决供应缺口，制定转储供应方案，解决其他重要的协调问题。

案例

4.1.6 采购方案策划

4.1.6.1 采购方案内容

在执行采购实施计划时，重要和复杂项目宜制订采购方案。

采购方案的内容应至少包括：

——目标：确定采购总体目标，并梳理与企业发展战略目标或项目目标的关系和定位；

——任务：明确完成本次采购项目的经济指标和其他指标要求；

——范围：采购总体范围的确定；

——方法：采购分类、采购标段（包）的划分、采购顺序安排；

——步骤：质量、造价、进度需求目标分解，确定对供应商的资格要求；

——工具：确定采购管理模式、采购方式，确定合同计价形式；

——组织：采购实施部门及其层级安排、人员任务分解；

——服务：采购风险管控计划、安排；

——保障：完成采购方案的资金准备、采购环境、招标、谈判场所服务等。

【释义】

本条是新增条款，是国有企业采购操作经验的总结。

本条第一款规定了条款的适用范围。重要和复杂项目需要制订采购方案。

企业可通过目录规定采购范围的项目明细。

本条第二款规定了采购方案的基本内容：目标、任务、范围，方法、步骤、工具，组织、服务、保障。围绕采购目标制订采购方案是采购项目管理的基础性工作。

一、采购方案的定义以及与采购计划的关系

1. 采购方案的定义

所谓方案是内容最为复杂的一种行动和工作计划。由于某项工作任务涉及系统较多、工作因素比较复杂，如果不作统筹考虑和全面部署难以完成。一般方案的内容至少应当包括行动计划的“主要目标”“政策措施”“实施步骤”等三个方面。依据方案任务的不同，可以把“主要目标”称为“目标和任务”等，在“目标和任务”一项中，一般还要分总体目标任务和具体目标任务；把“政策措施”称为“实施办法”或“组织措施”等，“政策措施”的内容里一般分“政策保证”“组织保证”和“具体措施”等；“实施步骤”一般分基本步骤或阶段和关键步骤，关键步骤里还有重点工作项目。

采购方案是采购实体为规范和有序实施采购工作，通过分析和掌握采购任务的技术特点、经济特性、管理特征，采购标的的功能、规模、质量、价格、进度、服务等需求目标，以及市场供应的特点，依据有关法律政策、技术标准和规范，科学合理地设定、安排采购活动实施的条件、范围、目标、方式、计划、措施等方面的系统架构和总体安排。

2. 采购方案与采购计划的关系

采购方案与采购计划应在一个有机统一的整体内，应该逐一分别进行编制。对于一些简单的项目，采购方案相对简单，方案和采购计划可以合而为一。

采购方案与采购计划应该经过授权人审核和批准后方可实施，这是采购方案与采购计划的重要管理原则。在实施过程中由于各种因素的变化，采购方案和采购计划本身还会出现修改的需求，应按照规定实施修改和调整，并且经过授权人批准后实施。

二、制订采购方案的意义和作用

1. 采购方案的意义

任何一项工作没有经过策划就实施，其成功的概率是不高的。特别是重

要的采购管理任务，由于涉及系统较多、工作因素比较复杂，不作统筹策划将难以完成。因此制订采购方案是落实采购任务的重要内容。

采购方案是为了实现采购目标而进行的项目实施策划，主要明确了“什么事”“谁负责”“怎么做”“完成任务的起止时间”等基本管理内容。制订采购方案，就是把采购目标转换成定义明确、要求清晰且具有可操作性的项目策划文件的活动过程。采购方案经过各方面专业人员的分析和计划，针对项目的功能、规模、质量、价格、进度、服务等需求目标进行研究，使采购实施的目标、过程、组织、方法、手段等都更具系统性和可行性，从而为采购的决策和实施提供全面完整的计划和依据，避免随意性和盲目性。

2. 采购方案的作用

在采购活动中，是否制订采购方案，方案制订得好与坏，直接关系到采购的成败。采购方案不仅是采购策划活动的成果体现，而且是采购活动实现风险预防的核心工作之一，其作用是十分重要的。

（1）明确活动目标，构思项目系统构架。

正确的策划是实施采购活动的前提。采购方案可以策划和明确项目实施的指导思想和运作方向，构建采购活动的协调结构。通过活动的定位、目标系统的建立和项目的定义、活动的协调结构和拟实现的基本功能，可以建立有效满足需求的活动管理机制，预防采购目标实施的不确定性风险。

（2）奠定采购决策基础，指导采购实施工作。

采购的实施离不开科学严密的策划。通过策划可以合理确定采购的定位、采购的目标协调系统和项目的基本功能，不仅为采购项目的决策工作提供依据，而且为采购的策划过程提供规定和指导，避免可能的采购策划与决策风险。

（3）确立采购活动实施模式，拟定采购策略。

采购方案不仅关系采购过程的风险控制，而且关系未来实施的风险预防。采购的实施策划是采购管理的重要环节，根据项目实施的特点，合理分析风险，可以确立科学的采购活动实施模式和适宜有效的策略，从而达到充分降低采购风险的目的。

三、采购方案的特点

采购方案除了具备一般服务方案的预见性、针对性、可行性、约束性的基本特点还具备以下特点。

(1) 层次性：根据采购活动的目标和控制范围，采购方案可以分为三个层次，第一层次只针对采购活动的策划内容，第二层次包括采购活动从筹备到交付使用期间的策划内容，第三层次涵盖整个采购活动生命周期的策划内容。层次性也可理解为采购管理的阶段性。

(2) 基础性：采购工作在企业经营或项目实施中占有特别重要的地位，可以说采购活动是其重要的物质基础。这不仅是因为在一个采购活动中采购费用往往占企业经营成本或整个项目费用的绝大部分，而且更重要的是，采购活动的设计和规划也必须体现在采购方案之中。如果采购到的设备、货物，或接受的服务不符合项目设计和规划的要求，必然会增加企业经营成本或影响项目的质量，甚至会导致项目的失败，因此采购的策划效果直接决定了采购活动的实施条件。制订一套具有前瞻性的、兼顾相关需求的采购方案，是保证采购要求和实现采购目标的重要基础。

(3) 集成性：由于采购方案涉及采购成本、采购质量、采购范围、采购时间、环境资源和风险等多方面管理的协调与整合，所以它是一项具有综合性、全局性与系统性的策划结果，需要实施集成化管理。采购管理的集成性表现为确保项目各专项工作能够有机地协调和配合，便于开展工作，包括协调各种相互冲突的目标、选用最佳或满意的备选行动方案，以及集成控制采购任务的变更和持续改善采购工作方法等方面的内容。采购方案的集成特点就是从全局的观点出发以企业整体利益最大化作为目标，以与采购相关的各项管理（包括项目时间、成本、质量、资源、风险等）的协调与整合为主要内容所实施的管理策划活动。

由于采购目标的实现或管理活动的变更可能影响另一个项目专项目标的实现，甚至改变另一个项目实施与管理活动的内容和要求，所以必须充分认识采购方案的特点，并通过开展系统管理去全面把握和管理项目。

四、采购方案的编制原则

采购方案与企业的利益密切相关，不同采购的任务具有不同的采购倾向，这在编制采购方案时可以有所侧重。但为了保证采购项目的核心利益，必须坚持以下原则：

1. 采购质量标准是底线

质量标准是合格采购的底线。采购质量可分解为采购工作质量和采购实体质量，均与采购方案（计划）的质量密切相关。采购方案编制的质量水平是保证采购活动质量的基础。采购方案应该合理设计采购质量标准，不仅充分满足企业经营质量特性的要求，而且适应市场竞争和实现目标的需求。

2. 经济性考虑是基础

采购作为企业管理的组成部分，采购的成本是企业总成本的重要组成部分，采购成本的高低将直接影响到企业的竞争性。采购的经济性就是在坚持采购质量标准和互利的供方关系的前提下，尽可能降低采购的总成本，即采购对象（货物、工程、服务等）的成本与采购活动的成本之和最低。因此采购的经济性不仅关注产品购买的成本，也关注采购部门在采购活动中的成本支出，甚至关注采购活动中的社会总成本的支出。

在供应链采购中，招标就是一种把充分竞争发挥到极致的采购方式，它是一种典型的实现采购效能的方式，主要适用于项目采购。另外还有一个途径就是在运营采购中的充分协同。通过与优秀供应商的高度协同，实现信息的协同、研发的协同、生产环节的协同等，去掉生产经营过程中的各种不必要的行为。分析每一个生产、流通的环节，在每一个环节上降低总成本，就是采购方和供应方共同总成本的降低。降低了总成本以后再在双方之间形成收益，实现双赢。

在对标国际一流企业的时候，就会发现以供应链协同为代表的充分协同出现的概率非常高。例如日本的两大核心支柱产业，汽车产业与电子产业，大部分专用零配件都是由全球唯一的供应商提供。同样，电子产品领域也是对供应链管理有极致追求的。供应链管理 + JIT 生产导致了零库存管理、六西格玛质量管理这样的需求，正是这些管理理念的运用，才使日本的产业后发制人，能够比美国的同样产业成本更低、产品功能更强。

3. 工作效率应兼顾

在企业经营活动中没有效率就没有效益，因此，编制采购方案同样也应关注工作效率。一方面，采购的效率也影响采购管理的成本，甚至供应链的总成本。效率要求采购方案的策划应该充分体现采购活动的质量高、投入低和时间短的特点。另一方面，也应避免盲目赶进度，使采购方案和项目合同文本等存有缺陷，给采购实施埋下大的隐患。因此，采购方案的策划应该兼顾适宜的工作效率，避免盲目提高采购效率和压缩工期。

4. 风险责任合理分配

采购充满了各种风险。在采购过程中，相应的采购物料或提供的服务还未开始进入生产或服务，因此还有许多潜在的、涉及未来的不确定因素。如果将来生产或服务过程中出现某些随机因素，导致采购实体不能按预定的时间完成生产计划或项目指标，而生产或服务过程中这些风险责任分配取决于最初的采购计划，则这种分配的合理性将直接影响合同能否顺利履行。风险责任分配的一般原则如下。

（1）可预见性风险：如果某风险是一个有经验的采购实体可以合理预见的，则该风险分配至该采购实体承担。

（2）可管理性风险：按“责利”对等的思想和“风险管理效率”的思想，将风险分配至能够最佳管理风险和减少该风险的一方。

（3）经济性风险：风险应当分配给在生产或服务过程中能够以最低的成本来承担风险损失的一方。

5. 反欺诈反腐败贯穿始终

公平公正是采购的重要保证。采购的所有参与者在采购过程中和履行合同时，应该遵守最高的道德标准，任何获得非应得利益的行为都是不能容忍的。所以，在采购过程中，任何腐败活动、欺诈活动、串通活动，以及施加压力、谋取私利等行为都应该拒绝。例如，世界银行对采购时出现的任何腐败或欺诈现象零容忍，一经发现，立刻采取取消已分配的贷款、禁止投标、处罚等措施。因此，制订采购方案时必须注意反欺诈及腐败的要求，包括在资格预审期间，采购实体（代理机构）、资格审查委员会成员以及与资格审查活动有关的其他工作人员，不得到资格预审申请人单位参观考察，也不得出席资格预审申请人主办、赞助的任何活动。

6. 坚持回避制度

避免利益冲突是采购的核心环节。回避制度主要指采购过程的参与者应该避免利益冲突。采购活动的工作人员应该提供专业的、客观的、公正的意见，并且在任何时候都将企业的利益置于最高位置，而不考虑其他的利益需求，在提供建议时，应避免与其他任务或本团队的利益发生冲突。

五、采购方案的内容

采购方案依据采购标的的不同，其内容和内涵也不同。

采购实体制订采购方案的过程是对项目认识不断深化的过程，采购方案在项目不同阶段，方案的内容会随之不断深化。其中，一些专项工作通过项目作业计划的方式把方案意图具体落实，这些计划成为采购项目管理和控制的依据。

工程采购方案中项目作业计划的内容主要有工程项目特点、采购实体需求、工程建设程序、工程总进度计划、采购相关工作顺序及时间安排和相关责任主体。

货物采购方案中工作计划的内容主要有采购货物名称、数量、技术指标、时间节点、顺序安排、与工程建设项目或生产需求的衔接配套和相关责任主体。

服务采购方案中工作计划的内容主要有服务内容、目标要求、需求特点、时间安排和相关责任主体。

对于复杂项目的工作计划还有单行的补充文件，应予以说明，如对进口机电产品招标采购的管理等。

对于小型采购项目，采购方案作为工作计划直接指导采购工作。

在各类采购方案中都应明确采购任务拟采用的采购组织模式和采购方式。

六、采购方案编制的步骤

1. 调查研究、明确项目目标和任务

（1）采购任务概况的调查研究。

采购任务概况的调查研究是保证采购方案有效性的基础。采购任务概况的主要调查研究内容如下。

①采购活动背景、概况、主要问题与建议。

②采购任务具体特征，如建设项目包括建设规模、结构类型、类别等。

③采购活动的利益相关者分析。对于代理采购项目而言，所采购的项目多是大型的工程、货物或服务，需要许多方面的个人或组织的积极参与，涉

及多方的利益，由于各方关系较为复杂，有必要对采购的利益相关者进行深入的分析。

④采购需求分析和市场范围考察。采购需求分析主要确定需要采购的内容和时间表；市场范围考察主要确定采购来源是国内或国际、哪些行业或区域。

（2）分析采购特点提出对策建议。

针对项目特点，分析采购的商务和技术制约条件并提出多种可以选择的应对建议，为确定任务目标的可行性提供条件。如在商务方面，可根据采购的金额条件、时间跨度、涉及深度在方案中提出可行的合同计价形式等；在技术方面，针对采购的技术特点和制约条件提出可行的项目质量、进度、成本控制措施。又如在保持技术先进性的同时要求采购设备必须达到一定的国产化指标以享受国家免税政策，采购实体在策划方案的过程中，就应针对上述特点和要求在标段划分、设置资格条件、进口产品管理等方面提出并研究相应措施建议的可行性，为合理科学地确定任务目标奠定基础。

（3）研究确定任务目标系统。

根据上述调查分析结果、任务特点、制约条件及对策建议等，分层次实施综合情况的分析，进行多因素的集成研究。一方面，清楚合理地明确问题定义，确定采购管理的方向，并以相应的问题定义为基础确定目标因素，包括人的满意度，供应商的能力和诚信，采购的质量、进度、费用等。另一方面，根据目标系统的多目标性、相关性、层次性、动态性特点，从全局出发，以企业供应链整体利益最大化作为目标，以各种专项管理因素的协调与整合为主要内容确定要开展的活动，包括为达到甚至超过企业利益相关方的期望去协调各方面的目标和要求，进行风险评估，识别相关技术和管理措施的可靠性，以及集成控制项目可能变更的管理方法等内容。在与相关方不断互动的基础上，实施整合管理，建立符合活动从属关系和关联关系而构成的目标体系，作为采购任务的多目标群，形成采购的总体目标和工作任务。

2. 采购目标分解，明确实现目标的步骤和方法

（1）依据采购目标科学分解确定采购合同。

依据任务总体目标对项目进行目标分解（WBS），确定和落实项目范围管

理任务，实施采购合同（标包）与标段的划分。简单的采购合同可以不需要标段划分，但是当需采购的货物及设备量大、技术要求高、供货商家多，如采购任务的规模大、专业广、技术复杂，采购服务类别多，则应根据采购任务的实际情况，按照时间及空间关系，采购的合同类型、供应商的专业划分及能力、市场供应条件等，合理地划分合同或构成合同组团，以此作为确定采购相关管理任务、制订采购方案（或计划）、编制文件的重要依据。

方案合同划分应考虑的技术和商务条件如下：

①采购工程、货物或服务的数量、技术规格、参数和要求；

②所采购的工程、货物或服务在整个项目实施过程中的哪一阶段投入使用；

③每一项采购彼此间的联系；

④全部采购工作如何分别划分标段或标包，每个标段或标包应包括哪些类目；

⑤合同划分对竞争度的影响；

⑥合同划分是否可以方便谈判（评审）和采购项目的实施；

⑦依据需求考虑采购所需时间，确定每个合同采购过程时间表，并用横道图做出采购进度计划；

⑧对整个采购工作协调管理；

⑨在进口机电产品货物标包的划分中还应考虑合同（标包）的划分是否有国内外合作制造的内容，是否利于国内制造企业消化吸收等因素。

（2）确定采购工作逻辑关系的平衡与程序。

①合理确定采购活动的工作顺序。

采购活动的先后顺序关系有两种：一种是工作之间本身存在的、无法改变的逻辑关系，如设计与生产的关系；另一种是人为组织确定的，工作之间无先后关系。一般而言，工作先后关系的确定首先应分析确定工作本身存在的逻辑关系，在逻辑关系确定的基础上，再确定各工作之间的组织关系。

②确定采购活动顺序的工作步骤。

第一，应明确项目的特性。项目的特性通常会影响到采购活动工作顺序的确定，这是确定采购活动工作顺序的前提。第二，确定工作逻辑关系是采购工作排序的基础。由于工作逻辑关系是采购工作之间所存在的内在关系，通常是不可调整的，一般主要依赖于技术方面的限制，因此确定起来较为容易，通常由采购人员与技术人员之间交流就可完成。第三，确定采购工作的组织关系。采购工作组织关系的确定一般比较难，它通常取决于采购人员的知识和经验。第四，分析外部制约关系。外部工作通常会对采购工作存在一定的影响，因此在制定采购工作计划的过程中也需要考虑到外部工作对采购工作的一些制约及影响，考虑采购进度实施所依赖的假设条件。

采购工作顺序的确定为落实项目进度（时间）等管理任务提供了条件。

（3）制定采购的进度计划。

①制定采购进度计划的依据包括：项目采购时间要求；项目采购的特点；项目采购的技术经济条件；采购各项工作的时间估计；采购活动的限制和约束等因素。

由于竞争的存在、委托人（客户）的要求或者其他的条件限制，导致某些采购工作必须在某些时刻完成，这就存在所谓的强制日期或时限。此外，采购过程中总会存在一些关键事件或者一些里程碑事件，这些都是编制采购进度计划中所必须考虑的限制因素。

②编制采购进度计划。采购进度计划是描述采购工作中各项工作的开展顺序、开始和完成时间以及相互衔接关系的工作计划。

具体实施步骤包括：根据采购工作内容的分解，找出管理工作的先后顺序；估计出各工作的延续时间；平衡各工作管理因素的相互关系；确定采购工作的时间进度；应用相关工具（如可利用关键路径方法、横道图等）编制进度计划。

3. 责任落实、健全综合保障措施

企业经营采购由采购部门负责，相关品类由部门内专职品类工程师牵头，组织工作组或小分队执行采购任务。

项目采购的活动按照以下程序组织。

（1）选择采购活动的组织方式与建立团队。

采购实体在接受采购任务后，应根据企业及项目特点，选择有经验的采购人员和恰当的组织方式，建立专业采购团队，在团队建设中应注意以下方面的工作。

①明确的共同采购目标。共同的目标是采购团队存在的基础，清晰明确的采购目标是有效开展工作的保障。

②采购团队是由不同部门、不同专业的员工组成。

③角色适当分工。采购团队的成员必须有清晰的角色定位和分工。团队成员应清楚地了解自己的定位与责任。

④信息沟通顺畅。采购团队成员针对出现的问题及时交流。

⑤团队成员能力互补。采购团队成员总体专业知识和技能全面，规模适中，经验、素质与技能互补性强。

（2）明确采购项目经理的责任和权力。

项目经理是采购团队的负责人，是采购项目管理团队的核心。为了保证采购项目管理的有效性，应授予项目经理以下基本权限。

①项目采购团队的组建权。项目采购团队的组建权包括两个方面：项目经理班子或管理班子的组建权；项目团队队员的选拔权。

②财务决策权。拥有财权并使个人得失和项目盈亏联系在一起的人，能够较周全地、负责地顾及自己的行为后果，因此，项目经理必须拥有与项目经理负责制相符的财务决策权，否则采购项目就难以顺利展开。一般来讲，这一权力包括资金分配权和费用控制权。

③采购项目实施控制权，包括在项目采购各阶段中向采购管理团队成员下达指令的权力、审批相关文件的权力。

（3）根据招标采购项目工程的任务分解落实责任。

①根据招标采购工作的项目管理任务要求，采用招标采购项目的责任分配矩阵的方法，明确有关部门或个人在招标工作中的关系、责任和地位。

②编制采购项目的人力资源计划。

③编制采购项目的费用计划并报批。

任何方案都具有动态性，在执行过程中为适应新的变化而调整，但这种调整与再造性调整有着根本的区别，因情况变化进行的调整是基于原计划制定者的利益进行补充完善，而再造性调整是基于供应商的利益对方案进行修订。

示例1：工程施工采购方案的主要内容

1. 工程建设项目背景概况

主要介绍工程建设项目的名称、用途、建设地址，项目业主、资金来源、规模、标准、主要功能等基本情况，以及相应审批、规划许可、勘察设计及其相关核准手续等有关依据，已经具备或正待落实的各项采购（招标）条件。

2. 工程招标范围、标段划分和供应商资格要求

工程施工招标内容、范围应正确描述工程建设项目数量与边界、工作内容、施工边界条件等。其中，施工的边界条件包括地理边界条件以及与周边工程承包人的工作分工、衔接、协调配合等内容。

标段划分就是合同划分；工程建设项目需要供应商资质条件的应提出相应的资格要求。

3. 工程采购顺序

工程施工招标前应首先安排相应工程的项目管理、工程设计、监理或设备监造招标，为工程施工项目管理奠定组织条件。工程施工招标顺序应按工程设计、施工进度的先后次序和其他条件以及各单项工程的技术管理关联度安排。

4. 明确工程质量、价格、进度需求目标

采购实体员必须全面、正确地分析把握工程建设项目的功能、特点和条件，依据有关法规、标准、规范、项目审批和设计文件以及实施计划等总体要求，科学合理地设定工程建设项目的质量、造价、进度和安全、环境管理的需求目标。

5. 采购模式和采购方式

根据施工项目的特点和需求，依法选择适合的采购模式和采购方式。

6. 工程发包模式与合同类型

（1）发包模式。根据工程施工的特点和采购实体需要，按照承包人义务范围大小，可分别选择承包方式，包括施工承包、工程总承包方式。

（2）合同类型。根据招标工程的特点和招标人采纳的计价方式，合同类

型一般有固定总价合同、单价合同、可调价合同（包括可调单价和总价）、成本加酬金合同。

7. 确定工程招标工作目标和计划

8. 工程招标工作分解

施工工程工作分解是对整个采购工作任务、内容、工作目标和工作职责，依据采购基本程序和工作要求，按照采购实体的岗位职责、人力资源情况、设备条件及相互关系分解配置，明确落实。

9. 完善工程采购方案实施的措施

为有效实施工程采购方案，实现工程采购工作目标、计划，应结合工程采购工作的特点和需要，研究采取相应的组织管理和技术保证措施。

工程总承包采购方案可以结合工程总承包的类型特点、内容范围，抓住设计与施工紧密结合的根本要求，参照工程施工招标方案做出相应调整。

示例2：机电产品招标采购方案中成本、质量、进度控制方案

（××项目招标采购方案摘编）

成本、质量、进度是由进口或国内采购合同定义的三大目标，合同控制则是其他控制的保证。通过合同控制可以使成本控制、质量控制和进度控制协调一致，形成有序的项目管理过程。

1. 成本控制

在设备采购代理中，我公司通过下列途径降低设备和服务费用的支出，有效控制项目成本，提高节资率：

1.1 利用授标前澄清的灵活性降低设备和服务支出

在××工程中，存在大量技术复杂、需求特殊的招标，供应商无法一次性地在投标文件中满足项目的实施条件。而现行法规规定，在确定中标人之前，招标人不得与投标人就有关投标实质性内容进行谈判。但如果在定标后与中标人进行合同谈判，满足项目实施条件的谈判有时又很艰难。在这种情况下，灵活运用授标前的澄清，是维护项目利益、招投标各方利益和体现公

平公正的一种选择。这时，招标人可安排授标前的澄清，通过与投标人的商讨，要求供应商最大限度地满足项目评标标准和实施条件，并将此作为是否授标的条件。实践证明，这种办法既符合招标法规的本质精神，又较好地解决了招标人评价标准的最优实现，维护了招标人合法合理的选择权和裁量权。价格方面，在不就有关投标实质性内容进行谈判的前提下，通过授标前的澄清，招标人可以在设备漏项、备品配件、培训、设备检验和考察，以及售后服务等方面取得投标人免费或者优惠的报价，从而进一步降低设备和服务费用。

1.2 免税方案

充分利用有关部门关于××设备国产化的优惠规定，通过合理的采购（招标）方案和合同条件，实现进口设备享受免税政策。

除了在招标采购阶段通过合理的采购（招标）方案，在保证设备性能高起点、高标准、高水平的前提下，努力实现国产化率70%的目标，在进口代理方面，也可通过以下方式进一步保障国产化率目标的实现。

1.2.1 鼓励国外供货商安排合同设备由中国境内的独资或合资企业生产、与国内企业合作制造、国内分交等，提高国产化率，同时要求设备的国内制造部分以人民币报价，以使有关部门根据原产地原则，确认有利的国产化程度。

1.2.2 国外供货商培训、设计联络、检验、安装、调试、试运行、售后服务等技术服务应与进口设备分开报价（尽量要求以人民币报价），以降低进口设备的总报价。

1.2.3 国内供货商所需进口零部件，应根据有关部门规定，协同业主办理免征关税和进口环节增值税免税手续，进一步降低进口零部件总价款。

1.2.4 采用全散件组装（C. K. D.）或半件（小件）组装（S. K. D.）方式进口，利用技贸结合和合作生产的方法，高质量地购入部分机电设备，以确保工程质量的可靠性。

1.2.5 在签订进口合同后，招标代理公司将及时办理相关的进口备案手续，协助业主迅速、及时办理国产化认证和免税手续，力争在进口设备到港前办妥相关免税手续，避免因向海关缴纳保证金而导致的项目资金占用和利息支出。

1.3　汇率风险控制

由于××设备进口合同的支付时间一般跨度较大，可能会遇到汇率变化带来的风险。为此，招标公司提出以下解决方案。

1.3.1　合同币种的选择：对于进口设备报价，允许使用的币种为人民币、美元、欧元或日元，或上述外币的组合。如果本项目部分资金来自境外融资，那么合同可以采用与融资币种相对应的币种，以减少汇兑成本和损失。当人民币相对美元升值压力较大时，应尽量以美元签约；因人民币和美元汇率挂钩，如果报价使用的是欧元和日元，其汇率可按开标当日中国银行公布的中间价为基准折算成美元，合同以美元签订，相对固定成本，可避免因其他币种外汇汇率波动导致的成本增加。如果签订合同时，欧元或日元汇率对我方公司有利，合同可以采用欧元或日元签订。

1.3.2　其他汇率风险规避措施：在业主资金许可的情况下，招标代理公司可采用购买远期外汇、远期结汇或择期购汇的方式规避汇率风险；也可采用与合同卖方签订有利的合同货币汇率调整条款或汇率风险共担协议的方式，减少汇率风险对业主方的影响。

1.3.2.1　购汇方案：如业主对外支付资金来源为人民币，那么就须通过采购代理机构将人民币按照某日（一般为实际对外支付日）汇率兑换成合同货币，完成进口合同的对外支付。因此，在对外签订了进口合同（即确定了合同总价）后，业主需要根据合同的要求、支付金额、支付方式，权衡在经济和风险承担上的利弊得失，选择有利的换汇金额和时机。

1.3.2.2　设备进口合同外汇支付一般分四大阶段进行，假定比例如下：

预付款（10%）、设备价款（70%）、验收款（10%）、质量保证期满后付款（10%尾款）；假定合同货币采用美元。

1.4　降低财务费用

1.4.1　降低业主的银行利息支出。

如果本项目建设使用贷款资金，当贷款未发生时，即业主未申请支出该笔贷款时，不计利息，一旦支出即开始计息。当招标代理公司作为采购代理方在银行开证时，需要在开证行开立保证金账号，银行为了保证支付信用，需要提供保证金和保函。一旦如此，势必需要业主使用贷款资金从而产生利息。由于本项目建设资金巨大，利息也非常可观。为此，招标代理公司提出如下解决方案：业主、我方公司与业主贷款银行签署三方协议，利用业主贷款授信额度，在业主贷款银行开设开证账户，由于使用了贷款授信额度，不需要保证金和保函。在实际对外支付时，贷款行才会把贷款资金划拨至我方公司的专用开证账户，与业主形成借贷。这种做法既保证了对外开证信用，又最大限度地减少了业主贷款利息。

1.4.2　争取银行开证手续费、换汇返点等财务费用的优惠。

由于目前银行同业间竞争日趋激烈，银行间在开证、付款、换汇等银行中间业务费率方面存在一定的差异。在签订合同后，招标代理公司将选择几家有实力的银行，进行相关费率比较和洽商，以争取较低的开证费用、付款费用和较优惠的换汇返点，从而降低业主的财务费用。由于本项目建设资金巨大，业主贷款行可能不止一家，即使为了能够免保开证而选择在贷款行开立开证账户，招标代理公司也可以在不同的贷款行间进行比较、洽商和选择。

1.4.3　降低货物的运保费用。

由于××设备合同价款和运量较大，运输保险费用也很可观，招标代理公司将根据设备的不同类型和制造商地域差别，制订相应的货物运输保险方案，包括海洋运输保险方案和国内运输保险方案，同时，注意选择费率优惠的保险公司、运输公司和代理报关公司，节省运保、报关等相关费用，降低设备和工程造价。

2. 质量控制

2.1　重要性

质量控制是项目管理的重要组成部分，在××项目这样的复杂系统中，质量控制尤其重要。通过质量控制，可以保证按合同规定的质量完成工程，只有“质量”达标，才能谈及“工期”和“造价”的有效调控。使工程顺利通过验收、交付使用，达到预定的功能要求。在本项目招标和采购代理中，质量控制路线为设备技术标准规范→制造商资格审查→安装公司资格审查→设备制造、安装招标→严格具体的合同条款→设备制造质量控制和协调→设备安装质量控制和协调→质量担保。这条完整的设备质量控制路线，能很好地保证工程项目的质量目标。作为买方，对于关键重要部分设备实施监理

（造）不仅有利于质量控制，同时也关系到“工期”和“造价”控制，这点需要招标公司和业主方（买方）密切关注。

2.2　制定详细的技术标准、规范及严格的合同条款

招标代理公司应通过技术支持，配合业主及设计单位，根据以往类似项目的经验，通过技术交流、考察和调研等，确定有利于项目的各种技术规范，在力争达到国产化率要求的同时，保持技术的先进性和实用性，并根据不同设备复杂性的差异，选用不同的招标模式、合同格式和条款。在洽商和签署合同时，应特别注意就以下几方面内容作出严格规定，包括设备检验、监理（造）、安装、测试、考核、验收和质量保证条款；对备件、工具、技术服务及培训的要求；质量保证期限和售后服务等。因为有关进口设备的安装、调试，备品备件的供应情况，操作人员培训、技术支持等方面将直接关系到进口大型机电设备的平稳运行；设备验收是进口大型机电设备正常使用的首要条件；质量保证期限及售后服务条款是维护和保养大型机电设备、保持设备稳定运行的必要手段。

由于上述条款在招标文件中已有明确规定，且中标供应商在其投标文件中已响应招标文件要求，并提交了相关的具体方案，在洽商、签署进口合同时，主要是将上述几方面细化；同时，在城市轨道交通工程的招标中，复杂标排名第一的中标候选人往往在投标文件中无法全部满足评价标准和实施条件，这时，招标人可安排授标前的澄清，通过与投标人的商讨，在不对投标内容进行实质性谈判的前提下，要求投标人最大限度地满足项目评标标准和实施条件，并将此作为是否授标的条件。实践证明，这种办法既符合招标法规的本质精神，又较好地解决了招标人评价标准的最优实现，维护了招标人合法合理的选择权和裁量权。

2.3　严格进行投标资格预审或后审

作为重点项目的××工程，除××、××等少量设备系统因国产化定点及可供选择的具备资格的投标单位数量有限，经批准后可采取邀请招标外，其余均应选择公开招标的方式。考虑到××工程各类投标人众多，一般应在招标公告中规定对潜在投标人进行资格审查，并通过发售资格预审文件的方式，对潜在投标人的履约能力进行初步审核，用综合比选的方式确定合适数

量的投标人参加正式投标。在××工程的招标实践中，这种通过资格预审的公开招标，还能解决许多操作中的难题。如××工程的许多标段，招标人在招标时很难确切地拟定技术需求及技术规格，或招标时招标人想通过对拟采购货物、工程、服务的技术和商务条件等广泛地征求建议来完善招标需求，这在复杂的机电设备系统都是常见的，国外一般通过议标等其他方式解决，而我国《招标投标法》又未予采用。这时，采用有资格预审的公开招标方式，就能将上述一系列问题通过资格预审及其相应的澄清活动，对潜在投标人进行调研谈判以确定有利于项目的各种技术规范或商务条件，并将此写入正式的招标文件再行招标。当然，对部分潜在投标人较少且招标需求明确的标段，也可采取随招标公告一次发售招标文件，并通过资格后审的方式对潜在中标人进行确认。

2.4　通过合同实施控制、协调，实现质量的动态控制

××工程建设涉及众多领域，包括路网规划、勘测设计、土建安装、机电运营设备等系统，工程规模巨大、系统复杂、建设周期较长。招标公司参与的仅是其中的一环。因此，合同实施的动态控制和协调十分重要。我公司将在技术和项目管理专家组的支持下，配合业主和设计单位进行设备接口设计、设计联络、主要设备制造过程的中间检验，设备出厂检验、验收和设备供货管理；我公司还将配合工程监理，参与安装管理、设备内部接口处理、与其他系统接口协调、协同供货商技术人员进行系统调试验收，并参加全线综合联调及试运行。

3. 进度控制

由于××项目一般工期较紧，招标公司将通过多种途径保证供货商按预定进度计划提供设备和相关服务，防止交货期延误。

3.1　减免税和报关的时限管理

进口报关的基本程序是申报、审核单证、查验货物、办理征税和结关放行。其核心问题就是通关单据和手续是否齐备、正确无误。针对上述问题，招标公司采取了以下实现管理措施：

3.1.1　确保单证齐全。进口货物所需报关单据包括合同（副本即可）、正本装箱单、正本发票、正本提货单、正本委托报关协议书、进口报关单及

海关监管条件所涉及的各类证件。在进口合同中，招标公司对供货商提交货运文件的清单、数量、文件形式、提交方式和时限将做严格具体的规定，并以此作为付款条件之一；如为信用证付款方式，首先要协助开证行办理相关的付汇手续，以获得全套正本单据。就招标公司应准备的文件而言，委托报关协议书的委托人处要有公司签章，并一定是正本，用传真件、复印件报关无效，防止因疏忽而导致滞报；接到全套进口单据后，要确认出口商提供的正本发票、正本装箱单、提单、合同中的内容（如货物名称、唛头、件数、毛重、尺码）是否单单一致；正本发票和正本装箱单上要有签章。同时，应确认货物的商品编码，查阅海关税则，确认进口税率、货物需要什么监管条件，如需报检，则应在报关前向有关机构报验，并备齐报验所需单据，包括报验申请单、箱单、发票、合同、进口报关单。

3.1.2 在签订进口合同后，招标公司将及时办理相关的进口备案手续，协助业主迅速、及时办理国产化认证和免税手续，力争在进口设备到港前办妥相关免税手续，避免滞报或因向海关缴纳保证金而导致的资金占用和利息支出。

3.2 及时合理的运输、保险安排

3.2.1 进口货物采用CIF/CIP价格条件交货，由卖方租船订仓投保，建议由招标公司推荐或指定保险公司。

进口货物将采用CIF/CIP价格条件交货，海运方式采用CIF价格条件，由卖方负责按通常条件租船订仓，并办理从装运港到目的港的海运货物保险，支付保险费。考虑到供货商在当地租船订仓的便利性，这样可以避免FOB等价格条件下由买方租船订仓和办理保险引起的不便和时间延误。CIP则适用于包括多式联运在内的各种运输方式，保险也为多种运输险，其他条件和CIF相同。

保险方面，选两家常做国际货运保险的且总部在北京的保险公司。优选一家，做进口设备海陆运全程保险。此法的好处是业主明了保险政策，择优录取，一家全保，理赔方便，而且国内保险公司可能还为其保险的海运货物提供免费的国内内陆运输保险服务，从而为项目节省资金。

进口货物的国内运输：选择有经验的货运代理公司安排海陆联运。

代理公司的选择：

——向业主提供多家货运公司的报价；

——由业主选择运输公司和付费方式（预付或到付）；

——如选择到付而货运公司不接受，我公司将协助业主洽商；

——业主确认后，招标公司与海运代理签署海运协议；

——合同规定向货运代理支付运费之前七个工作日内，业主将全部运费转入招标公司银行账号。

——招标代理公司在合同规定时间内向运输代理支付运费。

此法的优势是业主掌控货运行情，选择运输公司并且后付钱。

3.2.2 国内货物采用项目现场交货价格条件。

3.3 系统各组成部分在时间上的协调

由各个合同所确定的设备制造、交付和相关技术服务不仅要与项目计划的时间要求一致，而且它们之间在时间上要协调，即各种活动形成一个有序的、有计划的实施过程。例如设计联络与详细设计、设备制造与运输、设备交付与安装、设备验收与运行等之间应合理搭配。而合同所定义的设备货物和服务之间应有明确的界面和合理的搭接。要解决这种协调的一个有效手段就是引进项目管理，在甘特图或网络图上标出相关合同所定义的里程碑时间和它们的逻辑关系，以便于计划、协调和控制。

3.4 严格执行合同

在合同条款中通过延期交货罚款来控制供货商的交货进度，延期交货超过一定时限可能导致业主拒绝收货。

4.1.6.2 确定采购组织模式

采购实体应依据采购策略，结合采购需求和市场状况选择相应采购组织模式。不同采购组织模式的适用条件和实施要点见第5章。

【释义】

本条是新增条款，是企业采购经验的升华和创新。本文件将采购组织模式定义为“依据采购管理的不同属性，针对采购活动中主要管控点制定、供采购实体选择使用的标准化解决方案”。

采购组织模式也可称为采购组织导向。如某企业依照卡拉杰克模型把企业采购分为：供应链导向、安全运营导向、效率提升导向和充分竞争导向四类，每一类划分若干采购标的的类别，确定不同的采购管理办法。

企业通过这种采购组织模式的分类并分别制定相应的采购制度规范，包括适用清单、建议采购方式、采购程序、供应商管理办法等，保障了采购活动的合规性并在此基础上提高了采购效率。详细内容分别由第5章予以规定。

4.1.6.3 确定采购方式

采购实体应依据采购需求的确定性和竞争属性、项目复杂度、紧急状况、采购金额、采购频次和自身能力等确定适当的采购方式。不同采购方式的适用条件和实施要点见第6章。

【释义】

本条规定了确定采购方式的依据，在使用条件中，除了需求的确定性、竞争性、项目复杂度、紧急情况等一般考量因素外，本文件增加了采购频次多少和采购实体自身能力大小的考量因素。采购频次是客观因素，采购频次较高的在采购组织模式中应选择框架协议程序，配套的采购方式可以是谈判，也可以是直接采购；采购人能力不足属于主观因素，需要评审专家或供应商提供帮助。如采购需求明确，符合招标采购条件，应强化采购评审专家咨询的环节；如采购需求还有待完善，则应选用比选或竞争谈判等方式，弥补采购人能力的不足。有关各种采购方式的使用条件和程序详见本文件第6章及附录C。

4.2 采购实施

【释义】

采购实施包括了编制、审核采购文件，要约，组织采购活动，确定成交供应商，采购合同管理，资料收集整理和归档六个步骤。

在企业日常运营采购中，本规范规定的采购准备如果已经完成，采购实体可以直接进入采购实施阶段。

4.2.1 编制、审核采购文件

【释义】

采购文件有广义和狭义的区别。

广义的采购文件包括采购活动记录、采购预算、狭义采购文件、响应文件、评估报告、成交通知书、合同文本、验收证明、质疑答复、投诉处理决定及其他有关文件、资料等。

狭义的采购文件指采购实体或其委托的代理机构依据采购项目的需求和特点编制的，说明采购项目技术要求，告知采购实体采购须知、成交标准以及合同条款、格式文件等内容的采购要约书。

本条是指狭义采购文件。

采购文件是采购活动的纲领性文件，具有以下作用：

一是作为采购实体表达采购愿望的申明；

二是作为采购实体描述拟采购标的物商务和技术条件的说明；

三是作为采购实体依法制定的采购活动的游戏规则（包括程序、内容和办法）；

四是作为采购实体和成交人签订书面合同的基础和依据，关系到采购活动的成败。

4.2.1.1 采购实体应自行或委托采购代理机构依据采购方案或采购需求编制采购文件（不包括各种订单）。

【释义】

本条规定了编制采购文件的主体和程序。由于行业、企业制度的不同，涉及具体采购文件的编制主体，企业有不同的规定。有些企业提供了系统的采购模板，有些企业在自愿招标时要求参照依法必须招标项目适用的国家发展改革委等部委组织编写的标准招标文件。法律对自愿招标的企业采购活动使用的采购文件没有强制规定，编制采购文件完全属于一般民事行为。

为方便企业编制采购文件，2020 年中物联组织业内专家依据《国有企业采购操作规范》设计的采购方式编制出版了《国有企业采购文件示范文本》（商务部分），该示范文本最大的特点是按照章节通过模块化组合编制，每个章节对应采购文件的一个组成部分。每一章分为若干可选模块，依据采购方式、标的类别，在各模块设置了选项供编制者按照项目特点选择使用；采购实体在采购平台点击选择全部七章后，平台自动组合成一套完整的采购文件。

第一章为“采购公告或采购邀请书”，分为采购公告和采购邀请书两个模块；第二章为“采购需求”，分为施工类采购、货物类采购和服务类采购三个模块，依据项目类型由采购实体选择；第三章为“供应商须知”，其针对所有采购类型和采购方式；第四章为“采购方法”，分为招标采购、询比价采购、谈判采购和直接采购四个模块，每个模块分为若干采购方式，由采购实体依据项目要求选择使用；第五章为“评审办法”，包括经评审的最低价法、综合评分法、直接评估法和其他方法，供采购实体编制采购文件时选用；第六章为“合同草案”，包括一般标准合同和简易合同；第七章为“响应文件组成及格式附件”，依据施工、货物和服务的不同特点分别做了列示，供各类供应商编制响应文件时选用。（扫描封底二维码获取《国有企业采购文件示范文本》）

相关采购文件的适用条件和评审标准可参考以下案例：世界银行借款人选择和聘用咨询人的方式。

案例

案例：世界银行（以下简称“世行”）借款人选择和聘用咨询人的方式

1. 基于质量和费用的选择（QCBS）

即选择咨询人时考虑质量/技术和报价的选择方式。咨询人同时递交分开密封的技术建议书和财务建议书，雇主先打开和评审技术建议书，然后再打开和评审技术分合格的咨询人的财务建议书。最后加权算出总分，费用的比重一般限定为10～20分，在任何情况下在总分100分中都不应超过30分，例如说技术分（80%）加财务分（20%）最高的咨询人中标。

2. 基于质量的选择（QBS）

即选择咨询人时只考虑质量/技术的选择方式。开始咨询人可以只递交技术建议书，或同时递交分开密封的技术建议书和财务建议书，雇主先打开和评审技术建议书，技术最高的咨询人即中标，然后再递交或打开技术分最高的咨询人的财务建议书，进行合同谈判。

3. 在预算固定情况下的选择（FBS）

只有在任务比较简单，能够准确界定，同时预算也已被固定的情况下，这种方法才适用。建议书征询文件应指明可获得的预算，并要求咨询人以不同的信封分别提交其按预算范围编制的最佳的技术和财务建议书。应首先对所有技术建议书按"基于质量和费用的选择"方法中的规定进行评审。然后公开开启价格建议书的信封，超过指定预算金额的建议书应被拒绝。余者中技术建议书得分最高的咨询人应获邀请参加合同谈判。

4. 最低费用选择(LCS)

这种方法只适用于标准或常规性质的任务(审计、非复杂工程的工程设计等)选聘咨询人。这类任务一般有公认的惯例和标准。使用这种方法时应为"质量"设定一个"最低"合格分值。按短名单邀请咨询人分两个信封提交建议书。先开启技术信封并进行评审。那些未达到最低分值的技术建议书被拒绝，然后开启财务建议书，报价最低的公司应中选。

5. 基于咨询人资格的选择(CQS)

这种方法可用于很小的任务或者借款人宣布和世行承认的紧急情况。对其而言发出建议书征求文件、准备和评审有竞争性的建议书要求不强。在这种情况下，借款人应准备任务大纲，获得咨询人提供意向书包括与该任务相关的经验和能力情况，最后可能需要通过征求有意向的函件获得尽可能多的公司的经验，至少应获得3家有资格的公司的经验。评审和比较有本咨询任务要求的相关经验和能力的公司，并选择具有最适当资质和相关业绩的公司。仅仅要求被选定的公司提交一份合并的技术—财务建议书，如果其建议书具有响应性并可以接受，邀请其谈判合同。

6. 单一来源选择(SSS)

对咨询人进行单一来源选择不能提供通过质量和费用竞争而带来的好处，且在选择过程中缺乏透明度，并可能对一些不可接受的做法提供便利。所以只有在以下情况中显示出单一来源选择比竞争性选择具有明显的优势，单一来源选择才可被认为是适当的：ⓐ任务为该公司以前承担的工作的自然连续；ⓑ处理意外情况，例如但不限于救灾，以及借款人宣布和世行接受的紧急情况；ⓒ很小的任务；ⓓ对该任务而言，只有一家公司是合格的或具有特殊价值的经验。

7. 使用国家系统

世行在使用国家系统(UCS)的试点中确定了部分借款国公共采购系统

可以为世行接受。这里所指的采用国家系统即指采用国家系统选择咨询人（包括单个咨询人）。在世行批准的试点项目中，借款人可以使用国家系统。

8. 中间金融机构贷款选择咨询人

在贷款是通过中间金融机构转贷给受益人的情况下，例如个人、私营部门企业、中小企业或公共部门中自主经营的商业企业，部分贷款的子项目可采用世界银行确定可以接受的、公认的私营部门惯例或商业惯例。但当贷款资金转贷给公共部门受益人，或涉及复杂的、金额较大的任务也应考虑使用指南所述的竞争性程序。

9. 世行担保贷款下选择咨询人

如果世行为偿还其他贷款人的贷款提供担保，采购该贷款资助咨询服务应该注意，以下几点应满足世行的要求：ⓐ将采用的程序能够确保借款人勤奋有效地实施项目，所选择的咨询人具有必要的专业资格；ⓑ所选定的咨询人将按双方同意的时间表执行任务；ⓒ服务的范围与项目的需要保持一致。世行在该贷款关账后可能审查该贷款的采购活动。

案例

10. 特殊类型咨询人的选择

（1）选择联合国机构。在联合国机构在其专业领域有独特或例外的资格提供技术援助和意见的情况下，可单一来源聘用他们作为咨询人。条件为：ⓐ这项工作是以前公司承担工作的自然延续；ⓑ在紧急情况下，如应对灾害以及在紧急情况之后的一段时间内所需要的咨询服务；ⓒ非常小的咨询任务（低于10万美元）；ⓓ只有一家公司是合格的或具有特殊价值的经验。

在与联合国机构签订协议之前，借款人应该将完整的理由和协议格式草稿提交给世行，以获得世行的不反对意见。

（2）使用非政府组织。非政府组织是非官办的非营利的组织，它们可能是唯一有资格协助项目准备、管理和实施的机构，这主要是因为它们对当地事务的介入和对当地问题、社区需要和（或）参与方法的了解。

（3）采购代理和施工管理人。当借款人缺乏必要的机构、资源或经验时，雇用一个专门从事采购的公司作为其代理，对借款人而言可能是有效率和有效果的。如果采购代理负责某一特定项目的采购，并主要在采购代理自己的办公室工作，一般按采购签约额的一定百分比，或按这种百分比和一个固定收费额相结合支付代理费。应按照“基于质量和费用的选择”程序选聘这种采购代理，其中费用所占的权重最高为百分之五十。上述规定也适用于施工管理人。

(4) 检验服务。借款人可能希望雇用一个商检代理在货物装运前或在运抵借款国时对其进行检验和验证。该类代理的检验通常包括对有关货物质量和数量以及价格合理性的检查。选聘检验代理应使用“基于质量和费用的选择”程序，给予费用的权重最高不超过百分之五十，并且应使用以被检验和被验证货物价值的一定百分比为基础支付代理费的合同格式。

(5) 银行。借款人应当按“基于质量和费用的选择”程序选择雇用投资银行、商业银行、财务公司和基金管理者为其进行在私有化业务中通常涉及的资产出售、金融工具的保险，以及其他社团金融交易。

(6) 审计师。审计师按规定的任务大纲和专业准则开展审计工作。应按“基于质量和费用的选择”程序对其进行选择并将价格作为重要因素（占 40 ~ 50 分)，或按世行指南 3.6 段描述的“最低成本选择”程序对其进行选择。对于很小的任务（注 34）可以采用基于咨询人资格的方式 CQS 选择咨询人。

4.2.1.2　采购文件应包括以下内容：采购公告或邀请书，供应商须知或谈判要点、评审或成交办法、合同草案、技术要求以及标准化格式示范文件等。

需要执行资格审查程序的项目，应编制资格审查文件。

采购文件要求提供缔约担保的，应规定担保方式，包括但不限于：

——非现金形式的电子保函；

——对信用良好的供应商可约定提交保证金承诺书；

——购买缔约保证保险；

——现金或支票。

【释义】

一、采购（招标）文件的结构

为了考察招标师对招标文件内容的理解和编制技能的要求，2009 年全国招标师职业水平考试《招标采购专业实务》科目试题中案例分析第 3 题如下：

“招标代理机构应在招标文件的哪些组成内容中体现招标人尽可能缩短工期的要求，并如何具体设置要求。”

正确答案是："招标代理机构应在招标文件的投标人须知、评标办法和合同条款中体现招标人尽可能缩短工期的要求。

具体设置要求：

①在投标人须知中说明计划工期在项目中的重要性，对工期的要求警示投标人注意；

②在评标办法中设置工期提前的评标优惠办法，对工期评价的权值、权重适当倾斜，工期超出计划工期的不予评标；

③在合同商务条款中设置履约奖罚条款。"

该题表明，"招标人须知""评标办法"和"合同条款"是招标文件中重要的组成部分，其中合同条款尤为关键，它是招投标活动行为目标的法律基础。

综合上述，采购（招标）文件一般由6部分组成：

①采购（招标）公告（资格预审公告）或投标邀请书；②供应商（投标人）须知；③评审（标）办法；④合同条款；⑤技术条件；⑥文件格式。

上述内容中，公告和邀请书是采购（招标）人的要约邀请，是供应商（投标人）要约的程序依据。供应商（投标人）须知、评审（标）办法和合同条款这三部分构成了本项目采购（招标）的具体规则；技术条件主要是对采购标的的具体表述；文件格式是采购（招标）刚性程序属性的必然要求。依照采购（招标）项目不同，采购（招标）文件中的技术条件和文件格式也有所不同，如施工招标文件中的技术条件分为工程量清单、技术条款、设计图纸等，构成招标文件的四卷八章。

二、编制采购文件的质量要求

1. 采购文件内容完整，条款清晰。

2. 符合法律法规要求并充分贯彻采购实体项目意图。

3. 能科学准确评选出最佳供应商。

4. 项目合同能够顺利执行并最大幅度地减少工程实施和结算阶段的纠纷。

三、采购文件各部分的效力

1. 阐述采购招标项目需求概况和招标投标活动规则的信息

过程性文件包括采购（招标）公告或投标邀请书、供应商须知、评审办法、响应文件格式等，其无疑可以对参与项目招标投标活动各方均形成具有法律约束力的要约邀请，但一般是合同文件的组成部分。

2. 全面描述采购项目需求的意思表示文件

实质性文件如采购需求或工程量清单、设计图纸、技术标准和要求、合同条款等，如通过了供应商要约、采购实体承诺等程序，则构成合同成立，对双方自然具有法律约束力。

3. 参考资料

即供应商了解并分析的与采购项目相关的参考信息，如项目实施的地址、水文、地质、气象、交通等参考资料。

注意：采购文件的过程性文件不是合同的组成部分，即使是供应商须知中涉及合同的内容，通用合同条款在双方没有签订书面合同前，都只能是采购实体单方面的意思表示，有效期结束后对双方都没有约束力。供应商须知中涉及合同内容的条款一定要在合同里体现。

四、关于同一文件各部分不一致的处理

采购文件可参照住房和城乡建设部《房屋建筑和市政工程标准施工招标文件》中“投标人须知”的规定，在企业制度中做出规定。

“10.12 解释权

构成本招标文件的各个组成文件应互为解释，互为说明；如有不明确或不一致，构成合同文件组成内容的，以合同文件约定内容为准，且以专用合同条款约定的合同文件优先顺序解释；除招标文件中有特别规定外，仅适用于招标投标阶段的规定，按招标公告（投标邀请书）、投标人须知、评标办法、投标文件格式的先后顺序解释；同一组成文件中就同一事项的规定或约定不一致的，以编排顺序在后者为准；同一组成文件不同版本之间有不一致的，以形成时间在后者为准。按本款前述规定仍不能形成结论的，由招标人负责解释。”

案例：狗熊招标故事启迪

传说森林中的动物听说采用招标方式采购能发挥很大作用，狗熊有块地想出租，于是决定用招标方式试一试。 案例

案例

招标文件约定对其所有的100亩土地通过招标方式确定承租人，评标标准是按收成比例的多少确定中标人。经过招标投标程序，在众多投标人中，狐狸是排名第一的中标候选人，其要约按照庄稼收成的50%上交租金，其余归承租人。依据评标报告，狗熊确定狐狸中标并发了中标通知书，在签订书面合同时，狐狸提出一个非实质性澄清："收成仅指农作物在地面以上的部分。"狗熊没有思考就同意了。秋收时狗熊来收租子，到地里一看，地里种的不是当地普遍种植的高粱，而是土豆，按照合同，地面下的土豆归狐狸，土豆秧子双方分成。狗熊这才知道上了狐狸的当。狗熊认为，招标是个好办法，只是自己没有经验，决定明年对招标文件进行修改再次招标。

第二年，经过激烈竞争，还是狐狸中标，合同约定狐狸用庄稼收成的60%上交租金。招标文件约定，"收成仅指农作物地面以下的部分"。这年秋天，狗熊高高兴兴来收租，可到了地里一看，地里改种了水稻，狗熊气得差点晕过去。

第三年，评委狼向狗熊建议应当建立资格审查制度，拒绝没有诚信的动物投标，狗熊没有接受这个意见，决定完善招标文件提高中标收成比例，一举拿回两年的损失。招标文件规定，地面以上收成的70%以及地面以下收成的70%归招标人，结果还是狐狸中标，但狐狸的投标文件对收成做了澄清定义，即收成指庄稼最上面的部分。评委认为其澄清定义和招标文件没有实质性差别，同意了狐狸的偏差澄清作为中标通知书的组成部分。踌躇满志的狗熊带领全家族高高兴兴来收租，地里玉米大丰收。狗熊要求狐狸按照70%的玉米上交租子，狐狸不慌不慢拿出书面合同解释道："咱们约定庄稼最上面的70%归你，地面以下收成的70%归你，玉米棒不是庄稼的最上面而是中间，依据合同约定应当归我。"狗熊听罢大吼一声晕倒在地。醒来后它不解地问大家："招标文件到底哪里出了问题呢？"

狗熊招标的故事很可笑，但是掩卷深思，这里有很多地方值得我们认真思考。一般来讲，招标文件对标的的约定没有问题，但是由于招标文件相关约定的漏洞给招标人造成损失的案例不在少数，如没有约定提交图纸的时间、数量导致工作范围变更造成的损失；没有约定竣工验收的程序和细节造成工期违约的损失，等等。编制招标文件是一项技术性、专业性非常强的工作，它直接关系到项目的成败，也是招标代理机构最重要的能力标志。

在编制招标文件中，关于资格条件设置、标段划分、技术条件、评标办法、合同计价形式的确定以及标底、最高控制价的设定等都是实现招标人项目意图的重要手段。

确定资格条件主要选择合同“相对人”；确定技术条件及评标办法主要选择合同“标的物”；标段划分的实质是划分合同；确定合同计价形式的实质是确定风险责任的合理分配，划分标段和确定合同计价形式都是保证合同履行不可或缺的重要手段。作为编制招标文件的技术措施，招标人可以设置标底或最高控制价，但不能设置最低限价以限制竞争。

4.2.1.2 第二款是关于编制资格审查文件的规定。

资格审查是采购人对合同相对人风险防范的措施。

资格审查的内容一般包括资格准入（如有）、财务实力、完成合同的能力（业绩）、经济活动中的信用状况。在施工项目中还应考察项目经理的资质、能力和设备条件等。

资格审查的方式包括资格预审和资格后审。资格预审一般用在“潜在供应商过多、采购活动成本过高、评审时间过长”的情形中。审查办法包括合格制和有限数量制。在资格后审中，其审查标准包含在采购文件中，审查办法只有合格制。

本条规定，采购实体需要时可以组织资格审查活动，编制资格审查文件。本文件没有规定资格审查文件的内容，其格式和内容由采购实体依照项目特点和企业制度规定确定。

4.2.1.2 第三款是关于缔约担保形式的规定。供应商是否需要缴纳采购保证金由采购文件约定，这是采购人的一项民事权利。为最大限度降低供应商的交易成本（其成本最终会转移到商品价格中），本文件规定了四种担保形式，首推电子保函，本文件没有明确保函的出具单位，由采购实体依据项目特点和供应商具体情形确定保函的出具单位（包括银行、第三方、集团财务公司等）；其次是针对信用良好供应商，要求提交保证金承诺书，该承诺表示如果出现需要不退还保证金的情形，供应商应主动缴纳。供应商不会因为一单合同失去多年耕耘的大市场，该保证金形式适用于采购市场足够大的采购项目；再次也是国有企业近年来为改善营商环境的一个创新，即供应商通过购买保险的方式为采购人提供采购保证金，优先适用于采购频次高，保证金金额不大、频繁缴纳、频繁退还的采购活动；最后是现金或支票形式。其中，现金不是指现钞，是供应商从自己银行账户现金科目中为采购人账户提供的转账凭证或支票。支票指现金支票。

4.2.1.3 依据企业制度规定需要对特定采购文件进行技术审核的，采购实体可委托咨询专家库中的专家对技术和商务条件进行审核。审核的内容应至少包括：

——资格条件是否能够满足采购主体的合格性；

——评审条件能否科学评价采购内容的满足性；

——技术和商务条件竞争的合理性；

——技术和商务条件是否具有歧视性、排他性。

【释义】

本条第一款规定了邀请第三方咨询机构对文件审核的要求。由于采购文件的复杂程度不一，标准没有将该程序规定为充要程序，是否需要第三方审核由采购实体决定。

本条第二款规定了审核的内容。一般“应包括”的内容在特殊情况下可以不包括，如在直接采购方式中，由于没有竞争，第三项就不适用。

第一、第二项规定了合同主体和内容的合格性。

第三项体现一般采购的竞争性，直接采购没有竞争性或是竞争结果的后续采购，所以作了除外规定。

第四项体现了企业采购属性应具备的公平性。

关于聘请第三方专家对采购文件审核的制度，商务部曾在其部门规章中做了规定，通过随机抽取的专家对文件的合法性、合格性进行审查，主要审查带 * 项目是否可以构成三人以上竞争，是否有歧视性、排他性，以保证采购的公平。但是由于法律没有授权政府对文件进行审核，因此，商务部在最新的部门规章中取消了上述规定。企业不是政府机关，鉴于采购文件对采购结果的极端重要性，企业可以通过制度规定对重要采购文件进行咨询，以保证企业采购的社会公正性。

案例：专家审核资格审查文件的建议

某水电工程的导流隧洞位于左岸，为城门洞型，衬砌成型后断面为（宽×高）12 米×14 米。导流隧洞开挖断面尺寸为 17 米×19 米~12.7 米×14.7 米，隧洞总长 1000 多米。根据某招标代理对国内已建成的工程的调查，水电施工、水利施工、铁路施工、交通施工等施工企业均有类似工程的业绩，由于国内有同类工程业绩的施工单位数量较多，为合理选择投标单位的数量，并确保参加投标人的单位具有全面的履约能力，招标代理受招标人委托编制资格预审文件组织资格预审。其中资格条件按本工程的断面尺寸和长度作为同类工程的认定依据。

在资格预审文件审核过程中，审核专家提出修正意见。

水电工程中，这种断面大小的隧洞在施工过程中一般采用分层开挖的方式，而 1000 米的长度在施工工艺上与稍短的隧洞没有本质的区别，资格预审文件专家建议将类似工程的标准确定为长度在 500 米以上及衬砌后洞径 10 米及以上的水工隧洞工程。

一般地，作为资格条件，应在本工程的基础上适当下降，但不能出现实质性的变化。

隧洞施工中一般均采用多工作面掘进，本工程总长为 1000 米，且设有两个施工支洞，故每一个支洞工作面承担的掘进长度不超过 400 米，在隧洞开挖中属于较短的隧洞，在通风、排烟等方面相对较为方便，因此在设定标准时也应考虑洞长较短的情况，故选取 500 米作为一个条件，长度过短，则在施工设备的配置上会有较大的差别。

另外，选取特定的水工隧洞作为条件之一是鉴于不同的隧洞在施工过程中有不同的特性，从现已实施的工程来看，很多开挖能力很强的施工队伍在混凝土衬砌作业方面却存在短板现象，而本工程规模不是太大，又不可能按工序进行肢解、分别发包，因此只能选取开挖和衬砌综合能力强的施工企业

案例

作为潜在的投标人，在类似工程的定义中明确水工隧洞是很有必要也是非常重要的。

4.2.1.4 宜建立对采购文件的起草、审核、会签、审批制度；审批负责人对采购文件的质量、效能负责。

【释义】

鉴于采购文件对采购过程和结果的极端重要性，企业应当规定关于采购文件起草、会签、核准和签发的一般性程序和要求。

表10规定的管理程序和风险控制点可供企业在相关制度中参考。表中“行”是编制采购文件的风险点；“列”体现了编制采购文件风险管理的程序和责任目标。

表10　关于采购文件的管理程序和风险控制

	确定采购需求	设置资格条件	划分标段	选用文本	商务条件	技术条件	评标办法	合同条款（计价形式）	承办人或部门
起草	准确 全面	准确 全面 满足经济	科学 合理	合法	合理 全面	准确 无歧义	科学 择优	完整性	项目负责人
审核	合法 无歧义	合理 合法 无歧视	合法	合法	无遗漏 合理 保证金	无遗漏 科学	实验 检测	一致性	部门经理
会签	合法 公平 无歧义	合法 可竞争 无歧视	合法	合格	公平 合法 可操作	无歧视 可竞争 可识别 合法	合法 合理	风险分配 公平 条款合法	技术、财务、经营、合同管理部门
审批	合格	合法 合格	合格	合格	合格	合格	合格	投标有效期 合格性审查	采购总监
送交甲方	体现项目意图	合格	合格	合格	合格	合格	合格	合格	依甲方内部程序审查
签发出售	合法 合格							合法 合格	法人代表或授权人

4.2.2　要约邀请

4.2.2.1　采购公告、采购邀请书

4.2.2.1.1　采购公告的内容应包括采购人的名称和地址，采购项目的性质、数量、实施地点和时间，以及获取采购文件的办法，还应注明是否接受联合体、是否采用电子方式并注明网址以及项目负责人的联系方式。

【释义】

采购公告和邀请书是采购文件的组成部分，在采购活动中也作为单独的文件发布。

采购文件发布顺序是先发布采购公告或发出邀请书，供应商在公告或邀请书指定的地点、时间购买采购文件。但是，在采购活动中，采购实体编制招标文件的内容包含了公告或邀请书。换句话说，采购公告或邀请书和采购文件的其他内容是同时编制的。

采购公告或邀请书是分别针对不特定和特定供应商的要约，是体现公开采购原则的重要环节，是采购公开性的主要举措。在采购活动中，采购公告或邀请书的法律意义为缔约合同阶段的要约，是采购实体的法律意思表示。

本条规定了公告的媒介和内容。其中关于内容的规定参照《招标投标法》第十六条第二款："招标公告应当载明招标人的名称和地址、招标项目的性质、数量、实施地点和时间以及获取招标文件的办法等事项。"《招标条例》对此做了补充，增加了联合体和电子招标的规定。

公告的内容可归纳为三个方面四个要素。三个方面指：一是项目的名称和地址，明确采购合同主体；二是项目的性质和数量，指合同的工作内容；三是实施的时间地点，指合同的履行地和时间边界。四个要素除了以上三项，就是获取采购文件的办法，所谓获取采购文件办法是指供应商能否购买（资格条件）、在哪儿买（地址）、购买时间、价格、联系人，上述这些构成采购公告的内容，在邀请书中增加回复的要求。在电子平台采购中明确平台网址。

公告是针对不特定供应商的要约邀请，适用所有公开采购方式。

4.2.2.1.2　采购邀请书的内容应包括4.2.2.1.1规定的内容，还应要求被邀请供应商在规定时间对是否接受邀请作出回复。

【释义】

采购邀请书是指在采购活动中向特定的潜在投标人发出的要约邀请。在招标采购中，邀请书有法定的内容要求。其他采购方式中的内容可由企业根据项目特点和行业、企业习惯确定。因为作为采购要约，其意思表示必须明确。同时，考虑到防范采购风险，要求被邀请人作出是否参加本次采购活动的回复是非常必要的。

4.2.2.1.3 采购公告、采购邀请书应在企业制度指定的媒体发布或发送。

【释义】

《招标投标法》第十六条规定，依法必须进行招标的项目的招标公告，应通过国家指定的报刊、信息网络或者其他媒介发布。本文件的适用范围是依法必须招标以外的采购活动，因此，本条规定企业采购公告或邀请书发布的媒介由企业制度规定，一般指通过企业电子采购平台发布或发送，体现采购信息的公开。文件要求，这类单源直接采购也视为公开采购。

4.2.2.1.4 采购公告的期限应满足国家和企业相关规定。

【释义】

2017 年国家发展改革委颁布的《招标公告和公示信息发布管理办法》(10 号令）第十一条规定：“招标人或其招标代理机构应当对其提供的招标公告和公示信息的真实性、准确性、合法性负责。发布媒介和电子招标投标交易平台应当对所发布的招标公告和公示信息的及时性、完整性负责。发布媒介应当按照规定采取有效措施，确保发布招标公告和公示信息的数据电文不被篡改、不遗漏和至少 10 年内可追溯。”

企业采购管理制度可参照作出相应规定。

4.2.2.2 出售或发出采购文件

采购实体宜通过电子采购平台出售或发出采购文件。

【释义】

该条是修订版的新增条款，要求在电子交易平台发布采购文件。力图体现采购的公开性、实现采购信息数据的可追溯，保证采购数据信息的完整性，为实现数字采购提供依据。

发布的方式包括出售和发出。复杂项目或编制成本较高的招标采购文件，招标人可在公告注明购买招标文件的金额，相关图纸一般采用借阅的方式，收取租赁费、折旧费；所收费用不以营利为目的；普通采购文件、资格审查文件一般都不应收费，直接发给申请人。在招标投标活动中，法律规定了招标文件的出售价格按照印制成本费收取，对电子招标中的收费没有规定，企业可参照招标投标采购制度的规定制定获取电子采购文件的取费标准。

4.2.3 组织采购活动

采购实体宜依据第 5 章的规定确定采购组织模式，并依据第 6 章的规定选用采购方式，组织采购活动。

【释义】

确定采购组织模式和采购方式是采购管理的一个重要环节。因此，企业应依照本文件的相关规定制定本企业的管理规定，包括管理主体、管理环节、管理权限、管理责任等。

4.2.4 确定成交供应商

4.2.4.1 确定成交供应商的办法

4.2.4.1.1 依企业制度规定由采购实体自行确定成交供应商的，按照企业制度规定；其中需要报备、批准的采购项目按照企业相关制度。

【释义】

本条规定针对采购实体可以自行确定成交供应商的情形。

鉴于行业、产业、企业的不同，企业承担具体采购任务的职能部门也有不同，如有些是需求单位，有些是部门专职采购部门，还有些是企业贸易公司，不论哪一种形式，企业都应当通过制度规定实行不相容岗位的监督。既要保证采购实体依法行使权利，提高采购效率；同时应通过企业制度规定，通过必要的报备等程序保证结果的公平并预防腐败。

4.2.4.1.2 需要评审委员会咨询的采购，在完成咨询报告或谈判结束后，评审委员会应向采购实体提交咨询报告和推荐成交供应商候选人名单。采购实体依据咨询报告和推荐的成交候选人名单确定成交供应商，其中企业制度规定需要有关部门批准的合同，采购实体应及时向有关部门提交初审报告。

【释义】

本条针对需要通过评审委员会评审咨询的情形。

针对需要第三方即评审委员会提供决策支持的项目，该类项目的咨询质量取决于咨询专家组成的专业性和公正性。本规范规定的所有采购方式中评审委员会的意见一般都没有强制性。但在自愿招标采购中，法律规定招标人在评标委员会推荐的候选人中确定中标人，推荐中标候选人的人数，法律没有强制规定，由采购文件确定。如果招标文件约定了推荐人数或排序，招标人应在评标委员会推荐的候选人名单内确定中标人，在其他采购方式中，评审委员会的评审报告没有法律约束力，仅是专家咨询意见供采购实体决策参考。但是采购文件应当明确成交人的程序和标准，不能事后临时依据特定对象确定成交人，使得采购程序走了过场。

需要有关部门批准的合同应严格履行相应程序后确定成交供应商。采购实体应参照评审委员会提交的评审报告和成交候选人名单对拟确定的成交候选人提出初审意见，供有关部门审批参考。

需要有关部门批准的合同主要有以下情形：

一是企业应依合同的属性如性质、金额、重要性等因素建立层级性审批规定；

二是企业应对需要具体各层级审批的合同范围作出明确规定。

为提高采购效率，除了下放必要的合同审批权限外，企业在编制采购文件时应确定合理的采购有效期，有效期时间过短可能有难以完成采购任务的风险，但有效期时间过长可能造成合同价格的升高。采购文件应当针对项目特点，特别是涉及企业“三重一大”项目的决策应当留有特殊处理办法的约定。

本条规定了合同审批单位应在采购文件约定的有效期内完成审批事项。超过采购文件规定的有效期可能导致要约无效，甚至造成采购活动失败的后果。

4.2.4.1.3 在确定成交供应商前，如果其经营、财务状况发生较大变化、存在响应文件不真实嫌疑或违法行为，采购实体认为可能影响其履约能力的，采购实体或代理机构应提请原评审委员会按照采购文件要求审查确认。

【释义】

该条参照《招标条例》第五十六条拟定，原法条的适用条件有三项：中标候选人经营、财务发生较大变化、涉嫌违法行为可以要求原评标委员会重新确认，本条增加了响应文件不真实的要件，适用于本文件规定的所有采购情形。

认定存在上述涉嫌违法行为和启动重新认定程序的主体是采购实体。为防止采购实体权力滥用，企业应规定必要的管理办法，对认定的程序做必要的规范，如建立公示制度等。

重新对成交供应商的成交资格确认不是“翻烙饼”，而是通过第三方专业咨询对发现的新问题得出公正的结论。如果违法行为属实，评审委员会应给出成交无效的咨询报告，但对其他供应商的评审意见有效。评审专家也无须对原来没有推荐的供应商重新评审。

在招标采购中，评审委员会的确认报告对招标人、投标人有法律约束力。如果招标文件有排序要求，招标人可以在评标委员会推荐的剩余候选人中依次递补，也可重新招标。在其他采购程序中，采购实体可以依采购文件的约定或企业制度的规定确定新的成交供应商。

4.2.4.2　公示成交（中标）结果

依据企业制度规定需要在指定电子采购平台公示成交（中标）结果的采购，采购实体应及时公示采购结果，公示不包括涉及国家和企业商业秘密的采购。

【释义】

国家发展改革委 2017 年 11 月 23 日颁布的《招标公告和公示信息发布管理办法》（10 号令）第二条规定：“本办法所称招标公告和公示信息，是指招标项目的资格预审公告、招标公告、中标候选人公示、中标结果公示等信息。”

在招标投标活动中，公告是公示行为的一种类型。

政府发布公告属于行政行为，并具有确定性、拘束性和可执行性的特点。

民事主体发布公告是一种事实行为，属于民事行为范畴，对合同当事人具有拘束力。

由于服务主体的扩大，公示内容包括了采购应当公开的全部信息。

《招标条例》建立了公示中标候选人制度，且范围限于依法必须进行招标的项目。其立法目的是通过公示环节监督评标委员会的公正性。在新颁布的《招标投标法》（征求意见稿）中，取消公示中标候选人的规定，设置了公示中标结果的规定，毕竟中标结果应是招标投标活动行政监督、社会监督应关注的重点。

本文件参照《招标投标法》的修法意见，删除了2019版《标准》中公示中标候选人的规定，只要求公示成交（中标）结果。

关于公示的时间，企业可参照《政府采购法》的规定，在发出成交通知书的同时在采购平台发布结果公告。但公示的内容不能照搬政府采购法规。

政府采购合同一般属于公共消费性合同，适用财政资金，因此应当在最大限度内接受社会公众的监督，法规要求公示合同主要内容是必要的。但是企业不同，企业是“营利性”的法人实体，除了个别垄断性企业外，国内外各行业之间存在激烈的竞争，因此合同价格、供应链中的供应商名单都涉及企业和供应链的竞争力，一般都属于企业商业秘密。如美国为了打压竞争对手，利用国家行政霸权，强行要求韩国三星、中国台湾台积电限期交出其供应链中的供应商名单，否则将实行制裁。

因此，本文件仅规定了公示的程序环节，公示的范围、时间和公示内容由企业制度规定，同时还规定了公示的内容不包括涉及国家和企业商业秘密的采购活动。但是国有企业的采购归根结底还有公共采购的属性，因此，本文件4.2.4.4和采购程序附录中，对不能在平台公示的采购设计了内部告知、备案和报告制度。在对外保密的同时，在企业内部的一定范围内公开采购结果，接受有关部门的监督。

4.2.4.3　发出成交（中标）通知书

采购实体确定成交供应商后应及时向成交供应商发出成交（中标）通知书，并满足以下要求：

——公示无异议或异议处理完毕并经采购结果决策部门或授权人批准；

——成交（中标）通知书的内容应简明扼要，应包括告知成交供应商已成交的结果（如价格、数量、单位、交付期限等）、签订合同的时间和地点；

——成交（中标）结果应及时通知所有未成交供应商（采购实体制度规定可以不通知的除外）；

——成交（中标）通知书发出后，采购实体改变成交结果，或成交供应商拒绝签订合同的，应承担相应民事法律责任。

【释义】

一、条文解读

2019版《标准》参照《招标投标法》规定的程序规定了企业确定成交供应商后的操作程序。本文件在文字上做了调整，将2019版《标准》3.8.3条的五项合并为四项。

第一项规定了采购实体发放成交通知书的基本条件，一是无异议或异议处理完毕；二是采购决策部门或授权人批准。

第二项规定了通知书内容的原则性要求，由于采购方式和采购项目的复杂性，通知书的具体格式应当由企业自行规定。

第三项规定了在发放成交（中标）通知书的同时告知其他未成交供应商的义务，体现采购的公开、公正原则，采购实体的告知义务伴随着供应商的监督权利，如供应商对结果不满意，可以在规定时间及时质疑，以保证其合法权益，通过当事人的监督尽可能体现采购活动的公平。

第四项规定了采购实体和成交供应商在规定时间签订合同的义务，这里的民事法律责任指合同双方的责任。采购实体改变成交结果包括采购实体无理由拒绝与成交人签订合同、重新采购或直接与非成交人签订合同两种情形；成交供应商的违法行为是无理由拒绝签订合同；双方拒绝应当承担的合同义务将导致应当承担的民事责任。供应商不签合同将导致缔约保证金不予退还，如果有证据表明保证金还不足以弥补采购实体的损失，采购实体可以向成交供应商进一步提出赔偿要求；如果采购实体有过错，成交供应商也可以要求采购实体进行赔偿，但实践中这种情形不多见。

关于中标通知书的法律效力，专家有不同意见。

中国政法大学李显冬教授针对国土资源交易存在的问题，提出在招标方式确定矿业权的活动中，中标通知书处于成立但未生效的状态，政府批准后承诺才正式生效。由此推论，供应商要约和招标人中标通知的承诺构成预约合同，在一般采购中，招标人和投标人签订的书面合同为本约合同。

也有专家认为，国际上普遍认为在招标采购中，发出中标通知书即表示合同成立并生效。

二、关于合同的成立和生效

合同成立和生效在构成要件、法律意义和作用阶段完全不同。在构成要件方面，成立和生效最大的不同就是前者不确定意思表示的真实性，而后者的意思表示必须真实且不违反法律规定的公共利益和法定形式要件；在法律意义方面，前者体现自由原则，后者体现守法原则；在作用阶段，合同成立表示缔约的结束。合同生效表示合同履行即将开始。划分缔约和履行状态的意义在于法律后果的区分，如合同相对人违反合意约定，前者承担缔约责任，后者将承担违约责任。大多数情况下，合同成立时即具备了生效的要件，依法成立的合同自成立时生效，因而其成立和生效时间是一致的。但有时合同成立并不等于合同生效，不成立也不是无效。而区分合同状态往往会对当事人有着直接的经济利益影响。

三、关于预约合同

1. 《民法典》首次在法律层面确认了预约合同

预约合同，指约定于将来一定期限内订立本约合同的合同。在立法上，预约的首次确立是 1804 年的法国《民法典》。其后，大陆法系许多国家的实证法陆续规定了预约制度。我国最早作出有关预约合同约定的是 2003 年《最高人民法院关于审理商品房买卖合同纠纷案件适用法律若干问题的解释》第五条，将商品房的预售合同视为预约合同。2012 年《最高人民法院关于审理买卖合同纠纷案件适用法律问题的解释》第二条首次使用了预约合同的概念，并明确预约合同乃是一种独立的合同类型。2020 年，我国颁布的《民法典》采纳了买卖合同司法解释的规定，其第四百九十五条规定：当事人约定在将来一定期限内订立合同的认购书、订购书、预订书等，构成预约合同。当事人一方不履行预约合同约定的订立合同义务的，对方可以请求其承担预约合同的违约责任。与上述司法解释不同的是，《民法典》首次在法律层面确认了预约合同，并将违反预约合同的责任明确为违约责任，赔偿损失不再单列。

2. 预约合同的认定

预约合同并不难理解，但预约合同是在其已经具备了本约合同的基本内容时，应当认定为预约合同还是本约合同，实务没有统一的说法。其实，是否构成预约合同取决于双方有无于将来订立本约的意思表示。若有将来订立本约的约定，则应认定为预约，否则则认定为不构成。但由于订立预约合同时，双方本约尚未订立，故而不产生本约成立的法律效果。因此，在预约合同中对本约合同内容的约定，仅意味着双方同意以约定的内容签订本约合同，违反这些义务的后果，是使得双方以预约合同约定的条件订立本约合同的目的落空，违反者应承担预约合同的违约责任，而非本约合同的违约责任。同时，根据《民法典》第四百九十条第二款，当事人一方已经履行主要义务，对方接受时，该合同成立，此时本约合同虽未签订，但可视为本约合同已成立，双方之间的预约合同关系已经转化为本约合同关系。

当预约合同的内容无限贴近于本约时，裁判者往往会作出“疑约从本”的推定，本着保障交易市场稳定和防止诉累的原则，进而做出继续履行的判决。

3. 中标通知书是否属于预约合同

（1）李显冬教授和作者认为工程建设项目的中标通知书一般属于预约合同。

著名法律实务者谷辽海先生认为，中标通知书发出后，并不能证明合同已成立，故而不能产生合同成立的法律后果，自然也就不具有合同的约束力。林善谋先生指出，根据《招标投标法》第四十六条规定，招标人和中标人应当订立书面合同。我国《民法典》第四百九十条第一款规定：“当事人采用合同书形式订立合同的，自当事人均签名、盖章或按指印时合同成立。”据此，合同尚未成立。

作者认为国际的通行规则是在公共采购中招标采购实行采购官制度，在确定中标人过程中，采购官和投标人进行了充分的沟通并就合同的全部实质性内容以及全部细节都达成一致，因此，采购官发出中标通知书则表明合同应当成立并生效，其承担终身责任。

但在中国，在确定中标人之前，没有和潜在投标人深度沟通的环节，对投标文件的评审由评标委员会进行，评标委员会是个临时咨询机构，不可能对咨询结果承担责任，一般只是程序的把控。但是鉴于工程建设项目的复杂性，招标人在编制招标文件中难免有疏漏或偏颇，潜在投标人投标后，招标人需要双方进行面对面的交流，但法律明确规定在确定中标人之前，招标人不得和中标人进行实质性谈判，否则中标无效。在这种情形下，特别是复杂工程建设项目将中标通知书视为预约合同，将本约合同延时生效对合同双方都是一种救济。

深圳人民法院关于对深圳人民医院违约的判决，按照预约合同的责任进行了判决。

案例：洗涤项目招标人违约，法院按照缔约合同违约责任判决

2013 年 10 月，广州某洗涤有限公司就“东莞市人民医院采购被服洗涤、收送招标项目”进行投标，评标委员会评定其为中标方。中标后，东莞市人民医院拒绝与其签订正式合同文本。广州某洗涤有限公司将东莞市人民医院告上东莞市第一人民法院，要求赔偿其损失 340 万余元。东莞市第一人民法院作出一审宣判，判决东莞市人民医院赔偿广州某洗涤有限公司损失 88000 余元及利息损失。

案例

1. 中标方要求赔偿损失 340 万余元

2013 年 10 月，广州某洗涤有限公司就“东莞市人民医院采购被服洗涤、收送招标项目”进行投标，评标委员会评定其为中标方，负责东莞市人民医院被服洗涤、收送。中标价格为 1.23 元/件，服务期为 2 年，采购数量为 552 万件/年。

洗涤公司诉称，中标后，公司按招标文件要求缴纳中标服务费 6 万余元，办理履约担保手续并支付担保费 2 万余元等。洗涤公司认为，虽经公司多次催促，且经政府采购监督部门的书面责令，医院仍拒不签订正式合同，并明确表示不承认中标结果，医院的行为已构成违约，因此要求院方赔偿损失 340 万余元（包括招聘人员损失 198 万余元、预期利润损失 62 万余元、车间改造

费27万余元、购置运输车辆费用26万余元、投标保证金15万元、标书装订费7.5万元等）。

2. 院方实地考察后拒签正式合同

东莞市人民医院辩称，采购合同依法未成立，双方没有就该项目签订书面采购合同。另外，洗涤公司实际经营情况与投标文件描述严重不符，医院对洗涤公司现场考察时发现，该公司存在被服混洗、洗衣机混用，内部布局分区不合理，工作人员操作不规范等问题。洗涤公司规模相对较小、设施设备相对不足，难以同时满足63家医院的被服洗涤服务。公司没有严格执行消毒、杀菌、熨烫等规范。院方认为，洗涤公司用病人的洗衣机来洗涤新生儿被服，新生儿被服没有专用的烘干、熨烫、折叠、储存处，容易造成交叉感染。对于被污染的衣服，洗涤公司也没有进行浸泡消毒处理，这些是院方拒签正式合同的原因。

3. 焦点

法院：医院未能举证拒签理由。

东莞市第一人民法院经审理认为，广州某洗涤有限公司中标后，东莞市人民医院依法具有与该洗涤公司签订相应合同的义务，其拒绝与公司签订合同，应对其拒绝的理由承担举证责任。医院未能证明其主张的前述存在的问题持续存在，亦不能证明即使上述问题存在必然导致洗涤公司无法为医院提供合格的被服洗涤服务。因此，医院不与洗涤公司签订合同的理由并不充分。医院在洗涤公司中标后，未依法与洗涤公司签订相应的合同，构成缔约过失，应赔偿洗涤公司相应的损失。最后，东莞市第一人民法院一审判决东莞市人民医院赔偿广州某洗涤有限公司损失88887.50元及利息。

案例

（2）南开大学法学院何红锋等专家认为中标通知书属于合同成立并生效。

何红锋教授认为，中标通知书发出后合同是否成立，涉及如何看待书面形式合同的法律效力问题。针对合同法定形式的法律效力有不同的观点和立法：有的国家立法采用的是证据效力，认为书面形式为合同的证明；有的采用成立效力，认为法定形式为合同的成立要件；有的则采用的是生效效力，认为法定形式为合同的生效要件。我国《合同法》虽然没有明确规定书面形式采用哪一种效力，但何红锋教授认为，我国《合同法》采用证据效力说，其最主要的依据就是，我国《合同法》第三十六条规定："法律、行政法规规定或者当事人约定采用书面形式订立合同，当事人未采用书面形式但一方已经履行主要义务，对方接受的，该合同成立。"而如果当事人约定采用书面形式，但没有明确设定为生效条件，当然也不会妨碍合同的生效。[①] 因此，中标通知书发出后，合同处于"成立并生效"状态。

据何教授在中国裁判文书网搜索整理的资料，截至2009年6月，有关案件有104个。其中，对中标通知书法律性质采用"准法律行为"的案例有25个，采用"预约承诺说"的案例有25个，采用"本约合同说"的案例有55个，由此说明中标通知书属于本约合同是主流认知。

对此，笔者在《中标通知书法律属性的再思考》一文中反驳说，这个数据体现了合同的多样性和预约合同的层次性，体现了法律需求的多样性，一刀切反而造成不公正。

4.2.4.4 告知、备案与报告制度

未在电子采购平台公示的其他项目，采购实体应依据企业制度规定将采购结果告知企业相关部门，或向管理部门、监督部门备案、报告。

【释义】

本条是新增条款。2019版《标准》颁布后，一些使用单位向编写组反映，企业采购不同于政府采购，很多采购信息，包括采购项目、采购时间、供应商名单、合同价格等都涉及企业商业秘密，也是国外竞争对手密切关注的内容，不能在网上公示。公示的目的是方便监督，参考企业现有的制度经验，本文件设置了告知、备案和报告制度。告知指采购完成后采购实体与计划部门、使用单位、库房、物流等内部相关部门的信息沟通；备案一般指与管理部门的信息沟通，备案的范围、内容、时间根据不同项目有不同的规定；报告参照《招标投标法》的规定是主动接受监督的信息报告。相关部门应对告知、备案和报告内容负有保密的义务，管理监督部门还应对相关数据进行

① 何红锋，华心萌，《关于国际工程招标中合同成立时间的研究》，载于《国际经济合作》，2008（2）。

结构化处理，为企业数字化管理提供基础数据。本文件附录 C 中所有采购方式的程序中都规定了告知、备案和报告程序，在保密的同时增强采购透明度，尽力减少可能产生腐败的漏洞。

4.2.5　采购合同管理

【释义】

对于采购实体而言，合同的签订是整个采购活动的一个关键里程碑，买卖各方按照约定执行合同，才能真正地体现其价值。合同的管理与执行实现了采购活动的价值。

合同管理分为合同缔约管理、合同履约管理、合同完成收尾管理三个阶段。

合同缔约管理包括合同分析、合同准备、类型选择、文件建立、执行计划；

合同履约管理包括合同执行、合同变更、合同转包、合同终止；

合同完成收尾管理包括交付接收、交付验收、合同索赔、合同支付等全过程管理。

所谓全过程就是由洽谈、草拟、签订、生效开始到合同失效为止。

合同管理制度主要包括建立合同台账制度、合同动态管理制度、合同评价评审制度、合同完成后总结分析制度等。

4.2.5 规定了采购实体在缔约阶段合同管理中的工作要求，包括了确定合同文本，协助法务、行政等有关部门审核合同，主持签订合同；在合同履约阶段参加合同验收、协助有关部门解决合同纠纷、协调财务部门及时支付货款等。

4.2.5.1　确定合同文本

成交通知书发出后，应依据采购文件确定的合同文本，针对需进一步补充或细化的合同非实质性内容，应编写拟补充、细化的条款。

【释义】

一、《民法典》关于合同类型的规定

《民法典》共规定了 28 个合同类别，分别涵盖商业买卖、租赁、运输、技术、工程承包、服务等类别。合同分类清单如表 11 所示。

表 11　　《民法典》规定的合同类型汇总

合同类别		合同说明
买卖类合同（《民法典》典型合同第九章）		
1	买卖合同	买卖合同是出卖人转移标的物的所有权于买受人，买受人支付价款的合同
供用电、水、气、热力合同（《民法典》典型合同第十章）		
2－1	供用电合同	供用电合同是供电人向用电人供电，用电人支付电费的合同
2－2	供用水合同	参照适用供用电合同的有关规定
2－3	供用气合同	参照适用供用电合同的有关规定
2－4	供用热力合同	参照适用供用电合同的有关规定
赠与合同（《民法典》典型合同第十一章）		
3	赠与合同	赠与合同是赠与人将自己的财产无偿给予受赠人，受赠人表示接受赠与的合同
借款合同（《民法典》典型合同第十二章）		
4	借款合同	借款合同是借款人向贷款人借款，到期返还借款并支付利息的合同。 借款合同应当采用书面形式，但是自然人之间借款另有约定的除外
保证合同（《民法典》典型合同第十三章）		
5	保证合同	保证合同是为保障债权的实现，保证人和债权人约定，当债务人不履行到期债务或者发生当事人约定的情形时，保证人履行债务或者承担责任的合同。 保证合同可以是单独订立的书面合同，也可以是主债权债务合同中的保证条款
租赁合同（《民法典》典型合同第十四章）		
6	租赁合同	租赁合同是出租人将租赁物交付承租人使用、收益，承租人支付租金的合同。 租赁期限六个月以上的，应当采用书面形式

续 表

合同类别		合同说明
融资租赁合同（《民法典》典型合同第十五章）		
7	融资租赁合同	融资租赁合同是出租人根据承租人对出卖人、租赁物的选择，向出卖人购买租赁物，提供给承租人使用，承租人支付租金的合同。 融资租赁合同应当采用书面形式
保理合同（《民法典》典型合同第十六章）		
8	保理合同	保理合同是应收账款债权人将现有的或者将有的应收账款转让给保理人，保理人提供资金融通、应收账款管理或者催收、应收账款债务人付款担保等服务的合同。 保理合同应当采用书面形式
承揽合同（《民法典》典型合同第十七章）		
9	承揽合同	承揽合同是承揽人按照定作人的要求完成工作，交付工作成果，定作人支付报酬的合同。 承揽包括加工、定作、修理、复制、测试、检验等工作
建设工程合同（《民法典》典型合同第十八章）		
10	建设工程合同	建设工程合同是承包人进行工程建设，发包人支付价款的合同。 建设工程合同包括工程勘察、设计、施工合同。 建设工程合同应当采用书面形式
运输合同（《民法典》典型合同第十九章）		
11	运输合同	运输合同是承运人将旅客或者货物从起运地点运输到约定地点，旅客、托运人或者收货人支付票款或者运输费用的合同
11－1	客运合同	客运合同自承运人向旅客出具客票时成立，但是当事人另有约定或者另有交易习惯的除外
11－2	货运合同	托运人办理货物运输，应当向承运人准确表明收货人的姓名、名称或者凭指示的收货人，货物的名称、性质、重量、数量，收货地点等有关货物运输的必要情况。 因托运人申报不实或者遗漏重要情况，造成承运人损失的，托运人应当承担赔偿责任

续　表

合同类别		合同说明
运输合同（《民法典》典型合同第十九章）		
11－3	多式联运合同	多式联运经营人负责履行或者组织履行多式联运合同，对全程运输享有承运人的权利，承担承运人的义务
技术合同（《民法典》典型合同第二十章）		
12	技术合同	技术合同是当事人就技术开发、转让、许可、咨询或者服务订立的确立相互之间权利和义务的合同
12－1	技术开发合同	技术开发合同是当事人之间就新技术、新产品、新工艺、新品种或者新材料及其系统的研究开发所订立的合同。 技术开发合同包括委托开发合同和合作开发合同。 技术开发合同应当采用书面形式
12－2	技术转让合同和技术许可合同	技术转让合同是合法拥有技术的权利人，将现有特定的专利、专利申请、技术秘密的相关权利让与他人所订立的合同。 技术许可合同是合法拥有技术的权利人，将现有特定的专利、技术秘密的相关权利许可他人实施、使用所订立的合同。 技术转让合同和技术许可合同应当采用书面形式
12－2－1	技术转让合同	技术转让合同包括专利权转让、专利申请权转让、技术秘密转让等合同
12－2－2	技术许可合同	技术许可合同包括专利实施许可、技术秘密使用许可等合同
12－3	技术咨询合同和技术服务合同	技术咨询合同是当事人一方以技术知识为对方就特定技术项目提供可行性论证、技术预测、专题技术调查、分析评价报告等所订立的合同。 技术服务合同是当事人一方以技术知识为对方解决特定技术问题所订立的合同，不包括承揽合同和建设工程合同
12－3－1	技术咨询合同	技术咨询合同的委托人应当按照约定阐明咨询的问题，提供技术背景材料及有关技术资料，接受受托人的工作成果，支付报酬
12－3－2	技术服务合同	技术咨询合同的受托人应当按照约定的期限完成咨询报告或者解答问题，提出的咨询报告应当达到约定的要求

续　表

合同类别		合同说明
保管合同（《民法典》典型合同第二十一章）		
13	保管合同	保管合同是保管人保管寄存人交付的保管物，并返还该物的合同。 寄存人到保管人处从事购物、就餐、住宿等活动，将物品存放在指定场所的，视为保管，但是当事人另有约定或者另有交易习惯的除外
仓储合同（《民法典》典型合同第二十二章）		
14	仓储合同	仓储合同是保管人储存存货人交付的仓储物，存货人支付仓储费的合同
委托合同（《民法典》典型合同第二十三章）		
15	委托合同	委托合同是委托人和受托人约定，由受托人处理委托人事务的合同
物业服务合同（《民法典》典型合同第二十四章）		
16	物业服务合同	物业服务合同是物业服务人在物业服务区域内，为业主提供建筑物及其附属设施的维修养护、环境卫生和相关秩序的管理维护等物业服务，业主支付物业费的合同。 物业服务合同应当采用书面形式
行纪合同（《民法典》典型合同第二十五章）		
17	行纪合同	行纪合同是行纪人以自己的名义为委托人从事贸易活动，委托人支付报酬的合同
中介合同（《民法典》典型合同第二十六章）		
18	中介合同	中介合同是中介人向委托人报告订立合同的机会或者提供订立合同的媒介服务，委托人支付报酬的合同
合伙合同（《民法典》典型合同第二十七章）		
19	合伙合同	合伙合同是两个以上合伙人为了共同的事业目的，订立的共享利益、共担风险的协议

二、合同的基本要素

《民法典》列出了合同一般条款的要素，包括当事人的信息；合同标的；合同质量要求；合同交易数量；合同交易价款或者报酬；合同履行期限、地点和方式；合同违约责任及解决争议的方法。为了确保合同的履行与目的的实现，为采购组织提供各方面的法律保护，合同格式条款需要尽可能全面地涵盖所涉及的方方面面。涉及的领域一般包括：

（1）合规性：国内、国外相关法律，贸易限制与管制，国际贸易惯例的应用。

（2）知识产权问题：包括权利金、特许权使用费，以及软件源代码托管账户问题。

（3）分包与转让：主承包商的分包权、分包条款顺延，可转让条款。

（4）合同支付：付款方式。

（5）违约与救济：履约约定的义务，违约通知与补救救济。

（6）终止与退出：终止与退出条款，暂停与终止条款，不可抗力，业务的连续性。

（7）责任与索赔：保险与保障，赔偿，索赔，责任限制，结果性损害的免责声明。

（8）买方权益：条款修改权利的保留，客户保密，资产管理，交付绩效与质量担保。

（9）社会责任：道德与社会责任问题，共谋与串标，禁止毁约。

（10）司法管辖权：司法地域，管辖权与地点。

（11）其他：陈述，生效日期，第三方受益人，附条件的履行及承诺。

合同条款的涵盖范围及其内容因合同不同而有差异，多数情况下，需要遵循律师的意见或由律师起草合同范本，提供给采购实体选择使用。拟定好的合同也应经过律师的审核、把关。

三、发出成交通知书后的补充细化

企业采购一般使用企业规定的标准合同文本，其中有些是一般买卖合同，有些是复杂的工程项目和其他服务合同。对于前者，其合同的全部要件已经完备，采购实体发出成交通知书时合同已经成立并生效，需要补充完善的工作不多；但是对多数工程建设项目或重大采购项目，在发出成交通知书后正式签订合同前，一般还有个细化补充完善的过程，企业标准文本仅提供了通用条款和一般专用条款，还需要通过和供应商沟通细化、完善。任何一个条款的瑕疵都可能给业务带来致命的损失，合同范本应力求每个使用人员皆能理解其条款内容和意义，以防范合同履约风险。

案例：合同一字之差多付500万元

案例

某大型水利工程，原招标文件“投标人须知”中关于砂石报价的范围确定为“采集价”，即招标人购买砂石厂，砂石免费提供给施工方，砂石报价仅包含运输费。后来招标人购买砂石厂的计划落空，在开标前一个月，招标人对招标文件发出修改通知，将“投标人须知”中报价范围改为“采购价”。即报价除了运费还应包括购买砂石的价格，但没有修改招标文件的合同草案。某承包商中标后，双方按照招标文件提供的合同文本正式签署生效。在合同履行中，承包商向甲方提交了500万元购买砂石的发票要求报销，甲方才恍然大悟，原来在正式签订合同前没有对合同文本按照“投标人须知”的修改进行相应修改，现在合同已经履行，甲方应当按照合同支付砂石购买费用，因为原合同总价包括的仅是采集价。甲方只能执行合同后再付500万元。国家审计署对该项目审计时发现上述问题，要求整改。但是合同是双方真实意思表示，受法律保护。此时也只能接受批评教育并接受教训，可能节约的500万元不能追回。

4.2.5.2 合同文本的审核

采购实体应参与合同文本的审核，对合同双方提出的相关补充、细化条款的合理性进行分析，发现可能损害企业的合法利益、增加了企业的义务、背离了采购文件和成交供应商响应文件的实质性内容的，采购实体应及时告知企业合同管理部门并提出预防风险的建议。

【释义】

一、审核合同需要企业有关部门合作

企业应依据部门分工确定合同文本管理的层级所审核的内容和责任范围。如采购实体对价格和合作条件进行审核；法务部门对条文的合法性和风险条款进行审核；行政部门对相关备案情况进行审核；财务等业务辅助部门对业务条件是否具备进行审核并出具意见等。其中，由于采购实体是合同缔约的责任部门，在签订合同的谈判过程中，对供应商和本企业有关部门提出的相关补充、细化条款的合理性进行分析是其职能所在。因此，本条规定了采购实体发现可能损害企业的合法利益、增加了企业的义务、背离了采购文件和成交供应商响应文件的实质性内容的，采购实体应及时告知企业合同管理部门并提出预防风险的建议的义务。

在确定成交供应商后，合同的范围、价格、质量要求等条款一般都已经明确，在正式签订合同之前，采购实体应对以下条款进行复核。

二、合同关键条款的复核

1. 合同中“时间是极其重要的”的含义

如果延期会对货物的价值造成实质性的影响，那么关于履行时间的明示条款通常被作为商业合同或其他合同的条款；若履约时间出现延误，受损害的采购方会把它视作合同违约，并拒不支付任何费用，且有权拒收延迟交付的货物。

2. 所有权保留条款或罗马尔帕条款[①]的含义

（1）采购方希望规定在商品正式交付和接收并通过检验或其他程序后，所有权再正式转移。

（2）供应商希望规定在收到商品全款后才将所有权转移。

3. 标准的所有权保留条款

（1）一经检验和付款，采购方即可获得货物的所有权，但它可能会请求供应商保留对部分或者全部货物的占有，以减小自己的库存压力。

（2）有一种销售形式是在某一确定的时间段内托售，即如果采购方表示接收货物，或者在某一确定的时间内保留而没有拒绝，那么所有权就转移给了采购方。

4. 合同被违约的一方可采取的法律补救办法

（1）损害赔偿金。

---

① 罗马尔帕条款（Romalpa Clause）：买方可以在检验和付款后获得货物所有权，但可以要求供应商保留部分或全部货物的所有权，以便降低买方的库存。

（2）强制履行。

（3）按合理价格支付（适用于合同已部分履行的情况）。

5. 赔偿金

赔偿金：为了确保利益受损一方能得到与合同正常执行时所获得的相同利益，违约方对因违约造成的损失给予财务补偿。

规定的违约赔偿金条款和未经算定损害赔偿的区别如下。

（1）规定的违约赔偿金条款：合同明确约定了违约需要赔偿的金额，而且该条款对违约前的损失估算的意图是真实的。

（2）未经算定损害赔偿：合同中没有任何关于损害赔偿金的约定，法院仍会判定应支付损害赔偿金。

6. 免责条款

（1）免责条款的用途。

①完全免除一方承担某种违约责任。

②以某种方式限制债务或责任。

③寻求提供某种担保，以替代通常的违约责任。

（如因不可抗力因素不能履行合同的，根据不可抗力的影响，部分或者全部免除责任，但法律另有规定的除外。当事人迟延履行后发生不可抗力的，不能免除责任。）

（2）有效免责条款的两方面的检验。

①此类条款必须包含在合同中。

②条款本身必须是清晰和精确的。

7. 赔偿

（1）赔偿条款的定义。

赔偿条款是为了确保对方能在出现问题的时候切实进行赔偿的条款，即确保一方会承担其合同执行过程中给对方造成损失的责任，并给受到伤害的一方或各方赔偿。

（2）赔偿的内容。

偿还费用或债务：

①赔偿由于疏忽或质量不合格对采购方财产造成的损失或损坏；

②赔偿因供应商低劣的专业建议造成的商业损失；

③由于一方员工的疏忽对另一方员工、客户或第三方造成的伤害；

④条款本身必须是清晰和精确的。

8. 关于施工合同中三个重要术语的定义

（1）不可抗力（Force majeure）。

指不可预见、不可避免、不可克服的自然和社会事件。

不可抗力的一般条款表述如下："如在合同签署后因为不可抗力的因素导致合同无法履行，则任何一方无须承担违约责任。不可抗力包括但不限于：战争及其他战事、恐怖活动、革命、暴乱、地震、水灾或其他自然灾害，以及产业纠纷（不限于合同双方或其分包商的雇员）。"除上述法定不可抗力的条件外，合同当事人还可以对不可抗力的情形补充约定。

如遇不可抗力事件，一是及时统计损失；二是及时通报合同当事人另一方；三是依照合同约定承担各自的损失。

（2）不利物质条件（Adverse material conditions）。

指不可预见、不可避免、可以克服的自然条件。除专用条件另有约定外，一般指承包人在施工场地遇到不可预见的自然物质条件、非自然的物质障碍物和污染物，包括地下和水文条件，但不包括气候条件。

遇到上述情形，承包人因采取合理措施而增加的费用和（或）工期延误，均由发包人承担。

（3）异常恶劣的气候条件（Unusually harsh climate conditions）。

指可以预见、不可避免、不可克服的气候条件。在施工专用合同中，应对异常恶劣的气候条件作出定义，如三十年一遇的暴雨、五十年一遇的室外温度等。

出现合同约定的异常恶劣的气候条件导致工期延误的，承包人有权要求发包人延长工期（或增加费用）。

9. 担保条款

货品销售合同或服务提供合同通常都会包含担保条款（Guarantee or warranty clause）。通常，供应商都会担保，如所供应的产品有瑕疵并在合理的时间内收到通知，则负责赔偿或修复。这类条款一般都会说明所提供的保护不会影响购买者的法定权益。

除了担保条款外，担保合同也会涉及担保。在担保合同中，一方会承诺为另一方担保（或作为担保人承担）债务、错误或其他问题。这类合同必须是书面的，有担保人或其他相关授权人的签字。如果不是书面的，合同就不能强制执行，也就不能对其采取任何法律手段。

三、评估合同计价形式支付的合理性

在商业需求协议或合同的众多要素中，价格是其中的核心要素，价格没有绝对的高低，高低都是基于一定的质量、服务的假设。

（一）合同计价形式

1. 合同中的价格条款

（1）定价计划的类型。

（2）价格表或费用表。

（3）采购方返还供应商的成本或费用。

（4）新的价格或价格变化的方法。

（5）可提供的折扣及给予折扣的条件。

（6）支付或赊欠条款。

2. 关于合同的计价形式

确定合同计价形式的实质就是通过公平的风险责任分配保证合同的顺利履行。

依据合同履约价格调整的规定，合同计价可分为固定价格合同和可调价格合同。

固定和可调价格合同还可以分别分为固定总价合同和固定单价合同，可调总价合同和可调单价合同。

此外，还有成本加成计价合同，适用于项目标的物数量模糊或者紧急状况下的合同。

3. 总价合同的风险

（1）在预测阶段对成本估算不足。

（2）价格上涨，材料成本逐步提高。

（3）大宗商品及能源价格波动；工资上涨，劳动力成本逐步提高。

（4）汇率波动。

（5）超时，或者为激励供应商“赶”进度所需支付的激励成本。

（6）因未预见的质量问题而导致失败的成本。

（7）合同范围发生改变（增加规格要求）。

（8）未预见到的意外事故（运输中遭遇雪灾）。

4. 合同价格调整（CPA）条款的运用

有很多原因会导致供应商的成本和供应合同所规定的水平有出入，合同价格调整协议是一种既可以保护采购者又可以保护供应商的方法。

在合同中确定一个固定价格，同时插入一条 CPA 条款，允许在出现某些特定意外情况的时候对价格进行调整。调整办法详见本条案例。

（二）支付条款的复核

1. 一般支付方式

（1）提前付款。

提前付款：一般的供应商，特别是所供应的产品或服务存在高风险的供应商，常常会要求采购方提前付款。采购方通常需要在合同签订的时候或者在下采购订单的时候就支付款项。

（2）货到或完成合同付款。

依合同约定的验收条件接收货物或完成服务即支付款项。

（3）记账交易或赊购。

记账交易或赊购：采购方和供应商之间有一种赊账的往来账户，供应商允许采购方在物品交付或收到供应商发票后一段时间内支付款项（信用期）。

2. 阶段性支付模式

（1）阶段性支付模式的定义。

阶段性支付模式：采购方在下采购订单的时候会支付一笔首付款，之后再在双方协定的阶段按照一定的百分比按期支付后续款项。

（2）阶段性支付模式的适用情况。

通常用于资本项目，偶尔也会用于库存周转期很长的阶段性支付模式：采购方在下采购订单的时候会支付一笔首付款，之后再在双方协定的阶段按照一定的百分比按期支付后续款项。

3. 未按合同付款的补救措施

如遇未按合同付款的情形，供应商可以采取法律措施补救，延迟付款或没有按照合同约定付款都属于违约行为。

我国2020年颁布的《民法典》第五百八十五条规定：

“当事人可以约定一方违约时应当根据违约情况向对方支付一定数额的违约金，也可以约定因违约产生的损失赔偿额的计算方法。

约定的违约金低于造成的损失的，人民法院或者仲裁机构可以根据当事人的请求予以增加；约定的违约金过分高于造成的损失的，人民法院或者仲裁机构可以根据当事人的请求予以适当减少。

当事人就迟延履行约定违约金的，违约方支付违约金后，还应当履行债务。”

案例：中国能建集团海外项目合同条款的科学设置

——波黑斯坦纳里火电站项目采购

波黑斯坦纳里火电站项目位于波黑北部塞族共和国 Stanari 镇，在 Banja Luka 和 Doboj 之间，为坑口电站，电厂场址平坦，场地范围规整。最近的铁路车站 Stanari 距离项目现场 3 千米，运输条件良好。

中国能建集团所属天津电建负责建筑安装工程施工总承包，合同范围包括建筑施工、设备安装、试验、单体调试、配合整体启动、性能试验及履行两年质量保证期内所应承担的各项义务（含设备维护、消缺），并提供相关服务。项目执行欧美标准，经业主、咨询工程师批准，可参考中国标准。

案例

在波黑属地化采购主要面临采购周期短，加上波黑独立后又发生了内战，经济受到了严重损害，经济虽然在逐渐复苏，但还处于从计划经济到市场经济的转型阶段，经济脆弱，通货膨胀率较高，属地供应量较小，而且在某些材料方面，价格可能要比国内高得多。

针对上述情况，天津电建大规模开发属地供应商，做到保证供货，对于价格偏高或者属地无法采购的材料，提前策划周期，国内订购，做到不影响工程进展。对于通货膨胀的风险，投标报价时对比近几年来波黑的 CPI（消费者物价指数）、PPI（生产价格指数），做了详细分析预判，计入报价用于防御未来的通货膨胀有可能带来的涨价风险；设置调价公式为合同谈判做进一步准备，以降低项目可能遇到的涨价风险。

（1）调价因素。

本项目允许调价的因素仅为：

①波黑当地购买的材料：砂石、水泥、钢筋、柴油。

②波黑当地人工月净平均工资。

除非合同其他处另有规定外，其余材料、机械和人工均为固定价格，不允许调价。

（2）调价公式。

本项目采用的调价公式按建筑部分和安装部分分别调价，建筑部分和安装部分按里程碑节点汽机台板就位进行划分。汽机台板就位前，采用建筑部分调价公式进行调价；汽机台板就位后，按安装部分调价公式调价。调价公式为：

①建筑部分。

案例

$Pn = 0.35 + 0.439\ Lo + 0.046\ Eo + 0.057\ Mo + 0.093\ Qo + 0.015\ Ro$

②安装部分。

$Pn = 0.446 + 0.53\ Lo + 0.024\ Ro$

其中：

“Pn”为某进度款支付节点所在月份 n 的工程款调整系数；

“Lo”“Eo”“Mo”“Qo”“Ro”分别为波黑当地人工月净平均工资，以及砂石、水泥、钢筋、柴油的基础价格指数或参照价格，每一参数为对应于合同生效当月的相应价格指数或参照价格。

（3）调价依据。

各调价因素取值依据波黑统计局（Agency for Statistics of Bosnia and Herzegovina）发布的月报告，其中波黑当地人工月净平均工资取值为报告“Average monthly paid off net earnings of persons in employment”中“Average monthly paid off net earnings”对应的价格。

砂石价格指数取值为报告“Industrial producer price index on domestic market in Bosnia and Herzegovina" 中 "Other mining and quarrying" 对应的价格指数。

水泥价格指数取值为报告 "Industrial producer price index on domestic market in Bosnia and Herzegovina" 中 "Manufacture of other non - metallic mineral product" 对应的价格指数。

钢筋价格指数取值为报告 "Industrial producer price index on domestic market in Bosnia and Herzegovina" 中 "Manufacture of basic metals" 对应的价格指数。

柴油价格指数取值为报告 "Average consumer prices in Bosnia and Herzegovina" 中 "Euro diesel" 对应的价格。

(4) 调价原则。

若 $Pn-1$ 在 ±8% 内 (包含 ±8%), 不予调价;

若 $Pn-1$ 大于 8%, 对超出 8% 外的部分应予以补偿, 即调整价格 $=V\times(Pn-1-8\%)$, 其中 V 为该期支付的工程进度款;

若 $Pn-1$ 小于 -8%, 对小于 -8% 的部分应予以扣除, 即调整价格 $=V\times(Pn-1+8\%)$, 其中 V 为该期支付的工程进度款。

项目延期对调价公式的影响如下。

该价格调整公式在合同约定的工期内有效。如果由于乙方责任, 未能在规定合同期限内完工, 则实际竣工时间内的价格调整既可采用原定竣工日的价格指数, 也可采用调价时的现行价格指数, 将由甲方选择对其有利者。但是如果由于甲方责任造成延期, 则甲方应对整个正常延期支付全部调价款。由于乙方原因造成工程中断, 甲方可以拒绝调价。

(5) 调价结算支付。

通过调价公式调整的工程价款在每笔里程碑支付当月计算, 原则上按年结算支付。

在项目履约过程中, 甲方通过签订固定单价的采购合同, 降低了属地采购因通货膨胀而成本增加的风险。

【专家点评】

在境外施工订立的合同一般采用 FIDIC (国际咨询工程师联合会) 合同

(红皮书)，本合同采用 FIDIC 合同条件 13.8“因费用波动而调整”条款列示的调价公式用来约定价格调整。该公式第一项为固定系数，表示不调整的那部分合同款；其余各项分别表示为人工费、不同材料和设备等。

案例

该项目考虑到项目所在国通货膨胀的风险，因为在施工和安装过程中，人工、采购、设备、管理等风险因素不同，公式中不同因子的权重也不同，风险大的权重大。权重的设定体现了项目经理对市场物资预测的准确性并直接影响合同收益。此外，该合同确定了调价原则，体现了合同的公平，也最大限度地维护了中方企业的合法权益。

4.2.5.3 签订书面合同

应按照企业制度规定的程序在双方约定的期限内和成交供应商签订合同。由于成交供应商拒绝签订合同，未按照采购文件规定的形式、金额、递交时间等要求提交履约担保或其他原因导致在规定期限内合同无法签订的，采购实体应及时采取补救措施。

【释义】

本条规定了采购实体签订合同的程序规定和由于各种原因导致无法签订合同的处理办法。

对各类采购合同的审批层级和批准程序由企业制度规定。包括依合同类别需要批准、备案或报告的责任部门、流程、时间要求、履约跟踪、合同终止等制度。

合同签订的期限依据项目特点和属性由采购实体和供应商约定；但是采用招标方式的应在发出中标通知书 30 日内签订书面合同。

合同签订的一般程序如下。

(1) 确定合同条件和条款。当合同完成拟定或采购方批准后，必须将合同文件（如采购订单、条款和条件以及其他相关文件）发给供应商审阅，取得供应商对合同条件和条款的理解和支持。这个过程可能需要反复商讨或重新谈判。

(2) 确认合同签署条件。合同的批准与签署者必须是经过组织授权的人员。

按照组织规程执行：企业通常有特定流程和程序，规定合同类型及其金额的代理人签核权限与审批权限，并记录在公司政策和程序文件中。

按法律法规执行：合同必须经过组织中有签署权限的人员签署才具有法律约束力，有些还可能需要盖章和公证。电子和数字签名也在不断地推广应用，但不同国家或地区的法律和法规却各不相同，并会随着技术变化而不断发展。

（3）签约说明会：有些合同签约前会安排当事方的说明会，会议对合同的准备及主要条款、要求、项目背景及签约手续要求等做补充说明，以期相关方对合同及签约有清晰的了解。是否召开说明会，要根据实际需要和企业的有关政策规定。

本条还规定了供应商拒绝签订合同的风险管理，出现本条列举的有关事项，采购实体采取的补救措施的规定包括依次递补、重新采购或者依据企业制度规定直接向符合采购需求、能够满足企业需要的供应商直接采购，以满足企业正常生产的需要。

4.2.5.4 合同验收履约支付

4.2.5.4.1 合同履行完成后，采购实体应参与合同验收。验收应依据合同约定的范围、技术、服务、安全标准，供应商履约情况等进行，并出具验收报告。验收报告应包括范围，每一项技术、服务、安全标准的履约情况。

【释义】

合同验收是评价采购结果的一个环节。4.2.5.4.1 规定了验收的依据和操作程序。

《国有企业采购管理规范》（T/CFLP 0027—2020）6.8 规定了采购实体在货物和工程、服务采购中的工作要求，企业可参照该规范制定具体制度规定。

“6.8.1 货物采购的验收管理

6.8.1.1 货物采购应依照企业库房管理制度验收入库，需要抽检的货物入库应依企业规定进行抽检；由需求实体签收的，需求实体应组织验收并在验收单签字确认。

6.8.1.2 采购实体应建立检验结果异常及超标情况的处理制度，消除检验偏差，保证检验结果的判断准确。

6.8.1.3 企业应对危险品的验收、保管作出特别规定，确保安全。

6.8.2 工程采购的验收管理

6.8.2.1 工程、服务采购的验收，由采购实体组织验收小组负责验收；验收小组应当包括需求实体的代表。

6.8.2.2 验收小组应按照合同规定的技术、服务和安全标准对供应商的履约情况进行验收，并出具验收书。验收书应包括每一项技术、服务、安全标准的履行情况。全体验收成员应当在验收书上签字，并承担相应的法律责任。

6.8.2.3 国家法规或企业制度规定需要第三方机构验收的项目，可按照规定程序委托第三方验收。”

（相关案例请参见《国有企业采购管理规范释义》第135页案例“化学物料采购验收困难的反思”）

4.2.5.4.2 应按照采购合同约定和成交供应商的履约情况，及时向成交供应商支付采购资金。

【释义】

本条规定了采购实体在合同履行中的责任和义务。

一、采购实体在合同履行中的责任

1. 财务责任：从授予合同到结束，供应商都会关心能否及时收到已经完成工作的付款，采购实体的财务责任是按照合同约定协调财务部门支付合同款和确保费用支出在预算范围内。

采购实体人员或现场的代表人员需要监控和指导供应商，将其纳入企业供应链的精细化管理中，确保本企业在预算数额内获得所需的服务。

对供应商计划的分包工作，采购实体通常保留事先批准权。预防潜在的资源浪费，保证支付给供应商的款项及时、合理。

2. 管理责任：主要体现在对合同价格调整条款、变更条款、索赔条款以及其他合同履约条款的管理，确认所有履约活动符合合同要求。其中，变更分为两个主要方面：价格调整条款和管理变更订单，原始合同应规定变更程序以有效地解决问题。

二、采购实体在合同履行和收尾工作中的义务

供应商在合同履行中出现合同约定的违约情形，采购实体应及时通知财务部门暂停付款，通知合同部门实施合同约定的补救预案。供应商违约责任的主要形式包括：继续履行、采取补救措施、损害赔偿、支付违约金、定金责任等。

4.2.6 资料收集整理和归档

4.2.6.1 归档办法

4.2.6.1.1 采购活动结束后，采购实体应收集、整理并妥善保存每项采购活动应归档的资料文件，不应伪造、变造、隐匿或者销毁；项目全部完成后及时组织资料归集与组卷。

4.2.6.1.2 归档文件宜采用电子形式保存。

4.2.6.1.3 从采购结束之日起，采购文件应按企业规定期限保存。

【释义】

一、资料收集归档和档案管理

（一）资料文件的收集归档

资料在采购活动中形成的大量资料文件，当工作进行一个阶段之后，需要按照一定的原则和方法，将有保存价值的文件要加以系统的归集整理，整理的最终结果是把单份文件组合在一起，形成一个个数量不等的集合体，这些由互有联系的若干文件组成的集合体（又称档案保管单位）就叫作案卷，这种把零散文件归集、组合成案卷的工作就是文书组卷工作，也称立卷。将形成的资料文件整理立卷后，按规定移交档案管理机构归档。

归档文件，指已分类保存，并在使命结束后经过整理暂时保存在档案室的文件。

（二）档案管理

档案是归档文件若干自然属性的集合，档案通过案卷标题、目录、分类等加以表述。

档案管理亦称档案工作，是档案馆（室）直接对档案实体和档案信息进行管理并提供利用服务的各项业务工作的总称。

（三）档案整理与收集的关系和区别

1. 性质不同。整理包括对物品进行清点、分类、归整，而收集是指对现有物品（资料文件）的收拢、集中。

2. 采购资料档案收集工作是按相关法律和法规，通过收集等手段，对分散在部门的档案，分别组织并集中放进档案室的一项专门性业务工作。档案的接收和收集工作是一项经常性的重要的基础工作。

（四）档案与文件、资料的联系及区别

1. 档案与文件的联系及区别

档案与文件之间有着密不可分的联系。档案是有价值的并经过归档保存的文件的集合体。文件是档案的前身，档案是文件的归宿。

2. 档案与资料的联系及区别

档案和资料都是知识的载体，都是社会生产实践活动不可缺少的资源条件，在一定条件下两者可以相互转化。两者的区别在于：

（1）同本单位实践活动的关系不同。凡是直接记述和反映本单位活动并应归档保存的属于档案；资料则是为了工作参考的目的而收集或购买来的材料。

（2）对本单位所发挥的作用不同。档案是本单位活动的直接记录，因此它具有历史的查考作用和凭证作用；而资料则是收集或购买的材料，对本单位的活动不具有凭证作用。

二、采购资料归档的依据

工程建设项目的采购档案管理执行《建设工程文件归档整理规范》（GB/T 50328—2001）的规定。

国家重大建设项目的新建、改建和扩建项目、技术改造项目执行《国家重大建设项目文件归档要求与档案整理规范》（DA/T 28—2002），该规范由国家档案局2002年11月29日发布，2003年4月1日起实施。

三、资料收集的技术要求

1. 文档资料的质量要求

（1）所有归档文件应完整、准确、真实，版本可靠，手续完备。

（2）文档应保证字迹清楚，页面整洁，审批手续完备。

归档文件一般为原件。如因某种原因不能提供原件只能提供复印件，应当由文件提供部门提供有效申明，同时承诺复印件与原件的内容一致，具有同等效力。

（3）文件的纸张、书写、装订材料等应符合能长期保存的要求。

(4)归档文件应统一按 A4 纸尺寸装订整齐(超出纸张范围的应采取折叠的办法实现)。

2. 文档资料的整理要求

一个工程项目结束后的一周内，资料管理员应按要求收集资料，并应按章节合理分卷，保证分卷后的文件厚度不超过 5.5 厘米，能顺利装入 6 厘米厚的档案盒中，分卷后应将每卷的每一页(包括封面)从 1 开始编页号，各卷不能连续编页号，每卷中的页号不重号、不断号。

3. 文档资料的扫描要求

签字完整的完工资料(全部文件已编好页码)，再按卷扫描成 PDF 格式的电子文件。扫描电子文件应清晰可读，和纸质文件的页数和内容完全一致，不缺页；扫描后的文件应旋转到正常方向，保证能正常阅读，无视觉上的偏斜；无明显的黑边、黑线、黑点，扫描分辨率为 300dpi。

扫描完成后，应核对纸质完工文件与扫描电子文件的页数，确保完全相符。

扫描完成后应将完工资料按卷装订成册(对有不正常情况需说明的应增加附加页码说明)。

4. 档案资料的编号要求

所有进入档案室内的资料按编码进行追溯，为方便查找，要求在封面上显示编号。

扫描电子文档命名规则：文档编码—卷标—状态。

5. 完工报告的组成结构要求

每份完工报告由封面、目录及各章节内容构成，对同一类别的文件一般按日期顺序或文件编码顺序排列，确保文件不重复、不缺漏。

四、采购实体资料收集归档的职责

本条规定了采购结束后，采购实体收集采购资料的职责。

(1)该条规定了采购实体在采购完成后，采购实体应收集并妥善保存采购资料文件。

(2)项目全部完成后及时组织资料归集与组卷。

(3)采购实体收集归档工作的义务：不应伪造、变造、隐匿或者销毁；

要及时完整。

五、资料收集归档的形式和期限

1. 收集归档的形式：归档文件宜采用电子文档形式保存。

2. 企业应通过制度对采购资料的保管期限做出规定，按照永久、长期、短期分类管理。

3. 工程档案的保存期等于该工程的设计寿命期；一般采购文件资料应至少保存 5 年。

4. 2. 6. 2　归档文件

归档文件应包括采购活动记录、采购需求申请、采购预算、采购文件、响应文件、评估报告、成交通知书、合同文本、验收证明、质疑答复、投诉处理决定及其他有关文件、资料。

【释义】

本条规定了采购文件的组成，包括了采购全过程形成的资料文件。其中，属于“长期”保管的文件包括勘察设计文件、勘察设计承包合同、施工招投标文件、施工承包合同、工程监理招投标文件、监理委托合同等。

5 采购组织模式

【释义】

本章是新增章节，采购组织模式的定义和分类是国企在采购操作管理中的一个创新。所谓组织模式就是采购实体实施采购细分管理的一个范式，是依据采购策略确定采购方式的模板和基础。

本章规定的采购组织模式和第6章规定的采购方式都是实施供应链采购的重要工具。

5.1 采购组织模式分类

5.1.1 采购组织模式依据采购管控点的不同，可分为以下不同类型：

a）依据采购供应渠道分为内部供应和外部采购；

b）依据采购管理策略分为战略采购和非战略采购；

c）依据采购公开属性分为公开采购和非公开采购；

d）依据采购操作载体分为网上采购和线下采购；

e）依据采购资源整合程度分为集中采购和分散采购；

f）依据合同缔约属性分为框架协议程序和一般采购程序。

5.1.2 不同类型的采购组织模式可组合使用。

5.1.3 各种采购组织模式应与第6章规定的采购方式组合实施。

5.1.4 采购实体应根据物资、设备、工程、生产外包、经营类服务等相关采购管理制度，结合实际工作情况，确定不同采购组织模式的具体适用范围、管理程序和不同采购组织模式组合使用的办法。

【释义】

本文件按照采购供应渠道、管理策略、公开属性、操作载体、资源整合和合同类别分为六大类组织模式。即针对采购项目先区分是内部供应还是外部采购；是外部采购，再确定是否是战略采购，然后确定是否是公开采购或非公开采购；之后再确定采购载体，一般公开采购都应在网上采购，非公开采购可以在网上采购，也可以线下采购；确定采购载体后，再确定资源整合模式，是集中采购还是分散采购，最后决定合同形式是框架协议还是普通商务合同。

各类模式可以组合使用，例如，生产原料物资采购可以采用公开采购的模式在网上集中采购，就是三种模式的组合；采购模式必须和采购方式结合才能完成采购任务。如通过谈判的方式对企业原材料在线下集中采购，签订框架协议。

针对不同的采购组织模式，企业应按照采购品类制定相应实施细则，包括适用条件的细化、组合程序的办法、管理层级的规定，是否需要告知、备案或报告等。

5.2 内部供应与外部采购

【释义】

一、内部供应

国资委依据《中华人民共和国企业国有资产法》第二十七条规定："国家建立国家出资企业管理者经营业绩考核制度。履行出资人职责的机构应当对其任命的企业管理者进行年度和任期考核，并依据考核结果决定对企业管理者的奖惩。"

目前，国资委管理的企业包括财务报表归口和管理职能归口两种类型，本文件指的是财务报表归口的所属企业。因为其经营收入涉及国资委对企业集团增值保值指标和任期的考核，集团内部企业可以提供的产品或服务，一般会尽可能在集团内部采购。用制造业的术语来说，这等同于"制造而非购买"。如果要求招标采购，走过场就不可避免。

事实上，企业的许多需求已经由内部提供了。当企业决定把原来由外部供应商提供的产品改为由自己内部提供时，就是我们常说的"垂直一体化"，与之相对的是外包。

内部供应能使企业对某产品或服务的控制能力最大化。当企业所需的某产品或服务对于其竞争优势来说具有举足轻重的作用，或者当企业所需产品在市场供应上存在极大的不确定性和风险时，企业就可能会采取内部供应方式。

二、内部供应的优点

1. 企业完全能够控制该产品或服务的供应及企业所需信息。决定一经下达就能被执行，而不需要与供应商协商。

2. 提供该产品或服务的业务部门的目标与企业其他部门的目标具有高度相容性。

3. 提供该产品或服务的业务部门与组织内其他部门在通用系统、工艺流程甚至场地等方面的共享能够带来规模效益。

4. 供应能力得到保证。因为企业并不依赖于其他供应商在该产品供应量分配方面的决定，也不用承担由于产品短缺而可能导致价格上涨的风险。

5. 供应方的利润空间不是建立在成本之上的。

三、可以替代的外包（外部采购）

由内部供应产品或服务并不比从供应市场采购更具吸引力，而且可能会给企业带来很多问题。

1. 开发或获得产品或服务的内部供应能力可能代价高昂。

2. 内部提供产品或服务通常意味着很高的固定成本，当生产达不到饱和状态时，其产出效率就会与投入不成比例。而从外部采购则可以避免这种固定资产投资的成本。

3. 提供产品或服务的内部单位可能会偏离业务重心，因此可能在技术和效率上都落后和低于外部供应商。

4. 由于内部需求相对较小，因此很可能达不到生产的规模效益。

在这种情况下，产品或服务的外包将是最好的策略。一般来说，当能够从外部供应商处以较低价格得到某采购品项，并且该采购品项不影响企业的核心竞争力，即该产品的垄断对企业的竞争力来说并不是必不可少时，外包比内部供应更方便。

5.2.1 内部供应

5.2.1.1 适用条件

符合下列条件之一的，适用内部供应：

——企业供应链、产业链需求的产品或服务，企业内部可以提供的采购；

——企业参与投资的项目中，企业内部可以提供的工程、货物和服务采购。

【释义】

一、我国现行国有企业体制的特点

我国现行国有企业体制是原计划经济体制下的全民所有制企业在市场经济改革中不断深化演变逐步发展的。

在改革之初，为了摆脱原有行业、体制隶属管理的羁绊，一些有经济关系的科研单位、不同行业的企业在自愿的前提下组成各种形式的经济联合体，包括紧密的、半紧密的、松散的三种。企业内部还有一级法人、二级法人、三级法人等多级法人。作为临时应急措施的定型化，《中华人民共和国民法通则》第五十三条将我国这种特有的法人形式定义为“合同型联营”，有学者将其称为“法人型联营”。但随着市场经济体制的逐步完善，2020 年颁布的《民法典》中取消了上述定义。

紧密和半紧密的经济联合体企业通过行政整合组成“企业集团”。其中，紧密的经济联合体体现为“企业内部统计报表合并”的企业；半紧密的经济联合体属于集团管理，但统计报表各自核算。这种经济联合体有以下法律特征。

一是各级法人主体保持着法律赋予企业的全部权利，具有完全的法人地位；二是各级法人拥有其实施经济活动和管理协调经济职能的一定数量的财产，自主经营；三是上级法人对下级法人有“特殊”的行政管理职能，这种特殊性区别于计划经济时期的政府部门管理，表现在其内部有一定的经济关系，包括供应链管理的上下游企业、相关企业等。这种体制是企业纵向整合的结果。

在这种体制下，为了集团企业利益的最大化，企业可以通过制度规定，对企业内部能够生产提供的产品在企业内部互相提供，保证这种经济关系的可靠、稳定。但是内部交易不应当违反国家有关禁止非公允关联交易的规定。

二、企业运营采购一般不属于依法必须招标的项目

依据国务院批准的《必须招标的工程项目规定》(16号令)以及《机电产品国际招标投标实施办法(试行)》(商务部1号令),除了个别在中国关境外生产的机电产品采购外,其余企业生产运营的采购都不是依法必须招标的项目。其采购方式由企业依据项目特点和利益最大化的原则确定。因此,企业内部能够建设、生产或者提供的产品和服务可以按照集团规定目录直接供应,而不必走过场假招标。

5.2.1.2 实施要点

企业内部产业链、供应链之间相互提供配套产品或服务,按照企业的内部配套管理要求,纳入内部采购范围,通过企业年度目录实行管理并考核。

企业参与投资的工程项目中,企业内部能够提供的施工、货物和服务应依照企业制度规定供应和管理。

【释义】

本条规定了企业内部供应的管理办法。

一、供应链协同项目

企业内部供应能够保持供应链的稳定,但是如果长期由于缺乏竞争,容易造成供应商不思进取,阻碍技术进步,此外价格也是管理者头痛的问题。因此,企业应通过考核制度对内部供应商进行考核,和外部供应商一样,优胜劣汰,特别是对质量、价格的管控,随着生产批量的增加、生产工人的熟练度提高,集团每年对供应子公司应有降价幅度的考核,企业计划财务部门应跟踪监控,符合条件的可以通过集团集中采购供应子公司的办法,保持集团的竞争力。

二、企业投资项目

企业投资的项目包括工程建设项目和非工程建设项目,其中非工程建设项目,如企业技术改造项目,该类项目中依法必须招标的施工项目,如果集团内能够自行建设,采购实体经项目主管部门同意,依据《招标条例》第九条第二项规定,宜在集团内部供应。详见本书第一条关于采购的释义。如果集团缺乏自行建设的能力和资质,则依法必须招标。企业投资的非工程建设项目中不属于依法必须招标的项目，企业自行决定采购组织模式。

三、企业通过制度规定落实内部供应

1. 内部产品和服务的采购遵循“目录管理、统一认定、优先采购”的原则。集团公司建立内部产品和服务目录，统一组织认定，经认定列入目录的产品和服务，各单位优先采购。

2. 内部产品和服务的准入评审由集团公司采购职能部门统一组织。

各类产品和服务的归口管理部门制订评审方案，明确当期准入评审的品种、评审标准、评审内容、内部企业应提交的证明资料等，提交至采购管理部门。

采购管理部门根据评审方案，在公司范围内发布准入评审通知。内部企业按评审方案及通知要求提出准入申请并提交相应证明资料，提交的准入申请和证明资料须经二级公司审核确认。

3. 通过评审的内部产品或服务，列入《集团公司内部产品和服务采购目录》（以下简称“内部采购目录”），包括《必须内部采购目录》《优先内部采购目录》和《鼓励内部采购目录》。其中，属集团公司重点扶持发展产业的产品或服务列入《必须内部采购目录》；原则上应当内部采购的列入《优先内部采购目录》，如有例外应当经企业有关部门批准或备案；可以通过市场竞争获得的货物或服务列入《鼓励内部采购目录》，竞争性采购中在同等条件下允许通过加分等措施对内部企业予以鼓励。

4. 《内部采购目录》由集团公司采购职能部门报集团公司采购管理领导小组审定后发布。

5. 集团公司为列入《必须内部采购目录》的产品和服务制定内部指导价，对列入《优先内部采购目录》的产品和服务，可根据实际情况确定是否制定内部指导价。对已制定内部指导价的产品和服务，供需双方在指导价基础上实施采购供应。

5.2.2 外部采购

应按照第6章的规定选用采购方式，组织采购活动。

5.3 战略采购与非战略采购

5.3.1 战略采购

【释义】

企业战略采购是指企业在明确内部需求的前提下，对供应商进行科学的分析判断，对市场进行翔实的调查研究，以供应链“最低总成本”为原则，通过商务谈判等采购方式确定一定时期内的战略采购承包商、供应商、服务商，签订长期合作协议，按照协议采购所需工程、物资和服务。战略采购的基本属性是“合作共赢”。招标采购的基本属性是“竞争博弈”。显然，其采购方式应当服从采购目标。通常通过谈判确定合作伙伴是常见的采购方式。因此，企业应当设立相应管理制度，明确本企业战略采购的操作程序、采购方式和执行步骤。

5.3.1.1 适用条件

符合下列条件之一的，适用战略采购：

——对企业核心竞争力产生重要影响的采购；

——需要长期稳定供应、保证供应安全的采购；

——其他重要采购。

【释义】

一、本条列举了战略采购的适用条件

一是对企业核心竞争力产生重要影响的采购，这种影响包括质量、成本、交货期等因素，主要有以下情形：

（1）所提供的产品技术复杂度高、技术含量高，或具有资产专用性的设备、物资采购；

（2）对最终产品质量起着关键作用的设备、物资采购；

（3）在生产过程中，产生很高增值效应，具有很高战略重要性的设备、物资等。

二是需要长期稳定供应、保证供应安全的采购。主要有以下情形：

（1）客户对供应商的支出巨大；

（2）供应市场受限，水平高、可信赖的供应商数量很少等。

如电子行业的芯片、制造业的关键零部件等。

三是其他重要采购，是战略采购组织模式的兜底条款。

（1）可能影响人员安全、环境的采购；

（2）更换供应商客户面临着很高风险的采购；

（3）需要供应商前期高成本参与优化方案的采购。

如各种宣传活动方案设计、广告宣传片设计创作，类似的还有酒厂玻璃瓶前期模具开发，成本很高，或样品制造成本很高，这些项目对后期的效果和成本的影响是非常大的，需要供应商前期高度参与。这个领域需和供应商达成战略合作，因为在充分竞争的情况下会出现一个非常尴尬的情况，就是前期供应商的投入越多，它的前期成本就越高，于是导致在后期充分竞争中报价过高，但如果每个供应商前期都不投入，最后就导致这个方案出来后不尽如人意，到了执行的时候又发现供应商通过研究分析项目需求提出了更好的方案，那么这个时候到底采不采纳新方案？如果采纳新方案又导致了合同的大范围调整，和“合同及合同执行与招投标文件不能产生实质性偏差”的法律要求相冲突，所以在这些领域它只有跟供应商形成了一定的稳定协同，才能解决这个问题。

二、战略采购的步骤和流程

（一）战略采购应当通过三个主要步骤来实现

（1）价值链定位（VCP）：采购实体以此在市场中进行自身定位，以反映市场中所有供给和价值关系的边际成本分析的过程。

（2）市场定位分析：采购实体用于了解自身供应链的价值创造和成本，以及在这方面与竞争对手对标。

（3）扩展关系能力的方法：采购实体创建供应商和客户关系是由一系列坚定的想法来支撑的，包括价值是如何创造的，合同应该是什么样的，如何设置有效的边界，以及如何最好地利用核心竞争力。

（二）战略采购的流程

（1）采购实体的愿景、使命和价值观。

（2）采购实体的采购与供应管理战略。

（3）战略供应源搜寻分析。

（4）积极的需求管理。

（5）采购管理（合同签订前）。

（6）采购管理（合同签订后）。

（7）向前展望，持续改进。

三、英国皇家采购与供应学会（CIPS）采购模型

CIPS认为，战略采购包括三项活动：规划、正规化实施和评价。

（1）供应链职能应纳入企业规划，从而能够考虑到最为广泛的供应商可选方案和替代方案。

（2）采购的正规化（供应源搜寻）实施，对应采购职能的业务活动，如考虑供应商、与供应商建立关系、划分选择好的供应商，以及维护和终止与这些供应商的关系。

（3）评价所获取的绩效并从中获得经验教训，以改进目前的关系和流程，并为未来建立更好的关系和流程。

该学会绘制的采购与供应模型如图1所示。

四、猎人模式和牧人模式的经验教训

有专家介绍，在汽车行业，美国和供应商是典型的短期关系，日本和供应商是长期关系，结果数据表明，供应商对美国客户的利润率反而高，因为其需要更高的利润抵消不确定因素的风险；供应商对日本客户的利润率反而低，因为供应商面临的不确定因素少，薄利多销。

该专家把美国汽车企业和供应商的关系称为"猎人模式"，把日本汽车企业和供应商的关系称为"牧人模式"。"2008年的金融危机与猎人模式一道，可以说是压垮骆驼的最后一根稻草：到2009年年底，美国有27家汽车供应商宣布破产保护，主要一级供应商中，有一半面临破产威胁，通用和克莱斯勒最后也破产了，做了他们奉行的"猎人模式的殉葬品"①。

① 刘宝红，《采购与供应链管理》（第3版）。

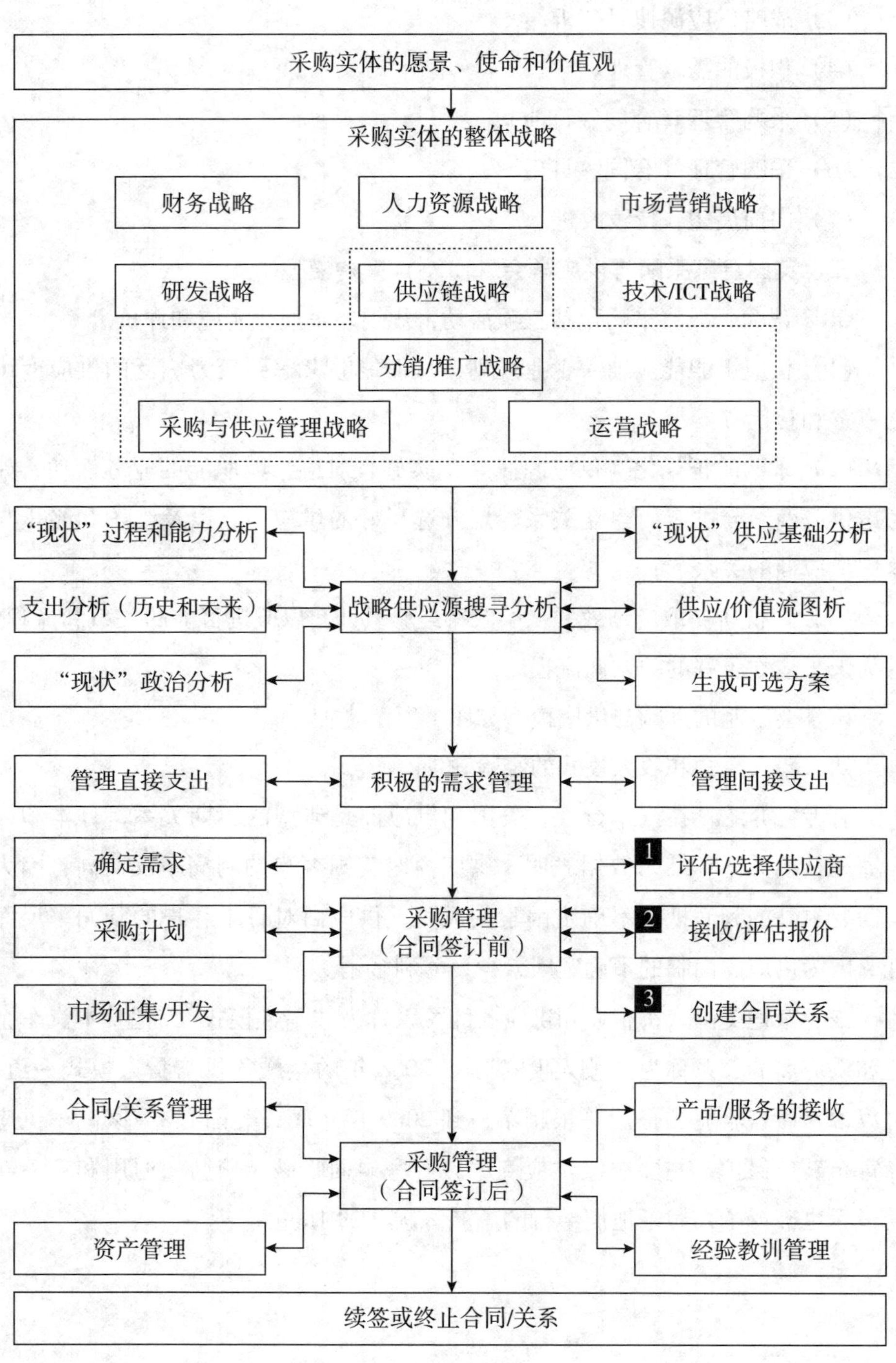

图 1　CIPS 采购与供应模型

案例：同战略供应商的合作

某建筑央企需要采购大量钢筋，之前由于钢筋市场价格很透明，采购节资率有限。实行供应链管理后，企业通过严格的评价程序确定地区战略供应商，只要在该地区中标项目，项目中的钢筋合同就分包给该战略供应商，双方为此通过合作谈判签订战略框架协议。供应商吃了定心丸，不仅钢筋价格低，且积极同建筑央企合作，成立了专用钢筋加工生产线，按照企业需求加工并绑扎好各种规格要求的钢筋半成品，由于实现了机械化，加工价格比农民工在现场手工加工绑扎效率高得多，加工费也便宜得多，供应商增加了收入，建筑企业节约了资金，实现双赢。据统计，一年下来，仅此项为建筑企业节省投资2800 万元人民币。

5.3.1.2　实施要点

5.3.1.2.1　战略采购的范围、程序应符合企业的相应管理制度；宜按照 T/CFLP 0027—2020 的 9.3.1 中有关规定，确定战略合作方式，定期或不定期举行高管沟通会议。

5.3.1.2.2　战略采购的价格形成机制、结算方式宜根据项目特点确定。

【释义】

战略采购组织模式和供应商关系紧密相关。

一、供应商关系图谱

美国著名咨询公司高德纳对供应商关系管理的定义是，供应商关系管理是用于建立商业规则的行为，以及企业为实现盈利，对提供不同重要性的产品/服务供应商的沟通和理解。该公司绘制了供应商关系图谱。如图 2 所示。

在战略采购组织模式中，可以选择的供应商关系从单一供应源关系、外包战略联盟关系、伙伴关系到共同命运关系。采购实体依据项目特点和供应商关系选择合作对象。

各种关系类型及特点如表 1 所示。

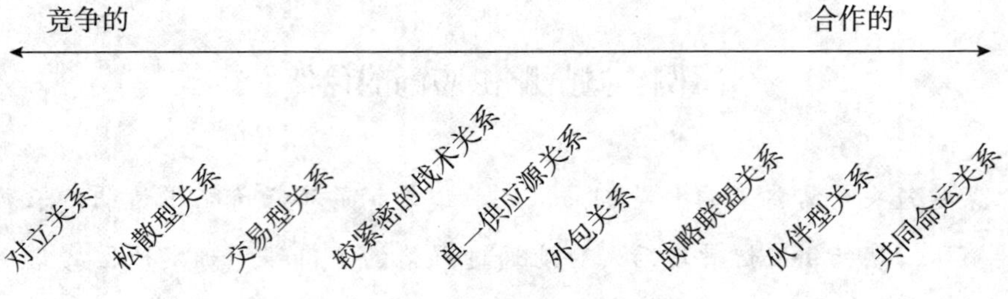

竞争的 ←——→ 合作的

对立关系　松散型关系　交易型关系　较紧密的战术关系　单一供应源关系　外包关系　战略联盟关系　伙伴型关系　共同命运关系

图2　供应商关系图谱

表1　供应商关系类型及特点

关系类型	特点
对立关系	买方和供应商是对手或竞争者，每一方都努力以另一方付出代价的方式获取自己的优势（通常是价格方面的）。彼此间谈不上什么互信、沟通或者合作，在争取利益的过程中可能出现公开的冲突或胁迫。不考虑发展持续的未来交易的潜力
松散型关系	一种疏远的、不带个人感情色彩的关系，买方不需要紧密地、频繁地或合作性地接近供应商。采购的次数少、数量少、价值低，所以不值得为了建立紧密关系而付出。采用的是不带个人感情色彩的、高效的多供应源方法（例如电子拍卖或现场采购）
交易型关系	与供应商之间发生更经常性的交易，但仍被视为多供应源的、一次性的商业交易（一般为了获得有利的价格和交易效率），而不是关系
较紧密的战术关系	在节约成本之外，买方想要保证供应的质量和连续性，因此，试图与选定的可靠的供应商建立一种相互承诺（如通过固定价合同或总括合同）和协作（如共同的质量控制）的长期关系
单一供应源关系	对于买方来说，供应连续性和质量是优先考虑的，所以买方通过确保获得来自唯一的、高度信任的供应商的承诺与配合，来提高自己的控制能力。即买方就某一特定物料项目或物料项目系列，授予供应商排他的独家供货权。这体现了一种高度的信任、相互的承诺和合作。实践中，依赖唯一供方的风险可能太大，所以买方可能会选用两个供应商来满足其需求
外包关系	买方选择一家外部供应商来提供原本由该企业自行提供的货物或服务，这样做的目的，一方面是将资源集中到自己的核心竞争力上，另一方面是获得外部的专长和资源。比起企业内部供应，这样做能更有效地或更有竞争力地满足买方的需求。为了确保达到标准，双方需要建立更高水平的信任、承诺和合作

续 表

关系类型	特点
战略联盟关系	两个或多个企业发现一些可以共同协作的合作领域。比如，一个软件开发商可以与一家培训公司结盟，培训公司可以提供关于软件使用的认证课程
伙伴型关系	买方和供应商一致同意开展长期密切合作，分享信息和开发思路。这是一种高度的互信，目的在于寻找一种互惠的解决方案，分担收益和风险
共同命运关系	这是一种更为密切的关系，将买方和供应商的业务从战略高度绑定，以争取长期互惠

二、合作的目标是协作共赢

采购的稳定性是战略采购的一个特点，但不是战略采购的目标。战略采购的目标是高度协同，通过协同产生增值。因此，不能仅证明了战略合作者的合理性就不再管理了，认为供应链协同做完了。在企业制度中，对于形成稳定供应链以后，供应商如何在每年提出协同优化方案，协同优化方案如何落实，协同优化方案如何评估协同优化效果，都应在供应链管理细则中提出很明确的要求。

三、战略采购组织形式管理的程序和内容

确定战略合作伙伴应组织可行性论证；对于一个给定的采购情形，确实最适合的关系类型取决于以下因素：

(1) 所采购物品的性质和重要性；

(2) 供应商的能力、产量、合作度和绩效表现；

(3) 地理距离；

(4) 供应伙伴的适合度；

(5) 企业和采购部门的目标；

(6) 供应市场的状况；

(7) 法律法规的要求。

企业应制定战略采购管理办法，包括范围、程序、价格形成机制、结算方式、质量等要求。

四、管理战略供应商关系的要素和办法

（一）管理战略供应商关系的要素

1. 制定管理战略

对于战略供应商的管理，应当在公司层面形成供应商战略，研发、采购、质量等跨职能部门形成合力和战略供应商打交道。在和战略供应商合作时最大的问题是企业部门没有形成，被供应商各个击破。如日本企业设备一般报价低，但运营成本高；德国企业设备报价高，但运营成本低。企业和这些战略供应商合作时应当权衡全寿命成本，做好战略考量。采购时不能仅考虑采购合同价。

2. 建立长期关系

虽然战略供应商因为技术、质量甚至价格规模的优势表现得很强势，但是世界上任何一个产品也不是只有一家生产，市场那只无形的手还在起作用。对于采购方，需要几年的时间才能淘汰一个供应商，供应商想打进一个新采购方体系中也需要几年的时间，这就注定双方的关系是长期合作关系，也由此产生了很深的依赖关系。这种关系会促使双方更加理性。采购实体的优势是长期需求，供应商的期望值都是在未来的订单上，作为筹码可以要求战略供应商在长期合作中逐步降低合同成本。对战略供应商的管理已经远远超过采购经理层面，需要整合公司不同层次、不同职能的力量来管理。

3. 实现双赢

天下熙熙皆为利来，天下攘攘皆为利往。在长期关系下，任何一方不能获利，协作都不能持久。这意味着对战略供应商而言，“我的是我的，你的也是我的”注定行不通。压倒骆驼的最后一根稻草，损失的不仅是骆驼，还有骆驼的使用者。谋求共赢应是出发点，也是战略供应商管理的基调。换句话说，构建与供应商合理的利益分享机制，是保障供应和提升竞争力的关键。

具有核心竞争力的企业的供应商应该具有保持技术领先的承诺，因为只有这样，供应商供应的原料、材料才能够得到质量、服务的保证，同时由于产品成本和质量在研发阶段就已基本决定，在这一阶段的供应商参与能使他们感到对设计的所有权的拥有感，也能够使供应商以及生产商拥有更多的机

会去改进产品的质量和设计，显著降低供应商的管理成本以及运输成本，在很大程度上能够使生产商和供应商之间实现互利双赢。

（二）管理战略供应商关系的办法

管理战略供应商的办法主要有签订长期合同、绩效考核、督促交流、恩威并重。过去把供应商视为对手的观念已经行不通了，只有把供应商纳入企业的生产系统中，由采购供应经理人与之一起对其产品质量进行监控，方能取得理想效果。这些理念意味着企业必须与战略供应商建立长期的合作关系。

案例：某央企供应链协同与生态建设

——集团共赢模式的供应商管理

某集团总部制定了《集团采购管理规定》规范并引导二级企业与战略供应商建立共赢模式。集团和二级采购企业取多种措施开展“央央合作”、签订战略合作协议、联合开展央地合作、共同参加展会等，与战略供应商建立稳定合作关系，双方通过高层互访、总部对总部、成立联合工作组、“门对门”建厂等协同机制，保障交易合理定价、控制成本、稳定数量、及时交付、按时付款和减少争议等，进而携手拓展市场、共同增长。该集团的供应商分布于供应链上下游，包括中国电子等央国企，西门子等世界500强外资企业，以及华为等优秀民营企业，一般以签订战略合作协议的形式明确长期稳定关系，促进双方技术、资金、资源的合理配置。

案例

如面对2022年光伏组件涨价和断供危机，集团电力企业与供应链上游硅料头部供应商W公司开展战略合作，引导其以代工方式参与下游组件市场的竞争，不仅保障了供应，还节约采购成本约1.5亿元。集团啤酒企业和战略供应商B公司建立易拉罐“门对门”合作新模式，采用RGV轨道穿梭车输送，减少了人工、物料、装卸成本，同时也积极引导更多的战略供应商“门对门”建厂。集团水泥企业与上游煤炭战略供应商互访，力争长协采购、错峰采购等，2022年煤炭采购成本节约11.84亿元。

5.3.2 非战略采购

应按照第6章的规定选用采购方式，组织采购活动。

【释义】

未列入战略采购的其他采购依照第6章的采购的适用条件和实施办法进行采购。

5.4 公开采购与非公开采购

5.4.1 公开采购

5.4.1.1 适用条件

公开采购包括竞争性公开采购与采购信息公开采购。

符合下列条件之一的，适用竞争性公开采购：

——以采购公告的方式向不特定的潜在供应商发布采购信息的采购；

——采购项目可在采购实体供应资源库全体合格供应商范围内公开，以邀请书的形式向合格供应商发布采购信息，并通过公开竞争方式向合格供应商实施采购的采购。

符合下列条件之一的，适用采购信息公开采购：

——部分或全部在企业电子采购平台实施采购的采购（需要保密的除外）；

——通过制度规定的程序或论证实施战略采购的采购；

——单源采购采取事前公示的采购。

【释义】

众所周知，目前国有企业的采购绝大多数通过招标方式进行。企业以采购程序合法为导向的采购被误认为是防止腐败的工具，这源于部分领导干部包括纪检监察和审计部门部分领导的误解，事实是公开性而不是其连带的竞争性可以减少腐败的漏洞，其采购方式本身不是防止腐败的工具。建设工程领域大量发生的腐败案例就是最好的证明。

因此，企业采购制度的设计应以公开性为基础，以采购结果为导向，以采购项目的特性决定采购方式。

鉴于此，国务院国资委从 2015 年开始对央企的采购进行对标考核，其中，公开采购列入考核指标，同时对公开采购方式做了规定，本文件按照该文件精神将公开采购归纳为竞争性公开采购和采购信息公开采购两类情形。

本条规定了公开采购的两项适用条件。

1. 竞争性公开采购

竞争性公开采购模式包括了以采购公告形式和在企业资源供应库内邀请采购两种模式。竞争的方式包括了招标、竞价、拍卖、谈判等多种采购方式。

2. 采购信息公开采购

采购信息公开的采购涵盖了三种情形，一是在电子采购平台采购；二是经过程序确定的战略采购；三是单源采购事先公示的采购。其中战略采购之所以列入公开采购的范畴是因为战略采购的程序在企业一定范围内是公开的，并接受企业纪检监察部门监督。在采购中公开不是目的，公开模式的本质是主动接受社会和有关部门的监督，减少腐败的漏洞。公开的形式也不是只有在采购交易平台全过程公示才属于公开，特别是企业采购的很多合同内容属于商业秘密，商业秘密的公开可能影响企业的竞争力或生存。针对这类项目，应通过告知、备案或报告制度程序加强监督。

5.4.1.2 实施要点

采购实体宜通过企业采购制度，对公开采购的细目及其采购方式、公开途径和公开内容予以规定。

【释义】

该条规定采购细目及其采购方式、公开途径、公开内容三公开是由国有企业的公共属性决定的。其公开的程序和办法由企业制度予以规定。

5.4.2 非公开采购

5.4.2.1 适用条件

符合下列条件之一的，适用非公开采购：

——由于项目特殊性须用邀请书或订单的形式面向特定供应商的采购；

——采购标的具有竞争条件需要面向特定供应群体的采购；

——法律规定或采购实体规定适用非公开采购。

【释义】

该条规定了非公开采购的使用条件。

一是由于项目特殊性须用邀请书或订单的形式向特定供应商的采购；这类采购一般缺乏竞争性，比如紧急采购订单、跟单采购等。

二是采购标的具有竞争条件需要向特定供应群体的采购；这类采购虽然具有竞争性，但是由于多种因素只能向特定供应商采购。例如，签订框架协议的供应商、供应链已经确定的供应商等。

本条第三项是该模式的兜底条款。如法律规定涉及军事保密、国家安全的采购，时间紧迫的采购，以工代赈需要使用农民工的采购；或采购实体认为涉及核心技术秘密需要直接采购的其他事项等。

5.4.2.2　实施要点

5.4.2.2.1　采购实体应对非公开采购单独制定管理办法（包括是否需要公示等），并严格限制非公开采购的范围。

5.4.2.2.2　采购实体应在兼顾公平和效率的原则下加强对非公开采购项目的监督管理。

【释义】

由于其中某类项目的保密属性，采用一般公开采购方式监督的模式显然行不通，但企业不能以此为由全部暗箱操作，放弃必要的监督。5.4.2.2 要求企业制定非公开采购的管理办法，一般宜通过目录的形式配套相应告知、备案、报告制度严格管理，属于保密事由的相关人员应签订保密协议或承诺书。

5.5　上网采购与线下采购

【释义】

上网采购模式是指以数据电文形式，依托电子采购系统完成的全部或者部分采购交易活动。其主要是利用信息和计算机技术在特定的平台，以数据和电文为载体进行采购，是电子商务的一种形式。

本文件规定了上网采购常见的模式和线下采购的使用条件和管理办法，包括电子采购平台、网上商城和电子竞价平台。

一、电子商务及其发展

随着信息技术与经济社会的融合日趋紧密，在某种意义上，电子商务的作用已经大大超出了商业本身，对经济发展、社会管理、商业模式、生产方式以及我们的思维和工作方式都带来了深刻影响。国家有关部门认为，电子商务下一步的发展将呈现以下特征。

一是信息通信技术的创新将有力地推动电子商务发展，移动电子商务将成为市场发展的重要领域。大数据、云计算、物联网等技术将在电子商务领域迅速推广，推动电子商务企业在产品、服务和商业模式上的不断创新。物联网技术应用范围将快速扩大，将被广泛使用于网购、物流、支付、旅游、交通、医疗等领域；云计算和大数据技术将促进电子商务企业经营方式和服务模式的变革，推动电子商务向精细化发展并带来效率的提升。电子商务企业能够制订更具市场竞争力的营销方案，服务水平会不断提高。同时，随着网络基础设施和4G等移动技术的日益完善，以及智能移动终端的快速普及，移动互联网市场正以远高于传统互联网的增速快速发展，智能移动终端将成为电子商务新媒介，移动电商将成为企业角逐的新战场，电子商务将无处不在。

二是电子商务会加速改变流通业格局，实体经济与互联网融合将成为未来发展方向。电子商务将带来流通业内部作业流程和经营管理方式的一系列深刻变革，使之从“劳动密集型”向“技术密集型”转变。电子商务将促进线上线下融合发展，大批传统零售企业和品牌制造企业将通过第三方平台或自建平台开展电子商务。电子商务与传统产业密切结合的全新商业模式正在加速形成，“线上营销、线下成交”或“线下体验、线上购买”将进一步发展。

三是电子商务将加速外延拓展。国内越来越多的企业会通过跨境电子商务拓展更大的发展空间，电子商务企业将加快“走出去”的步伐，外贸出口企业与电子商务企业的融合会进一步加深。同时，更多的电子商务企业将开展跨界经营，其业务需求将催生企业向物流、供应链、金融和广告等其他业态发展。跨界经营将成为大型电子商务企业的战略选择。

四是服务能力将成为电商企业的核心竞争力。随着消费者日趋理性和市场不断成熟，电商企业的运营能力、服务能力和创新能力将成为赢得市场和消费者的关键因素。“顾客体验”成为考验电商企业竞争力的核心要素，所有的创新都将围绕该要素展开。

五是跨境电子商务将成为外贸发展新引擎。跨境电子商务不仅冲破了国家间的障碍，使国际贸易走向无国界贸易，同时也正在引起世界经济发展方式的变革。电子商务将极大拓宽企业进入国际市场的路径，促进多边资源的优化配置与企业间的互利共赢。

六是互联网金融逐步发展完善，电子支付应用多元化。互联网金融业务所具有的覆盖广、低门槛、快捷便利等特征，解决了许多传统金融体系不能妥善解决或不擅长解决的问题，引起商业银行对自身经营模式的重新思考，激发了商业银行的创新动力。在控制风险、有效监管和完善机制的基础上，互联网金融会得到更快的发展，逐步走向成熟和完善。与此同时，电子支付随着互联网金融的发展会出现多元化特征，在旅游、理财和生活消费等新兴细分领域的应用会成为主流，在线支付和移动支付将出现爆发式增长。据有关机构统计，2014 年前三季度我国第三方互联网支付业务规模达 5.7 万亿元，同比增长 61%。国际数据公司（IDC）预测，今后几年全球移动支付业务将呈现持续走强趋势。

七是电子商务在政府政策支持下将成为转变经济发展方式的突破口。政府将针对电子商务发展面临的问题和困难，研究制定扶持促进政策，推动电子商务快速健康发展。很多地方政府把电子商务作为推进产业结构调整、促进经济发展方式转变的重要抓手。

电子采购属于电子商务的一种形式，电子商务需要相应的平台实现其特定功能，原先各类展销会等交易平台随着互联网通信技术和各种软件技术的发展以及相应法律制度的保障（如电子签名法的实施）蜕变成为电子平台，并在市场力量的推动下膨胀为平台经济体。平台经济的规模和水平显现了信息化社会形态的成熟度。

二、电子商务的立法保证

1. 技术手段的立法保证

电子商务活动包括电子采购（招标）签订的合同，属于民事合同，为了保证电子合同的有效性，2005年4月1日起，中国的第一部信息化立法《中华人民共和国电子签名法》(以下简称《签名法》)正式颁布，为电子采购活动创造了良好的法律保证。其中三个非常重要的条款：

第三条：“……当事人约定使用电子签名、数据电文的文书，不得仅因为其采用电子签名、数据电文的形式而否定其法律效力。”

第十四条：“可靠的电子签名与手写签名或者盖章具有同等的法律效力。”

第三十二条：“伪造、冒用、盗用他人的电子签名，构成犯罪的，依法追究刑事责任；给他人造成损失的，依法承担民事责任。”

《签名法》确立了电子签名的法律效力；明确了电子签名规则；消除了电子商务发展的法律障碍；维护了电子交易各方的合法权益；保障了电子交易安全；创造了有利的电子商务法律环境。

2. 数据电文的法律效力

在实际应用中，并不是所有数据电文都具备法律效力。如果要成为具有法律效力的数据电文，应该使该数据电文符合《签名法》中数据电文原件形式的要求，因为只有数据电文原件形式才具有与纸质形式同等法律效力。

《签名法》第二章指出，数据电文有两种形式，即书面形式和原件形式。

(1)数据电文的书面形式。

《签名法》第四条指出：“能够有形地表现所载内容，并可以随时调取查用的数据电文，视为符合法律、法规要求的书面形式。”绝大部分数据电文都具有书面形式的属性，但是，由于数据电文具有可无痕篡改、伪造的特性，在电子招投标系统中，只满足数据电文书面形式要求在很多场合是不够的，尤其是涉及责任认定和作为纠纷证据，一定不能是书面形式的数据电文，应当是原件形式。

(2)数据电文的原件形式。

《签名法》第五条中规定：“符合下列条件的数据电文，视为满足法律、法规规定的原件形式要求：

(一)能够有效地表现所载内容并可供随时调取查用；

(二)能够可靠地保证自最终形成时起，内容保持完整、未被更改。但是，在数据电文上增加背书以及数据交换、储存和显示过程中发生的形式变化不影响数据电文的完整性。”

在司法实践中，保障数据电文原件形式的方式有很多，只要满足上述条件的都可以称为原件。这里关键是保障原件形式的方式和方法是否简易、有效。

国际通行做法是对数据电文申请可信时间戳，可信时间戳必须由法定时间机构负责授时和守时保障，并由第三方时间戳服务机构签发。目前我国已经有这样的时间戳服务机构，在国家授时中心官方网站（www. ntsc. ac. cn）可以查询到。在《电子招标投标办法》（以下简称《办法》）技术规范第8. 2. 2条中也明确了这一点：“应提供按照国家授时中心的标准时间源对需要电子签名的数据电文生成时间戳的功能。”

综上，《办法》中所指数据电文应解读为符合《签名法》数据电文“原件形式要求”的数据电文，不能是书面形式的数据电文。需要有可信时间戳来证明数据电文的原件形式。

（3）关于电子签名。

《签名法》第十三条规定：“电子签名同时符合下列条件的，视为可靠的电子签名：

（一）电子签名制作数据用于电子签名时，属于电子签名人专有；

（二）签署时电子签名制作数据仅由电子签名人控制；

（三）签署后对电子签名的任何改动能够被发现；

（四）签署后对数据电文内容和形式的任何改动能够被发现。

当事人也可以选择使用符合其约定的可靠条件的电子签名。”

第十四条：“可靠的电子签名与手写签名或者盖章具有同等的法律效力。”

（4）高级电子签名。

在《办法》中，电子签名使用的是数字证书产生的签名，应称为数字签名，是电子签名的一种。数字证书由于有效期的限制和可以随时吊销失效，存在着签名人可以签名证书失效为由拒绝承担签名责任的法律风险。为了解决数字签名的有效性和长效性问题。我国颁布了《信息安全技术公钥基础设施电子签名格式规范》（GB/T 25064—2010），其中可分为基本电子签名（BES）格式和高级电子签名格式（ES－T、ES－C、ES－A、ES－X）。高级电子签名=基本电子签名+可信时间戳，时间戳的作用就是解决电子签名时间权威问题。

《办法》中的电子签名需要是可靠电子签名而非基本电子签名，具体实现方法是使用国家信息产业主管部门批准的电子认证服务机构（CA）签发的数字证书签名，同时签名的格式是高级电子签名格式，即基本电子签名加上第三方可信时间戳。

（5）技术规范关于签名的规定。

《办法》技术规范中的第8.2.2条所指的时间戳要求必须由国家授时中心负责授时和守时保障，由第三方时间戳服务机构签发，称为可信时间戳。招标投标平台在使用时应该注意时间戳是否由时间戳服务机构签发，如果是由平台自己签发或由非国家授时中心授权的时间戳服务机构签发，则存在着系统可以人为修改时间和重新签发时间戳的问题，导致这种方法产生的时间戳存在法律瑕疵。

5.5.1 上网采购

5.5.1.1 电子采购平台采购

【释义】

一、电子商务的发展依托平台建设

电子商务是依托平台的建设发展的，电子交易平台是电子商务的载体。在互联网时代，平台经济（Platform Economics）指的是一种虚拟或真实的交易场所，平台本身不生产产品，但可以通过促成供求双方或多方之间的交易，收取适当的费用或赚取差价而获得收益。平台经济是近年来快速兴起，并为全世界密切关注的一种新型经营模式。学术界称其为“双边市场”或“双边平台”。这种经营模式的最大特征是有效搭建双边或多边平台，通过这一平台来连接两类或更多类型的终端顾客，让他们进行交易或者信息交换。举例来说，中国银联及大部分商业银行形成了一个双边平台（市场）：一边是发卡市场，由商业银行向消费者发放信用卡和借记卡；另一边是收单市场，由商业银行及其他收单机构为各类商户安装刷卡机，消费者与餐厅、酒店、百货商场等通过中国银联的平台完成电子支付。

平台经济之所以拥有巨大魅力，是因为它具有一种“交叉外部性”的特殊性质。所谓交叉外部性是指，一边终端用户的规模会显著影响另一边终端用户使用该平台的效用或价值。例如，持卡的消费者越多，刷卡机对于商户的价值就越大；而安装刷卡机的商户越多，银行卡对于消费者的价值也越大。但微信支付的出现，刷卡机的价值又变小了，相应App企业的价值增加了。

从微观角度看，平台具有交流或交易的媒介功能、信息服务功能、产业组织功能和利益协调功能。从宏观角度看，平台经济的发展具有推动产业持续创新、引领新兴经济增长、加快制造业服务化转型和变革工作生活方式等作用，是一种重要的产业形式。平台通过对产业资源、市场资源的整合，可为企业提供广阔的发展空间，同时驱动企业进行持续创新，以获得和巩固竞争优势；平台经济作为创造和聚集价值的桥梁，正日益成为服务经济中最有活力的一部分；在竞争日益激烈的当下，制造业企业更需要利用有效的中介平台打通制造和流通之间的瓶颈，实现产品制造链和商品流通链的有效衔接；平台经济中所蕴含的新的交流、交易模式，正成为人们日常生活模式和社交结构变革的重要推动力。平台经济正逐渐成为服务经济的“皇冠”，成为引领经济增长和推动社会发展的新引擎。

在目前我国经济转型的过程中，平台经济已经不仅仅是一种工具，它也被列为国家战略产业，构成新型经济模式，以技术、资金和信息为特征的信息平台正在发展成为以信用、物流和支付为特征的交易平台，未来将发展成为增值平台，增值平台以制度、数据和信用为特征。平台经济有三个显著特征：虚拟性、跨地域、跨时空，它必然会对现有的实体经济的管理模式提出挑战，并要求法律法规做出相应调整。

二、平台的数字化和数字化转型

互联网技术的发展包括大数据、物联网、移动通信、区块链、云技术等，对于保证市场经济正常运行的五个要素构成良好的支持。互联网技术在供应链管理中得到充分的应用，赋予供应链全新的动能，在采购环节最大限度地体现了公开性。在供应链管理中，由于信息的畅通和公开，信息流、资金流、物流的管理更加合理透明，在采购供应、生产运行和物流销售各环节的协同更加便捷，长期协同形成共赢的现代供应链。这种供应链不是被动的上下游关系，而是供应链合作共赢的伙伴关系。现代供应链管理的创新包括组织创新、管理创新、技术创新和工具创新，如供应链金融服务。围绕核心企业的成千上万的供应商通过互联网构成了网链或者生态结构，比如手机的供应链除了硬件的供货供应链，还通过若干 App 形成无数生态链。可以说，互联网技术的发展，使其成为现代供应链创新的基础设施。

在供应链创新活动中，供应链数字化转型是现代供应链创新发展的一个重要里程碑。

所谓供应链数字化转型（DT，Digital Transformation）指利用现代数字技术为各种利益相关者（广义客户）创造价值和提供服务。数字化转型和信息化、数字化不同。它不仅涉及技术发展，还涉及商业模式创新，组织、运营、行业或生态系统文化的变革，并涉及价值、人员以及通过智能使用技术和信息从而在需要时快速适用的能力。

三、ChatGPT 技术对电子采购平台的影响

2023 年春节过后，ChatGPT 技术成了网上最时髦、专家最关心的话题之一。ChatGPT 也无疑将对电子采购平台甚至采购制度带来前所未有的冲击。

1. ChatGPT 的内涵

所谓“GPT”是“Generative Pre - trained Transformer”三个单词的首写字母，中文可译为“生成性预训练变换模型”，也就是所谓的生成性人工智能。

首先分解“Generative”的 G，中文意思是生成性。在此之前的人工智能在很大程度上都局限于观察、分析和分类内容。一个很经典的问题是图像识别。比如，我们让机器识别一个猴子，程序会仔细去搜索和分析大量的图像，以寻找与猴子匹配的图像。而以 ChatGPT 为代表的生成性 AI 是一项技术的突破，它是可以生成新的内容而不是仅限于分析现有数据的 AI，我们可以根据需要创建一个猴子的描述或文本描述。这个生成性 AI 模型也可以用于生成程序代码、诗歌、文章和艺术品等。最新发布的 ChatGPT 专注于文本内容的生成，未来也会有图像、艺术等各种生成性 AI。尽管应用领域不同，但是它的技术核心是类似的，也就是生成性人工智能。

其次解读“Pre - trained”的 P，中文意思是“预训练”，它表示这个模型已经在有限的数据集上进行了训练。就像我们被要求回答某个问题之前会事先去阅读有关文献一样，ChatGPT之所以能够看起来像人一样回答问题，是因为它接受了我们大量的数据训练，这些数据是由我们真实的人类来编写的，也是我们人类2022年之前发布在互联网上的内容。它使用了两项技术。一是“监督学习”，另一个是“通过人类反馈强化学习”技术。通俗地讲，比如老师让我们写一篇论文，事先，老师先给学生成千上万的文章让他们阅读，目标是让学生通过学习大量论文的语气、词汇和结构来学习如何写一篇论文。这就是监督学习；但是，那些文章有好有坏，学生如果参考不好的范文，自然写不出符合老师要求的论文。这时就用到第二项技术，“通过人类反馈强化学习”技术，也就是老师还会经常给学生布置一些论文的作业，然后根据学生上交的作业进行反馈，告诉学生哪些地方做得好，哪些地方需要改进，在这个反馈过程中去进一步强化学生的写作水平。在ChatGPT发布之前，它已经用类似的方法进行了大量的“监督学习”和“通过人类反馈强化学习”，所以，我们在使用它的时候，这个模型能非常准确、快速生成连贯而且引人入胜的，看起来像人类做出的一个响应，就像一个饱读诗书、功力深厚的学者被要求现场写文章，他能够一气呵成一样。

最后来看“Transformer”的T。该单词直译就是转换器或变形金刚。这里指一个非常底层的人工智能机器学习的“算法结构”，它是一个深度神经网络。最初，这个结构是在2017年由一个人工智能团队“Google brain”（谷歌大脑）研发的模型，叫作“自注意力”机制，英文名称是seif - attention mechanism，它允许模型在进行预测的时候，可以根据语言序列的任何位置为输入数据的不同部分赋予不同的权重并支持处理更大的数据集。现在所有的ChatGPT都采用这种Transformer的架构，他们会有一个编码器来处理输入的序列，然后会有一个解码器来生成输出的序列。所以，你可以问它一个问题，它会以对话的方式给你一个答案，而不是像传统的搜索引擎那样，扔给你一堆信息，让你自己来选。

2. ChatGPT的发展

GPT模型最初是在2018年由OpenAI作为GPT - 1首次推出，这些模型在2019年发展为GPT - 2，2020年发展为GPT - 3。最近进一步发展为instructG-PT和ChatGPT。GPT模型的进化还来自底层硬件计算效力的提高。这使得

GPT－3 能够接受比 GPT－2 多得多的数据训练，从而赋予它更多样化的知识库和执行更广泛任务的能力。雷·库兹韦尔[①]把现在的人工智能如人脸识别、导航等称为弱人工智能时代，把 ChatGPT 技术的应用称为强人工智能时代，即人工智能的水平达到和人一样的水平。未来人类将进入超人工智能时代，其对人类的影响和发展难以想象。

3. ChatGPT 在我国采购领域的应用

ChatGPT 发明于美国，但是中国巨大的市场会使该项技术以最快的速度在最广泛的领域得到应用。在采购领域最先得到应用的是人工智能采购，在传统的人工智能时代，我们已经可以通过以往的大数据分析，依据生产的需要、库存的状态自动弹出采购需求订单并科学选择最佳供应商。使用 ChatGPT 技术，更复杂的采购选择迎刃而解，也就是所谓的智能化。ChatGPT 技术的实质就是投入一套被称作“随机变异淘汰选择”的程序，机器对自己的程序不断出差错，相当于自然界的生物基因随机突变，然后设定一个选择淘汰程序，对所有的突变进行淘汰并进行定向选择，以极快的人工选择方式使人工智能水平得到快速提升。ChatGPT 的技术路径就是我们选择供应商的习惯路径。所以，在不久的将来，智能化采购将替代很大一部分传统采购技术，为供应链采购管理提供有力的技术支撑。不言而喻，ChatGPT 的应用会对招标代理机构、公共资源交易中心、评标委员会等传统组织机构有颠覆性的影响。

5.5.1.1.1 适用条件

采购实体的一般项目采购和运营采购，宜在企业指定的电子采购平台实施。

【释义】

2015 年以来国务院国资委将“上网采购率”作为对标四个量化的指标之一，2023 年国务院国资委将“上网采购”规范为“电子采购”，并明确定义电子采购，指以数据电文形式，依托电子采购平台（企业自建或使用第三方建设的平台，该平台可以与电子商务平台合并建设）完成采购操作过程的活动。截至目前，很多国有企业已经建立了电子采购平台并成功运行，企业网

① 谷歌的工程总监。

上采购率逐年上升，有些企业平台还初步实现了数字化采购。如平台利用 VR 技术直观地将采购全过程立体化并在不同环节实现了不同程度的智慧化采购，为整合企业内部、外部供应商提供了有力的支撑。

5.5.1.1.2 实施要点

5.5.1.1.2.1 采购实体可自行建设或采用第三方的电子采购平台实施采购，并建立电子采购平台的使用与管理制度。

5.5.1.1.2.2 电子采购平台宜具备以下功能：

——采购功能，包括采购信息管理、品类管理、收益/成本分析、采购需求计划管理、采购组织模式与采购方式选择、实施采购、合同管理（支付价款、电子发票、数据分析）等；

——供应功能，包括采购与设计、财务、生产、质量、库存、物流等环节的信息沟通、反馈、协同，并逐步实现数字化供应管理；

——供应商管理功能，包括对供应商注册、认证、评估管理，分类、分级管理、协同管理，积分奖励管理，违法行为认定等；

——监督管理功能，包括采购业务管理监督、风险警示、供应商异议投诉管理等；

——平台安全管理功能，包括平台数据的安全、系统应用安全、网络安全等。

【释义】

本条是对 2019 版标准 3.3.2 的细化补充和完善。第一款规定了平台建设主体（可以自建，也可采用第三方平台），以及对平台应具备功能的要求。

一、采购功能

本条列举的功能要求涵盖了本文件第 4 章规定的从采购准备到采购实施的全部环节。包括采购信息管理、品类管理、收益/成本分析、采购需求计划管理、采购组织模式与采购方式选择、实施采购、合同管理（支付价款、电子发票、数据分析）等。在合同管理中，利用平台对合同的细化分析是采购实体对供应商管理的依据。

如某咨询公司汇总了某企业过去五年的采购数据，发现该企业每年约有

4100个采购合同，其中4000个合同总金额只占整个企业总采购金额的15%都不到，而金额高的100多个采购合同，每个合同金额都在2000万元以上，这100多个合同却占到了整个企业总采购规模的85%以上。如果我们对所有的采购都是统一的管理要求，对这4000个合同都是一样的制度要求，就意味着我们投入的70%～80%的精力都用在了这些采购金额还不到15%的事情上，这就会造成采购者和管理者的人力资源浪费。这就是著名的采购“二八定律”。

需要说明的是，本条的采购功能中增加了支付价款、电子发票等要求，意味着原有信息平台已经转变为真正意义上的“交易”平台，而之前只是“信息”平台。

在企业信息化建设中，其形式从企业网页、网站、信息平台、交易平台到增值平台不断发展。其中，网页只是一个单向电子信息栏目，没有数据库，也不能和客户交互；从网站开始，平台开始有数据库，并不断扩展，但网站和客户是一个“链接”的形式，即客户只能浏览，不能交互信息。信息平台除了数据库更加庞大外，和客户是一个“连接”的形式，信息可以交互。网站和信息平台的共同点是只有信息流，没有资金流和物流。如各地的公共资源交易中心的平台，实质上是交易信息平台，国家发展改革委等部委颁布的《电子招标投标办法》第三条规定：

“电子招标投标系统根据功能的不同，分为交易平台、公共服务平台和行政监督平台。

交易平台是以数据电文形式完成招标投标交易活动的信息平台。公共服务平台是满足交易平台之间信息交换、资源共享需要，并为市场主体、行政监督部门和社会公众提供信息服务的信息平台。行政监督平台是行政监督部门和监察机关在线监督电子招标投标活动的信息平台。”

本文件规定企业适用的采购平台应具备支付功能是适应供应链采购管理需要的，在供应链管理中，信息流、资金流、物流的整合是供应链管理的绩效体现，是供应链管理应当具备的基础条件。

二、供应功能

采购实体从采购职能管理向供应流程管理转化是供应链管理的需要。其工作范围的扩大和责任的增加需要平台这个抓手，能够满足采购实体采购工作的需要。本项列举了采购实体在企业内部供应整合的相关部门，包括设计、财务、生产、质量、库存、物流等环节，以及流程管理的主要内容，即信息沟通、反馈，并实现信息流、物流和资金流的有机整合，实现了数字化供应，构成企业精细化管理的重要组成部分。

三、供应商管理功能

在供应链管理中，采购实体牵头对内整合、对外整合是供应链管理的核心内容。其中对外整合就是整合管理供应商，本项列举了整合的主要内容，包括对供应商注册、认证、评估管理、分类、分级管理、协同管理、积分奖励管理、违法行为认定等。在供应商管理中，协同管理是管理供应商的核心内容。只有合同双方协同、合作才能实现共赢。

四、监督管理功能

监督管理功能包括业务管理、预警功能和供应商异议管理等。企业业务主管部门对采购业务的管理主要体现在对采购计划的执行管理和监督，包括是否实现采购方案的总体目标。风险预警是国有企业采购活动过程中重要的管控措施，有关部门通过对平台采购数据的分析整理和对历史数据、市场数据的梳理，及时反馈给相关部门，可以降低采购风险，减少产生腐败的漏洞；平台还是供应商投诉的窗口，有些国企专门设立了供应商服务中心，综合处理供应商的发票、结算和投诉事宜。为防止供应商恶意投诉，平台可设置专门栏目，凡半年内有两次无效投诉或一年内有三次无效投诉的供应商，平台应自动将其列入不良行为名单。

五、平台安全管理功能

包括平台数据的安全、系统应用安全、网络安全等。

《电子招标投标办法》附录《电子招标系统技术规范》从信息保密、身份识别、权限设置、物理隔离、信息留痕、外部监督、容灾备份、安全规范八个方面，对交易安全作出全面规定。

其中包括在对系统通信安全、存储安全、数据安全和备份恢复、安全缺陷防范、安全审计以及对机房、网络、主机、数据存储（如达到“系统审计保护级”，应用服务器和数据库服务器应物理分离）、系统软件（宜同时支持包括但不仅限于 UNIX、Linux、Windows 等操作系统）等运行环境都作了具体规定。企业采购平台可参照执行。

本条第二款是对采购实体宜建立电子采购平台的使用与管理制度的规定。硬件软件系统的完善是建立健全管理制度的基础，管理制度的健全和落实才能充分保障系统稳定、安全地运行。

关于数据安全的管理规定，详见《〈国有企业采购管理规范〉释义》8.4条释义。

案例：华润数字化平台的建设与集成

1. 集团层面

华润集团“润联 Resolink 工业互联网平台”是基于集团多元化产业重点打造的工业制造数字化转型基础设施，是打造华润超级产业平台的重要底座，成功入选了工信部公布的“2022 年新增跨行业跨领域工业互联网平台”。润联 Resolink 工业互联网平台基于国内领先的技术架构、自研信创的华润云基座、领先的 5G－MEC 边缘计算平台、解决卡脖子技术的 ResoDB 时序数据库等技术，通过提供微服务、高复用标准化组件，以及人性化低代码开发，支持快速构建工业 App；基于集团多业态的智能工厂建设经验，积淀行业 Know－How；助力打造撒手锏 App，推动企业快速转型、持续创新。目前该平台已横跨化工、燃气、食品、医药、建材、电力等 12 个行业，同时在安全生产、节能减排、质量管控、生产制造、采购管理、运营管理、仓储物流等供应链环节取得显著成效。

案例

2. 典型应用

（1）华润水泥——“5G＋”技术的应用。建设 5G 全连接工厂赋能智慧港口应用项目，通过在工厂码头区部署 5G 边缘计算网络，将视频资料、控制数据前置到边缘机房处理，减少端到端传输数据延时，在满足业务场景需求的同时优化整体网络系统性能，强化智慧港口各分项业务应用的处理和服务能力，提升港口船只装卸效率。逐渐降低人力、物力等资源投入，有效提升供应链物流环节管理水平，为后期新增技术改造项目奠定了良好基础。该项目成功入选工信部“2022 年工业互联网试点示范名单”。

(2) 华润啤酒/华润银行——区块链协同的应用。华润啤酒与华润银行合作，建设雪花牌啤酒销售订货系统，抓取销售数据对接银行系统，银行获取数据后为啤酒经销商提供流动资金贷款。该系统充分利用区块链去中心化、不可篡改、高安全性等技术特征，有效解决信息孤岛、交易真实性核对难等痛点。

(3) 华润万家——大数据的应用。“大数据平台建设及数据赋能供应链管理项目”应用大数据系统，平台覆盖华润万家15个省级公司，对包括ERP、财务、物流、人力等系统的数据，进行采集、清洗、分析、建模，构建基于hadoop平台的数据仓库，实现了一个SQL就可以得到跨越多个业务系统的分析结果，用hbase实现了非结构化存储和快速的单据查询，用flink实现实时数据的计算。它基于平台又陆续开发了消费者调研系统、管理报告系统、自动化营销系统以及数据罗盘等应用项目，促进了供应链精益管理，提升了公司竞争力。

案例

(4) 华润怡宝——“人工智能”的应用。建设“PET原料管理系统”，通过统计生成寻源、合同、物料进销存分析指标，实现对PET物料全过程管理。该系统应用AI人工智能技术，以PET采购数据为逻辑主线管理业务流程，集成胚厂生产计划、期末库存、胚厂安全库存、胚厂日产能、PET料安全库存、灌装厂安全库存、可用天数等数据，通过运筹优化算法的求解，算出最优批复量（分配量）和运费等，实现AI智能批复、合同缺口AI测算等核心功能，成功应用AI手段辅助业务管理和决策。

5.5.1.2 网上商城采购

【释义】

网上商城是平台经济发展到一定阶段的必然产物。

2021年8月25日，中物联颁布了《国有企业网上商城采购交易操作规范》，该规范将网上商城E-market定义为：

“国有企业建立的提供给内部采购人使用的交易平台。网上商城通过一整套标准化业务模式、操作流程和技术措施将国家采购相关的法律法规和国有企业采购制度及合规要求固化在交易平台上，保证内部采购人实施采购业务的合规性、交易的可靠性和商品和服务的分发效率。”

网上商城是电子采购平台的链接平台。方便企业对一般办公用品或简单物资的直接采购。企业采购平台只有信息流，被称为“信息平台”，链接到网上商城后，商城平台不仅有信息流还有物流和资金流，遂被称为“交易平台”，即链接商城平台后，原来的采购“信息平台”升级为采购“交易”平台，这是平台经济发展中的一个“质”的转变；智慧化采购是对电子采购平台升级改造的采购形式，采购平台一般还是“信息平台”，即只有信息流，但是通过互联网+各种软件技术使平台的功能横向拓展产生革命性转变，一般的信息流发展为智能信息流，极大地提高了企业采购的效率和效益，是企业采购平台管理的发展方向。

近年来，各种专业的网上商城在综合性和专业性两方面蓬勃发展。一方面，原有主要面向消费者的综合平台开辟了面向企业的供应平台，包括大宗原材料采购的供应；另一方面，一些面向企业 MRO（Maintenance，Repair and Operations）需求的平台也蓬勃发展起来。企业供应的社会化为提高采购效率、降低企业管理成本做出了重大贡献。

5.5.1.2.1 适用条件

符合下列条件之一的，适用网上商城采购：

——竞争充分、市场价格透明的通用性商品和服务的采购；

——临时性、一次性和创新性商品和服务的采购；

——其他专业物资采购。

【释义】

网上商城系统也称作电子商城系统，是一个功能完善的在线购物系统，主要为在线销售和在线购物服务。其功能主要包含商品管理、会员管理、订单管理、库存管理、优惠管理、在线支付等。

在电子交易平台采购是采用适当的采购方式选择供应商，确定合同主体，之后签订采购合同；在网上商城采购则是依据采购实体和电子商场签订的供货协议先选择货物和服务，并按照协议付款，履行合同。

本条规定了企业在电子商城采购的适用条件。

1. 竞争充分、市场价格透明的通用性商品和服务的采购

常见的有非生产性物资（MRO）的采购。

MRO 是指维修与作业耗材，也可解释为非生产性物资。MRO 采购正日益得到企业的重视，MRO 采购对整体采购成本控制与节省的影响不可忽视。最近美国的一项对 MRO 采购的调查报告显示，MRO 采购占企业总体采购成本的比率平均为26%，高的甚至可达63%。施行 MRO 采购成本节省计划的企业平均可降低 MRO 成本6%，高的可达25%。

针对 MRO 采购，企业在网上商城采用采购专用消费卡、统合供应协议等组织采购；与此同时，MRO 采购实体还对公司所采购的维修物件、零配件、行政耗材、服务等进行分析；检查并优化内部客户采购 MRO 产品的操作流程；对供应商进行监督与管理。这些举措有助于将 MRO 采购的流程尽可能优化，并将供应商数量降到最低。从长远来看，供应商的严格选择和日后积极地维护供应商关系，最终可以使企业得到长期回报，主要体现在流程效率的提高，库存的降低，客户服务水准的提高以及成本的降低。

2. 临时性、一次性和创新性商品和服务的采购

企业这类需求品种繁多，在交易平台组织采购成本过高，其技术条件和规格简单、通用，可以直接比较和判断选择，这类商品适于网上商城采购。

网上商城采购的竞争性主要由采购实体确定引入电子商城前签订统合供应协议来实现。企业使用部门在商城依据自身需求和采购金额的限制自行选择采购。例如劳保毛巾的采购，商城相应栏目上的图片琳琅满目，单价从6元到12元，花色品种繁多。企业使用部门一般选择接近限额的物品，没有节约的冲动，因为这是“花别人的钱给自己办事”。因此采购实体在签订统合供应协议时应货比三家，确保采购商品物美价廉。

3. 其他专业物资采购

第三项是本条的兜底条款，阿里巴巴等综合平台主要提供面向大众消费的商品，在向企业转向时面临的最大障碍是工程、货物和服务的专业性和复杂性。但是对于少数通用物资如钢筋的零星采购，在网上商城采购还是适宜的。

5.5.1.2.2　实施要点

5.5.1.2.2.1　采购实体可在本企业电子采购平台建立网上商城，也可通过

竞争方式引入一家或多家第三方网上商城集成到企业相关网站实施采购；采购实体应同步建立网上商城采购管理制度。

5.5.1.2.2.2 在企业制度或目录规定的范围内，采购实体应按照 T/CFLP 0030 的有关规定，依据项目需要、使用习惯等在指定网上商城品目内比选采购或直接采购。

【释义】

本条规定了在网上商城实施采购的要求。

第一款规定了建立网上商城的主体，同电子采购平台的建设一样，可以由本企业在电子采购平台建立网上商城，一般适用于有一定采购数量的特大型企业集团。其他更多是在本企业采购平台通过竞争方式引入第三方平台。

国有企业网上商城采购交易通用场景模型如图 3 所示。

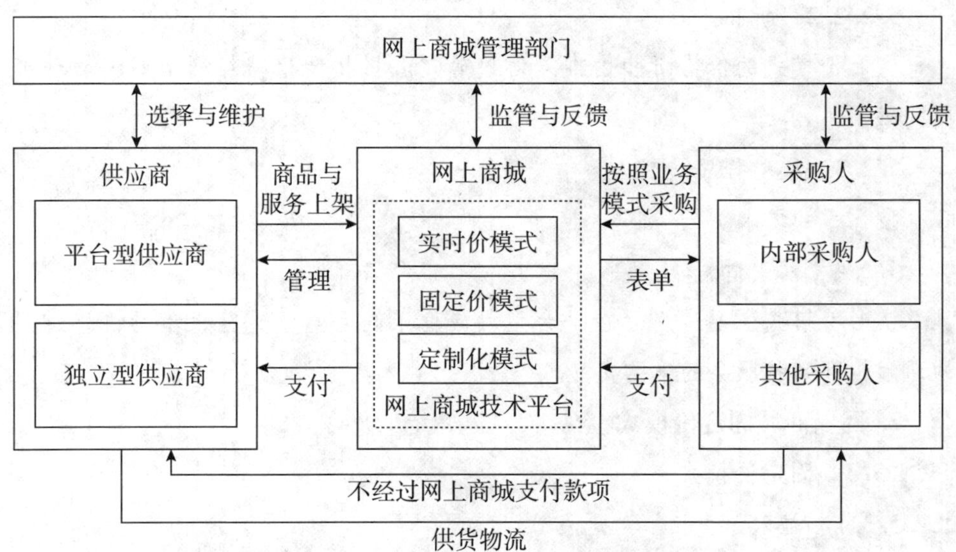

图 3 网上商城采购交易通用场景模型

5.5.1.2.2 规定了网上商城的使用办法。依据《国有企业网上商城采购交易操作规范》，网上商城业务模式分为实时价模式、固定价模式和定制化模式。网上商城应至少能够运行一种业务模式。

1. 网上商城实时价模式

“5.2　实时价模式

5.2.1　准入品类

实时价模式的准入商品和服务品类由实时价准入协议确定，具体表现为准入清单。供应商在准入清单中增加或减少品类应经网上商城管理部门同意。

5.2.2　定价方式

5.2.2.1　价格

实时价模式的商品和服务价格由接入网上商城的平台型供应商确定，并与平台型供应商面向社会市场的交易平台上的价格相同。接入网上商城的平台型供应商的同类商品和服务的价格应满足其准入时承诺的折扣率，实际成交价格不超过其在准入协议中承诺的价格。

5.2.2.2　折扣

实时价模式的价格折扣由准入协议确定。折扣调整需经网上商城管理部门同意。

5.2.3　履约程序

按5.5的要求。

5.2.4　模式适用

实时价模式主要适用于在平台型供应商采购且竞争充分、市场价格透明的通用性商品和服务的采购交易。”

2. 网上商城固定价模式

“5.3　固定价模式

5.3.1　准入品类

5.3.1.1　固定价模式的准入商品和服务品类应由固定价准入协议确定，具体表现为准入清单。固定价准入清单应按准入协议明确有效期并定期通过新的准入协议进行更新。

5.3.1.2　固定价商品和服务品类的规格、型号、技术参数等技术标准应由准入时签订的准入协议确定，并应在网上商城的固定价模式栏目中明确显示。

5.3.2 定价方式

固定价商品和服务价格由准入时签订的准入协议确定。

5.3.3 履约程序

应按5.5的要求。

5.3.4 模式适用

固定价模式主要适用于向独立型供应商采购且技术要求明确、价格稳定的商品和服务的采购交易。

合同全部要素已确定的战略采购项目、工程招标项目以及其他价格要素已经确定的采购项目可采用固定价模式在网上商城完成后续交易和履约程序。”

3. 网上商城定制化模式

“5.4 定制化模式

5.4.1 准入品类

采用定制化模式的商品和服务类别清单由定制化准入协议确定。具体表现为准入供应商清单。准入供应商清单应标明其可提供的定制商品类别和服务能力类别。

5.4.2 定价方式

5.4.2.1 需求确定

采购实体按照定制化模式要求，按采购品类特点确定采购方式，在定制化准入清单的范围内向合规供应商发出邀请书和采购文件，详细描述需求，进入网上商城比选程序。

5.4.2.2 比选

比选操作应先根据定制化品类确定采购方式，按照T/CFLP 0016—2019中相应采购方式的条款要求制定比选流程。采购人按流程进行比选。

经比选程序确定的价格、数量及其技术指标构成采购订单或采购合同的主要内容。

5.4.3 履约程序

应按5.5的要求。

5.4.4 模式适用

定制化模式适用于临时性、一次性和创新性商品和服务的采购交易。”

本条第三项规定了企业应制定在电子商城采购的管理办法。

5.5.1.3 电子竞价平台

【释义】

电子竞价平台是一种特殊的专业交易平台，和一般电子采购平台不同。

一是其应用范围标准化、专业性的商品或服务，如针对办公用品、学校通用仪器、废旧物资处理等。

二是平台一般汇集了众多供应商，这点与网上商城相似。

三是采购实体在平台通过价格竞争实施采购，也可通过“拍卖”的方式出售，如废旧物资。

5.5.1.3.1 适用条件

同时符合下列条件的采购，适用电子竞价程序：

——采购实体拟定采购标的的详细说明可行的采购；

——供应商存在市场竞争的采购；

——采购标的使用的标准可以量化并可用金额表示的采购。

【释义】

《示范法》规定了一种称为“电子逆向拍卖”的采购工具。和框架协议程序并列，和其他采购方式作了区别。电子逆向拍卖就是本文件规定的电子竞价。

《示范法》规定：“‘电子逆向拍卖’系指供应商或承包商在规定期限内相继提交更低出价，出价自动评审，采购实体选出中选提交书所使用的在线实时采购工具。”

其用途是：“独立的电子逆向拍卖最适合常用货物和服务，其市场一般高度竞争、范围广阔，采购实体可发布详细说明或提及行业标准的说明，出价人的报盘可提供相同的质量或技术特点。这些货物和服务包括办公用品、商品、标准信息技术设备、初级建筑产品和简单服务。不需要复杂的评审程序；预期不会受购后费用的影响（或影响有限）；初始合同完成后预计不会有后续服务或额外收益。在此种采购中，系统作同类对比，价格可作为决定性评审标准或主要的决定性评审标准。如果有基于互联网的市场（如办公用品），结果可能最佳”。（引自《示范法》的颁布指南）

本文件参照《示范法》的规则规定了该种采购模式的使用条件：

一是采购需求明确，可以作为竞价的基础；二是供应商存在竞争，可以采用竞价采购的外部条件；三是采购标准化（可以用价格表示）是可以采用竞价采购的内部条件。

5.5.1.3.2 实施要点

采购实体可单独设置竞价采购平台，也可将其集成至企业电子采购平台或网上商城，具体如下。

a）采购实体在竞价平台发布采购或出售信息，必要时对潜在供应商或竞价人进行资格审查；采购实体可规定允许参加竞价供应商的最高限数。

b）供应商依电子竞价系统要求出价，系统自动评审。

c）电子竞价平台可实时公开显示或不公开当前最低总报价。如公开竞价，供应商可查看当前报价情况，报价截止前供应商可根据当前最低价进行多轮报价。

d）在约定出价轮次结束或报价时间截止后，采购实体确定依采购文件约定的最低（或最高）报价的供应商为成交人。

e）如成交供应商超过规定时间未确认订单，视为该供应商放弃成交，采购实体可选择废标、重新竞价或选择其他报价供应商成交。

【释义】

本条是关于电子竞价平台建设方式的规定，电子竞价平台可以单独设立，如中山大学建设的专门适用高校符合竞价采购条件的专业竞价平台“采购竞价网”，截至目前该平台网上供应商已多达8万家，也可在综合电子平台设置竞价系统。本条参照《示范法》相关程序做了规定。

本条第一款参照《示范法》的相关制度对竞价程序做了规定。

采购实体首先在平台发布采购或出售信息。如有必要，采购实体可对参加电子竞价采购的供应商、购买人进行资格审查；

依据项目特点，采购文件可以规定允许参加竞价供应商的数量，以提高采购效率；

本条第二款规定了供应商出价的规则，如降价或加价的幅度，并自动排序评审，所有出价人均应当有同等、连续的机会递交出价，同时采购实体不得披露任何出价人的身份；

本条第三款规定了平台可实时公示或不公示当前最低总报价，供供应商竞价参考，竞价可约定竞价轮次或截止时间。

本条第四款规定了成交规则，根据竞价结果，平台自动确定成交人，在采购竞价时，报价最低的供应商为合同成交人，在出售竞价时，报价最高的竞价人为合同成交人；

本条第五款规定了意外情形的处理，如成交人不签订合同时采购实体可选择的处理办法。

示例：某国企网上竞价采购管理办法

第一章　总则

第一条　为充分利用信息网络技术提高采购效率、降低采购成本、规范网上竞价采购行为，依据法律法规及相关规定，结合公司实际，制定本实施细则。

第二条　网上竞价采购是指通过某集团电子招投标平台（以下简称“平台”）发布采购信息、接受注册供应商网上报价、选择中标供应商、网上公布采购结果等全过程活动的总称。

第三条　网上竞价采购遵循公开、公平、公正和诚实信用原则。

第二章　组织机构及职能

第四条　招标办是平台竞价采购工作的管理部门，负责对采购人、竞标人角色进行注册管理和操作培训，负责竞价专区的管理与维护。

第五条　归口管理部门是网上竞价采购具体实施单位。负责在平台公开发布竞价公告、发售竞价文件、审批并发布初选结果，审核和签署网上竞价合同等。

第六条　企业监督部门对网上竞价采购工作进行实时的全程监督。

第七条　网上竞价采购中的质疑由招标办调查处理，归口管理部门配合。竞价采购中的投诉由纪检监察部门组织调查处理，归口管理部门配合。

第三章　适用范围及竞价规则

第八条　网上竞价采购适用范围：

运输服务采购（减价竞买）；

废旧物资销售（增价竞卖）。

第九条　网上竞价采用延时规则

竞价的时长初始设定为倒计时30分钟，若倒计时30分钟结束前的2分钟之内未出现新的最高（低）出价，则当倒计时结束后竞价终止。若在此期间出现新的最高（低）出价，倒计时30分钟结束后自动延时2分钟，如延时的2分钟期间继续出现新的最高（低）出价，则继续延时2分钟，循环往复，直至在规定的强制终止时间点终止。在竞价终止前，出价最高（低）且出价时间最早的竞标人视为成交人。

第十条　竞标人欲参加某场次竞价，须对本次竞价交易进行回应。成为平台会员方可参加竞价。

第十一条　采购单位自行设置起始价、首次出价的加价幅度/减价幅度和标准加价梯度。竞标人方首次出价应不小于“起始价+首次出价的加价幅度/减价幅度”。竞标人的非首次出价应不小于“当前最高出价+标准加价梯度的整数倍”。竞标人出价之后，若出价高于或等于当前最高出价则出价成功，经系统提示，计出价一次；若低于当前最高出价，则出价失败，不计为出价次数。当且仅当竞标人首次出价后方可查看当前的最高出价，竞标人的首次出价不受当前最高出价的限制，竞标人可根据“起始价+首次出价的加价幅度/减价幅度”的规则任意出价，出价即视为该首次出价成功。

第十二条　竞价结束前成功回应该竞价交易的竞买人总数不足2人时，回应成功的竞买人亦无法出价。竞价结束显示为无人出价的，则该竞价流标。

第十三条　采购单位和竞标人在竞价大厅可实时查看报价情况、报价轮次等信息。竞价终止后，平台自动公示最终成交结果。双方约定签订书面合同的，应当以平台生成的《成交通知单》作为竞价结果的证明。

第十四条　竞标人对交易过程、成交结果有异议的，可在收到成交结果通知之日起3日内，以书面形式向招标办提出。招标办应自收到异议之日起3日内给予答复，做出答复前，暂停采购活动。

第四章　附则

第十五条　本办法由集团采购中心招标办负责解释，本办法自颁布之日起施行。

案例：诚实信用是参加竞价或拍卖的根本[1]

案例

自古以来，中国从不缺少英雄，同样也不缺少某些自认为是英雄却干了糊涂事的人。

在拍卖圈中就曾出现一个自诩为英雄的人，他在成功拍卖后拒不付款，甚至还沾沾自喜，结果却将中国多年来在拍卖圈中的声望付之一炬，其恶劣影响甚至到今天还无法消除。晚清时期的遭遇是所有国人心中的痛，因为那个时候我们不仅被侵占了大量的土地和财物，很多国之重宝都被搬到了国外。

最牵动人心的当属十二兽首。十二兽首结合了意大利、法国和中国三个国家的设计理念，堪称圆明园中最有代表性的宝物。

可惜的是，这些宝物并没有流传下来，在八国联军进攻北京的时候，圆明园被洗劫一空，十二个兽首也因为这次劫难流落海外，成为国人的遗憾。十二兽首作为艺术品，本身并没有太大的收藏价值，因为这个物品本身不具备升值空间。

多年过后，这些掌握十二兽首的外国人做出了一件令人气愤的事情：公开拍卖十二兽首中的一部分。

虽然这些宝物源于中国，是在遭到抢夺的情况下才流传海外，可根据现在的法律，拥有者实际掌握了宝物的所有权，因此他们可以进行拍卖。

为了拿回属于我们的国宝，每当有兽首出现在拍卖行当中，国家和一些有能力的中国人都会以正当的拍卖形式将这些国宝带回我们的祖国。

从表面来看，我们拿回属于自己的东西依旧要支付高额的费用，是一件吃哑巴亏的事情，不过为了国宝，大家愿意付出这些代价，和钱相比，让国宝“回家”才是最重要的事情。按照这种情况来看，十二兽首的价格会持续上涨，为了利益，那些私人收藏者也有将手里的十二兽首进行拍卖的冲动，假以时日，十二兽首极有可能在中国重新“团聚”。

可一个人的出现彻底打破了这场平衡，让剩下的国宝成为“未知数”。

---

① 风笙讲历史，《蔡铭超拍下鼠首和兔首》，今日头条，2023 年 2 月 7 日。

在法国的一场拍卖会中，消失已久的鼠首和兔首突然出现，震惊了全世界的收藏家。

因为是公开拍卖，再加上一些人肯定要恶意抬价，很多中国商人对能否成功买到这两个兽首都不乐观。

就在这时，一个中国投资人出现了。拍卖会现场，两个兽首的竞价越来越高，很多收藏家在不断抬高的竞价中知难而退，唯独一个叫作蔡某的中国投资人不断举起手中的牌子。

面对来势汹汹的国外收藏家，蔡某丝毫不怕，一路将价格抬到了 2.7 亿元的天价，让所有竞价的收藏者胆寒，这是不是意味着两个兽首可以顺利回国呢?

就在大家等着成交人付款的时候，他接下来的行为让大家冷汗直流。成交人公开表示，他不会为这次拍卖支付任何资金，这本就是中国人自己的东西。

成交人的举动引起了全世界的关注，大家对他的做法褒贬不一，获得了一些人的支持，也遭到了一些人的斥责。

同时他的行为也为自己带来了危机，根据法国地区的法律，他不但面临着巨额的罚款，还会遭到监禁。

之后，中国商人被贴上“不诚实”的标签，在参加拍卖会时遭到了非常明显的区别对待，不但在入场前需要进行验资，有一些拍卖活动还禁止中国人参加。

5.5.2 线下采购

5.5.2.1 适用条件

不宜上网采购的项目，或未使用电子采购平台、网上商城的采购实体，适用于线下采购。

5.5.2.2 实施要点

应按照第 6 章的规定选用采购方式，组织采购活动。

【释义】

本条规定了线下采购的除外规定和实施要点。

一是不宜在网上采购的项目，包括由于项目性质和采购组织模式、采购方式的特点不宜在电子采购平台的采购，如涉及国家或企业商业秘密的项目，采用战略谈判组织模式的采购，采用直接采购方式采购的应急、特殊等物资设备的采购等；二是暂时没有建立或使用电子采购平台的企业，在一定时期内还不能在网上采购。线下采购可选用本文件第 6 章规定的采购方式采购。

5.6 集中采购与分散采购

5.6.1 集中采购

【释义】

在政府采购制度规定中，集中采购和分散采购被定义为采购组织形式。在招标投标制度规定中，采购组织形式指自主招标和委托招标，在企业采购中，本文件将集中采购和分散采购定义为采购组织模式。

集中采购是相对分散采购的一种集约化的采购组织模式。采用集中采购组织模式的主要目的是通过集采效应降低企业采购合同成本。集中采购可通过本规范规定的招标或其他采购方式组织采购，但排除了单源、多源直接采购方式。企业希望通过竞争性的采购方式和集中采购组合，以降低合同成本。集中采购的合同形式包括了一般商业合同、特许经营合同等多种形式。

5.6.1.1 适用条件

符合下列条件之一的，适用集中采购：

——能够形成一定规模优势且标准化程度高的同类货物或服务的批次集中采购；

——企业项目采购中需要按照地域组织的主要原材料的批次集中采购；

——企业项目采购中技术关联项目的批次集中采购。

【释义】

为适应企业集中采购的需要，本条的适用条件除了政府采购制度规定的大宗、同类、标准化产品适用集中采购外，还增加了技术关联和地域主要原材料批次集中的适用情形。

本条第一项是批量项目的集中采购，批量集中采购的要件一是应有规模数量要求，二是同类采购标准化程度较高；一般的采购标的是货物或服务。

第二项是需要按照地域对主要原材料组织批次集中，一般标的是货物和服务。

第三项是关联项目的集中采购，关联项目采购类别不同，标准化要求不高，但有一定的工程或技术相关性，采购标的除了货物、服务还包括工程。

政府采购定义的集中采购主要指标准化程度高的同类货物和服务的批次集中，采购标的是货物或服务。本文件增加了两种：

一是按照地域对主要原材料组织的集中采购，这类采购主要在建筑行业得到普遍的应用。企业通过集中采购用采购“数量”换取供应商的“价格优惠”。采购标的也是货物或服务。

二是按照技术关联度确定的批次集中，采购标的除了货物、服务，还包括工程。如通信行业“基站”的建设，既包括坑基，也包括塔架和仪器，不能拆散采购，只能按照区域一次把若干数量的基站集中批次采购，类似的还有若干数量的电业系统的变电站等。

集中采购不适用于小额分散、采购频次较高的全局性资源采购，小额分散或采购频次较高的采购可以选用竞争谈判等方式，通过定点服务和协议供货的合同方式确定定点协作单位或供应商，在满足规模效应的同时提高采购的时效性。

批次集中采购和关联集中采购都属于集中采购，但是采购中应当注意适用条件的区别，批次集中采购的主要目的是降低合同成本，关联集中采购主要目的是降低管理成本。当管理成本的增加超过合同的节约成本，应采用关联集中采购的方式，如企业的模块、总成的采购也属于集中采购。

5.6.1.2　实施要点

5.6.1.2.1　宜按制定目录、分级分类管理、确定采购方式等步骤组织实施。采购合同可采取统谈统签、统谈分签和网上商城等签约方式。

【释义】

本条规定了集中采购合同签订的方式，包括了统谈统签、统谈分签和网上商城等方式。

统谈统签是采购实体与供应商统一签订采购合同或协议，再与各需求企业签订物资集采合同。如集团公司同供应商经过招标谈判等采购方式签订集中采购合同，供应商按照合同要求和集团内部子公司执行合同。

统谈分签是采购实体统一组织采购活动，各需求企业按采购决策结果分别与供应商签订采购合同。如集团公司同供应商经过招标谈判等采购方式签订框架协议（预约合同)，供应商按照合同要求和集团内部子公司签订本约合同。

网上商城是采购实体与供应商统一签订入驻网上商城的合同或协议，各需求企业应在网上商城中完成采购交易。

集中采购的流程一般分为制定目录、分类管理、确定方式和分段实施四个步骤。上述流程的细则一般通过企业集中采购制度规定。目录一般以年度为限，实时进行调整。

集中采购的合同可以一次执行完毕，也可依合同约定分批执行。

5.6.1.2.2 采购实体可针对重复采购的特定标的物，将多次公开采购的资格预审一次性完成，集中对供应商资格预审，形成有明确有效期的合格申请人名单，在有效期内每次采购时，向名单内所有申请人发出采购要约邀请。

5.6.1.2.3 采购实体之间可结成采购战略联盟。对通用材料，可组建专业采购实体集中采购。

【释义】

本文件将集中资格预审归纳为集中采购的组织模式之一。该组织模式是国企普遍采用的一种建立企业供应资源库的方式。该模式不针对项目，而是针对重复采购的特定标的物，将多次竞争性采购的资格预审一次性完成，形成有明确有效期的合格申请人名单，在有效期内每次采购时，向名单内所有申请人发出采购邀请，以保证采购质量和效率，该办法也是供应商库的管理方式之一。但是应当防止行业垄断和排斥行业外潜在投标人。

5.6.1.2.3 借鉴国外联合采购成功经验规定了采购实体之间联合集中采购的形式。

一、联合集中采购的形式

1. 组成采购战略联盟

两个或两个以上的企业出于对整个世界市场的预期目标和其自身总体

经营目标的考虑，采取长期性联合或合作的采购方式。联合各方仍保持本公司采购的独立性和自主权，彼此遵守相互间达成的协议，连接成松散的整体。

2. 合并通用材料的采购

如美国施乐公司、斯坦雷公司和联合技术公司三家组成的钢材采购集团。

二、采购联盟绽放多赢局面

只要有商业机会，企业就存在竞争。特别是鉴于采购成本的降低对企业经营效益能产生较大的杠杆作用，在以往的历史中，无论什么行业，竞争对手的采购部门之间都是相互保密，很少沟通。但在实行供应链管理后，共同的利益终究将打破这种互筑篱笆的局面，开始尝试着以采购领域为起点，开展不同层次的合作，也就是逐步实现采购联盟化。

采购联盟的建立为联盟内的买家提供了最佳、最有效的供应商资源和渠道，从而能够进行比较、选择，最终下单采购。企业间的竞争最终是通过销售额和市场占有率来体现。因此，在生产前端的采购合作并不会对自身优势造成任何伤害。相反，只会提高各自的成功概率。这就使采购联盟有了存在的基础和前提。

需要指出的是，当同行业买家通过采购联盟的形式获得同等采购利益，更多的较量则将存在于生产管理协调、销售团队的建立，乃至于人才之间的竞争，最终从销售额和市场占有率上分出高低。

5.6.2　分散采购

【释义】

分散采购是集中采购的完善和补充，有利于采购环节与存货、供料等环节的协调配合，有利于增强基层工作人员的责任心，使基层工作富有弹性和成效。

与集中采购相对应，分散采购是由企业下属各单位（如子公司、分厂、车间或分店）实施的满足自身生产经营需要的采购。分散采购的优缺点如下。

(1) 优点：能适应不同地区市场环境变化，商品采购具有相当的弹性；对市场反应灵敏，补货及时，购销迅速；由于分部拥有采购权，可以提高一线部门的积极性，提高其士气；由于采购权和销售权合一，分部拥有较大权力，因而便于分部考核，要求其对整个经营业绩负责。如某国有企业在市政府“腾笼换鸟”的政策下，出让土地使用权，整体搬迁到郊外工业园区，设备全部更新。除了个别通用设备工装外，企业领导把各分厂设备工装采购权交由分厂领导负责，并使其对今后生产任务的质量、进度负全责，经过几年的实践，大家反映效果好。

（2）缺点：部门各自为政，容易出现交叉采购、人员费用较大。如某企业有三分之二的部门有各自办公用品或专业物资的采购权，采购数量不大，部门之间缺乏沟通，会造成紧急采购和库存积压并存，企业成本费用也居高不下。在推行集中采购制度后，除了专项物资（如消防物资）、科研创新部门需用物资外，其他物资的采购一般集中到采购中心，由其负责采购并按计划供应，节省了人力、物力。

5.6.2.1 适用条件

符合下列条件之一的，适用分散采购：

——企业产品开发研制、试验所需要的设备、物资采购；

——市场资源有保障，易于送达、价值不高、物流费用较少的物资采购；

——市场波动大，需要随机采购的物资采购；

——企业集中采购目录外的其他采购。

【释义】

如果说企业集中采购是迫于成本压力，分散采购则是由于创新需求或提高效率。本条规定了分散采购的适用条件。

1. 针对产品研发、试验所需要的设备物资采购。这类采购一是随机性大，二是标准化程度不高，三是需求时间紧迫，四是难以形成采购的批量规模。为提高采购效率，宜采用分散采购。

2. 针对价值不高、地理位置不远、易于送达的物资采购，通过集中采购产生的成本远大于管理成本，因此，宜采用分散采购。

3. 针对市场波动大的采购，集中采购风险大，为规避风险，应授权使用部门依据市场预测随机处置。集中采购反而会给企业造成损失。

4. 兜底条款，例如需要验收检测的物资，基层单位具备检测条件的可以分散采购。

当然，集中采购和分散采购并不是完全对立的。客观情况是复杂的，仅一种采购方式是不能满足生产需要的，大多数公司在两个极端之间进行平衡：在某个时候他们会采用集中采购组织模式，而在几年以后也许他们会选择分散采购组织模式。

5.6.2.2 实施要点

5.6.2.2.1 分散采购的管理与实施层级由企业制度规定。

5.6.2.2.2 应按照第6章的规定选用采购方式，组织采购活动。

【释义】

分散采购的程序与集中采购大致相同，只是取消了集中决策环节，实施其他步骤。企业下属单位的生产研发人员根据生产、科研、维护、办公的需要填写请购单，由基层主管审核、签字，到指定财务部门领取支票或汇票或现金，然后到市场或厂家购买、进货、检验、领取或核销、结算即可。采购时一般借助现货采购方式。

5.7 框架协议程序和一般采购程序

【释义】

一、框架协议的概念及其法律特征

1. 框架协议已就合同标的交易达成意向并对主要内容予以确定

在长期采购之中，当很多小的重复交易需要建立长期合同，就需要一个特殊的合同机制涵盖这种关系和单个交易的需求，其被称为采购框架协议（Procurement Framework Agreement）；框架协议只是一种习惯上的叫法，也可称为框架合同或者架构合同。

框架协议或框架合同源于德国判例法，是德国联邦最高法院为更好地处理新交易形式下出现的纠纷，于1967年提出的一个概念，它是指为双方当事人之间签订的同一类型合同（个别合同）提供基本框架和基本条件的合同。框架协议一般存在于长期或复杂的交易关系中，目的在于提前确定双方的合作关系，并调整在框架协议的范畴下订立的所有或大部分个别合同中普遍存在的问题。

2. 框架协议为持续性交易合同，故而具有其特有的信赖利益

框架协议作为一种合同形式，合同内容不是集中在某一时间点通过一次给付完结，而是继续实现合同，在合同法理论中属于继续性合同，区别于一时性合同。第一，合同总给付内容始终欠缺；第二，合同具有不可损耗性和无限延续性；第三，合同当事人需要持续尽力进行给付，并且相较于一时性合同需要双方具有更强的信赖关系。继续性合同可分为固有的继续性合同、继续性供给合同与继续性交易关系三类。[①] 当事人之间的交易关系持续发生的状态也可用“继续性交易关系”来描述，但这并非严格意义上的法律用语。继续性合同是指给付总量随时间的延长而增加，且给付义务随着时间的进行而陆续履行的合同。[②] 在继续性交易关系中，基本合同本身为框架合同，框架合同中所确定的合同条款无须反复引用而始终具有效力。

3. 实践中框架协议也可分为战略性框架协议和具体事项框架协议

（1）战略性框架协议。

如我国和俄罗斯就双方开发生产大飞机签订战略合作框架协议[③]，它的实质就是双方同意合作。具体谁生产什么部件、谁攻关（设计）什么部件、要达到什么样的性能事项，就需要再签订一个具体的合作协议。

（2）具体事项框架协议。

具体事项框架协议指双方当事人就合同标的交易达成意向并对主要内容予以确定而订立的合同，具体的交易细节在框架合同的基础上再细化成正式的合同。多用于长期有效、频繁发生的交易。从项目管理的意义上讲，框架协议就是总体安排、计划性质的合约。

如某企业为短期融资，与某银行签署了一个《授信额度协议》，该企业可在所授额度和期限内进行短期性的借款，比如进出口信用证押汇、应收账款保理等。但此协议只给出了一个大体的框架，并没有规定具体业务，如协议并没有指出是哪家客户的哪笔应收账款可以保理，只要是在这个协议框架范围内均可。但是如果在企业和银行流动资金贷款（也称短期借款）协议中，

---

① 王文军，《继续性合同及其类型论》，载于《北方法学》2013 年第 5 期。

② 赵凯旋，《继续性合同非任意解除研究》，湘潭大学 2020 年硕士学位论文。

③ 引自 www. 66law. cn 快照。

银行会要求你明确贷款的用途，比如用于采购某设备。

二、框架协议程序的规则

框架协议是合同双方通过框架协议程序达成合作意向的结果。

框架协议程序是《示范法》第七章“框架协议程序”针对预期需求做的制度安排，属于《示范法》规定的采购工具箱中的一种采购工具。从法学视角审视，框架协议采购程序是框架协议缔约的规则。

1. 框架协议程序（采购）是公共采购工具箱中的一种采购工具

《示范法》第58条规定了框架协议的授予方式，应当通过招标采购方式以及《示范法》规定的其他竞争性采购方式授予框架协议。[①] 在《示范法》中，作为采购工具箱的工具之一，框架协议程序、电子逆向拍卖程序和招标采购、竞争性谈判、询价等采购方式并列。

考虑到框架协议程序（采购）是针对预期需求的特殊制度安排，需要和各种竞争性采购方式配合才能完成采购任务，《国有企业采购操作规范》（修订）将其命名为“采购组织模式”以区别招标采购、谈判采购等一般采购方式。

2. 两阶段缔结合同是框架协议采购程序的基本特征

框架协议系指分两阶段进行的程序：第一阶段甄选将与采购实体签订框架协议的一个或者多个供应商或承包商；第二阶段将框架协议下的采购合同授予已加入框架协议的一个供应商或承包商。

在框架协议程序的第一阶段中，采购实体应当遵守拟采用的采购方式的程序规定，联合国《公共采购示范法颁布指南》（以下简称《示范法颁布指南》）第七章第2条“颁布：政策考虑”第5款指出，“框架协议程序可以与《示范法》中的所有采购方法和安排结合，用于各种采购中，无论是货物、工程或服务采购，还是同时包括这三者的采购”；“包括与一个还是几个供应商或承包商签订框架协议；与不止一个供应商或承包商签订协议允许的最高或

---

① 《示范法》第七章第58条：“封闭式框架协议的授予：

1. 采购实体应当以下述方式授予封闭式框架协议：

（a）本法第三章的规定，在本章中未减损的，根据这些规定使用公开招标程序；或者

（b）本法第二章、第四章和第五章的有关规定，在本章中未减损的，根据这些规定使用其他采购方法。”

最低数目；以及选定具体框架协议采购形式、条款和要求等。”

在第二阶段，依据不同框架协议的程序规则，确定采购实体和供应商或承包商在达成个别协议所需要商定的条款，如价格、数量、供货时间等之后签订合同并履行，也可以在第二阶段采用《示范法》约定的逆向拍卖程序等确定成交人（《示范法》第 54 条第 1 款①）。

三、框架协议程序的制度保障要求

应当指出的是，发达国家在公共采购中使用框架协议招标采购有其特定的市场环境、道德背景和法律制度作支撑。比如在欧洲，有采购实体和供应商较高的道德水准作支撑；在美国，有完善的配套法律做支撑；在韩国，有严密的价格监控机制作支撑。而在我国，上述配套条件尚需完善。这种采购制度之所以受到广大采购实体的欢迎，是因为协议供货并未真正触及各地各部门采购实体的采购权。框架协议中标人可以不止一个，即只确定单价、规格型号，不确定数量。实践中如果缺乏有效监督，在实际签订供货合同时，合同签订方随意性很大，约束管理可能流于形式。企业应当通过完善监督体制在发挥其优越性的同时，把腐败的漏洞减少到最低，如建立不相容岗位制度、施行动态价格监控制度、采购公示制度等。

5.7.1　框架协议程序

5.7.1.1　适用条件

符合下列条件之一，适用框架协议程序：

——对采购标的的需求预计将在某一特定时期内不定期出现或重复出现的采购；

——采购标的可能在某一特定时期内紧急情况下出现的采购；

——需要保证采购实体供应安全的采购。

【释义】

本条规定了框架协议的适用条件。

框架协议程序是针对预期需求的一个程序规定。《示范法颁布指南》对

① 《示范法》第 54 条“作为授予采购合同前的一个阶段的电子逆向拍卖”。

《示范法》上述条款作了如下解释:

第一项中的"不定期"是指不清楚需要的程度、时间和数量,以及采购频次,"不定期出现"的需求如办公用品、房屋维修合同等;"重复出现"指市场竞争激烈的,需要定期或重复采购但数量不定的商品类采购,如北方冬季供暖、学校开学需要的教科书等。

第二项中的紧急采购包括不止一个供应来源"标的"的采购,也适合估计今后可能会紧急需要"标的"的采购两种情形。上述两种情形可以单独出现,也可以同时并列出现,如石油行业用来制止井喷的砂石,既包括需要不止一个供应来源"标的"的采购,也包括紧急采购。但电网通过框架协议采购的电工设备主要适用紧急采购。框架协议适用的紧急采购可以防止供应商在采购方紧急需要采购"标的"时坐地起价。

第三项是保证供货安全需要的采购。

5.7.1.2 实施要点

5.7.1.2.1 框架协议程序分两阶段完成:第一阶段签订在一个约定期间有预计需求的框架协议;第二阶段依规则完善协议、签订并完成实际需求的采购合同。

5.7.1.2.2 框架协议程序分为封闭式框架协议和开放式框架协议。

——封闭式框架协议程序,应与第6章规定的竞争性采购方式组合使用,并适用采购方式的程序要求(包括资格审查等);应对第二阶段是否竞争或竞争规则做出规定。

——开放式框架协议程序,应与第6章规定的竞争性采购方式组合使用,并适用采购方式的程序要求;第二阶段应通过公开邀请的方式进行竞争性采购,采购实体宜在网上确立并在规定有效期内维持框架协议。

【释义】

5.7.1.2.1 指出了框架协议的两个重要特征,一是合同分两阶段签订;二是合同的主体可以不止一个。

5.7.1.2.2 规定了两种框架协议的程序。

一、封闭式框架协议程序

1. 无第二阶段竞争的"封闭式"框架协议,与一个或多个供应商或承包商订立，其中载明所有采购条款和条件或主要条款。此类框架协议与传统的采购合同之间的主要区别是，物项是今后采购的，第二阶段依预约合同的约定，同实际使用人签订本约合同，且在规定期限没有任何新的供应商或承包商能够加入该协议。

2. 有第二阶段竞争的“封闭式”框架协议，第一阶段与不止一个供应商或承包商订立，其中载明采购的某些主要条款和条件。在第二阶段，这些供应商或承包商递交最后竞标文件；采购使用人在某时间点通过第二阶段竞争确定中选供应商。这些框架协议也是上文所述意义上的“封闭式”协议。

二、开放式框架协议程序

“开放式”框架协议，第一阶段与不止一个供应商或承包商订立，其中也载明采购的某些主要条款和条件。在第二阶段，已加入框架协议的供应商或承包商递交最后竞标文件；采购使用人在某时间点通过第二阶段竞争确定中选供应商，这一点与有第二阶段竞争的封闭式框架协议是一样的。这些框架协议一直对新的供应商或承包商“开放”，任何供应商或承包商只要具备资格并且其临时竞标文件具有响应性，框架协议运行期内随时可以加入协议。《示范法》规定这些协议必须以电子方式运作①。开放式框架协议主要适用于按照最低价格采购的现货或经常性直接服务的采购②。

三、框架协议程序和集中采购模式的区别

框架协议程序和集中采购组织模式的目标效应、适用条件和合同性质完全不同。

集中采购也可以订立框架协议。但是集中采购订立框架协议只表示其合同的形式而不是执行框架协议程序。

（1）目标效应不同。

——集中采购的目标效应主要是降低合同成本；

——框架协议的目标效应主要是降低交易成本。

① 引自《示范法》第七章第60条第1款“采购实体应当在网上确立和维持开放式框架协议”。

② 引自《示范法颁布指南》第七章第2条第9款。

(2) 适用条件不同。

——集中采购时效性差，不适用采购频次高的采购；

——框架协议主要针对重复采购和紧急采购。

(3) 合同性质不同。

——集中采购订立的合同签订后成立并生效，供应商风险较小；

——框架协议订立的协议是预约合同，供应商有一定的风险。

总之，企业在制订采购计划评估或计划书时，应确定采购组织形式及其配套采购方式。其中，符合企业集中采购目录的应实施集中采购，在企业框架协议目录内的采用框架协议采购，在一定条件下，两者也可以结合通过集中采购签订框架协议。

案例：某央企采用框架协议程序的制度安排

某央企在框架协议采购中，按照采购时需求是否清晰、准确，市场竞争是否充分等情况，选择了带量框架采购和框架协议短名单采购两种模式。

(一) 带量框架采购

带量框架采购适用于一段时期内需求相对稳定、清晰，且技术标准统一、采购频繁、交货周期较短、市场竞争较充分的物资品类。

带量框架采购应用“定厂、定(单)价、定量、定期”的采购模式，协议有效期一般为一年，并根据投资计划调整周期及项目需求特性，合理设置两个框架协议之间的重叠期。为进一步保障区域供应稳定性，提升供应质量，部分品类可适当延长跨年度框架有效期。框架采购应公布协议有效期内采购需求预测量，采取有效措施提高需求预测准确率，并根据框招项目中标比例，公正合理确定分配原则。对中标供应商的实际采购量未达到需求预测量下限的，应延长该供应商的协议有效期限，延长期限原则上不超过一年。在延长期内，该框架协议的实际采购量达到下限时立即终止框架协议。延长期满仍未达到下限，自动终止框架协议，相关要求应在采购文件中予以明确。

1. 定价方式

带量框架采购的定价方式应为一次定价类型，框架采购阶段选择入围供应商并确定的框架协议单价，即成为框架分配阶段供求双方签订采购实施合同的单价，除了根据框架协议约定的价格调整机制（如原材料价格联动）以外，任何一方不得随意调整变更合同单价。

2. 框架分配方式

带量框架采购的框架分配方式应为直接发出订单方式。框架协议采购完成后，由项目部门或单位根据项目实施进度，执行框架采购结果，选择供应商并签订合同。带量框架采购协议执行偏差率（| 某供应商在框架期内实际分配份额－该供应商中标协议份额| ÷该供应商中标协议份额）需控制在允许范围内。

（二）框架协议短名单采购

框架协议短名单采购适用于市场竞争获得的潜在业务采购需求。在中标外部客户的潜在业务之前，通过采购程序提前锁定合作的分包商短名单，以提高自身市场竞争力，并在中标外部客户的业务之后，对于客户具体的订单需求，邀请短名单供应商进行二次竞争，实现优中选优的目标。

案例

采购内容较为复杂，具有需求不清晰、不准确，市场竞争不充分，难以确定采购计划等特点。框架协议短名单采购分为两个阶段，在第一阶段，采购实体根据项目基本要求实施框架采购，确定入围供应商短名单，并在采购文件中明确框架分配的规则。在第二阶段框架分配时，采购实施单位根据具体采购需求，在原有入围供应商资格范围内，按照框架分配原则选定签约供应商。

1. 入围供应商短名单的确认

第一阶段框架协议短名单的确认流程应遵循竞争择优、讲求绩效的原则，按照招标与非招标采购流程，“上平台”实施，履行相应的采购程序。制定明确的采购标的、定价类型，以及明确第二阶段实施采购时的框架分配方式及程序规则。不得采用供应商符合资格条件即入围的方法。

（1）参与入围竞争的供应商最少数量。

采购实体应在采购文件中明确参加入围竞争供应商的最少数量。为了保证框架协议入围竞争充分，参加竞争的供应商数量至少应当超过实际入围供应商数量的2倍，并满足法律法规对采用相应竞争方式的最少供应商数量要求。否则,应重新组织框架协议的入围竞争。

(2) 预计协议采购数量。

采购实体应在框架协议采购文件中合理确定框架协议有效期内预计采购数量。预计采购数量应尽量接近实际需求并考虑可能的变化范围。同时,采购文件可以说明,预计采购数量仅作为供应商竞争报价参考,采购实体不承诺项目实施单位的实际采购数量,以及入围供应商的实际成交数量。

2. 定价方式

框架协议短名单采购常用的定价方式为"最高限制单价+二次报价"的两次定价类型。入围供应商第一阶段响应报价(包括量价关系折扣)是采购实体或者服务对象确定第二阶段成交供应商的最高限价。

3. 框架分配方式

框架协议短名单采购第二阶段框架分配方式主要有谈判方式、询价方式、电商化采购方式等。采用谈判方式的,采购实体可根据具体的采购需求组织两家以上入围供应商参加谈判,一次或者多次报出价格,通过谈判确定更有利的交易条件或者更好的价格,确定一家或者多家供应商并签订合同。采用询价方式的,项目采购实施单位应从入围供应商中,通过询价方式确定一家或者多家供应商并签订合同。采用电商化采购方式的,项目采购实施单位应按照企业商城电商化采购流程确定一家或者多家供应商并签订合同。

框架协议短名单采购第一阶段约定的定价类型、框架分配方式等实质内容在第二阶段不得随意变更。

案例

5.7.1.2.3 框架协议程序签订的合同形式包括供货安排、交付期不定或交付量不定的合同、任务订单、目录合同、总括合同、依程序签订定点服务和协议供货合同。

【释义】

5.7.1.2.3 规定了预约合同的合同形式。

框架协议的合同形式包括了供货安排、交付期不定/交付量不定的合同或任务订单式合同、目录式合同和总括合同以及依程序签订定点服务和协议供货合同等[①]。《示范法颁布指南》第七章A导言第2条第11款指出："尽管框架协议可以是一种有约束力的合同，但《示范法》第2条（k）项中的'采购合同'定义并没有列入框架协议。就《示范法》第2条（k）项而言，采购合同是在采购的第二阶段订立的……"这就需要引入预约合同的概念。有关预约合同的法律内涵详见本书4.2.4.3释义相关内容。

当事人、合同标的、合同数量为合同成立生效的核心必备要素，缺一不可；在合同明确了当事人、合同标的及合同数量的情况下，合同一般为有效合同，合同中其他未明确的内容法院可以通过法律规定的合同解释规则来确定。最高人民法院在（2013）民提字第90号民事判决书中指出："预约是指将来订立一定契约的契约。预约的形态多种多样，有的预约条款非常简略，仅表达了当事人之间有将来订立本约的意思，至于本约规定什么内容留待以后磋商决定；有的预约条款则非常详尽，将未来本约应该规定的内容几乎都在预约中做了明确约定。而若仅从内容上看，后者在合同内容的确定性上几乎与本约无异，即使欠缺某些条款，往往也可以通过合同解释的方式加以补全。"

这无疑意味着，对预约和本约合同的区分应通过合同的内容和当事人的意思表示综合判断。

在实践中，框架协议针对预期需求通过多种竞争性采购方式签订，一般仅对采购标的物及其单价、规格型号做出规定，对交货期、数量和成交人的数量有一个大致的估算，实际采购的结果大都由市场因素决定，很难通过法律规定的合同解释规则确定。

如电网和电工设备制造企业签订的框架协议，采购数量是依据往年经验估算的，供货时间也难以确定，采购的物资设备构成协议库存[②]，设备物资产权在电网未使用时归生产企业，电网在运行中发生设备损坏需要紧急更换时，实际使用人签订本约合同。年初框架协议约定采购某企业20台变压器，但由

① 引自《示范法颁布指南》第七章A导言第1条第3款。

② 协议库存即由需求方根据物资需求单位未来一定时期内物资需求的预测，应用统一的物料编码及技术规范，将所需的物资分类汇总，通过招标或其他采购方式确定供应商，并与其签订框架采购协议。待具体物资需求申请产生后，直接按照协议分配供应商。采用协议库存后相当于采购货物已经提前在仓库备好，可以缩短采购供应周期，为工程建设争取时间，同时可减少需求方自身的库存，节约运营成本。

于在协议考核年度内线路运行只损坏了 15 台，年终实际签订采购合同并支付货款的只有 15 台，其余的下一年度滚动延续。交货时间也不是采购实体主观能确定的，由市场紧急需求确定。鉴于此，该框架协议属于预约合同。

但是如果协议的内容比较详细全面，有明确的权利义务以及违约责任的约定，这样的框架协议实际上就是一个具有可强制执行的合同，具备法律赋予的合同效力，该类协议则属于本约合同。是否可以强制执行是区分本约合同和预约合同的一个重要特征。

因此，框架协议既可能是预约合同，也可能是本约合同。但在国有企业已经普遍推行的物资采购中，框架协议采购一般属于预约合同。

一、框架协议的内容、条款和条件

框架协议的内容、条款和条件如下：

框架协议应以书面形式订立并载明以下内容。

1. 框架协议期限，期限的确定既要满足重复采购的需要，又要考虑合同风险的增加，宜以年度为限。

2. 采购标的说明以及确立框架协议时已经确定的其他所有采购条款和条件。

3. 确立框架协议时无法充分准确确定采购条款和条件的，应告知在已经知道的范围内对此种条款和条件的估计。

4. 与不止一个供应商订立封闭式框架协议的，应确定第二阶段的采购方式。

5. 如果以进行第二阶段竞争的方式授予框架协议下的采购合同，其程序和开放式框架协议的规则相同。

6. 框架协议下的采购合同将授予价格最低的响应文件还是最有利的响应文件。

7. 采购合同的授予方式。

8. 与不止一个供应商订立封闭式框架协议，应当视为所有当事人之间订立了一项协议。采购实体可在第二阶段签订的协议中针对特定情形分别有所调整，并同时相应记录不同条款之间的差异。特定情形如知识产权。

9. 框架协议还应当包含框架协议有效运作所必需的一切信息，包括如何查取该协议、该协议下即将授予采购合同的通知和联系方式等。

二、框架协议的违约责任

既然预约合同是一种独立的合同，因此违反该协议就构成违约，并承担相应违约责任。

《民法典》第四百九十五条第二款规定："当事人一方不履行预约合同约定的订立合同义务的，对方可以请求其承担预约合同的违约责任。"

《最高人民法院关于审理买卖合同纠纷案件适用法律问题的解释》（法释〔2012〕8号）第二条："当事人签订认购书、订购书、预订书、意向书、备忘录等预约合同，约定在将来一定期限内订立买卖合同，一方不履行订立买卖合同的义务，对方请求其承担预约合同违约责任或者要求解除预约合同并主张损害赔偿的，人民法院应予支持。"

因此，如果任何一方不同意签署该本约，则守约方有权要求对方依据协议支付预约合同违约赔偿金，或者承担本约合同的缔约责任。

5.7.1.2.4 框架协议的成交人可以不止一个。

【释义】

5.7.1.2.4是框架协议合同成交人数量的规定，可以不止一个（包括一个或多个）。《招标投标法》对中标人的数量没有规定，但实践中人们一般的理解只确定一个中标人，因此，文件特对此做了规定，也是框架协议合同的特征之一。

5.7.1.2.5 采购实体应结合生产经营情况，制定并发布纳入企业各级采购部门拟采用框架协议程序的工程、货物和服务范围的目录清单。企业框架协议采购目录应依据企业生产经营需要和市场变化及时进行调整。目录的有效期宜以年度为限。

【释义】

目录清单是企业对采购模式、采购方式进行管理的常用办法。本条规定了清单制度及其调整办法，包括调整依据和时间。

注意：依据《示范法》对采购实体的解释，可以允许不止一个采购实体适用已经生效的框架协议。《国有企业采购管理规范》7.2.2.4规定：

协议成果共享：在同一集团内，已有采购实体采用竞争方式签订框架协议并有效执行的，其他采购实体采购同类采购项目，可不再重新组织竞争采购，直接共享该框架协议结果；协议成果共享范围可通过企业制度或采购文件予以规定。

5.7.2 一般采购程序

5.7.2.1 适用条件

不适用框架协议采购程序的一般项目，适用一般采购程序。

5.7.2.2 实施要点

应按照第6章的规定选用采购方式，组织采购活动，并与供应商签订普通商务合同。

【释义】

一、普通商务合同属于本约合同

商务合同是指有关各方在进行某种商务合作时，为了确定各自的权利和义务而正式依法订立的、经过公证的、必须共同遵守的协议条文，在法律意义上属于本约合同。

商务合同是一种通用合同，是《民法典》规定的合同形式之一。在国际贸易中，在双方对合同货物无特殊要求的条件下，一般都采用商务合同的内容和形式。

二、按贸易方式的性质和内容的不同可将合同细分

1. 销售或购货合同（Sales or Purchase Contract）

这类合同俗称买卖合同。由生产国直接出口、消费国直接进口、单进单出逐笔成交的贸易方式称作逐笔售定。在进行这种贸易时，原则上应订立书面合同，明确规定各项条款。

2. 技术转让合同（Contract for Technology Transfer）

以引进专利或转让专利申请权、专有技术和秘密、商标和许可证等为对象的贸易，其使用的合同有技术转让、技术咨询服务和许可证贸易合同。这类合同内容烦琐、专业性强、涉及面广、有效期限较长。

3. 合资或合营合同（Contract for Joint Venture or Joint Production）

投资当事人按一定的法律和法规建立合资经营企业或合作经营企业合作

开采自然资源，其特点是共同投资、共同经营、共同管理、合作开采、共负盈亏、共担风险。这类贸易方式的合同内容复杂，涉及诸方面的法律，如合资经营企业法律法规，并涉及土地、资源、工业、设施、税收、外汇、技术引进、专利转让、许可证、劳动等的法令和政策。

4. 补偿贸易合同（Contract for Compensation Trade）

国际贸易中一方从另一方引进设备、技术或原料，不支付现汇，而是在约定期限内以引进设备制造的产品或企业所获利益予以补偿，叫作补偿贸易方式。这种贸易方式所适用的合同有易货［以货易货（Barter）：两国间不使用货币的商品交换，其特点是进口和出口相结合，换货的总金额相等，无须用外汇支付，现代国际贸易中已很少使用］合同和补偿贸易合同。

5. 国际工程承包合同（Contract for International Engineering Projects）

一般来说，按事先规定的章程和交易条件采用公开竞争的方式——招标，再进行交易，称作公开竞争贸易方式（Open Competitive Trade Form）。这种贸易方式所使用的合同有招标（Tender）合同和商品交易所（Commodity Exchange）成交合同。中标后，签订国际承包合同。由于这类合同的国际性，其内容十分复杂，技术性强，风险又大，承包商和业主（发包人）要遵循不同国家的法律法规和政策，在操作过程中务必十分谨慎。

6. 代理协议（Agency Agreement）

国际贸易中利用中间商（broker）收集信息、刊登广告、寻求客户、招揽订单、推销产品、开拓市场或开展售后服务，中间商收取佣金的方式叫作居间贸易方式（Trade Form of Brokerage）。这种贸易方式所适用的契约形式有经销、寄售、代理等。代理在法律上指一人授权另一人代理其实施民事行为。前者叫委托人（principal），后者叫代理人（agent）。两者签订的代理协议应从法律上明确各自的权利和义务。

7. 来料加工合同（Processing Trade Contract）

承揽贸易方式是指来料加工、来件装配、来样加工装配，亦称加工贸易。这种承揽贸易方式所适用的契约有来料装配合同和来料加工合同。

8. 多种贸易方式相结合的合同（Contract with Different Trade Forms）

经济全球化是信息技术和知识经济发展的必然结果。伴随着经济全球化的澎湃浪潮，跨国公司迅速发展，国际资本流动规模空前，金融全球化的进程明显加快，在这种新的形势下，国际合作项目越来越多，传统的贸易方式已远不能满足多方合作的需要，故在国际间的合作普遍采用多种贸易方式相结合。因而，如何综合应用多种贸易方式是当前非常迫切需要研究的课题，例如，利用国际投资、信贷、租赁来引进技术、进口设备，或利用多种合作方式来完成进件装配、产品返销、偿还贷款等。这些贸易方式相结合的合同如下所示。

（1）涉外信贷合同（Contract for Credits and Loans）。

（2）国际 BOT 投资合同（Contract for International Build - Operate - Transfer）。

（3）国际租赁合同（Contract for International Leasing Affairs）。

（4）此外，涉外合同还有国际运输合同、聘请雇员合同、保险合同等。

签订普通商务合同按照本文件规定的程序执行。

6 采购方式

【释义】

一、采购方式是重要的交易方式之一

1. 采购方式的定义

本文件将采购方式定义为“采购实体为实现采购目标，制定的采购活动规则和程序”。

2. 交易方式随着社会分工的细化逐步发展

《易·系辞下》曰，“日中为市，致天下之民，聚天下之货，交易而退，各得其所”，交易就是泛指买卖。商品买卖的展开与拓展，买卖双方总是要借助一定的外部形式，即交易方式。交易方式是指交易过程中双方采用的各种具体做法，是交易双方联系的手段和方式。交易方式直接影响交易过程和交易结果，交易方式随着社会分工细化逐步发展，商品交易方式的发展推动商品流通规模的扩大。从采购实体作为交易主体的视角考量，商品交易方式就是采购方式，或者说是商品买卖中双方采用的各种具体的做法。

二、交易方式的发展催生了新的产业，促进了市场繁荣

采购交易方式的发展是随着科技的迅速进步与新兴部门的涌现不断发展，交易规模扩大，市场竞争加剧，使得具有各种功能的采购交易方式呈现多样化并催生了新的产业，进一步推动了市场规模的发展。表现在采购实体在采购中集交易过程、运输、仓储等业务于一身的传统方式，催生了以仓储、运输业务为主业的独立的物流企业；采购实体在双方间进行商业交易的结算转为银行业务；采购实体有限的商务信息和需求催生了收集、整理和提供市场信息的物流信息业及与之相适应的咨询业；供应商单打独斗的吆喝推销催生了专门制作广告，开展策划和宣传的广告业；商品交易的风险由当事人部分转移到保险业；甚至交易双方不介入商品的所有权转让而交由经纪人、代理人。显然，采购方式的发展，促进了市场的繁荣，直接影响了市场的发展和交易的结果。

6.1 采购方式的分类

采购方式的分类为：

a）对于适宜招标采购的项目，按采购对象的公开程度，分为自愿公开招标、自愿邀请招标两种采购方式；

b）对于部分满足招标条件的简单、小额的项目，按评“价”或评“标”的不同，分为询价、比选两种采购方式；其中，比选采购也称竞标、议标、比质比价；

c）对于需要和供应商沟通、谈判采购的项目，按长期战略采购和非战略采购的需要，分为合作谈判、竞争谈判两种采购方式；

d）对于市场供应特殊的项目，按市场的不同情形，分为单源直接采购和多源直接采购两种采购方式。

企业项目采购方式选用指南见附录A，企业运营采购方式选用指南见附录B。

【释义】

一、《示范法》关于采购方法设计的原则

依据《示范法》案文评注第二章第一节的解释，作为一个采购制度的设计“至少应规定一种可用于低价值采购和简单采购的方法，一种可用于紧急情况和其他紧迫采购的方法，一种可用于进行较为专业或较为复杂采购的方法”。经反复征求有关企业的意见，本文件归纳出招标采购、询比价采购、谈判采购和直接采购四组方法。每一组方法包括两种采购方式，基本覆盖了目前企业采用的采购方式。

除了在符合招标适用条件时应当使用招标采购方式外，在本文件中，询比价采购是用于低价值和简单采购的方式，谈判采购是用于紧急情况和其他紧迫或较为专业、较为复杂采购的方式；合作谈判采购方式主要用于企业战略采购；规定了在缺乏竞争条件下的直接采购方式，包括在卖方市场条件下单源直接采购和在买方市场条件下的多源直接采购，其中单源直接采购用于企业紧急或特殊采购，多源直接采购主要为满足企业原料的供应。

在采购使用条件和程序设计中，凡是《示范法》中可以参考的制度尽量向《示范法》靠拢，为我国加入GPA后国有企业采购境外原材料、设备等活动或外商进入我国市场适应企业的采购方法做一个和《示范法》相似的基础铺垫。

二、选择采购方式的理论依据

（一）采购方式的“光谱效应”①

“光谱效应”是采购实体选择采购盈利模式的依据。

针对采购人和供应商从对立关系到命运共同体关系复杂模糊的状态，映射到采购盈利模式上也呈现从竞争到合作多层次的形态。这种形态我们可借用光谱图形展示，称为采购方式的“光谱效应”。光谱图如图1所示。

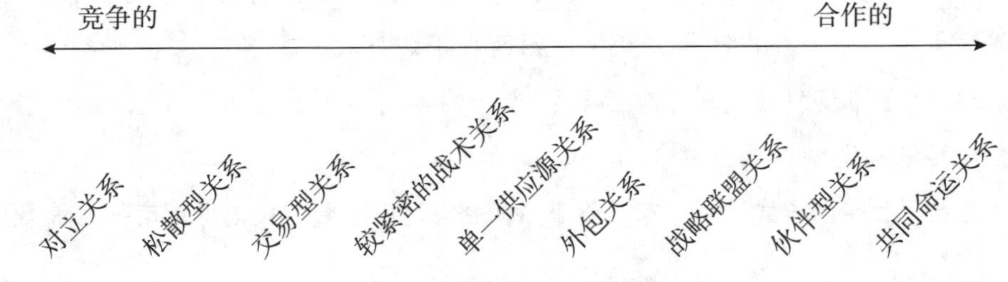

图1　光谱图

借助光谱图形可以看出，最左边是竞争，最右边是合作。两端之间对应供应商关系。

它的基本概念是实现最佳的采购效能可以有两条途径。一条途径就是大家非常熟悉的通过充分竞争吸引更多的供应商参与，然后通过供应商之间的激烈竞争和比较选择最优的供应商，这就是通过充分竞争实现零和博弈。竞争包括了招标采购、询比采购、竞争谈判等多种方式，其中招标是一种把充

① “光谱效应”由本书编写组成员俞烈提出，编写组做了必要的补充和完善。

分竞争发挥到极致的采购方式，是一种典型的实现采购效能的方式。

另外还有一个途径就是充分协同。通过与优秀供应商的高度协同，实现信息的协同、研发的协同、生产环节的协同等，去除掉生产经营过程中的各种不必要的行为。精益生产大家都非常熟悉，该理念用在采购中也可以称为精益采购，就是分析每一个生产、流通的环节，在每一个环节上降低总成本，就是采购方和供应方共同总成本的降低。降低了总成本以后再在双方之间形成收益共享双赢。我们在对标国际一流企业的时候，会发现以供应链协同为代表的充分协同出现的概率非常高。例如日本的两大核心支柱产业，汽车产业与电子产业。我们在国内调研了一些日企的合资企业，发现它的大部分专用零配件都是由全球唯一供应商提供的。同样，在电子产品领域，也对供应链管理有着比较极致的追求。如供应链管理 + JIT 准时制生产催生了零库存管理、六西格玛质量管理等，正是这些管理理念的运用，才使日本的产业后发制人，能够比美国的同样产业成本更低、功能更强。另外，大家都非常熟悉的苹果和富士康的关系也是典型的稳定供应链协同关系，这个世界上代工厂肯定不止富士康一家，还有伟创力、比亚迪等，但是苹果和富士康的关系就是长期稳定的战略合作关系。看向国内，华为和莱卡的关系，我们用的华为手机都是莱卡的摄像头，vivo 手机都是蔡司的摄像头，我们去网上搜一下华为每年的招标采购信息，就会发现招标采购信息大量地集中于项目型采购、工程建设采购、办公耗材采购，我们都能很容易找到它的采购公告，但是它生产手机、5G 设备所需的各种生产性核心原材料元器件采购，则很少看见这样的采购公告。所以我们可以从这些知名企业身上看到供应链对一个企业的重要性。还有一个案例也充分说明供应链的重要性，前两三年很多西方国家受地缘政治的影响，限制华为的 5G 通信设备，但是华为的全球市场占有率仍高居第一，远远领先分别位于第二名、第三名的爱立信和诺基亚，即使在封杀声音最强烈的 2020—2021 年，仅考虑海外市场销售，华为的设备也仅略降 2%，排名不变。到 2021 年，在终端市场，华为及分离出去的荣耀仍高居国内市场占有率前两名，华为的国际排名为第二，仅次于三星，但仅仅一年后，华为的手机国内销量就跌出了国内前五，国际排名已经跌出了前十。整个手机的供应链都在近两年被迫进行了大幅度调整，给华为手机的生产运营造成极大的影响。佐治亚理工学院调查了885个跨行业上市公司，将供应链中断后两年的企业指标排除了行业因素（用同规模未受供应链影响的企业的增减抵消后），得出统计结论是，受供应链影响的产品销售额下降7%，营业利润下降92%，资产收益率下降107%，企业平均股价下降8.6%，这也是党的二十大报告中特别强调供应链韧性的原因。

供应链风险如此之大，为什么这些大企业仍然会以供应链采购为主要的采购方式？就是因为供应链带来的协同收益相对于竞争收益更大，而且优势非常明显，协同收益的产生是一个不断持续优化的过程，不断让供应商的能力成为企业的核心竞争力之一。这个观点已经是世界各国采购管理研究机构的普遍共识。所以在我们的采购管理中，既要有充分竞争的模式，也要有高度协同的模式。

（二）卡拉杰克模型（矩阵）

卡拉杰克模型是确定采购人与供应商关系的依据。

卡拉杰克模型是国际上采购管理领域都高度认可的一种模型，也称卡拉杰克矩阵。如图2所示。

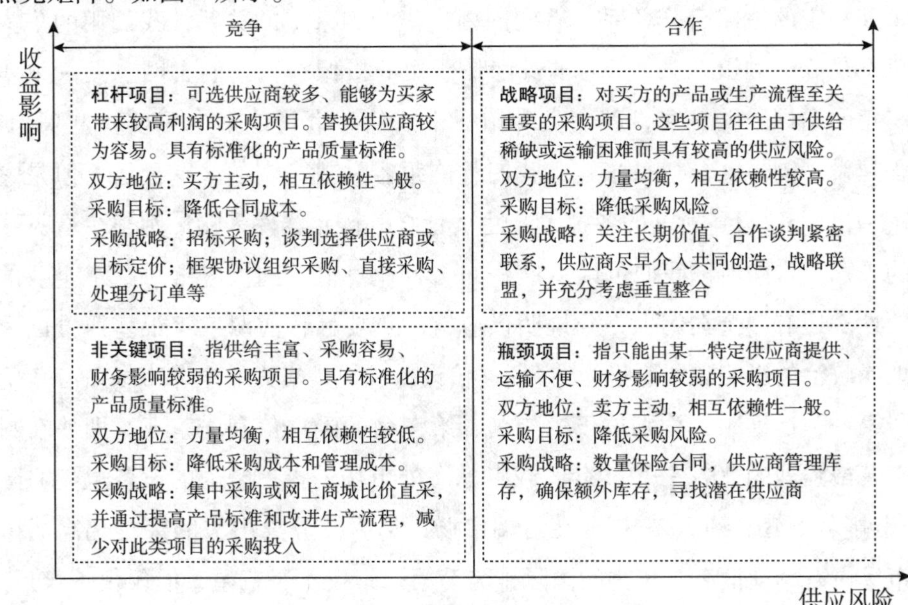

图2　卡拉杰克模型

在企业运营采购中，图 2 可分为左右两部分，左边属于竞争性采购；右边属于合作性采购。

图左边包括杠杆项目和非关键项目，非关键项目可通过网上商城直接比选采购，其采购目标主要是降低采购管理成本、提高采购效率；杠杆项目优先使用招标等竞争方式采购，其主要目标是降低采购合同成本，提高企业经济效益。

图右边包括战略项目和瓶颈项目，其采购目标的共同点是降低采购风险。区别是战略采购通过合作谈判建立长期合作关系，在降低风险的同时提高供应链竞争力，保持供应链的可持续；瓶颈项目没有竞争条件，只能直接采购，通过各种措施降低采购风险，包括积极寻找替代供应商，或修改设计、工艺。

案例：××国际招标公司项目组对某企业提高采购管理绩效的咨询意见（摘要）

一、供应链协同导向（战略项目）

供应链管理是用在需要持续稳定、追求长期合作、协同发展的采购中，不是使用部门想用就用的，企业通常使用清单制管理，清单的审批权限在采购监督管理委员会手中。供应链协同导向的使用情形如下。

（1）对企业的核心竞争力产生重要影响，比如包材、原辅料、物流等。

（2）需要供应商前期高成本参与优化方案的，比如各种宣传活动方案设计、广告宣传片设计创作，对后期的效果和成本的影响是非常大的，但是前期需要供应商的高度参与。这个领域为什么必须要做供应商协同？因为在充分竞争的情况下，会出现一个非常尴尬的情况，就是前期供应商的投入越多，它的前期成本就越高，于是在后期充分竞争中，前期投入就不是优势，反而是劣势，既然可能导致充分竞争时候的劣势，那供应商为什么前期要投入？可如果每个供应商前期都不投入，最后就导致出来的方案就比较弱，结果到了执行的时候又发现供应商通过研究分析项目需求提出了更好的方案，那么这个时候到底采不采纳新方案？如果采纳新方案，又会导致合同的大范围调整，与招标一把尺子贯彻到底、合同及合同执行与招投标文件不能产生实质性偏差的法律要求相冲突，所以只有企业在这些领域跟供应商形成了一定的稳定协同，才能解决这个问题。

(3) 如果更换供应商，会导致经营质量的显著下降和成本的显著上升。很多采购都具有这样的特点，因此，我们提出“显著”这个概念，严格控制评审标准以减少故意以供应链协同规避竞争的情形，也保证供应链协同导向的采购具有品目少但重要性高的特征，以实现在这个领域提出很高的采购管理投入要求及管理标准。

在这三个适用情形中，当使用单位认为它的采购符合这个特点，需要提交论证材料，要经过论证才允许进入清单。进入清单以后能不能直接选择某家供商呢？也不能。供应链的管理模式分三个阶段，第一阶段先要通过充分竞争来形成一个好的供应商基础，称为潜在供应商名单，也就是供应链协同导向的供应商库，要求通过充分竞争形成优选的第一步，称为公开建库。第二阶段通过库内竞争具体落实合同，称为库内公开，同期通过贯彻国务院国资委对标管理的要求，对供应商进行长期持续的动态量化考核，再筛选优秀供应商，进行供应商分级。分级之后就可以对优秀供应商在未来的采购中进行激励，形成采购、评估、激励的闭环管理。采购的评估结果要应用于未来的采购中，否则仅是评估，然后到年底给供应商颁个奖，为了这个奖状供应商要多花300万元，供应商也不会做这件事。但是如果激励制度告诉供应商，只要当下做得更好，未来你就可能获得更大的订单，供应商的积极性就会大大提高。所以这个领域的特点是主动推动采购集中度的提升，也就是供应商基础的收窄。第三阶段，当最优秀的供应商已经被找出来，供应商基础收窄到计划的程度，供应商已经高度集中，那么就通过配额制结合框架协议最终形成长期稳定的战略合作关系。在这个阶段，稳定的战略合作关系不是终点，评估和协同效果评估将持续进行。

案例

采购的稳定性只是供应链协同导致的一个结果，而不是供应链协同的目标。目标是什么？就是高度协同，要通过协同增值，不能仅证明了战略合作者的合理性就放弃管理了，觉得供应链协同做完了。因此，对于形成稳定供应链以后，供应商如何在每年提出协同优化方案，协同优化方案如何落实，协同优化方案如何评估协同优化效果，企业制度都在供应链管理细则中提出了很明确的要求。

二、安全运营导向(瓶颈项目)

安全运营导向是卖方市场,使用情形包括央视广告投放、电商平台的配套服务、水电的购买、质量检测、科技研发等,看似这次制度优化扩大了单一来源采购的适用情形,实际原则上是严控这个领域的。

在这个领域,既不能通过竞争增效,因为本来就没有竞争或缺乏竞争,同时又很难进行协同增效,因为供应商不一定配合协同。因此,要适度控制这个范围。但是如果控制就是简单拔高审批层级,必然导致采购效率的降低,影响企业正常的生产运营。所以,在这个领域同样采取清单制。也就是说,针对企业经常出现的这种采购标的,应事前充分论证,经过公司组织的确认流程,进入清单。进入清单以后,在采购时就可以采用直接采购或者邀请有限竞争的方式来进行采购。所以它的管理重点就是清单制。

另外,鼓励通过长期的框架协议来减少招标采购进而稳定供应商关系,减少供应商胁迫断供的风险。

三、效率提升导向(非关键项目)

效率提升导向的主要管理目标是降低采购频次,提高采购的效率。所以这一领域主要通过采购组织方式的变化来降低采购频次。应允许在这个领域建立供应商库,实现供应商的初步筛选,降低采购决策难度,提高效率,实现采购管理成本和风险防控的平衡。

效率提升导向具体的适用范围就是既不属于供应链协同导向,也不属于安全运营导向,因为这两个导向都是清单制。所以只要在清单之外的合同金额小于一定金额的,包括办公耗材、低值易耗品、通用备品备件等都适用。

四、充分竞争导向(杠杆项目)

充分竞争导向中包括依法必须招标,除此之外那些没有持续性,但采购金额非常大,单个合同额在公司规定的标准之上的也属于这个导向的范围。在这个领域,无论是法律要求还是企业自己的管理要求都是体现充分竞争,所以这个领域不允许建立供应商库,鼓励用公开的方式吸引更多的供应商来参与。

为了保证采购效能,这个领域对采购策划环节提出了非常高的要求。要

案例

让采购人员充分认识到在这个领域采购策划的难度，只有好的采购策划才能够在供应商众多的前提下，真正选出让自己非常满意的产品。

6.2 自愿公开招标

6.2.1 适用条件

同时符合下列条件的，适用自愿公开招标：

——采购需求明确；

——具有竞争条件；

——采购时间允许；

——交易成本合理。

【释义】

依法必须招标以外采用自愿招标的应同时具备四个条件：

1. 采购需求明确

所谓招标采购首先应当有明确的需求目标。具体包括采购目标的需求明确、标的功能清晰、实现功能需求的技术条件明确等不同层次的表述。针对上述不同层次的需求，采购实体应会同技术专家准确把目标需求、功能需求落实到技术要求，这个过程一般包括定位、定序、定距、定量四个步骤。如表1所示。

表1　确定采购需求步骤

采购目标需求⟶采购功能需求⟶采购技术要求				
	定位	定序	定距	定量
示例	满足5分 不满足0分	第一名5分 第二名3分	保温8小时得5分 保温4小时得3分	效率80%得5分 效率75%得3分

采购文件列示的采购技术要求一般应达到定量的标准，个别难以定量表示的可以通过定位、定序、定距表述。只有采购需求明确，供应商才有可能精准要约，否则不适用招标方式采购。如采用招标方式采购养老院，采购文件中列示的标准是让老年人满意，供应商就无法投标。在这个意义上讲，我

们通常所说的“招标”中的“标”，就是满足使用要求的标的物的“价”。

2. 具有竞争条件

竞争是招标方式的基本属性。因此也只有在买方市场条件下才有可能采用招标方式。所谓竞争条件指有众多供应商愿意在公平条件下竞争。其竞争的要素归根结底是“标的”在满足采购实体质量、工期的基础上价格的竞争，其中价格是和社会平均价格的竞争。

3. 采购时间允许

为保证公平竞争、科学择优，招标投标活动包括了制订招标方案、编制招标文件、执行招标程序、完成中标合同四项内容。做好每次招标采购工作都需要一定的时间准备，在执行程序环节，依法必须招标的项目依法规要求，从发布招标公告开始到签订书面合同，假设无投诉，最短的时间是25天（等标期20天+投标、开标、评标1天+公示3天+定标并签订合同1天=25天）。因此，紧急采购项目不适合用招标方式采购。

4. 交易成本合理

采购活动都有采购成本，采购总成本=交易成本+合同成本。鉴于采购活动的程序规定和复杂性，如果标的金额不高，经过招标后节约的资金超过交易成本的，也不适合用招标方式采购。如标的金额为20万元，预算准确的情况下一般可以节约5%～10%，投标活动费用1.5万元，则不适用方式。

《招标投标法》第一条规定投标活动的宗旨：“为了规范招标投标活动，保护国家利益、社会公共利益和招标投标活动当事人的合法权益，提高经济效益，保证项目质量，制定本法。”

6.2.2 实施要点

自愿公开招标采购程序应符合附录C中表C.1的要求。

【释义】

本文件附录C规定了自愿公开招标的程序。依据《招标投标法》第二条的规定：“在中华人民共和国境内进行招标投标活动，适用本法。”自愿招标的程序也必须遵守法律的相关规定。但是其中针对特定情形的专属规定可以依据项目和企业具体情形自行决定。

本文件规定的程序针对专属规定做了必要的调整，主要如下。

一、资格预审阶段

所谓资格预审，指潜在投标人购买招标文件之前的资格审查。资格预审主要解决潜在投标人过多、评标时间过长、社会成本过高的“三过”问题。

（1）关于资格预审时间的规定。

《招标条例》第十五条第三款规定：“依法必须进行招标的项目的资格预审公告和招标公告，应当在国务院发展改革部门依法指定的媒介发布。”因此，本文件规定采购实体应在国家指定媒介或企业指定媒介发布资格预审公告。公告的内容符合国家有关规定。

《招标条例》第十六条规定：“资格预审文件或者招标文件的发售期不得少于5日。”本文件是针对所有投标活动的，因此，本文件规定发售期为5日。

《招标条例》第十七条规定：“招标人应当合理确定提交资格预审申请文件的时间。依法必须进行招标的项目提交资格预审申请文件的时间，自资格预审文件停止发售之日起不得少于5日。”本文件将合理时间规定为3日。

（2）关于资格预审主体的规定。

《招标投标法》第十八条规定：“招标人可以根据招标项目本身的要求，在招标公告或者投标邀请书中，要求潜在投标人提供有关资质证明文件和业绩情况，并对潜在投标人进行资格审查；国家对投标人的资格条件有规定的，依照其规定。”

《招标条例》第十八条规定：“国有资金占控股或者主导地位的依法必须进行招标的项目，招标人应当组建资格审查委员会审查资格预审申请文件……”

鉴于《标准》所规范的项目性质，《标准》规定资格审查的主体是采购实体或其委托的代理机构，并规定了提交资格审查报告的义务。

（3）关于再次核查供应商资格的权利。

对于申请人资格的再审查，我国的投标制度对此没有规定。为降低采购风险，《示范法》第三章（公开招标）第三节（投标书的评审）第43条（投标书的审查和评审）第5款规定，采购实体可以对中标候选人的资格再次进行核实。鉴于我国目前市场存在大量挂靠等弄虚作假行为，为防范采购风险，本文件规定：“招标人在招标投标活动全过程享有对资格预审申请文件进行核实和要求申请人进行澄清的权利。若招标人在资格审查时或项目进行过程中发现申请人有弄虚作假行为，可直接取消其投标资格。”

二、招标阶段

(1) 关于公告和文件的规定。

《招标条例》第十五条第四款规定：“编制依法必须进行招标的项目的资格预审文件和招标文件，应当使用国务院发展改革部门会同有关行政监督部门制定的标准文本。”

本文件 4. 2. 1. 1 和 4. 2. 1. 2 依照《招标投标法》的一般规定，没有强制企业在非必须招标的活动中采用标准文本，特别是关于评审办法的设定，各类项目性质和复杂程度不同，不能一刀切，应依据行业特点由企业制度规定。

(2) 关于发布和出售文件时间的规定。

依据《招标条例》第十六条的规定，文件发售期不得少于 5 日。

依据《招标投标法》第二十四条的规定：“招标人应当确定投标人编制投标文件所需要的合理时间”，本文件将“合理时间”，规定为一般应不少于 7 日。这是由于法律关于文件出售的时间不得少于 5 日属于法律一般规定，适用所有活动。

(3) 关于澄清质疑的规定。

法律规定了招标人澄清文件的时间为投标截止前 15 日，是基于截止时间 20 日的前提下，即截止时间的规定是针对依法必须招标的，因此《标准》没有规定招标人修改澄清文件的时间，可由企业制度规定。

法律规定了投标人对招标文件的异议在投标截止前 10 日提出，招标人 3 日内答复，同样是基于截止时间 20 日的前提下，针对依法必需招标的项目。考虑到本文件规定的投标截止期一般不少于 7 日以及尽可能提高采购效率，本文件规定：“潜在投标人对招标文件有异议的，应在投标截止前 2 日内提出，招标人应在收到异议后 1 日内答复”，同时规定了顺延的条件。其中“可能影响”的判断由双方协商，属于民事行为。

(4) 关于电子招标。

招标人采用电子采购平台采购应执行国家发展改革委等部委颁布的《电子招标投标办法》。其中针对依法必须招标的专属规定有：

第十七条：“……依法必须进行公开招标项目的上述相关公告应当在电子招标投标交易平台和国家指定的招标公告媒介同步发布。”

第三十五条：“依法必须进行招标的项目中标候选人和中标结果应当在电子招标投标交易平台进行公示和公布。”

除此之外，非必须招标项目采用电子招标时应当执行《电子招标投标办法》的其他一般规定。

三、投标阶段

该环节基本依照法规执行。

四、开标阶段

除了法律的一般规定，本文件补充了投标人不足3人的处理办法，除了停止开标、退回或封存投标文件外，可依采购实体制度规定直接转入其他采购方式采购，如竞争谈判或直接采购等。

五、评标阶段

（1）组建评标委员会。

《招标投标法》第三十七条第一款规定：“评标由招标人依法组建的评标委员会负责。”据此，本文件规定：

“1）招标人应负责组建评标委员会；

2）专家的资格条件应符合T/CFLP 0027—2020中4.2.2的规定；

3）评标委员会的专家由招标人依照项目需要确定，可从采购实体咨询专家库随机抽取，随机抽取不能满足需要时可直接指定；企业咨询专家库专家不能满足的可在采购实体外部选聘国家或行业内资深专家参加评标委员会。”

即给予采购实体更大的自由裁量权，可以全部指定专家组成评审委员会，在扩权的同时规定了采购实体在书面报告中说明指定专家的理由。

制度规定了依法必须招标的项目一般应当通过随机抽取的办法聘请专家，试图通过程序的公正达到结果公平的目的。但是和建筑工程项目技术的相对通用性不同，工业项目的技术涉及的学科极其广泛，产品知识结构的复杂性和专家专业知识的相对局限性造成抽取的评标专家经常不能胜任评审工作。此外，在确定评标专家时，目前通常的做法是把“专业”视为“专家”，忽略了职业、岗位的要求，造成专家对评审项目一知半解，走过场就很普遍。因此本文件作了上述规定。

本文件没有规定采购实体指定专家是否需要批准或规定批准程序，应当由企业制度规定。

（2）依法评标。

《招标投标法》第四十条第一款规定："……评标委员会完成评标后，应当向人提出书面评标报告，并推荐合格的中标候选人。"没有规定必须对投标人进行排队，因此，本文件规定中标候选人是否排序由招标文件约定。

（3）关于公示。

《招标条例》第五十四条第一款规定："依法必须进行招标的项目，招标人应当自收到评标报告之日起3日内公示中标候选人，公示期不得少于3日。"这属于专属规定。

本文件删除了公示中标候选人的要求，在确定中标结果后直接公示中标人。同时规定：

"1）招标人与中标人签订合同10日内应向采购实体有关部门告知、备案、报告；

2）告知、备案、报告的内容要求由采购实体制度规定，有关部门应通过大数据对比分析对采购活动进行审核并反馈至采购实体"。

六、定标阶段

（1）招标人确定中标人。

《招标投标法》第四十条第二款规定："招标人根据评标委员会提出的书面评标报告和推荐的中标候选人确定中标人。招标人也可以授权评标委员会直接确定中标人。"没有规定必须排队或必须依名次确定中标人。本文件援引《招标投标法》的规定。如果招标文件约定排序，一般情况下，采购实体应当确定排名第一的中标候选人为中标人。但是遇到特殊情形，例如采用综合评估法评标时，排名第一的中标候选人得分高，价格也最高，或从企业供应链合作的战略考虑，采购实体也可在评标委员会推荐的名单中确定第二、第三候选人为中标人。为防止采购实体滥用权利，《标准》规定了公示和报告程序，以接受社会和监督部门的监督。

（2）所有投标被否决的处理。

《招标投标法》第四十二条第二款规定："依法必须进行招标的项目的所有投标被否决的，招标人应当依照本法重新招标。"部门规章规定了该类项目两次失败的处理办法。

针对非必须招标的项目，本文件规定"所有投标被否决后采购实体可依企业制度直接采用其他适当的采购方式"。

七、签订合同

满足本文件4.2.5规定。

八、增加了合同完成收尾阶段的要求

（1）应按照采购实体制度的相关规定参加对供应商履约合同的验收。

（2）招标人应参与对供应商履约全过程的绩效考核，可推荐优秀供应商参与新品早期设计（如有）。

6.3 自愿邀请招标

6.3.1 适用条件

具备下列条件之一的，适用自愿邀请招标：

——因采购标的具有高度复杂性或特殊性，只能从数量有限的供应商处获得；

——如采用公开招标将导致审查和评审投标文件的所需时间和费用巨大，与采购标的价值不成正比；

——其他适用邀请招标的情形。

【释义】

邀请招标是采购需求明确，可以招标，但不符合公开招标其他条件的一种采购方式。本文件规定了邀请招标方式的三条适用条件，其中第一、第二条是法律规定的条件，即邀请招标针对供应商人数有限和项目交易成本过高。第三条是本文件增加的一种情形，如符合公开招标条件但出于保密的原因可采取邀请的方式。有以下三点需要说明。

（1）我国制度规定中关于供应商人数有限的原因有两方面，即技术特殊要求和自然环境限制。《示范法》没有自然环境限制的表述，因为自然环境的限制必然造成交易成本过高。本文件参考《示范法》的表述。

（2）关于交易成本，本文件没有作量化规定，但企业可以参考以下文件。

我国工信部2014年颁布的《通信工程建设项目招标投标管理办法》第六条第三款规定："采用公开招标方式的费用占项目合同金额的比例超过1.5%，且采用邀请方式的费用明显低于公开招标方式的费用的，方可被认定为有本条第一款第二项所列情形。"

河北雄安新区管委会2019年1月11日颁布的《雄安新区工程建设项目招标投标管理办法（试行）》第十一条第二项规定："采用公开招标方式的费用占项目合同金额的比例超过1.5%，且采用邀请招标方式的费用明显低于公开招标方式费用的"，可以邀请招标。

据此，企业可以参照上述规定制定相关制度，包括费用过高的标准要求。

（3）时间紧急的采购不适用邀请招标方式。

6.3.2　实施要点

自愿邀请招标采购程序应符合附录C中表C.2的要求。

【释义】

自愿邀请招标的程序。

除了邀约邀请的方式不同外（即公开招标是通过招标公告邀请不特定的潜在投标人投标，邀请招标是通过邀请书向特定的潜在投标人投标），其他程序完全相同。

法规规定邀请投标人的主体是招标人，这和《政府采购法》规定由评审小组随机抽取邀请供应商不同。邀请如果管理不严，极容易走过场，因此，企业应当通过制度规定邀请招标的具体条件并在指定媒介公示，在发挥该采购方式优点的同时把腐败的漏洞减到最少。

6.4　询价采购

【释义】

询价采购是在已知货物能够满足需求的前提下通过价格体现采购竞争性

的一种采购方式。

6.4.1 适用条件

同时符合下列条件的货物采购，适用询价采购：

——采购需求明确；

——标准化程度高；

——规格型号统一；

——货源充足、低值的货物采购。

【释义】

本条参照《政府采购法》的规定拟定。适用条件体现了询价采购程序的特点，是针对简单、低值货物价格竞争的采购方式。所列四条应当同时具备。需求明确、标准化程度高、规格型号统一是开展竞价活动的基本条件，这里的需求明确包括目标明确、功能清晰、规格具体，体现了标的物指向的唯一性；货源充足才能实现竞争，低值的货物非价格因素风险不大，只有价格因素的竞争。

6.4.2 实施要点

6.4.2.1 实施询价采购时，应明确采购需求规格和报价范围。

6.4.2.2 响应供应商一次性报出不可更改的价格时，采购实体不得就供应商提出的报价与其进行谈判。

6.4.2.3 应确定满足询价文件列明的需求、报价最低的供应商为合同成交人。

6.4.2.4 询价采购采购程序应符合附录C中表C.3的要求。

【释义】

询价采购的主要程序要求如下。

1. 编制并发出竞价邀请函或公告

和政府采购制度规定不同，本文件规定编制询价文件的主体是采购实体，在政府采购的制度设计中，编制询价文件的主体是评审小组。

2. 关于评审小组

本文件规定："采购实体可组建评审小组组织询价活动，如确有必要可聘请企业咨询专家参加评审小组工作。”即询价采购是否组建评审小组由采购实体决定。

3. 关于截止时间

《政府采购非招标采购方式管理办法》第四十五条规定:“从询价通知书发出之日起至供应商提交响应文件截止之日止不得少于3个工作日。”本文参照上述规定将该截止时间定为3日。

4. 询价采购程序的特别规定

——鉴于采购货物一般价值不高,本着实事求是的原则,该程序还规定了在询价中响应供应商不足三家的处理办法:“采购公告发出后,在规定截止时间响应供应商数量为2人的,采购活动可以继续进行。供应商为1人的,依采购实体制度规定,转入单源直接采购程序。”

——除非采购实体认为缔约合同存在风险,询价邀请函或公告一般不要求供应商或承包商缴纳保证金。

——增加了合同完成收尾阶段关于参与验收和对供应商绩效评价的内容。

案例:通用电器公司的采购模式①

1. 采购模式:全球化采购。

2. 采购程序:①建立明确的货币需求;②供应商的选择和认可;③网上竞标;④进行采购。

3. 对供应商的选择依据:把各种信息(供应商的能力、发展趋势、合作倾向)进行打分,客观地评断供应商是否适合作为GE(通用电气)长期发展的供应商。

4. 基本要求:

——价格

(1) GE的全球采购保证了价格较低。

---

① 选自陶骏在“2003年第二届中国企业采购国际论坛”上的讲话。陶骏:通用电气(中国)有限公司医疗系统部大中华区采购总经理。

案例

（2）和GE合作开始之后，GE要求供应商第二年、第三年，每年都要往下降5%～10%的价格，这就要求供应商改革自己的采购程序、改革自己的供应效应、改革自己的成本等，如果供应商连续三年不怎么降低价格，那么GE就要考虑选择新的供应商。在这一过程中，GE公司会派人去与供应商合作，帮助供应商提高供应水平，以保证GE以后最有效的价位。

——质量（要求：质量保持稳定）；

——交货（准时）；

——诚信（禁止对GE的人行贿受贿）；

节约采购成本的方法：网上竞标、电子商务。

6.5 比选采购

【释义】

比选采购方式的实质是通过规定程序在评审非价格因素的基础上“比价”，因此也称为比质比价、竞标、询比等。

比选一般通过选择性邀请的方式邀请潜在申请人参与比选活动。比选适用条件类似示范法中的限制招标，其程序类似示范法中的竞争性谈判；通过程序保障结果的公平性。

也有专家认为，“比选采购”就是简易招标，或者说是“议标”，目前没有法律支撑，只能用在简单小额的采购项目中。采购实体通过“比选”竞争，可以实现自身利益最大化，而该最大化的成果也不是单方面决定的，而是和投标人反复谈判妥协的结果，反映了当事人的意思自治，体现了机会公平。

6.5.1 适用条件

符合下列条件之一的，适用比选采购：

——采购需求明确但不符合招标采购其他条件的工程、货物和服务采购，包括：

- 少数保密性较强而不适合公开招标或邀请招标的工程项目；
- 工程所在地区偏僻而很少有施工单位前来投标的工程项目。

——法定可以不招标的简单项目。

——招标失败后的简单项目。

【释义】

本条第一项规定的适用条件所称不符合招标采购其他条件是指不符合时间允许和采购成本合理两个条件，法条列示的项目分别为时间紧急或交易成本过高的项目。

第二项中，所谓“简单”指采购文件简单、合同内容简单、履约程序简单（一般无须后续服务），采购金额在行业内相对较小。如在建筑行业大型工程项目中采购500万元的钢筋可以视为采购金额较小，但在小型机械加工厂，这类采购一般视为大额采购。因此本条没有对采购金额作出限制。

第三项规定招标失败的中小型工程项目。包括依法必须招标的工程项目、自愿招标的工程项目或通过招标采购的其他项目，如物资采购等。这种失败由市场信息不对称、采购文件不合理、采购程序走过场、采购实体信用差等原因造成，针对依法必须招标的项目，法律规定招标人应寻找失败的原因并采取措施后再次招标，尽可能排除其他人为因素。如果重新招标失败，法律允许采购实体自行采购。为规范采购实体行为，建议采购实体采用本文件之外的其他方式采购。

6.5.2 实施要点

6.5.2.1 实施比选采购时，采购实体应明确采购目标、功能等基本需求。

6.5.2.2 采购实体可以和供应商就非实质性问题沟通。

6.5.2.3 依据采购文件的规定，供应商在重新确定采购方案后可以再次报价。

6.5.2.4 评审办法可以评“价”也可以评“分”。

6.5.2.5 确定经评审后最符合采购实体需要的报盘或最低报价为成交供应商。

6.5.2.6 比选采购采购程序应符合附录C中表C.4的要求。

【释义】

比选采购程序有以下优点：一是比选的程序有一定的灵活性；二是比选具有一定的竞争性；三是比选的程序简单高效；四是比选方式可以澄清条款，降低标价或优化标书条件。

一、实施比选采购的基本要求

6.5.2.1 的规定是比选活动的基础条件，即采购需求目标明确、功能清晰，但是对具体的规格型号没有要求，可以在“比选”的议标中进一步确定，这是同询价采购不同的。

6.5.2.2 是对第一项条件的模糊条件的解决办法，比选中各种采购因素以及内容细节均可予以沟通协商，比选过程应当给参与者更多的表现、磋商的时间和空间，方便采购实体获得更大的利益，但不应改变比选采购文件的实质性内容。

6.5.2.3 规定针对采购目标和功能要求可以提出不同的方案并重新报价。比选不是竞价，之所以规定可以多次报价是因为双方在沟通过程中，对采购标的、合同草案做出新的补充和完善，包括可以提出实现采购目标的新路径，但采购文件应当说明可以重新报价的次数。6.5.2.2 和 6.5.2.3 就是所谓的“比选”的实质过程。

供应商提出的各种新的方案在评审小组的咨询帮助下经采购实体同意确定最终唯一的方案，在此基础上，各供应商最后报价。评审小组在此基础上评审。

6.5.2.4 是关于评审办法的规定，比选采购活动的评审方法既可以评分、排队也可以评价，由于该类采购标的非价格因素有差异，需要评审小组针对非价格因素进行比较、评审，在满足采购文件实质内容的基础上，评审价格。

6.5.2.5 是确定成交结果的标准。在采用评分的评审办法中，以最符合采购实体需要的报盘为成交人；采用评价的评审办法中，以最低报价为成交人。

6.5.2.6 是比选采购活动的程序规定。

二、比选采购的主要程序要求

1. 比选采购文件

比选采购可以通过公告，也可以通过发邀请书的方式邀请潜在供应商参加比选活动。一般采用邀请方式，因此，采购实体向同意参加比选活动的潜在供应商发出比选采购文件。

2. 组建比选评审小组

本文件规定采购实体负责组建评审小组，小组成员应为 3 人以上单数。

依据项目的复杂程度和技术要求，采购实体自行决定是否从企业咨询专家库聘请专家参加评审小组。

3. 递交截止时间

参照《政府采购非招标采购方式管理办法》第四十五条规定：“从询价通知书发出之日起至供应商提交响应文件截止之日止不得少于3个工作日。”本文件规定：“从比选文件发出之日起至供应商提交首次比选响应文件截止之日应不少于3日。”

4. 开始仪式

本文件规定比选采购可以不组织开始仪式，因为比选可以多次报价，第一次报价是没有法律约束力的意思表示；其次，和招标程序不同，递交比选响应文件只有2人也可以继续进行比选活动，但是如果只有1人则应停止比选活动，向有关部门报告重新开展比选活动或采用单源直接采购。

如采购实体决定组织开始仪式，可参照本文件公开招标的相关程序规定执行。

5. 关于比选评审报告

比选文件应约定确定成交供应商的办法和标准，评审小组依据比选文件规定，评审报告应提交供应商排队名单或不排序只做评价报告。

6. 增加了合同收尾关于参与验收核对供应商绩效评价的内容

7. 注意

比选采购方式和本文件其他采购方式有以下区别。

(1) 鉴于比选采购的议标属性，一般通过选择性邀请的方式邀请潜在申请人参与比选活动。

(2)“比选”和“谈判”的主要区别在于前者是采购实体主动问话评议，供应商被动回答，成交结果有赖于采购实体对供应商既定响应文件的评议比较；而谈判则是双方沟通，其交流的范围、深度和广度比询问广泛。所以比选采购一般应用在相对简单的中小型项目；而谈判采购应用的范围较为宽泛。

(3) 比选采购和单源直接采购方式相似，即采购需求明确且价格也可以反复沟通评议，不同的是在比选采购中，符合条件的供应商可能不止一家，且程序相对复杂，而在单源直接采购中，合同相对方只有一家且程序简单。

学者观点：强制招标与有条件议标制度契合研究（论文摘要）

北京建筑大学法学院李志国教授在其博士学位论文中对议标作了系统研究，以下是论文摘要。

议标是国际上通用的招标方式之一，而我国强制招标项目排斥议标，造成强制招标与议标制度背离，两者之间应为制度契合，因为招标缔约定型化对于具体操作程序的稳定结构或者权衡取舍并未发生基因突变，核心仍然是保障契约自由，因此议标制度不可或缺，功能是因招标缔约定型化引发的对公开招标和邀请招标局限性的补救和调和。

招投标制度限于政府公共采购，包括政府投资范围内的工程建设项目，其他领域法律不应干涉，这是意思自治原则的必然要求。政府采购的款项来源于全体纳税人缴纳的税款，按照宪政原理，政府有义务通过规范化、透明化和程序化方式实施政府采购以符合和满足社会及纳税人对于政务公开的诉求。政府采购不是效率最高、效益最好的制度安排，却是国家行政管理和公共管理的不得已选择，因此政府采购是“必要之恶”，于是发达资本主义国家纷纷以“有限政府”为核心理念，以“权力制约权力”和以“权利约束权力”对采购方式进行制约，因此有了“强制招标”的公法规制。

公法规制不可避免地导致了对契约自由的破坏，为了将这一破坏降低到最低限度，强制招标仍应以契约自由为原则，以国家干预为例外。国家干预必须以契约正义为依归，赋予招投标主体依据自然法和商业习惯所享有的全部选择权，即充分体现“议”，但应进行必要的限制，且限制须有充分的公共利益理由。

当“议”和公开、透明、规范的强制性要求两者价值出现冲突不可调和时，“议”应让位于强制，但应当尽可能通过配套制度予以纾解，尽可能减小对契约自由的影响或破坏，而不是滥用强制，导致“异化”，从而背离强制的正当性基础。

议标是交易过程中自然形成的类型，具有天然的生命力。每一个交易的过程都是谈判过程，而议标方式是体现谈判灵魂的最佳方式之一。交易本身是一个复杂的范畴，交易方式本身并无优劣之分，意思自治是最好的制度安排。但基于公共利益需要，契约自由需要契约正义匡正和调和，因此需要有条件议标。

招投标制度的实质是保障公平对待所有投标人和潜在投标人前提下，赋予招标人通过定型化的谈判手段行使定标权，从而实现最有利标的权利体系。反腐败和优化竞争环境等诉求应当通过公法解决，公平竞争是招投标制度有效运行的制度前提，而不是结果。以此为由规定强制招标项目禁止有条件议标缺乏正当性基础。

强制招标与有条件议标制度可以通过定标权和最有利标制度两个连接点实现制度契合。应当修改和完善《招标投标法》和《政府采购法》，坚持凸显私法关系，保障契约自由；正当公法关系，保障契约正义。保持权利和义务平衡，以权利制约权力，以权力制约权力。

基于融入世界统一规则体系、顺应市场经济和法治对招投标制度的要求、提高采购效率和恢复招投标制度的本来功能以及确保采购品质的基本思路，本文提出了强制招标与有条件议标制度契合的设计原则和规范框架，以权利博弈权利；以权利监督权力；以权力制约权力；以权力监管权利。

供理论研究和立法参考。

6.6　合作谈判

【释义】

交易经济学中将信息畅通作为交易机制设计中的首选要素，但在我国当前的公共采购交易制度中，对于信息传递的重视程度是远远不够的。表现之一就是对于交易过程中“谈判”——这一人类最原始也往往是最有效的面对面沟通方式的忽视，把公共采购视为仅仅通过文件传递就能够圆满完成的交易活动。

依据谈判学的分类，谈判类型包括了合作型（亦称增值性）谈判和对立型（亦称分配型、竞争型）谈判。合作型谈判就是通过谈判创造新的价值，实现合作共赢；对立型谈判就是对现有利益的瓜分，适用强对弱的谈判。

合作谈判就是一种增值型的谈判方式，作为一种采购方式单独设计，是从企业战略采购的需要出发的。站在供应链管理的高度，在供应—采购的统一系统内考量，合作谈判是一种独特的采购方式。在供应链管理中，供应安全有时甚至比质量要求还重要，如中兴的芯片供应。

有学者建议，合作是谈判的结果，不是采购的特征，不宜将其和竞争谈判并列。编写组经过反复讨论认为，首先，合作谈判中的“合作”具有特殊意义，这种合作不是一般的技术层面的合作，是事关企业生存和发展的“战略合作”，其合同需要一定的稳定性；其次，由于企业采购的原材料、模块、分包合作伙伴一般具有特定要求，有些可能需要“私人定制”，所以这种合作需要特定团队较长时间面对面反复沟通，其合同具有较复杂的专业性；最后，这种采购方式没有法定程序，对采购实体的综合素质有较高的要求，在管理学科中，“谈判学”属于一门专业学科。

“合作谈判”的合作不是仅指谈判结果，它包含了这种采购方式独有的特点和内涵，符合将其设计为一种采购方式的条件。因此，《标准》将其列为一种采购方式。

合作谈判的项目目标明确，谈判文件是双方谈判的基础，在谈判中包括合同条件都可以修改。合同价格也是双方不断“讨价还价”（Bargaining）的结果。如涉及瓶颈项目或与唯一供应商的谈判，采购实体的地位处于劣势，该类项目主要是防范采购风险。如涉及企业重要原材料的战略采购，某一个供应商获取的合同份额不宜超过全部供货量的1/3或1/2，同时应当制定应急预案，积极寻找替代伙伴。

6.6.1 适用条件

符合下列条件之一的，适用合作谈判：

——只能通过谈判的方式同供应商签订工程、货物或服务合同并建立战略合作伙伴关系；

——需要长期稳定供应，采用招标或其他采购方式不可能满足需求的采购。

【释义】

合作谈判采购的项目一般属于企业战略采购或对企业具有重大技术、经济利益的项目，且不具备公开或邀请的条件，其合同相对人或相对人范围一般已经基本确定，谈判的重点是对合同范围、技术质量条件、供货方式和时间、价款及付款条件和其他风险条款的确定。

合作谈判是企业战略采购的主要方式，其适用条件有两个方面。

一是需要和特定供应商当面沟通、交流、协商长期合作的采购。

如瓶颈物资、满足供应链需要的物资、特定重要零部件、模块或总成的设计或生产分包。这类货物、服务的采购除了相对于企业的重要性外还有专业性，需要面对面沟通，通过谈判建立必要的合作关系，包括松散、半松散和长期合作联合体。这种合同谈判不是体现竞争而是实现双赢，最终实现企业之间同向价值的战略联盟。

二是企业需要长期稳定供应，采用招标方式和其他方式不可能满足需求的采购，如战略物资和大批原材料采购；主要体现战略重要性。战略采购的基本属性是“长期合作”，如企业战略物资、重要原材料采购等。

采购的基本属性是“竞争博弈”，所谓招标方式和其他采购方式不能满足需求，是指采用招标等方式采购的结果有很大的不确定性，和企业原材料采购需要相对稳定性的需求相悖。企业质量的稳定在某种意义上取决于原材料质量的稳定，且可能和生产工艺紧密相关，如我国润滑油的生产。不同企业同一型号的原材料也可能影响企业工艺的调整，即这类供应还可能缺乏竞争性。合作谈判和单源直接采购也不同，单源直接采购是在市场现有商品供应中由于各种原因的垄断供应所致，合作谈判则有可能需要供应商依据企业生产的需要“私人定制”，合作的范围不仅包括价格机制等商务方面、质量标准等技术方面，甚至包括企业管理的衔接。单源直接采购难以满足该类需求。

合作谈判在供应链管理方法 QR/EAR（快速反应/有效客户反应）中得到广泛应用。

所谓 QR 是指在供应链中为了实现共同的目标，零售商和制造商建立战略伙伴关系，利用 EDI[①] 等信息技术，进行销售时点的信息交换以及订货补充等经营信息的交换，用高频率小批次配送方式连续补充商品，以实现缩短交货周期、减少库存、提高客户服务水平和企业竞争力的供应链管理方法。其特征是合作替代竞争。共同目标：提高客户服务水平；降低供应链的总成本和总库存。

所谓 ECR（Efficient Consumer Response）是一种观念，不是一种新技术。它重新梳理上、中、下游企业间生产、物流、销售的流程，其主要目的在于消除整个供应链运作流程中没有为消费者增值的成本，将供给推动的“推式（push）系统”，转变成更有效率的需求拉动的“拉式（pull）系统”，并将这些效率化的成果回馈给消费者，期望能以更快、更好、更经济的方式把商品送到消费者的手中，满足消费者的需求。因此，ECR 的实施重点包括需求面的品类管理改善、供给面的物流配送方式改进等。

不言而喻，实现 QR 和 ECR 活动的目标，必须要和供应商在高度信任的基础上建立长期稳定的战略合作关系，因此，在采购活动中合作谈判就成为其选择采购方式的必然。

6.6.2 实施要点

6.6.2.1 实施合作谈判时，谈判程序依采购项目的特点由双方协商确定。

6.6.2.2 谈判的结果应包括签订年度供货协议，以及确定参股、控股合作、组建合资企业等合作模式。

6.6.2.3 合作谈判采购程序应符合附录 C 中表 C.5 的要求。

【释义】

谈判是一门技巧，也是一门艺术。合作谈判的本质是通过创造价值实现双赢。合作谈判属于管理学范畴，从 20 世纪 60 年代开始，谈判学作为独立学科出现。在本文件列示的各种采购方式中，合作谈判是唯一没有固定法律程序的采购方式。

---

① 电子数据交换（EDI，Electronic Data Interchange）：通过电子方式，采用标准化的格式，利用计算机网络进行结构化数据的传输和交换。

案例：戴蒙德谈判技巧指南

斯图尔特·戴蒙德（Stuart Diamond）教授的谈判课，连续13年都是沃顿商学院的抢手课程。戴蒙德谈判技巧指南对采购谈判很有参考价值，如图3所示。

第二象限——形势分析	第一象限——问题和目标
6.需求/利益：双方的、理性的、情感上的、共同的、相互冲突的、价格不等的。 7.观念：谈判各方脑海中的想法、角色转换、文化、矛盾冲突、信任。 8.沟通：风格、关系。 9.准则：对方的准则、谈判规范。 10.再次检查目标：就双方而言为什么同意？为什么拒绝？	1.目标：短期/长期。 2.问题：阻碍实现目标的问题有哪些。 3.谈判各方：决策者、对方、第三方。 4.最糟糕的情形：交易失败怎么办。 5.准备工作：时间、相关准备、谁掌握更多信息。
第三象限——选择方案降低风险	**第四象限——采取行动**
11.集思广益：可以实现目标、满足需求的方案有哪些？交易条件是什么？有何关联？ 12.循序渐进策略：降低风险的具体步骤。 13.第三方：共同的敌人且有影响的人。 14.表达方式：为对方勾画蓝图、提出问题。 15.备选方案：如有必要对谈判适当调整或施加影响。	16.最佳方案/优先方案：破坏谈判的因素、谈判中的欺诈因素。 17.谈判发言人：发言方式、发言对象。 18.谈判过程：议程、截止时间、时间管理。 19.承诺/动机：主要针对对方。 20.下一步谁会采取行动？行动会是什么？

图3 戴蒙德谈判技巧指南

本文件参照美国沃顿商学院斯图尔特·戴蒙德教授的四象限谈判模式和哈佛商学院瓦金斯四阶段谈判技巧等文献，结合企业谈判的实际制定了组建团队、谈判计划、谈判准备、谈判管理以及签订合同的谈判流程。

（1）组建团队。斯图尔特·戴蒙德教授曾揭秘谈判的最终技巧："把人搞定，接着才能谈事情"。这个论述同样适用企业合作谈判；适用谈判双方的队伍建设。

和招标采购或其他采购方式不同，组建谈判小组一般都不能通过随机抽取的方式聘请专家参加。企业组建谈判小组必须遴选，谈判小组的成员应分工明确、专业互补。成员资格选拔的基本条件是经验和能力。国际商务谈判应配备专业翻译。

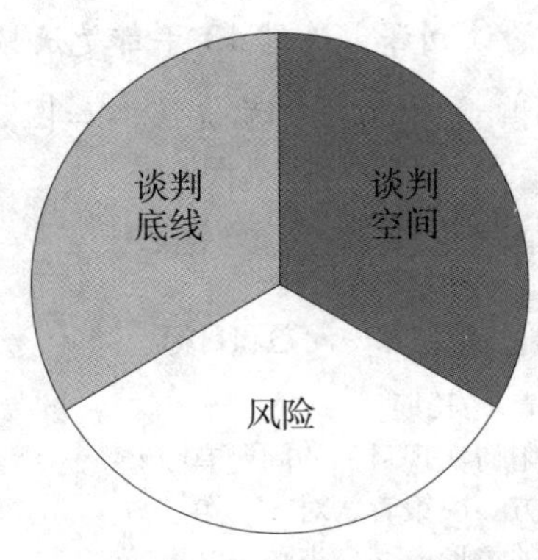

图4　谈判准备方案示意

（2）谈判计划主要包括目标、预案和规则的确定。其中谈判目标是最重要的计划指标，谈判预案是实现目标的底线，应当绝对保密。谈判就是妥协的过程，谈判准备方案如图4所示，在保持底线的基础上，缩小风险空间，增加谈判空间，因此必须拟定谈判的最优备选方案，其缩略语为BATNA。谈判计划还应当确定主谈、第一副谈、第二副谈等制度。

（3）谈判准备是在进入谈判前应当准备熟悉的事项，特别是注意搜集谈判对象主要人物的最详尽的资料，记住斯图尔特·戴蒙德“把人搞定，接着才能谈事情”的箴言，依照准备问题的顺序做好应对预案。

（4）谈判管理包括过程管理和评价结果两个方面。谈判过程千变万化，企业谈判团队应根据计划预案，围绕谈判目标，本着循序渐进的策略，积极推进谈判进程，在谈判过程中及时评估，在规定时间内完成谈判工作。或依据双方约定达到本轮谈判目标后休会。

（5）经过一轮或多轮的艰苦谈判最终确定合同文本，需要有关部门审批的送有关部门批准。

案例2：分橘子的故事①

商务谈判中，谈判的双方毕竟不是敌对的关系，但是也并不是不存在利益的冲突和矛盾。在没有任何技巧与原则的谈判中，谈判者往往会陷入难以

① 南国摆哥，《从分橘子的故事说起——谈判的方法》，新浪博客，2012年11月5日发布。

自拔的境地，要么谈判陷入僵局，要么双方在达成协议后总觉得双方的目标都没有达到，或者谈判一方总有似乎失掉了一场对局的感觉。这时，我们认为有两种重要原因导致上述结果。

一种原因是谈判双方至少是有一方在谈判中没有很高的诚意。这个原因我们暂且不在这里讨论，我们假定谈判双方存在长期合作的诚意。另一种原因是这两方的谈判者没有能够在有限的谈判时间内充分掌握谈判的原则与技巧，使双方的利益得到最大化，同时，双方也没有意识到谈判的成功，要求谈判者除了熟练掌握商务谈判的专业内容，还要遵循一定的科学方法与步骤来控制谈判的进程。

在谈判双方彼此存在长期合作诚意的前提条件下，我们谈判的步骤应该为申明价值、创造价值和克服障碍三个进程。我们的目的就是给每一位商务谈判者提供一个有效掌握谈判进程的框架。下面这个小故事，能让我们从中了解如何应用以上三个进程。

案例

有一个妈妈把一个橘子给了邻居的两个孩子。这两个孩子便讨论起来如何分这个橘子。两个人吵来吵去，最终达成了一致意见，由一个孩子负责切橘子，而另一个孩子先取切好的橘子。结果，这两个孩子按照商定的办法各自取得了一半橘子，高高兴兴地拿回家去了。第一个孩子把半个橘子拿到家，把皮剥掉扔进了垃圾桶，把果肉放到果汁机中打果汁喝。另一个孩子回到家把果肉挖掉扔进了垃圾桶，把橘子皮留下来磨碎了，混在面粉里烤蛋糕吃。从上面的情形，我们可以看出，虽然两个孩子各自拿到了看似公平的一半，然而，他们各自得到的东西却未物尽其用。这说明，他们在事先并未做好沟通，也就是两个孩子并没有申明各自利益所在。没有事先申明价值导致了双方盲目追求形式上和立场上的公平，结果，双方各自的利益并未在谈判中达到最大化。

（1）申明价值。

此阶段为谈判的初级阶段，谈判双方彼此应充分沟通各自的利益需要，申明能够满足对方需要的方法与优势所在。此阶段的关键步骤是弄清对方的真正需求，因此其主要的技巧就是多向对方提出问题，探询对方的实际需要；与此同时也要根据情况申明我方的利益所在。因为你越了解对方的真实需求，越能够知道如何才能满足对方的要求；同时对方知道了你的利益所在，才能满足你的要求。然而，我们也看到有许多所谓“商务谈判技巧”诱导谈判者在谈判过程中迷惑对方，让对方不知道你的底细，不知道你的真正需要和利益所在，甚至想方设法误导对方，生怕对方知道了你的底细，会向你漫天要价。我们认为，这并不是谈判的一般原则，如果你总是误导对方，那么可能最终吃亏的是你自己。试想，两个孩子充分交流各自所需，或许会有多个方案和情况出现。可能的一种情况，就是遵循上述情形，两个孩子想办法将皮和果肉分开，一个拿到果肉去喝汁，另一个拿皮去做烤蛋糕。然而，也可能经过沟通后是另外的情况：恰恰有一个孩子既想要皮做蛋糕，又想喝橘子汁。这时，如何能创造价值就非常重要了。

(2) 创造价值。

案例

此阶段为谈判的中级阶段，双方彼此沟通，往往申明了各自的利益所在，了解对方的实际需要。但是，以此达成的协议并不一定对双方都是利益最大化。也就是，利益在此往往并不能有效地达到平衡。即使达到了平衡，此协议也可能并不是最佳方案。因此，谈判中双方需要想方设法去寻求更佳的方案，为谈判各方找到最大的利益，这一步骤就是创造价值。创造价值的阶段，往往是商务谈判最容易忽略的阶段。一般的商务谈判很少有谈判者能从全局的角度出发去充分创造、比较与衡量最佳的解决方案。因此，也就使得谈判者往往总觉得谈判结果不尽如人意，没有能够达到“赢”的感觉，或者总有一点遗憾。由此看来，采取什么样的方法使谈判双方达到利益最大化，寻求最佳方案就显得非常重要。结果，想要整个橘子的孩子提议可以将其他的问题拿出来一块谈。他说：“如果把这个橘子全给我，你上次欠我的棒棒糖就不用还了。”其实，他的牙齿被蛀得一塌糊涂，父母上星期就不让他吃糖了。另一个孩子想了一想，很快就答应了。他刚刚从父母那儿要了五块钱，准备买糖还债。这次他可以用这五块钱去打游戏，才不在乎这酸溜溜的橘子汁呢。

(3) 克服障碍。

此阶段往往是谈判的攻坚阶段。谈判的障碍一般来自两个方面：一个是谈判双方彼此利益存在冲突；另一个是谈判者自身在决策程序上存在障碍。前一种障碍是需要双方按照公平合理的客观原则来协调利益；后者就需要谈判无障碍的一方主动去帮助另一方顺利决策。两个孩子的谈判思考过程实际上就是不断沟通，创造价值并解决障碍的过程。双方都在寻求对自己有最大利益的方案的同时，也满足对方的最大利益的需要。这才是商务谈判的最佳步骤和方法，也只有这样才能获得最终的成功。

6.7 竞争谈判

【释义】

竞争谈判是主要为紧急采购或企业采购模糊、复杂标的设计的采购方法。在《示范法》中，竞争谈判是解决时间紧迫的一种采购方式，针对项目复杂、标的模糊的项目，《示范法》设计了“不通过谈判征求意见书、两阶段招标、通过对话征求意见书、通过顺序谈判征求意见书”等多种方式，我国的《政府采购法》将以上方式归纳为竞争磋商。2019 版的操作规范参考了《政府采购法》的意见，设计了竞争磋商采购方式，试图解决需要对话、讨论和谈判的复杂项目。

经过三年的操作实践，一线采购人员反映，竞争性的谈判和磋商都是面对面沟通，程序也灵活，有时项目兼有紧急性和复杂性，两种采购方式也不宜区分，有的采购实体将评“价”的谈判定义为竞争谈判，用打分谈判的办法定义为竞争磋商，没有起到细分采购方式的效果。《政府采购法》（修订草案征求意见稿）也取消了竞争磋商的采购方式。因此，本文件取消了竞争磋商的采购方式，通过程序设置分别解决紧急项目和复杂项目的不同采购目标方向。

由于招标投标制度只有公开招标和邀请招标两种采购方式，当企业采购不适用招标方式时，一般参照政府采购制度中的竞争性谈判完成采购项目，实践中又往往演变为一种议标方式。政府采购制度规定的竞争性谈判主要解决“人不够、时间紧和标的模糊[①]”的问题。鉴于采购资金的公共属性，对采购实体有较大的限制，如谈判对象的选择、谈判文件的编制都是法定谈判

① 标的模糊指标的规格型号不明确、价格难以估算。在政府采购制度设计中需要通过谈判予以确定。

小组确定而不是采购实体，成交人是最终报价最低的供应商而不是最佳报盘。这些制度显然不能适应企业的采购需要。本文件采用“竞争谈判”的术语以区别政府采购的“竞争性谈判”，适应企业采购的需要。

竞争谈判和合作谈判的区别在于，一是采购的任务目标不同，竞争谈判主要解决在采购需求明确，具有一定竞争条件下的时间紧迫的问题；合作谈判主要实现企业战略采购目标。二是采购程序不同，竞争谈判由于政府采购制度的规定有严格的程序流程，合作谈判没有严格的程序规则。

6.7.1 适用条件

符合下列条件之一的，适用竞争谈判：

——采用招标或其他采购方式难以满足企业生产运营需要的紧急采购，或出现有利商机采用招标或其他采购程序难以满足采购实体需要的采购；

——采购需求只能提出功能性指标、相对宽泛的技术规格或有不同方案和路径，需要和供应商讨论、对话、谈判的采购；

——法定可以不招标或招标失败的大额、复杂采购；

——经采购实体认定采用其他采购方式均不适合保护国家安全、国家利益或企业核心利益的采购。

【释义】

本条第一项是针对紧急项目的适用要求，包括生产任务紧急需要、出现有利商机需要投机采购以及其他不可预见的原因需要的即时采购。这类采购不一定是价格因素有差异，也可能是为解决紧急需求修改合同文件，因此不能用询价、比选或单一来源方式采购。

本条第二项是针对采购目标明确，只能提出功能性指标或相对宽泛的技术规格，但有达到采购目标的不同方案和路径，需要和供应商共同对话、讨论、谈判最终确定最佳方案和实现路径，确定合同文本，在此基础上对最终报价进行评审。

所谓对话指合同双方围绕既定采购需求提出实现其目标的技术和商务建议和方案；所谓讨论指合同双方对价格等财务方面之外的技术、性能、质量等方面进行沟通并可以全面修改；所谓谈判指合同双方对已经确定的技术商务方案进行价格谈判。

该项规定的适用条件可细分为三种情形：

第一种，采购标的一般是社会通用产品。

采购需求只能提出功能性要求或相对宽泛的技术规格，需要和供应商讨论的项目采购。如高技术项目采购中复杂通信设备、技术设备和基础设施、大型复杂设施或专业工程等项目，在上述情形中，需要和供应商讨论确定供应商工作的范围、技术方案的设计，缩小可选办法范围使采购标的更加明确，提出满足采购实体需求的最佳方案，并在此基础上最终确定采购合同条款和办法。

《示范法》对该类采购采用两阶段招标办法。

第二种，针对特定目标，以寻求对技术问题的创新方案为目的。

采购目标总体明确但可以有不同路径和方案实现，采购实体需要和供应商通过对话确定最优采购路径方案并选择最符合采购实体需要的项目采购。如能源采购中会有不同技术解决方案，材料多种多样，还可能包括使用一种能源代替另一种能源（风能、太阳能、化石能源之间选择），即这一采购方式以针对特定目标，以寻求对技术问题的创新方案为目的。

鉴于项目的复杂性，采购实体和任何供应商的互动可以在对话过程中获得明显的经济上的好处，比如在复杂的工程建设项目中，复杂性不一定是技术层面，工程地点和类型的不同都可能产生变数。通过对话可以评估供应商的个人技能和专门知识，采购实体可以找出并获得其采购最需要的解决办法。

《示范法》对该类采购采用通过对话征求意见书方式，采购标的一般属于私人定制。

第三种，针对大型复杂项目，力求在可能的情形下求得最大的竞争。

大型复杂项目确定采购方案后需要对财务指标谈判的项目采购。该类采购和第二种情形基本相同，不同的是在确定方案后对商务或财务进行谈判是必不可少的，最终确定的方案中有很多变量，采购开始无法全面预测和具体规定，必须在谈判过程中加以细化，力求在可能的情形下求得最大的竞争，例如咨询采购。

《示范法》对该类采购任务采用“通过顺序谈判征求意见书”方式，采购标的一般也属于私人定制且多用在咨询服务项目。

本条第三项针对招标失败后允许采用竞争谈判采购的复杂项目采购。

本条第四项是兜底条款。

6.7.2 实施要点

6.7.2.1 可由供应商提出满足采购需求目标的多种方案和合理化建议。

6.7.2.2 实施竞争谈判时，依照采购文件的约定，评审小组可对不同方案或供应商建议分别评审，提出咨询报告。也可将其整合为唯一的采购方案并经采购实体批准，要求供应商重新报价后进行评审。

6.7.2.3 评审办法可以评“分”也可以评“价”。

6.7.2.4 竞争谈判采购程序应符合附录 C 中表 C.6 的要求。

【释义】

由于该采购方式具有不同的采购目标，因此本文件在程序的关键环节设计上规定不同选项。

竞争谈判方式和政府采购中的“竞争性谈判”方式的区别如下。

（1）谈判对象由采购实体确定而不是由谈判小组随机确定；

（2）为提高效率缩短了有关程序的时间期限；

（3）谈判小组的成员是否聘请谈判专家及聘请方式由采购实体确定；

（4）在谈判过程中，供应商或承包商不足 3 人不影响谈判的进行；

（5）成交结果是最符合采购实体需要的报盘而不一定是最低价成交；

（6）除非采购实体认为缔约合同存在风险，谈判文件一般不要求供应商或承包商缴纳保证金。

竞争谈判实施要点如下。

1. 公告和邀请

依照本文件 4.2.2.1 的要求，采购实体发布公告或发出竞争谈判邀请书直接邀请潜在供应商。

2. 编制谈判文件的主体

采购实体编制谈判文件，提出功能性指标或初步技术条件。鉴于项目的特殊和复杂性，本文件没有对谈判文件中的评审办法进行规定，应当分不同行业由企业制度规定。

3. 关于截止时间

《政府采购非招标采购方式管理办法》第二十九条规定：“从谈判文件发出之日起至供应商提交首次响应文件截止之日止不得少于3个工作日。”

本文件规定：“从竞争谈判文件发出之日起至供应商提交首次响应文件截止之日不应少于3日。”

4. 递交初步响应文件

本文件规定，递交申请文件的供应商有2家以上即可启动谈判程序，如只有1家，依采购实体制度规定的程序转入单源直接采购程序。

5. 评审小组

由于该采购方式适用于相对紧急或复杂项目，因此该类项目采购实体应当邀请咨询专家参加评审小组，但是聘请方式由采购实体自主确定。在该类项目中随机抽取的专家一般不能保证项目需要，建议通过遴选或直接指定行业权威专家组建评审小组。

6. 谈判活动

谈判活动包括以下内容。

（1）评审小组和供应商就采购项目的功能指标、参数范围进行谈判。提出实现采购目标的不同路径供采购实体选择；或修改采购需求中的技术、服务要求，整合为唯一合同草案条款，但须经采购实体确认；也可对确定方案进行价格初步谈判。

（2）每轮沟通协商后应将确定的需求方案书面通知所有参加谈判活动的供应商。

（3）在采购文件规定的谈判轮次结束后，采购实体应约定在某一规定期限内，要求仍在程序中的供应商就其响应文件的所有方面提出最佳和最终报盘。

（4）评审小组按照采购文件约定的办法组织评审。

7. 评审办法

该环节设置了两个选项。

（1）针对一阶段评审项目，对供应商提交的最佳和最终报盘分别评审，包括技术、商务条件和价格、评审小组无须整合不同方案；

该类项目，主要是紧急采购或其他项目，评审小组无须为采购实体整合为一个统一方案，仅对各种方案的技术和商务（包括价格）分别评审，谈判文件可以约定排队也可以不排队。由采购实体决定成交商。

（2）针对两阶段评审项目，第一阶段需要评审小组最终确定唯一的采购方案和合同草案文本并经采购实体同意，第二阶段，供应商在此基础上提交最终报盘，评审小组对其进行价格评审。

该类项目主要是标的模糊的复杂项目或其他项目。

第一阶段评审小组需要在供应商的帮助下，确定最终方案和路径，评审小组对采购实体批准的方案进行评审；第一阶段结束时，同意最终方案的供应商不足3家不影响谈判活动的进行。

第二阶段按照技术方案的优选顺序对商务条件主要是价格进行评审，评审小组综合两阶段评审结果，是否综合排队由采购文件约定。但评审小组应明确供应商和采购实体财务部门的谈判顺序。

案例1：一阶段评审

案例

某城市为解决冬季雾霾严重的问题，发出有关通知，要求所有施工单位在冬季施工期间，各类柴油机排放浓度必须达到国Ⅳ标准，否则停工。

某工程项目正处在地基处理阶段，处理方式原计划采用“强夯”方式。按照项目进度要求，工程在冬季完成地基工程，开春进行地面工程，年底要求封顶。为解决环保要求影响进度的问题，该项目团队邀请两家供应商通过竞争谈判解决继续施工问题。其中一家建议采用南方普遍采用的“静压”方式，报价1000万元，另外一个供应商建议采取辅助工装软件处理办法，保证柴油机排放达到国Ⅳ要求，报价80万元。

在谈判中，项目组同两家供应商充分沟通，并聘请了三位专家对两个方案进行咨询。专家组对两个方案的技术可靠性、成熟度进行评审，向项目组提交了各自优缺点的报告。综合和供应商沟通情况及评审小组的建议，最后项目组决定，采用技术成熟的“静压”供应商，并发出成交通知。

在签订合同前该供应商又提出了折扣报价。双方签订了书面合同，工程可以继续施工，保证了项目总进度。

案例2：两阶段评审

某火电成套项目成套设备采购中，设计方案确定火电启动锅炉为20吨/时。配套水处理设备技术路线分阴阳离子两级处理，预算800万元。某采购团队在商务审核中认为预算偏高。随机组织专家对该系统的技术路线进行咨询，经过实地水质化验、附近同类项目的水处理技术考察，评审组认为，原设计方案过于保守，建议设计方案改为两级阴离子处理技术和设备，被采购团队接受，之后按照设计院批准的修改方案询价采购，合同金额300万元人民币。

本文件规定，评审小组在评审结束后，撰写评审咨询报告并依采购文件的约定推荐合格的成交人；是否排队由采购文件确定。

8. 财务谈判

该环节仅针对两阶段评审项目，采购实体还要依据评审报告确定的顺序和仍在程序中的供应商进行财务谈判。财务谈判不应涉及项目合同中的核心条款，不应与排序在前但已终止谈判的供应商进行重复谈判。所谓财务谈判一般包括以下方面。

(1) 执行合同的金额确认，如合同金额中运费、保险费由哪方负担的确认。

(2) 违约金、定金的条款。如违约金计算办法，该金额是否合理；如果违约，具体交货与付款时间是否明确，是否合理等。

(3) 交易行为中支付货款的时间、批次及每次付款额度。

(4) 发票开具的时间，是否分批开票。

(5) 质保金的周期，退还条款等。

9. 成交规则

依据采购文件约定，采购实体决定成交人。约定的规则如下。

——针对一阶段评审项目，本文件规定提供最符合采购实体需要的最佳报盘的供应商为成交人；所谓最佳和最终报盘是谈判阶段的终结，冻结了由供应商提出的所有规格和合同条款，这样就避免采购实体利用某供应商提出的报盘对另一供应商施压，特别是在价格方面，否则的话，如果预期会有此种压力，供应商就会提高报盘价格，从而给市场完整性带来风险。

报盘（offer）也叫报价，与单纯报价相比，卖方主动向买方提供商品信息，或者是对询盘的答复，是卖方根据买方的来信，向买方报盘，其内容可包括商品名称、规格、数量、包装条件、价格、付款方式和交货期限等。报盘有虚盘和实盘两种。

虚盘（non－firm offers），即无约束力的报盘。一般情况下，多数报盘均为虚盘，虚盘不规定报盘的有效日期，并且附有保留条件，如该报盘以我方最后确认/事先售出为准（The offer is subject to our final confirmation/prior sale）。

实盘（firm offers）则规定有效日期，而且实盘一旦被接受，报盘人就不能撤回。

——针对两阶段评审项目，本文件规定采购实体依据评审小组提交的评审报告和谈判顺序名单进行财务谈判，最先和采购实体完成财务谈判的供应商为成交人。

本文件这样规定的目的是应将重点放在采购标的质量、性能和特性特点的竞争上。这一规定可约束采购实体和供应商本着诚信进行谈判。排名第一的供应商面临的风险是采购实体因为价格过高致使谈判终止，因而在财务谈判中尽可能做出有利采购实体的报价；采购实体面临的风险是过于追求最低价可能否决最佳技术方案，因而不会过度追求价格牺牲采购标的的技术、质量、性能方面的要求。

6.8　单源直接采购

【释义】

本条规定的单源直接采购是采购需求明确，由于特定条件限制，在卖方市场条件下实施的非竞争性采购。在单源直接采购中采购实体处于相对被动的地位。

直接采购也是企业紧急采购的主要方式之一。

单源直接采购基于信息相对透明、价格一般依据市场行情或特定条件，价格谈判的空间很小或者没有空间，一般仅就数量或时间约定就直接签订合同。

在公共采购中，单源直接采购是所有采购方法均已证明不合适的情况下最后采用的方法。企业采用直接采购还有体现社会政策目标、满足生产紧急需要等其他原因。单源采购的标的包括工程、货物和服务。

6.8.1 适用条件

符合下列条件之一的，适用单源直接采购：

——只能从唯一供应商处采购的；

——发生了不可预见的紧急情况，不能从其他供应商处采购的；

——必须保证原有采购项目一致性或服务配套的要求，需要继续从原供应商处添购的；

——向特定供应商采购符合保护国家安全、国家利益或企业核心利益，或者有利于实现国家社会经济政策目标的采购；

——国家管控物资或小额零星物资；

——采购交易费用相对于采购金额过高的采购。

【释义】

单源直接采购的适用条件有5种情形。

1. 供应商唯一（单购）

采购标的只能从某供应商获得，或者某供应商拥有与采购标的相关的专属权，不存在其他合理选择或替代物，也不可能使用其他任何采购方式。

该条援引《示范法》第30条第5段（a）项。造成供应商唯一的情形有四个原因：一是由于各种原因供应商唯一；二是由于有技术专属权的供应商唯一；三是没有替代物；四是其他采购办法不适用。

如同一产品项目由于生产计划调整需要追加采购同种物资的跟踪采购；生产过程中无法保障对企业正常供应的求援、短缺物资采购；稀缺资源的采购，如电视台广告、重点医院的医疗服务采购等。

2. 紧急采购（急购）

生产经营发生了不可预见的紧急情况，不能采用其他方式且只能从某特定供应商处采购。

这类紧急情况比竞争谈判遇到的情况更紧急。如发生自然灾害后矿泉水、医疗用品的采购最迫切，应当直接采购。同一灾难中，可能也有临时住房的需要，但通常没有如此紧迫。当直接采购的数量满足最紧迫的采购需求即可，其余尽可能采用竞争方式采购。

此外，框架协议组织形式也可以适用紧急采购，但该紧急采购一般是可以预见的，单源直接采购使用的紧急采购一般都是突发的、不可预见的。

如合同即将结束时，采购实体突然增加了订单或发生地震等自然灾害的突发事件需要采购物资等。

3. 配套采购（配购）

采购实体原先向某供应商采购货物、设备、技术或服务的，需要与现有货物、设备、技术或服务配套。

企业在生产经营中为保证生产秩序的稳定或保持原有设备的性能质量，采购频次不高的总成、模块、软件升级等可直接向原生产企业直接采购。如为满足特定软件的升级维护须向原开发服务商采购的项目。

4. 国家或企业利益和政策目标（特购）

向某供应商采购符合保护国家基本安全利益或企业核心利益，或者有利于实现国家社会经济政策的采购。

涉及国家秘密或企业秘密不适宜进行竞争性采购的项目应向满足采购需求的供应商直接采购，如军品配套物资。

供应商与采购实体存在控股、管理关系，有资格和能力提供的采购项目，如产品配套液压件、总成、模块等，且在集团内只有唯一供应商能满足产品供应链的质量标准的，应直接采购，否则影响企业核心利益。但如在集团内供应商不止一家则应采用邀请或比选的方式采购。

企业为振兴国内制造业或提高重大装备国产化水平等符合国家政策需要的采购项目，以及企业在我国进口博览会的采购都属于有利于实现国家社会经济政策目标的采购，可以直接采购。

5. 国家管控物资或可以直接比较和判断选择的简单小额采购项目（其他）

标的物为国家管控物资，或小额、简单的项目，为提高采购效率降低管理成本，企业可以建立直采目录，在目录内的商品直接采购。如矿山炸药、企业办公用品、卫生用品、工具等项目。

6.8.2 实施要点

6.8.2.1 实施单源直接采购时，采购实体应依据企业制度规定的程序或目录实施采购；需要在电子采购平台公示的采购项目和内容，由专门制定制度进行规定。

6.8.2.2 单源直接采购程序应符合附录 C 中表 C.7 的要求。

【释义】

本文件规定了单源直接采购的基本要求，一是单源直接采购的范围由企业通过目录管制；二是提倡在电子采购平台实施采购。本文件规定了单源直采的基本程序。

一、准备阶段

包括：市场调查评估、采购订单或商榷函/合同草案、采购订单或商榷函内容要求、执行机构、发出采购订单或商榷函。其中，依据不同情形对执行主体分别做了规定：

（1）直接采购的执行机构和程序由采购实体制度规定；

（2）重复性订单采购依照采购实体制度规定确定实施层级；

（3）专项采购需要组建采购项目组的，采购实体可根据需要决定聘请有经验的咨询专家参加采购项目，提供咨询服务。

二、协商沟通阶段

（1）由于单源采购方式的属性，采购实体价格谈判的空间不大，但是采购实体也应当通过协商谈判为企业争取更大利益，主要是在价格谈判有限的空间内对采购合同的供货范围、技术要求、商务条件等合同要素协商谈判，满足企业生产经营需要。本文件用“5R”概括了评估的主要内容。

适价（Right Price）：价格是否合适；

适质（Right Quality）：质量是否满足要求；

适时（Right Time）：交付时间是否满足要求；

适量（Right Quantity）：交付量是否满足要求；

适地（Right Place）：交付地点是否满足要求。

（2）《政府采购非招标采购方式管理办法》第四十二条规定："单一来源采购人员应当编写协商情况记录，主要内容包括：

（一）依据本办法第三十八条进行公示的，公示情况说明；

（二）协商日期和地点，采购人员名单；

（三）供应商提供的采购标的成本、同类项目合同价格以及相关专利、专有技术等情况说明；

（四）合同主要条款及价格商定情况。

协商情况记录应当由采购全体人员签字认可。对记录有异议的采购人员，应当签署不同意见并说明理由。采购人员拒绝在记录上签字又不书面说明其不同意见和理由的，视为同意。"

本文件参照该条款作了类似规定。

三、成交阶段和合同完成收尾阶段

对供应商履约的验收，供应商的绩效考核按照企业制度执行。

四、关于紧急采购

本文件规定框架协议程序、竞争谈判、单源直接采购都是紧急采购的适用方式，区别如下。

（1）框架协议程序：该紧急可以预见；和招标、比选、谈判等采购方式配合使用；合同数量、时间不确定；成交人不止 1 个（两阶段合同）。

（2）竞争谈判：该紧急情况不可预见，相对紧急（临时住宅）；面对面沟通，合同数量、时间确定；成交人一般 1 个（一个合同可分阶段履约）。

（3）单源直接采购：该紧急情况不可预见、最紧急（矿泉水、食品）；面对面沟通，合同数量、时间确定；成交人一般 1 个（一个合同可分阶段履约）。

6.9 多源直接采购

【释义】

多源直接采购是企业采购中特有的一种方式，是在缺乏竞争要素的买方条件下邀请多家供应商提供产品的货物采购。所谓缺乏竞争要素指由于采购实体需求较大，任何一个供应商都难以满足采购实体的采购数量要求，必须多家供应；各供应商之间不存在你死我活的竞争关系。而且该类采购的货物一般在市场上价格透明，只要质量能满足要求即可。

多源直接采购和框架协议组织方式都可以和不止一个供应商签订合同，不同的是框架协议一般只规定了价格，数量和供货期不定，其协议属于预约合同；多源直接采购的合同包括合同的全部要素，是价格、质量和数量都有规定的本约合同。两者合同性质不同。

多源直接采购方式不适用价格不稳定或“标的”升级换代较快的产品采购活动。

6.9.1　适用条件

符合下列条件之一的，适用多源直接采购：

——企业生产经营需要、有多家供应商或自然人可以提供且不符合招标或其他竞争条件，采购人进行价格要约，多家供应商或自然人承诺并签订合同的采购。

——采购实体依质量等级评估确定价格，并与众多供应商签订合同的采购。

【释义】

多源直接采购的适用条件有两条。

（1）企业生产需要、有多家供应商可以提供且不符合招标或其他竞争条件，采购实体进行价格要约，多家供应商承诺并签订合同的采购。如奶制品行业的奶源需要多家供应，由于需求较大，多源直接采购只要能满足采购实体的要求，即可签订完整的供货合同，企业称为质量计价法。供应商风险较小且没有激烈的竞争。

（2）货源质量经第三方评估，采购实体依质量等级确定价格，采购实体和众多供应商签订合同的采购。如酒类企业的粮食供应，高粱由行业制定质量等级标准，依据市场确定等级价格，符合条件的粮食企业直接采购。

鉴于奶源、粮食等采购是相关企业的主要原料，该类采购也属于企业的战略采购。

6.9.2 实施要点

6.9.2.1 采购实体应按企业发布的专门目录实施采购。

6.9.2.2 属于买方市场的多源直接采购，可由采购实体经第三方评估提出价格要约，由供应商进行承诺。

6.9.2.3 属于卖方市场的多源直接采购，可由双方协商确定合同价格。

6.9.2.4 多源直接采购程序应符合附录 C 中表 C.8 的要求。

【释义】

本条规定了实施多源直接采购的主要要求，一是规定了多源直接采购的范围管制，应按照企业制度规定的程序或目录实施多源直接采购；二是规定在买方市场条件下采购价格的确定办法，由采购实体要约，即采购实体经第三方评估定价，供应商承诺，供应商一般没有谈判的空间，双方达成合意构成合同，这是多源直接采购的多数情形；三是在卖方市场条件下，采购实体要约，供应商可以讨价还价，最后达成合意构成合同。

多源直接采购按照附录 C.8 执行，基本和单源直接采购相同。

如果多源直接采购属于企业产品的主要原料，该类采购也属于战略采购。即战略采购除了用合作谈判等采购形式外，多源直接采购也是在特定条件下实现企业战略采购的一种方法。

国有企业技术研发项目的个性化需求如何实施[①]

——大咖案例思享会·经典案例解读

一、项目简介

案例

某市大型国企（甲方）拟与某科技公司（乙方，具有行业绝对领先优势）合作开展工厂废旧资源二次利用关键技术研究与示范科技项目。双方围

① 该案例是 2023 年 6 月 17 日《中国招标》杂志社在深圳举办的“第三届招标采购前沿论坛”上作者的发言。

绕废旧资源二次利用方向开展深层次、高水平技术研发合作，加快推进产业化进程。

二、合作内容及范围

在乙方50吨/年的废旧资源二次利用装置基础上，依托甲方废旧资源开展600吨/年二次利用新技术开发，开发万吨级以上废旧资源二次利用产业化技术，为大规模工业推广应用奠定基础。

三、项目资金及使用规则

项目总投资估算约5000万元。其中，甲方现金出资90%，乙方现金出资10%。

由甲方设立专用账户，各方将出资额转入专用账户，用于项目费用收支，支付流程按照甲方管理流程执行。

四、合作模式

1. 合作研发。甲方提供具体应用场景和便利条件，乙方负责具体研发并确保实现研发目标。

2. 甲方负责工程建设及其相关设备采购及安装等（约1000万元）。

乙方负责技术研发、现场运行试验、试验设计及其相关成套设备供应等（约4000万元）。

3. 项目收益。在合作期内，由甲、乙双方按照出资比例分配。

五、项目费用结算

1. 甲方负责工程建设及其相关设备采购及安装等费用（约1000万元），按照甲方的采购流程执行，并以最终结算金额结算。

2. 乙方负责技术研发、现场运行试验、试验设计及其相关成套设备供应等费用（约4000万元），采用双方协商的方式结算。

六、合作期限

自协议生效之日起至完成协议约定所有内容为止，或自协议签署之日起5年。

七、运营费用及固定资产处置

1. 项目运营期间的人员工资由双方协商确定，在专项费用中列支。

2. 项目试验结束后，所有固定资产由甲方全权进行处置，若后续继续运营，由双方协商解决。

八、知识产权

项目新产生的知识产权双方共享，双方知识产权各占比50%。

问题一：本项目属性如何确定？乙方具有行业领先优势，甲方可以直接和乙方签订合作合同吗？是否属于依法必招范围，依据哪些法规、如何实施等？

答：首先应当理顺该项目的合同关系。

案例

这个项目至少有三种合同关系，一是甲方和乙方的合作合同关系，二是甲方和承包商的施工合同关系，三是乙方和众多设备材料供应商的采购合同关系。

该项目的第一个合同是甲方和乙方的合作合同，该项目是企业之间的战略研发合作项目，不是依法必须招标的工程建设项目。

我们经常误以为国有企业在经营活动中只要达到一定数额的合同，就得适用《招标投标法》，这是对法律的误解。《招标投标法》主要是针对工程建设项目中使用国家资金的项目进行管制，也就是我们常说的对项目“花钱人”的管制。本项目是一个合作项目，甲方和乙方不存在招标关系，只是利用双方优势进行合作，如果一定要说本项目是采购项目，那么按照《国有企业采购操作规范》应属于合作谈判，或者建立长期战略合作关系。本项目无论合作的金额多大，都不适用《招标投标法》，打个比方，判断是否强制招标需要“先分男女（是否在法定招标范围内，这是前提）、后看年龄（达到规模要求，这是依据）”，只有在法定招标范围内的工程建设项目，才有单项合同估算价的“421”相关问题。

因此，甲乙双方的合作在选择合同对象时，按照第十四届中央纪委第六次全会公报提出的，凡属重大事项决策、重要干部任免、重要项目安排和大额资金的使用，必须经集体讨论做出决定，即“三重一大”项目按规定的程序做出相应决策就可以了，不需要招标。

该项目的第二个合同是甲方依法采用招标方式采购的施工合同。

针对1000万元的工程建设项目，甲方负责实施，属于《招标投标法》强制招标的范围，包括工程施工、工程范围内的设备采购（如行车、车间内部轨道、车间变电设备等），工程相关的勘察、设计、监理，单项合同达到规模标准的由甲方依法组织招标。这种招标投标活动的目的是优化市场资源配置，是对招标人采购行为的适当约束，采购结果不能完全由招标人说了算，当然也不是由政府说了算，主要通过必要的程序选择合同相对人，尽可能降低采购风险。

问题二：本项目实施过程中涉及的技术研发、现场运行试验、试验设计及其相关成套设备供应等费用，采用双方协商的方式结算，大约为4000万元。鉴于乙方更加了解市场和研发需求，从确保项目质量和效率的角度出发，甲方打算由乙方负责直接实施，费用结算由双方协商确定。采用哪些费用结算方式对双方更为合理、高效？

答：该项目的第三个合同是经甲方授权，乙方同众多供应商签订的科研设备、设施、材料、服务合同。

该类合同不属于依法必须招标的范围，在这种情况下，法律对采购主体和方式都没有规定，完全是一种民事行为。鉴于乙方在该领域有一定的经验和设备采购具有较强的专业性，甲方委托乙方负责采购，风险小。其采购方法应依据项目特点选择合适的采购工具进行采购，包括委托乙方组织自愿招标采购，在这类招标投标活动中，法律对其的约束属于对采购工具的规范。由于这个项目是科研项目，因此，在很大程度上采购需求模糊，需要供应商的帮助，建议项目有关方面参照《国有企业采购操作规范》的采购工具，根据自身需要，选择战略采购、框架协议采购等组织模式和竞争谈判、合作谈判、直接采购等采购方式，采购方式多样化有利于达到项目的预期目标。

双方约定结算的方法属于民事行为，只要双方达成合意即可。

问题三：该合作项目中涉及的约4000万元的成套设备，将形成甲方固定资产，直接由乙方采购是否合法合规？是否存在审计风险？如何应对审计风险？

答：刚才已经讲过，由于科研设备的采购不属于依法必须招标的工程建设项目的范围，其采购方式应当依据乙方企业制度执行采购。问题是是否必须招标采购。

多数国有企业误以为超过200万元的货物都要招标。《招标投标法》及其《必须招标的工程项目规定》（16号令），对依法必须招标的范围和规模都有明确的规定，其中将使用国有资金投资或者国家融资的工程项目列入强制招标范围，这里的“国有资金”是投入工程项目中的国有资金，不是指企业在正常经营活动中使用的自有资金。《招标投标法》立法的本意就是要管好在工程项目中花钱的人，优化市场资源配置。当然《招标投标法》对投标人也有约束，主要是程序的规范，要求中标人在履约中不得非法转包、违法分包。

这里还有一个误区，有人认为，虽然该类设备不属于工程建设项目，但属于企业固定资产投资，依据《工程建设项目货物招标投标办法》（27 号令）第六十一条的规定："不属于工程建设项目，但属于固定资产投资的货物招标投标活动，参照本办法执行"。因此，国有企业固定资产也应当招标采购，这是对法条的误解。该法条规定的意思表示是：如果采用招标采购应当参照 27 号令，而不是参照其招标，这是程序规定不是准入规定。

毋庸置疑，该科研项目本身就有风险，采购人在采购中应依据项目特点选择适当的采购工具，包括《国有企业采购操作规范》规定的采购流程和通用要求、采购组织模式、采购方式的组合使用。

对采购需求和采购要求的判断，要有专业的队伍评估。按照《国有企业采购操作规范》的相关规定，采购实体可以根据其需要什么、社会上能供应什么来确定采购策略，对采购策略进行评估后再制定采购计划，复杂项目还需制定采购方案，制定时应由甲方、乙方等相关人员共同参与。

本项目是否存在审计风险？我认为是肯定存在的。对于适用哪种采购方式，可以参考卡拉杰克模型，判断属于杠杆型采购、瓶颈型采购还是战略型采购，再结合实际，选择具体的采购方式。如何实现采购的公开透明？《国有企业采购操作规范》对此设置了一套告知、备案和报告制度，项目采用的采购方式、采购策略都要有依据，最好针对项目的采购定制一个专项采购制度。另外，对于涉及的敏感问题，如项目金额大但没有采用招标方式，或者虽采用招标但评标委员会是招标人等，此时再随机抽取专家将难以满足需求，可以直接指定等相关环节，法律对强制招标和自愿招标在程序上有不同要求，采购人应当把相应法条备注在采购报告后面，需要和审计部门共同学习这些很专业的问题，取得共识。另外，审计部门还会重点审计项目资金的使用是否达到了预期效果，所以各个环节、步骤及其效果都要体现公开性，要注意的是，这里的公开不是指在网上公开，而是向纪检部门、监督部门报告。一定要认真对待以上所提及的问题，才能避免风险，否则最后进行审计时，采购人将面临很棘手的麻烦。

问题四：本项目作为国企的战略研发合作项目，如何从供应链采购的角度协调甲、乙双方的资源，确保项目成功的同时做好采购成本控制，实现降本增效？

答：供应链注重协同，本项目涉及较多合同，甲方和乙方的合作合同、甲方和施工单位的合同、乙方和各个供应商的合同，这些合同共同构成本项目实施的网链结构。因此，在项目实施过程中，一定要注意信息的沟通，资金流的整合，物流的整合，用现代化管理技术管理项目全链条。建议将本项目委托给项目管理公司或者咨询公司做好前期工作，充分接轨数字化，通过数字化交易平台让信息流、资金流、物流的整合准时准点，高效管理项目。供应链管理并不是上下游买东西，而是一种企业管理的核心竞争力。任正非指出，与供应商建立合作共赢机制，是保证供应链稳定和竞争力的核心。供应链高效协同管理倒逼供应商不断提高研发能力，持续推出新产品，使供应商之间充分竞争，将有利于真正实现采购价值目标。

创新项目的供应链当然也有它的特殊性，其本质还是一个项目，是项目就具有一次性，存在的风险也比较大，因此，要尊重乙方的最终设备决策权。相关信息要做到公开透明，供应链管理要对内对外双整合。本项目中甲乙两方涉及合同较多，因此，一定要理顺供应商相互之间的关系，做好沟通工作，把供应商当作伙伴看待，将其发展为生产力的延伸，再用适当的采购工具对内对外进行整合，实现供应链的利益最大化。本项目中的供应链和企业运营供应链不同，原材料和设备的采购是科技研发项目的重中之重，因此要把供应商整合形成一个可视化、数字化的网络体系，充分利用现代化手段高质量实施项目。

本章附录

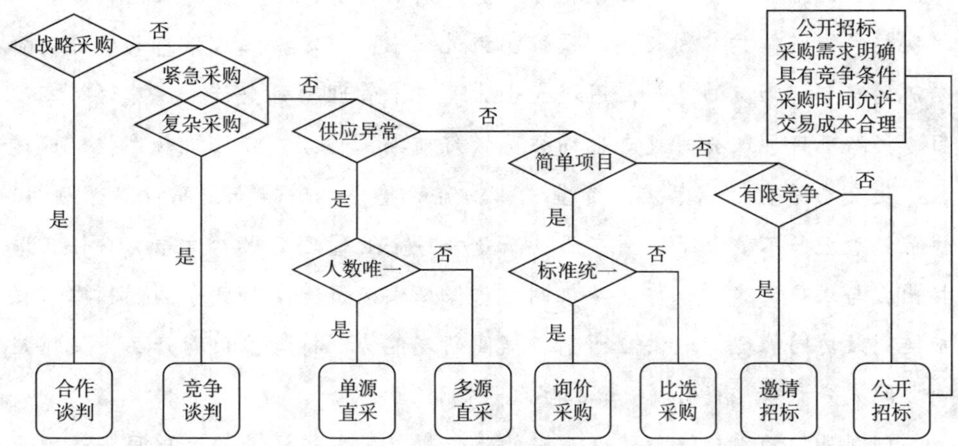

各种采购方式逻辑关系

各种采购方式的特征

采购方式	适用条件	采购特点	招标方式	采购文件	报价形式	采购标的
公开招标	四项条件	竞争性强	公告	不能修改	一次报价	施工、货物服务
邀请招标	特定条件	竞争性较强	邀请书	不能修改	一次报价	施工、货物服务
询价采购	简单竞价	有竞争性	邀请或公告	不能修改	一次报价	货物
比选采购	简单竞标	有竞争性	邀请或公告	可修改非实质	多次报价	施工*、货物、服务
合作谈判	战略采购	合作共赢	邀请	可以修改	多次报价	施工*、货物、服务
竞争谈判	复杂紧急	沟通需求	邀请或公告	可以修改	多次报价	施工*、货物、服务
单源直采	供应异常	缺乏竞争	订单或邀请	不能修改	协商报价	施工*、货物、服务
多源直采	需求特殊	缺乏竞争	订单或邀请	不能修改	协商报价	施工*、货物、服务

注：施工*指非必须招标的工程。

附录 A
（资料性附录）
企业项目采购方式指南

【释义】

随着人类的发展，人类有组织的活动分化为两种类型，一类是连续不断周而复始的活动，人们称为“运作”或“作业”（Operation）；另一类是临时性一次性的采购，人们称为“项目”（Projects）。有项目就有项目管理。依据《中国项目管理知识体系》[①] 的定义，项目管理包括综合管理、范围管理、时间管理、费用管理、质量管理、人力资源管理、项目沟通管理、风险管理和采购管理。

企业项目采购管理包括工程项目或其他项目采购管理。项目采购的目标是项目生命周期利益的最大化。项目的一次性特征指项目本身，不等于在采购项目管理中只有一次采购。

A.1　企业工程建设项目采购

A.1.1　项目内容

A.1.1.1　依法必须招标范围内单项合同法定规模以下的工程建设项目

建筑物、构筑物的新建、改建、扩建及其相关的装修、拆除、修缮单项合同 400 万元人民币以下的工程建设项目采购。

① 中国（双法）项目管理研究委员会，《中国项目管理知识体系》第一版，2006 年，电子工业出版社。

项目结算价和估算价不一致，以估算价为法律适用合规性的判断标准。

示例：新建供气站、扩建热源管网、电网及变电站施工、改建车间运输轨道等单项合同 400 万元人民币以下的工程建设项目。

【释义】

本项规定的工程项目属于法规规定的建筑物和构筑物。其定义由《固定资产等资产基础分类与代码》（GB/T 14885—2022）规定。房屋编号 1020000，构筑物编号 1030000。主要指工程产品。

该工程类别单项合同估算金额 400 万元人民币以下（包括本数）的项目依法律规定属于非必须招标的项目。

在工程管理实践中，合同结算价和估算价难免不一致。监督部门判断是否规避招标的标准应当依据《必须招标的工程项目规定》（16 号令），以“单项合同估算价”为执法标准。至于结算价超过估算价的原因应当另行研究处理。

《国家发展改革委办公厅关于进一步做好〈必须招标的工程项目规定〉和〈必须招标的基础设施和公用事业项目范围规定〉实施工作的通知》（发改办法规〔2020〕770 号）第二项：“（二）关于项目与单项采购的关系。16 号令第二条至第四条及 843 号文第二条规定范围的项目，其勘察、设计、施工、监理以及与工程建设有关的重要设备、材料等的单项采购分别达到 16 号令第五条规定的相应单项合同价估算标准的，该单项采购必须招标；该项目中未达到前述相应标准的单项采购，不属于 16 号令规定的必须招标范畴。”

该类项目未达到前述相应标准的单项采购，适用本文件。

A. 1. 1. 2　工程建设总承包项目中分包项目

在实行总承包招标的工程建设项目中，凡是作为工程总价的子目参与竞争的勘察、设计、施工、监理以及与工程建设有关的重要设备、材料等分包采购。

【释义】

在依法必须招标的总承包项目中，凡是作为工程总价的子目参与竞争的勘察、设计、施工、监理以及与工程建设有关的重要设备、材料等依法分包采购，应在投标文件中载明，可以不再必须招标采购，采购实体可选用本文件规定的方式采购。

该条款规定的总承包项目包括施工总承包和工程总承包。施工总承包不包括设计，是在现有图纸范围内实施的总承包；工程总承包至少应包括设计或建造两类项目的总承包。

上述项目属于非必须招标的依据：

（1）《招标条例》第二十九条："招标人可以依法对工程以及与工程建设有关的货物、服务全部或者部分实行总承包招标。以暂估价形式包括在总承包范围内的工程、货物、服务属于依法必须进行招标的项目范围且达到国家规定规模标准的，应当依法进行招标。

前款所称暂估价，是指总承包招标时不能确定价格而由招标人在招标文件中暂时估定的工程、货物、服务的金额。"

上述条款规定了以暂估价形式包括在总承包范围内的项目达到法定规模标准的应当依法进行招标。依据《民事行为法》无禁止即可为的立法原则，暂估价外且参与竞争的项目则不属于依法必须招标的项目。

（2）《国务院办公厅关于促进建筑业持续健康发展的意见》（国办发〔2017〕19号）第三条完善工程建设组织模式第三项："（三）加快推行工程总承包。装配式建筑原则上应采用工程总承包模式。政府投资工程应完善建设管理模式，带头推行工程总承包。加快完善工程总承包相关的招标投标、施工许可、竣工验收等制度规定。按照总承包负总责的原则，落实工程总承包单位在工程质量安全、进度控制、成本管理等方面的责任。除以暂估价形式包括在工程总承包范围内且依法必须进行招标的项目外，工程总承包单位可以直接发包总承包合同中涵盖的其他专业业务。"

上述文件明确规定：工程总承包单位可以直接发包总承包合同中涵盖的其他专业业务。

A. 1. 1. 3　与新建、改建、扩建工程无关的装修、拆除、修缮项目的工程建设项目

企业生产经营过程中形成的和新建、改建、扩建无关的装修、拆除、修缮项目，且发生的费用列入产品成本或费用没有形成企业新增固定资产的工程采购。

示例：办公楼粉刷、烟囱拆除、建筑物防水处理等装修、拆除、修缮等工程。

【释义】

国家发展改革委网站对必须招标工程项目范围相关问题的答复，其中有关条文如下："关于与建筑物和构筑物新建改建扩建无关的1000万元装修工程是否必须招标的答复"："根据《招标投标法实施条例》第二条规定，《招标投标法》第三条所称工程建设项目，是指工程以及与工程建设有关的货物、服务。前款所称工程，是指建设工程，包括建筑物和构筑物的新建、改建、扩建及其相关的装修、拆除、修缮等。据此，您所咨询的工程项目不属于《招标投标法》规定的依法必须招标项目。"

如办公楼粉刷、烟囱拆除、建筑物防水处理等装修、拆除、修缮等工程。

A.1.1.4　境外投资项目在国内的工程建设项目

外国政府或企业投资项目的境外项目，国内总承包商在国内采购相关项目的货物或服务采购。

【释义】

依据《招标投标法》第二条规定，"在中华人民共和国境内进行招标投标活动，适用本法"，国企在国内招标采购应适用《招标投标法》，同时依据《必须招标的工程项目规定》，项目资金应当使用一定数量的财政资金以及国有资金，本条所指项目是外国投资项目，因此，该类项目适用本文件。

A.1.1.5　应当招标但依法可以不招标的工程建设项目

依据相关法规规定，属于依法必须招标范围，但依法可以不招标的工程建设项目采购。

示例：采购人能够自行建设、生产、提供的项目；经项目审批部门核准的紧急工程项目。

【释义】

该类项目包括《招标投标法》第六十六条规定的"涉及国家安全、国家秘密、抢险救灾或者属于利用扶贫资金实行以工代赈、需要使用农民工等特殊情况，不适宜进行招标的项目，按照国家有关规定可以不进行招标"。

《招标条例》第九条规定可以不进行招标的范围：

"（一）需要采用不可替代的专利或者专有技术；

（二）采购人依法能够自行建设、生产或者提供；

（三）已通过招标方式选定的特许经营项目投资人依法能够自行建设、生产或者提供；

（四）需要向原中标人采购工程、货物或者服务，否则将影响施工或者功能配套要求；

（五）国家规定的其他特殊情形。”

由国家发展和改革委法规司、国务院法制办、监察部执法监察司编著的《中华人民共和国招标投标法实施条例释义》在关于强制招标的项目范围中指出：一是要考虑项目是否具有公共性。二是要考虑成本因素。即便是具有公共性的项目，也并不意味着一律要进行招标。三是要考虑市场发育程度。对于具有公共性的项目，如果成本、质量、效益、工期等约束机制比较健全，也可以不纳入强制招标范围，发挥市场机制的作用即可。

厂区内建设的超过400万元的工程，集团公司或企业施工维修部门能够自己建设应视为适用《招标条例》第九条第二项，本文件没有将其列入《标准》正文。但应当指出，企业在厂区扩建厂房、氧气站，铺设交通轨道、输气管道等生产工程项目依照住建部的分类标准属于工程项目，但这类项目和在厂区外新建楼堂馆所不同，这些工程不需要重新办理土地、规划等行政手续，大部分也不在政府管理监督部门立项或备案。政府主管部门也不去监督此类项目的采购方式，这类项目主要通过项目审计事后监督。因此，和这类生产有关的工程项目采购应视为生产设施类，企业能够自己建设的可以内部供应。企业不具备能力的且合同金额达到规模要求的，应竞争采购，如企业内部进行的煤改气工程，包括大型天然气储罐的拼装制造及其管网制造安装等。

A.1.2 采购方式

宜选用下列采购方式之一：

a）自愿公开招标或自愿邀请招标；

b）比选采购；

c）竞争谈判；

d）单源直接采购。

【释义】

上述工程项目在具有竞争条件的情形下应优先采用本文件规定的方式，其中标准化且简单的中小项目适用比选方式采购，在特定条件下只能单源直接采购的采用直接采购方式。

A. 2 企业技术改造项目

A. 2. 1 项目内容

项目内容包括：

——由企业作为投资人采购的生产线、流水线的设备、服务的项目（不包括机电产品国际招标规定范围内项目）；

——法定范围内规模以下的安装工程；

——专项采购中的建筑工程、线路管道和设备安装工程及装修工程且单项合同400万元人民币以下的工程建设项目。

【释义】

1. 技术改造项目生产线、流水线的采购（商务部颁布的《机电产品国际招标投标实施办法》范围内项目除外）。

企业为促进产品技术进步，调整产品结构，提高产品质量，对其生产设备、工艺流程进行的更新改造称为技术改造项目。

技术改造项目中包括设备、设施、配套软件以及由此构成的流水线的采购，也包括相应的建筑工程、土木工程和机电工程（安装）。该类项目设备和软件采购金额一般是合同的主要部分。工程和设备的区别是，工程拆除后将成为废墟，难以恢复原状，失去其原有功能（工业窑炉例外）；设备拆除后重新安装仍可恢复其功能。因此，设备、设施采购不是工程采购。除了“机电产品国际招标范围”内的机电产品，设备、设施采购不属于必须招标的范围，可使用本文件规定的采购方式。

2. 法定范围的安装工程没有达到规模要求的适用本文件。

3. 技术改造项目中的土木工程、建筑工程、线路管道和设备安装工程及装修工程且单项合同400万元以下的工程项目适用本文件。

该条规定的项目属于技术改造项目中的建筑工程、土木工程和机电工程，依法律规定，国有企业投资的单项合同400万元不属于必须招标的项目。

实践中，技术改造项目中单项采购合同估算价超过400万元的工程项目经过国家有关部门审批的执行国家有关部门批复的规定，并接受政府有关部门的监督。没有政府批复的企业自行组织的技术改造项目采购执行本文件(详见A.1.1.1释义)。

其中，作为一个项目既有非必须招标的部分，又有必须招标的部分，单项合同能够分开的分别执行法律规定和标准规定。难以分清的从严掌握。

A.2.2　采购方式

宜选用下列采购方式之一：

a) 自愿公开招标或自愿邀请招标；

b) 比选采购；

c) 竞争谈判。

【释义】

技术改造项目具有竞争条件的宜采用招标采购方式，包括公开招标或邀请招标采购；一般简单项目采用比选采购；紧急采购采用竞争谈判方式；复杂项目采用竞争谈判采购，鉴于技术改造项目的特点，谈判采购是技术改造项目最常用的方式。

A.3　企业生产设施设备项目采购

A.3.1　项目内容

项目内容包括：

——为满足生产需要的生产设施；

示例：产品测试系统。

——为满足生产需要的通用或专用设备；

示例1：机械设备、电气设备、特种设备、办公设备、运输车辆、发电车辆、检测车辆、仪器仪表、计算机及网络设备等通用设备。

示例2：化工专用设备、航空航天专用设备、企业特种车辆、工业窑炉等专用设备。

——为满足生产要求的通用或专用的工装、模具。

示例：焊接翻转台等通用工装模具、各类特制专用工装模具。

【释义】

采购的设备属于企业固定资产投资的货物，分为通用设备、专用设备；工装、磨具也包括通用、专用两类；以上均不属于依法必须招标的范围。

《工程建设项目货物招标投标办法》第六十一条："不属于工程建设项目，但属于固定资产投资的货物招标投标活动，参照本办法执行。"该条规定了参照执行的条件：采用招标采购方式的货物采购，这是因《招标投标法》第二条的规定，"在中华人民共和国境内进行招标投标活动，适用本法。"有人将"六十一条"理解为"固定资产投资的货物招标参照本办法"，是对法律的误解。

生产设施专指检测仪器设备，生产设施的采购不包含土木工程的采购。

案例：企业供应链采购不是依法必须招标的项目

案例

某省能源集团公司下属发电厂、焦化厂、工程设备维修厂。之前三个企业不是独立法人，企业依照生产计划安排生产，改革后二级单位变成法人单位。某年电厂出于环保需求，要购买10台麻石除尘器（麻石除尘器是采用天然石材麻石加工而成的砌块，用耐酸胶水泥砌筑而成的圆筒形除尘设备），企业招标办认为这台设备满足"工程项目预算超过400万元"的条件，要求在社会公开招标。工程设备维修厂向集团领导反映，该厂任务也不饱满，同时也有能力完成该项目，为什么要招标呢？企业领导集体研究认定属于固定资产的设备采购，可以不强制招标采购，直接交给集团内部的工程设备维修厂完成该项目，集团有关部门负责对项目进行质量价格管控和考核验收。

A.3.2 采购方式

宜选用下列采购方式之一：

a）自愿公开招标或自愿邀请招标；

b）比选采购；

c）竞争谈判；

d）单源直接采购。

【释义】

在设备采购中一般通用设备、工装模具具备招标条件的，应当公开招标或邀请招标采购，专用设备、工装模具需要私人定制。紧急采购采用竞争谈判的方式，标准化且简单的设备采购采用比选的方式。

复杂设备应通过谈判方式采购，只有唯一供应商或必须从某供应商采购的采用单源直接采购。

A.4 招标失败后的项目采购

A.4.1 项目内容

项目内容包括：

——依法必须招标项目两次招标失败后不再招标的项目；

——自愿招标项目一次招标失败后不再招标的项目。

【释义】

失败的原因大致分为主观和客观两方面。主观原因主要是在信息不对称的情况下，采购实体在制订采购方案、编制采购文件方面缺乏经验，造成采购目标不切合实际，采购文件规定的业绩要求、资质等级过高，或采购标的模糊，商务条件过于苛刻等。对此，采购实体应当寻找失败的原因，明确采购目标，修改文件重新发布公告，如果有意排斥潜在特定供应商，企业主管部门应加强监督予以纠正。客观方面主要是满足采购标的供应商不足，或由于信息通道不畅造成供应商有限等。只要采购任务没有取消，必须招标的项目在两次招标失败后应依据有关法规按照本文件规定的采购方式实施采购。为提高采购效率，自愿招标的项目一次失败后即可采用其他采购方式采购。

A.4.2　采购方式

宜选用下列采购方式之一：

a）单源直接采购；

b）比选采购；

c）竞争谈判。

【释义】

失败的项目情况复杂，重新采购时大中型复杂项目宜通过谈判采购、竞争磋商方式采购；一般中小型简单项目采用比选的方式采购；紧急采购可选用竞争谈判采购；确实只能由特定供应商供应的采用单源直接采购。

A.5　与工程建设项目有关的服务采购

【释义】

与工程建设项目有关的服务采购适用本文件的有两类，一是强制招标范围内没有达到规模要求的勘察、设计和监理项目；二是不在强制招标范围内的其他服务，例如，环境评价、安全评价、招标代理、审计服务等。服务项目属于针对“物”的无形或有形服务。该类项目的特点是，由于作用对象不是消费者自身，消费者在整个服务中的参与会受到限制，无法对服务的生产进度实施全程跟踪与监控；再加上这类服务还属于无形程度较高、可触性较低的无形类服务，很多时候消费者会因缺乏相关知识，难以有效界定自身需求和制定服务质量评价指标而感到无所适从。因此，采购实体应按照《国有企业服务采购操作规范》（T/CFLP 0054—2022）的有关规定，做好前期服务准备，选择合适的采购模式和方式，强化后期评价与改进。

A.5.1　依法必须招标范围内、规模以下的服务采购

A.5.1.1　项目内容

单项合同估算价 100 万元人民币以下、与工程有关的勘察、设计、监理项目。

A.5.1.2 采购方式

宜选用下列采购方式之一：

a）合作谈判或竞争谈判；

b）比选采购；

c）自愿公开招标或自愿邀请招标；

d）单源直接采购或多源直接采购。

A.5.2 与工程建设项目有关、不属于依法必须招标的服务采购

A.5.2.1 项目内容

项目内容包括：

——管理咨询服务；

示例：项目可行性研究、项目管理、安全评价、环境评价、审计等服务。

——项目检测服务。

示例：无损检测、桩基检测、沉降观测等。

A.5.2.2 采购方式

宜选用下列采购方式之一：

a）合作谈判或竞争谈判；

b）自愿公开招标或自愿邀请招标；

c）比选采购；

d）单源直接采购。

【释义】

依据16号令的规定及发改办法规〔2020〕770号文件的解释，和工程有关的服务仅指“勘察、设计、监理”三项且单项合同规模达到100万元以上的服务。围绕工程项目还有很多的服务，如本条示例指出的咨询类服务、检测类服务。其中，咨询类服务属于对“物”的“无形”服务，可量化程度低、专业性强，服务质量需要时间检验；检测类服务属于对“物”的“有形”技术服务，服务质量事后可以准确判定。选择采购方式应注意上述特点。

A.5.3 与工程建设项目无关的服务采购

A.5.3.1 项目内容

项目内容包括：

——企业发展战略研究、企业质量诊断、律师服务等“无形”服务；

——参加国际、国内展览会的组织和布展活动等“有形兼无形”的服务；

——其他服务。

A.5.3.2 采购方式

宜选用下列采购方式之一：

a）单源直接采购；

b）比选采购；

c）竞争谈判。

【释义】

与项目无关的服务，本文件仅列举了三类常见的服务采购，其中，针对企业的咨询包括发展战略研究、质量诊断等，以及其他专项咨询，是针对“物”的“无形”服务；技术转让、技能培训服务、法律咨询是针对“人”的无形服务，被服务人的感受是检验服务质量的标准；在合同条款中设置支付和结果挂钩的约定，有利于实现合同目标，采购方式应采用竞争沟通的方式，缺乏竞争条件的项目可慕名直接采购。

附录 B
(资料性附录)
企业运营采购方式选用指南

企业运营采购指为实现满足企业运营管理目标、维持日常运营活动而实施的重复性采购。

B.1　企业运营工程采购

B.1.1　概述

企业生产和维修工程属于生产过程的工程，是供应链的组成部分，其采购方式的选择应注意采购结果对供应链总成本的影响和企业产业链的要求和发展。

B.1.2　采购内容

采购内容包括：

——连续生产运行中的专业工程，该类工程发生的费用列入产成品的成本或企业费用，没有形成企业新增固定资产，属于工程过程。

示例：集团内分工的矿业生产的巷道掘进、土壤剥离工程、物理勘探、钻井等。

——专业工程的运营维护采购内容。

示例：集团内分工的公路紧急养护、专项养护等维护项目。

【释义】

生产运行中的专业工程项目和维护工程达到法律规定规模的是否属于必须招标范围一般容易混淆。

以最终形态划分，工程可分为工程“产品”和工程“过程”两大类。其中，工程产品指建筑物、构筑物的最终形态，如桥梁、大坝、公路、楼房等，工程产品在形成（建设）过程中也包含工程过程的活动，如土石方工程，这些工作最终在财务上体现为项目的固定资产；工程过程指单独的施工生产活动，如露天煤矿生产过程的土方工程，这些工作在财务上体现为企业的生产成本和费用等。

企业运营工程是工程“过程”，不属于依法必须招标的范围，理由如下：

（1）依据联合国统计署（United Nations Statistics Division）对世界经济与产业分类的标准（ISIC），将建筑业分为三类，包括住房建筑、土木工程和特殊建筑活动，而矿产开采、化工和其他产品制造则列入另外的产业标准，未列入建筑业。显然，这是先把工业制造项目中工艺流程方面的技术列入制造业，而后涉及这些工业项目的安装活动才被列入建筑业。

（2）《招标投标法》规范的重点是新建、改建、扩建及其相关的装修、拆除、修缮的工程建设项目。该类项目在管理中有一个重要的标志是项目须由政府有关部门进行批准、核准或备案并进行监督，在财务上形成固定资产。企业生产过程中的工程不属于政府管制的工程项目，它是生产环节的一个重要组成部分，政府有关部门对企业生产过程的工程采购既不审批也不备案。

综合上述，本文件将该类项目的采购列入非必须招标采购范围。

B.1.3　采购方式

宜选用下列采购方式之一：

a）单源直接采购或多源直接采购；

b）比选采购；

c）竞争谈判；

d）自愿公开招标或自愿邀请招标。

【释义】

企业生产和维修工程属于生产过程的工程，是供应链的组成部分。如石油行业物探、钻井、固井、测井、录井、试井等生产工程，依据企业分工和生产计划，集团内部直接采购应是该类采购的主要方式。如集团内部具有竞争条件，可选用竞争比选的方式。

有些试验工程如井下防爆试验等项目，有很多不确定因素，采购实体只能提出目标需求，需要和集团内有关专业设计院讨论对话，则应采用竞争谈判中两阶段评审的方式采购。

生产过程中的一般劳务零星工程，集团公司在各地有固定维修队伍的，可多源直接采购。

应当注意的是，生产过程的工程虽然不属于管制工程（不包括形成固定资产的新建、改建和扩建工程），但是有些工程需要具备相应的资质，如高瓦斯巷道掘进工程，采购实体可以通过谈判采购确定承包商，其必须应具备相应资质。

随着企业改革的深入，企业专业化分工越来越细，企业需要在市场采购专业化服务，其中不属于生产过程的工程建设项目符合必须招标的应当强制招标。

B. 2 企业原材料物资采购

B. 2. 1 概述

企业原材料物资采购包括满足生产的直接采购和非生产性的间接采购。其中企业主要原材料需要长期稳定供应，且合同金额较大，通常和战略供应商长期合作，有利于企业降本增效。

【释义】

企业物资采购管理是企业管理的重要内容，1983 年 9—10 月号的《哈佛商业评论》首次刊载了彼得·卡拉杰克（Peter Kraljic）的《采购必须纳入供应管理》（*Purchasing Must Become Supply Management*）一文，提出了卡拉杰克矩阵（Kraljic Matrix）通过收益影响和供应风险组成的矩阵将企业采购分为杠杆项目、战略项目、非关键项目、瓶颈项目，并据此提出了采购策略，包括采购原则、目标、方式等。

彼得·卡拉杰克的贡献在于他把采购和供应作为一个系统进行研究，这是国有企业采购和一般公共采购属性的不同决定的。一般政府采购大都是买方市场，购买标的一般是市场通用商品；企业采购则不同，企业采购的市场既有买方市场，也有卖方市场，采购标的既有市场通用商品，又有需要私人定制的商品。因此，采购实体确定采购策略不能仅依据己方项目特点和需求闭门造车，还必须结合供应商的技术垄断性、生产能力，甚至政治环境通盘考虑。在全球供应链的环境下，供应安全甚至比质量还重要。

除此之外，采购实体还要依据己方采购能力选择适当的采购方式，如对难以预料的紧急采购可以用竞争谈判的方式，也可以直接采购，如对市场熟悉应尽量选用谈判采购，通过一定的竞争性降低采购合同成本。

对于可以预料的紧急采购可通过框架协议组织采购，其组合的采购方式尽可能选用竞争性强的采购方式，在降低采购成本的同时降低合同成本。

在供应商保证供应的前提下，企业采购组织模式和采购方式选择的一般原则如表 B. 1 所示。

表 B. 1　　运营采购选择采购组织模式、采购方式的一般原则

常用类别	通用商品	专用商品
重复采购	框架协议	合作谈判、邀请招标
偶尔采购	公开招标、直接采购	竞争谈判、询价、比选采购
战略采购	竞争谈判	合作谈判
日常采购	公开招标、询价、比选采购	邀请招标、询价、比选采购
紧急采购	竞争谈判、直接采购、框架协议	框架协议、直接采购
复杂采购	邀请招标、竞争谈判	竞争谈判
简单采购	竞价、电子商城（直采）	询价、比选

B. 2. 2　采购内容

采购内容包括：

——企业为满足生产采购的各种原料、辅料等生产物资；

示例：生产用钢材、木材、水泥等。

——企业维修与作业耗材等非生产性物资。

示例：包装材料、工具等。

【释义】

钢材、木材、水泥等原材料既是工程建设项目的重要原料，也是企业生产用的一般原材料，其他诸如原煤、原油、电子元器件等物资采购都是维持企业正常运转周而复始的日常采购，该类商品的采购一般称为物资采购。

物资采购符合本文件 5.6.1.1 适用条件的应组织集中采购，符合本文件 5.7.1.1 适用条件的应组织框架协议采购；也可以两种组织形式混合使用。采购方式可选用本文件规定的各类采购方式。

B.2.3 采购方式

宜选用下列采购方式之一：

a）合作谈判；

b）自愿公开招标或自愿邀请招标；

c）比选采购；

d）竞争谈判；

e）单源直接采购或多源直接采购。

【释义】

针对该类物资列示了多种采购方式，这是由企业物资采购的多样性决定的。

符合集中采购或框架协议组织形式的应采用集中或框架组织采购。

物资采购的需求目标明确。在采购方式的选择中，只要具有竞争条件的应采用招标采购方式，标准化且简单的中小型项目也可采用竞价、比选的方式；紧急采购采用竞争谈判方式采购；战略物资通过合作谈判方式；符合 6.8.1 条件的采用单源直接采购，符合 6.9.1 条件的采用多源直接采购。

B.3 企业生产零件、部件、模块或总成采购

B.3.1 概述

生产零件、部件、配件、模块或总成等物资采购和一般物资采购的区别首先在于其专业性，一般需要技术交底，因此谈判是首要采购方式。其次，这类采购合同应保持相对稳定性，通过首次采购确定合作关系后，除非不能满足采购实体要求，合同在产品生命周期内应当保持有效。在一些维修项目中，宜优先选择集中采购或框架协议程序。

B.3.2 采购内容

采购内容包括：

——产品组成部分的零件、部件、模块或总成等；

——属于产品组成部分专业化分工协作的定点协作企业。

【释义】

该类物资采购的标的分为两类：

一类采购标的是产品，构成企业供应链不可分割的组成部分；

一类采购标的是企业，例如钢铁企业将耐火材料设计、供应、砌筑、维护、下线整体打包采购，采购定点协作企业。

B.3.3 采购方式

宜选用下列采购方式之一：

a）合作谈判或竞争谈判；

b）比选采购；

c）单源直接采购或多源直接采购；

d）自愿邀请招标。

【释义】

随着经济的发展，社会分工越来越细，各种有特色的专业化产品随着

市场需求不断涌现，企业供应链从本地区向本省、国内和国外扩展采购范围。供应链范围的扩大有利于降低企业采购成本、合同成本和提高产品质量。上述产品中一般可分为通用和专用两类，通用类产品一般竞争性较强，专用类一般竞争性较弱。因此，有竞争条件且技术条件标准化的适用招标采购，其余大都适用谈判方式采购，少数产品可选用直接采购方式。

案例：克莱斯勒善待供应商①

案例

克莱斯勒汽车零部件供应商：1140个，品种：6万多种。

采购措施：

1. 让供应商尽早参与新型汽车的设计——尽早发现新材料、新技术和新部件。

2. 实施供应商成本降低计划：不是挤占供应商利润，而是与供应商一起研究如何降低零部件的成本。

3. 与供应商更密切的合作：如指定某供应商为组长。

“……最终驱动力是情感，我们十分关注别人对公司的感受。”

B.4 企业生产线（设备）运行维护采购

B.4.1 概述

时间要求紧迫、专业技术性强，是维修（维护）采购合同的一个特点。企业产品及运行维护服务可通过谈判邀请原服务提供者进行维护服务，也可在采购合同中对售后服务作出约定。在满足生产需要的情况下，可对服务合同在约定条件下进行跟踪采购。

---

① 杨梅，《克莱斯勒善待供应商》，载于《中外企业文化》2002年第3期。

B.4.2 采购内容

采购内容包括：

——企业生产线的日常维修，以及生产设备的大、中、小修和保养等；

——原有电子平台软件升级、维护等；

——其他生产线（设备）运行维护服务。

B.4.3 采购方式

宜选用下列采购方式之一：

a）合作谈判；

b）单源直接采购；

c）比选采购；

d）竞争谈判。

【释义】

为了满足生产的稳定性，在初次竞争性采购后，只要能满足需求，该类采购合同应保持相对稳定。因此，单源直接采购是常用的办法；鉴于该类采购的专业性，谈判、采购也是适应这类采购的选项之一。

B.5 企业生产技术咨询采购

【释义】

服务采购是一种特殊的采购。

詹姆斯·A. 菲茨西蒙斯（James A. Fitzsimmons）在其著作《服务管理——运作、战略与信息技术》一书中提出："服务是一种顾客作为共同生产者随时间消逝的、无形的经历，其生产与消费或受到有形产品的约束，或不受约束。"①

WTO 的服务部门分类清单共分为 12 大类：商业服务；通信服务；建筑及相关的工程服务；分销服务；教育服务；环境服务；金融服务；与医疗相关

① 詹姆斯·A. 菲茨西蒙斯等著，《服务管理——运作、战略与信息技术》，机械工业出版社。

的服务和社会服务；旅游服务；娱乐、文化和体育服务；运输服务和其他服务，每一大类下都细分了具体的服务项目。

作为一种特殊的生产劳动过程，服务具有与其他生产活动不同的一些特性；各种服务产品与一般劳动商品之间也存在较大差异。这些特性与差异决定了服务的各项固有特征，各项特征相互组合，形成了各式各样的服务类型。服务有以下属性。

（1）无形性与有形性共存。

服务是一种过程、一种活动、一种流程，甚至是一种体验；服务的空间形态基本上是不固定的，大部分生产与消费过程也是流动的；绝大多数服务活动与服务产品无法被使用者触摸到或直接用肉眼看见，如教育培训服务，不可见、“无形性”是服务的一个特征。但有些服务利用各种有形的硬件设施与载体，在一定程度上提高了服务的可感知性与可评价性即构成所谓有形性服务，如物流管理、展会服务等。因此，服务具有“有形性”和“无形性”两重性的特征。

（2）生产与消费同步发生。

很多服务的生产与消费过程往往是同时发生的——服务人员在提供服务给消费者的同时，也正是顾客消费服务的时间，两者几乎完全同步。因为服务具有“生产消费的同步性”，很多服务业供应商为推销自己的产品，非常重视消费者体验、服务设施的环境安排。

（3）服务效果的异质性。

因为多数服务产品是心理、精神层面的无形产品，导致服务具有高度的异质性，即同一种服务的质量与效果，会因为提供服务的时间、地点及提供服务的人员等各种相关因素的影响而出现较大的差异。比如在以“人”为服务对象的“有形”采购中，同一个发型，年轻人满意老年人就认为不好看；在以“人”为服务对象的“无形”采购中，老年人喜欢的影片，年轻人可能不感兴趣。因此，服务的效果体现异质性。

（4）服务客体的不可储存性。

绝大多数服务产品是不可储存的，无法如传统有形商品一样，在生产之后存放待售。这是服务的无形性以及生产消费的同步性这两个主要属性决定的：服务在生产的过程中就进入了消费阶段，且大部分产品都是无形、不可触及的。再加上服务具有异质性，同样的一项服务如果没能及时消费，很可能就永远地损失了。在大多数情况下，消费者亦不能将自己选购的服务携带回家，或是换个地点进行享用。

这种无法被储存的特性，使得服务业对于需求的波动更为敏感。评价往往是马后炮。但随着以计算机和通信技术为基础的新兴服务业的出现，特别是5G的出现，打破服务不可贮存和运输的传统特性，如远程手术指导等服务，在这些领域服务具有可储存性。

（5）服务采购的模糊性。

鉴于服务的上述特点，在服务采购中则呈现模糊性的特征，包括需求的模糊表述、对象的模糊识别、模糊决策、模糊验收、模糊使用，被称为模糊采购。在模糊采购中，标的没有现成的通用规格，又难以或无法在采购时考虑周全，采购实体常常难以对服务采购的质量进行科学量化，评标方法无法按照客观标准进行，即模糊评审。

针对服务合同“履约不确定性”与“权重设置模糊性”的特点，国家关系学院教授赵勇等学者提出了“综合能力评分法”这一新的评标方法。[①] 在选择合同相对人时，服务项目也常采用模糊决策的方法。

中外各类不同决策的结果表明，精确方法（工具理性）与模糊方法各有其优缺点以及适用范围。在模糊决策中其相对应的合同也区别于一般采购。

案例：动车转让技术实施评价[②]

案例

2004年开始的我国高铁招标采购的成功案例被写入美国斯坦福大学教科书[③]。在本次招标活动中，铁道部凭借我国庞大的市场拉动，充分利用竞争手段，立足全球化而不是闭门造车，走了一条“引进—改进创新—全面创新”

---

① 赵勇、徐轲、张光准，《基于不确定性多目标决策的政府采购评标方法研究》，载于《山东财经大学学报》2015年第3期。

② 高铁见闻，《动车转让技术实施评价》，载于《高铁风云录》，湖南文艺出版社。

③ 张春丽，《中国高铁引进之路：一夜之间砍掉老外15亿》，载于人民网。

的道路。创造了很多经典采购案例。

其中，一份技术服务合同堪称咨询服务合同之典范。

众所周知，在技术服务这类咨询服务合同中，由于采购人和服务商对技术内容了解的信息不对称，采购人对服务项目的质量评价指标很难量化，即所谓采购需求“模糊”。在这种情形下，铁道部在咨询服务合同设置了一个技术实施评价环节。

该服务合同约定，技术引进合同签订后，铁道部先不付款。外国企业作为老师要向国内企业传授技艺，铁道部不考核国外企业教得怎么样，而是考核中国招标企业学得怎么样。只要国内企业没有学好，采购人即不付钱。服务商不但要全心全意教，还怕碰到笨学生，因为他虽然全心全意上课，碰到笨学生学不会，他的钱一样会打水漂儿。

考核的办法是聘请世界上第三方高铁的同行命题，铁道部组织考试。考核成绩和付款条件挂钩。

这样一个机制保证了我方的工程师、技术工人真正学到高铁核心技术基础，在此基础上，铁道部鼓励支持国内制造企业改进、创新，最终实现跨越性的发展，成绩有目共睹。

B. 5. 1 概述

企业咨询服务的特点是专业性强、标准化程度低、可量化程度低。通过询比、谈判等方式和供应商反复沟通交流，可以减低采购风险。如果采用招标方式采购，宜采用等额招标办法，即合同价格固定，主要通过性价比或采购效果利益最大化的比较确定中标人。

【释义】

企业咨询服务是指付出智力劳动获取回报的过程，是一种有偿的服务。企业咨询服务是运用专家的知识、技能和经验，为委托人提供咨询意见、培训人员或进行其他创造性的活动。所以说咨询服务是一种知识性商品。

该类采购的特点是其采购的模糊性，采购的重点不在于其采购本身价格最低而在于对服务对象供应链整体的贡献。本文件推荐了一种定额的方式。

所谓定额指中标价格已经确定，评审办法所确定的评审方法、评审标准主要是对质量、工期或其他条件进行比较并以此确定中标人。

例如，某地方政府规定，为保证监理服务的质量，监理文件统一规定，中标价为地方政府规定价格上浮20%，评审标准主要是对其服务能力的评价。

不言而喻，对该类项目的采购也可采用本文件规定的其他方法采购，如面对面的谈判采购更有利于对模糊项目的沟通，避免双方的风险。

案例：定额招标的评审办法[①]

案例

原油从地下开采出后，都是油水混合液，根据不同的原油物性，分子结构有油包水型，有水包油型。将开采出的原油输送到联合站需要复杂的工艺进行脱水处理，在达到含水量低于3%的合格要求后再行外输。在进行原油脱水处理过程中需要使用大量的化学破乳剂。过去需要根据原油物性进行严格的实验室筛选配伍，谁家的较为适合就采购谁家的。随着市场的开放，每家化工厂都能生产万能型的产品，因此，在招标采购中，各厂家比价格、比理化指标。价格越招越低，理化指标一家比一家过硬，但使用后的结果是化学破乳剂用量越来越多，脱水效果越来越差，而抽样检测各项理化指标都合格。

采购部门经过深入调查研究，发现破乳剂的筛选配伍都不是技术难题，每个化工厂都能生产出适合所需处理原油物性的产品，主要问题是所供产品干剂降低，弄虚作假，偷工减料，犹如做一锅正常的粥需要3斤米，而供应商只用一斤或二斤，再次进行抽样检验时，因有内鬼配合，每次抽样检验都合格。传统招标工作陷入一个死循环的怪圈。

为了走出这个怪圈，采购部门改变传统招标模式，招标文件的技术条件不再设置选药剂配伍、脱水处理技术参数，如温度，压力，排量，处理量，加药间隔时间，加药量，日、月、年处理量，价格，配送，结算等具体参数和要求，招标文件将技术条件统一设置为：产品符合国家××标准，供货数量以联合站为单元，如某联合站年脱水处理量为50万立方米，采购部门经过

① 陈川生、朱晋华，《企业采购与招标管理》，电子工业出版社。

市场调查确定合同价格，即价格不作为竞争因素。采购文件把合同期间一定的原油处理量和相应的用药量作为竞争因素，在完成既定脱水处理任务的前提下，投标文件提供的破乳剂用量最少的供应商为中标人，如中标量为10吨，多用不多付，少用不少付，若处理量发生变化，结算时依据实际处理量进行结算。经过几轮招标后，破乳剂用量降低了30%～45%，收到明显的效果。

案例启示：

（1）采购活动不单是技术问题，更是管理问题，既要注重技术，又要重视管理，做到技术和管理并重。

（2）在中国，不但要重视投标人管理，更要重视招标人的配套管理，如果把所有管理责任都交给投标人，工作做得再好也不会有好的执行结果。

（3）管理的真谛是把复杂的问题变简单，而不是把简单的问题复杂化。

（4）结果的执行与管理体制、管理模式以及运营机制密切相关，如果没有相应的管理体制、管理模式以及运营机制作保证，水平再高也不会有好的执行结果。

B. 5. 2 采购内容

采购内容包括：

——企业为满足生产需要采购的咨询服务；

示例：技术咨询、检测认证、专项论证报告、管理咨询等。

——IT服务等；

——其他咨询类服务。

【释义】

本文件例示的技术服务包括非必须招标的“其他项目”、和工程有关的非必须招标的技术服务。

企业在生产过程中需要大量的技术服务作支撑，其构成了生产不可或缺的环节。该类采购的模糊性主要表现为采购需求、评审标准的模糊性，打分制运用起来非常便利直观。但是，鉴于评审专家个人的知识结构、信息的有限性和个人认知习惯，对于一种主观性评估，专家的评分未必能够代表这类服务的真实品质。这类采购应注意对结果的评价，有条件的可以通过合作谈判的方式建立伙伴关系。

B.5.3 采购方式

宜选用下列采购方式之一：

a）单源直接采购；

b）合作谈判；

c）自愿公开招标或自愿邀请招标；

d）竞争谈判。

【释义】

该类采购项目的多样性、技术专业性决定了采购方式选择的多样性。在集团内部的技术服务一般可用谈判采购或直接采购；具有竞争条件的外部服务可采用招标采购；简单标准化的服务可采用比选采购。

B.6 专业作业劳务采购

【释义】

专业作业劳务服务的特点是服务形式多样性，和勘察、设计、监理等技术服务相比技术含量不高，但和一般普通劳务服务相比，如清洁服务，又需要一定的专业技能。该类采购一般具有竞争性，但是该类采购一般是以“人”为中心的采购，由于是直接作用于消费者自身，且属于有形载体较多、“实体化”程度较高的有形服务，消费者对这类服务的关注和参与程度是最高的；与此同时，由于这类服务是有形、可触及的，具备大量实体化载体与硬件设施，在理解与把控方面难度也较低。其采购对价可以采用雇用、委托等方式。

B.6.1 概述

专业作业劳务服务需要经过专业培训，包括安全教育培训和其他专业培训，采购成本较高，因此外包队伍宜相对稳定，对于特需专业人员可直接采购。

B.6.2 采购内容

企业为满足生产工序外包的劳务服务活动。

示例：建筑业专业作业等。

【释义】

劳务采购分为直接为生产服务的劳务服务和间接为生产服务的后勤服务。专业作业劳务服务属于前者。这类服务需要一定的专业培训、安全教育等，间接为生产服务的采购，如保安、清洁、文印、司机、会议服务等选择空间较大。

后勤服务采购主要依据对服务人员的敬业评价。

B.6.3 采购方式

宜选用下列采购方式之一：

a）合作谈判或竞争谈判；

b）比选采购；

c）自愿公开招标或自愿邀请招标。

【释义】

该类采购和技术咨询服务相比总体上技术含量不高，服务门槛较低，也不是依法必须招标的项目。由于采购对象是“人”，因此，通过比选、谈判等方式与采购对象面对面沟通，可以对采购对象有更直观的了解。对于特需专业服务/劳务的采购可直接采购。

B.7 仓储物流服务采购

B.7.1 概述

物流管理服务和仓储管理服务都包括硬件和软件两方面。这类服务的社会性是该类采购应注意的特点，因此其竞争性较强。在初次竞争性采购后，只要能满足需求，该类采购合同应保持相对稳定。也可通过结成服务联盟的方式，来保证供应链目标利益的最大化。

【释义】

企业物流服务和仓储服务既是企业采购的随后服务，也是企业产品供应链不可分割的组成部分。

美国物流管理协会对物流的定义：物流是为满足消费者需要，在使原材料、半成品、成品和相关信息在原产地和消费地之间实现高效且经济的运输和储存过程中必须从事的计划、实施和控制等全部活动。

生产企业的物流包括采购物流、生产物流和销售物流；商业流通企业的物流只包括采购物流和销售物流。本文件主要是针对企业的采购物流。鉴于该类采购合同是供应链的组成部分，保持合同稳定更为重要。为降低企业成本和满足生产经营的需要，该类合同的有效期一般较长。

B.7.2 采购内容

企业为满足供应链活动需要的仓储、物流服务。

示例：运营车辆租赁、仓储租赁、物流服务、供应链管理服务等。

【释义】

物流服务、仓储服务都是供应链管理服务的组成部分。其中，仓储服务是物流管理的一个环节。物流管理服务和仓储管理服务包括硬件和软件两方面。这类服务的社会性是该类采购应注意的特点，因此其竞争性较强。

物流、仓储服务是最终对象为物的有形服务，由于作用对象不是消费者本人，消费者难以对服务流程进行全程监控，可能会出现一些陌生感与风险担忧；但这类服务毕竟可触及性较强，消费者在选购时可通过各种有形的服务载体与服务设施，逐渐熟悉这类服务的特性；并通过严格的合同条款设置，要求生产者适时提供各种有形、可辨识的阶段性成果等质量管理方式，尽可能规避可能出现的风险，保障自身权益不受损害。

B.7.3 采购方式

宜选用下列采购方式之一：

a）合作谈判；

b）自愿公开招标或自愿邀请招标；

c）比选采购；

d）竞争谈判；

e）单源直接采购或多源直接采购。

【释义】

仓储、物流服务采购的社会性和竞争性要求采购实体尽可能通过竞争性形式采购，如询价与比选等方式采购；需要建立合作联盟的可采用合作谈判方式；专业性较强的仓储服务，如冷冻仓储，由于采购时间要求的迫切性，可以直接采购。

案例：沃尔玛的采购策略[①]

1. “永远不要买得太多”：减少单品的采购数量，能够方便管理，更主要的是可以节省营运成本。

2. 沃尔玛入场的“门槛”不高。沃尔玛的高层领导曾表示，“羊毛出在羊身上”，如果收取高额进场费和保证金等费用的话，肯定会影响沃尔玛始终坚持的低价策略。

3. 靠优化供应链赚钱。超市赚钱之道分三个阶段：一是进销差价；二是在供应商那里找利润；三是优化供应链，降低物流成本。靠第一种方式取利的时代已基本结束。从供货商手里找钱，例如向供应商收上架费、咨询服务费甚至条码费等，则是目前大多数中国超市采用的办法。因为不断增多的亮点销售（超低价）与价格战使进销差价越来越小，沃尔玛则一直钟情于第三种。

它花费 4 亿美元从休斯公司购买了商业卫星，实现全球联网。现在，沃尔玛每一间连锁店都能通过卫星传送信息，每一辆运货车上都配备全球定位系统。通过卫星和电脑互联，公司总部可以随时清点任一家连锁店内库存、

① 刘玲、刘俊、李强等，《沃尔玛的采购策略》，引自百度文库。

案例

销售和上架的情况，并通知货车司机最新的路况信息，调整车辆送货的最佳线路。这样，沃尔玛最大限度地发挥了公司的运输潜能，提高了工作效率。据调查，沃尔玛的库存周转速度是美国零售业平均速度的两倍。通过降低成本，沃尔玛超市所售货物在价格上占有绝对优势，从而成为消费者的最佳选择。

4. “在其他的地方买不到”。直接向供货商提出生产要求，并给产品冠以沃尔玛的品牌，而且仅在沃尔玛连锁店内进行销售也是沃尔玛的特色之一。目前，沃尔玛店内的自有品牌占到总商品的20%~25%。

2001 年 12 月，沃尔玛全球采购中心落户深圳。沃尔玛以此为基地，又向世界延伸了 20 个采购据点。在一两年内，沃尔玛集团实现了停止采购外包，并将年销售额 1900 亿美元的商品全部交给深圳设立的全球采购中心及其所属的采购网络负责完成。

5. 对供应商的选择最看重质量和价格。

其他：不允许雇用童工、使用强制劳动力、体罚殴打员工；供应商不能向采购人员提供免费商品、运动和娱乐券等形式的礼品或馈赠，“哪怕是送一支笔，请喝一杯茶，一旦查实，供应商就将可能失去与沃尔玛合作的机会。”

B. 8 公共服务采购

【释义】

本条是企业运营采购的兜底条款。企业公共服务的采购种类繁多。

在服务过程方面，通过“资本密集程度或技术复杂程度”与“服务标准化程度”两个维度构成的矩阵描述了服务项目的特点。在这个矩阵中，垂直维度是“资本密集程度或技术复杂程度”，即资本或技术与劳动力的比例。资本密集程度或技术复杂程度越高，说明生产者在资产与硬件设备、软件服务等方面投入更多，也可以说明该服务的单价成本越高；反之则该服务的单价成本越低。“服务标准化程度”作为水平维度，顾名思义，标准化越高的服务，规范性与定制性越强，人为主观的操作与个性化程度也就随之降低。

在服务产品方面，按照服务产品的最终对象以及服务产品的有形程度，从“对人或对物”“有形或无形”两个维度构建另一个服务产品矩阵。在这个矩阵中，一是最终对象分为服务对象为“人”的有形服务和无形服务。有形服务是直接作用于消费者本身或人体的服务，如美容理发等。无形服务是直接作用于消费者的精神与心理层面的服务，如教育培训等。二是最终对象是“物”的有形服务和无形服务。有形服务是对象为消费者的物品或其他实体财产的服务，如汽车修理等。无形服务是对象为消费者的各种无形资产或权利的服务，如法律咨询等。

B.8.1　概述

公共服务包括融资、担保等专业性强的公共服务，也包括一般性公共服务。专业性公共服务的采购主要通过谈判采购方式或直接采购确定采购合同，一般性公共服务的采购技术含量较低，采购对象主要通过资质条件或业绩考核其基本服务能力。劳务类合同的对价可采用雇佣、委托等形式。

B.8.2　采购内容

采购内容包括：

——企业融资、商业担保、产品商业保险等综合服务；

——广告服务、形象设计等专业服务；

——其他服务。

示例：办公车辆租赁、清洁服务、绿化维护、保安服务、会议服务、礼仪服务、文印服务、餐饮服务、酒店服务、出差旅行服务等。

【释义】

本文件例示了常见服务项目。

其中，有些属于最终对象为“物”的无形服务。由于作用对象不是消费者自身，消费者在整个服务过程中只能向服务商提出结果要求，服务的质量一般只能在产生服务效果之后才能体现。很多时候采购实体会因缺乏相关知识背景，难以有效界定自身需求与服务质量评价指标而感到无所适从。

有些属于针对“物”的有形服务。其中的“物”可能是一个创意、一个软件等。

该类最终对象为物的有形服务，由于作用对象不是消费者本人，采购实体在服务流程中可以提出服务目标、效果的要求意见，和“无形服务”相比有一定的直观性。但这类服务毕竟专业性较强，消费者在选购时可通过各种有形的服务载体与服务设施，逐渐熟悉这类服务的特性；并通过严格的合同条款设置，要求生产者适时提供各种有形、可辨识的阶段性成果等质量管理方式，尽可能规避可能出现的风险，保障自身权益不受损害。

其他服务，如教育培训、体检医院选择等以“人”为对象的“无形服务”，其风险相对较大，需要采购实体广泛做好市场调研，或者试看、体验等，其采购方式一般为比选、竞争谈判或直接采购。

B.8.3　采购方式

宜选用下列采购方式之一：

a）竞争谈判；

b）自愿公开招标或自愿邀请招标；

c）比选采购；

d）单源直接采购或多源直接采购。

【释义】

企业的其他服务采购应分门别类选用适当的采购方式。

例如，针对标准化和采购频次高的采购可采用定点采购，包括“定点加油”“定点印刷”“定点保险”“定点维修”“定点饭店”“定点购票”等，定点服务的采购组织形式是框架协议，也可在网上商城比价采购。以上方式在满足企业需求的前提下，主要是为了节约采购资金并预防腐败。

附录 C
（规范性）
各种采购方式的采购程序

C.1 自愿公开招标采购程序

自愿公开招标采购程序按表 C.1。

表 C.1 自愿公开招标采购程序

阶段	程序	具体要求
资格预审阶段	a）编制资格预审文件和发布资格预审公告	1）招标人或委托的招标代理机构依据项目要求编制资格预审文件。资格预审文件可参照国家有关范本的相关要求编制。 2）资格预审的办法包括合格制、有限数量制。 3）招标人应在企业制度指定的媒介发布资格预审公告，公告的内容应符合国家有关规定。 4）招标人应免费发放资格预审文件。 5）资格预审文件的发出期应不少于 5 日。 6）资格预审申请文件提交截止时间，自资格预审文件停止发售之日起应不少于 3 日
	b）递交资格预审申请文件	1）潜在资格申请人应按资格预审文件规定的方式领取资格预审文件； 2）资格申请人应在资格预审文件规定的时间、地点向招标人递交投标资格申请文件
	c）评审资格预审申请文件	招标人或委托招标代理机构应依照资格预审文件规定的标准对资格预审申请人进行资格审查，并撰写资格审查报告

续 表

阶段	程序	具体要求
资格预审阶段	d）文件审查核实	招标人在招标投标活动全过程享有对资格预审申请文件进行核实和要求申请人进行澄清的权利。若招标人在资格审查时或项目进行过程中发现申请人有弄虚作假行为，可直接取消其投标资格
	e）资格预审结果处理	1）招标人应向通过资格预审的潜在投标人发出投标邀请书； 2）招标人应向未通过资格预审的申请人发出资格预审结果通知书，告知未通过的依据和原因
招标阶段	a）编制招标文件	1）招标人或委托招标代理机构应依据招标方案或采购需求编制招标文件； 2）招标文件不应含有与采购需求及合同执行无关或者不相适应的歧视性条款； 3）招标文件的评审标准应围绕高质量发展要求，优先考虑创新、绿色等评审因素； 4）招标文件要求缴纳缔约保证金的，应规定缴纳方式；保证金的形式包括： ——非现金形式的电子保函； ——对信用良好的供应商可约定通过提交保证金承诺书； ——购买缔约保证保险； ——现金或支票
	b）发布招标公告（适用于资格后审）	1）招标公告的内容应包括：招标人的名称和地址、招标项目的性质、数量、实施地点和时间以及获取招标文件的办法，还应注明是否接受联合体、是否采用电子方式并注明网址以及项目负责人的联系方式； 2）招标公告的期限由企业制度规定
	c）发售招标文件	1）招标文件的发售期应不少于5日； 2）潜在投标人持单位委托书和经办人身份证购买招标文件，采用电子采购平台的项目应通过互联网注册、登记、付费、下载
	d）招标文件的澄清和修改（如有）	1）招标人可对已经发售的招标文件进行澄清或修改，并通知所有获取招标文件的潜在投标人；可能影响投标人编制投标文件的，招标人应合理顺延提交投标文件的截止时间。 2）潜在投标人对招标文件有异议的，应在投标截止前2日内提出，招标人应在收到异议后1日内答复，针对潜在投标人的异议修改招标文件后可能影响投标文件编制的项目，投标截止时间应当顺延，做出答复前，应当暂停招标投标活动

续　表

阶段	程序	具体要求
招标阶段	e) 踏勘现场和预备会（如有）	1) 需要时，招标人可组织潜在投标人集体踏勘项目现场；现场不集中点名、不集中签到；不应组织单个或者部分潜在投标人踏勘项目现场，应避免在现场踏勘过程中泄露潜在投标人名称、数量以及可能影响公平竞争的有关招标投标的其他情况。 2) 如召开投标预备会，招标人应在投标人须知中载明预备会召开的时间、地址
投标阶段	a) 等标期	投标文件编制的时间从招标文件发出之日起距投标截止时间应不少于7日
	b) 递交投标文件	投标人应在招标文件约定的投标截止时间、地点向招标人或代理机构递交密封的投标文件或加密发至电子招标投标交易平台
	c) 投标保证金	招标文件要求缴纳投标保证金的，投标人应按照招标文件的要求缴纳
	d) 回执	招标人收到投标人递交的投标文件后应出具回执
开标阶段	a) 开标会议	1) 招标人或代理机构主持开标会议。开标应在招标文件约定投标截止的时间、地点进行，开标记录应妥善保存。 2) 投标人不足3人，不得开标（电子招投标的不得解密投标文件），依采购实体制度规定，可直接转入其他采购方式采购
	b) 异议处理（如有）	投标人对开标活动有异议应当场提出，招标人应及时答复
评标阶段	a) 组建评标委员会	1) 招标人应负责组建评标委员会； 2) 专家的资格条件应符合 T/CFLP 0027—2020 中 4.2.2 的规定； 3) 评标委员会的专家由招标人依照项目需要确定，可从采购实体咨询专家库随机抽取，随机抽取不能满足需要时可直接指定；企业咨询专家库专家不能满足的可在采购实体外部选聘国家或行业内资深专家参加评标委员会
	b) 评标委员会依法评标	1) 评标委员会应依照法律和招标文件规定的评标办法进行评审；评标委员会按照招标文件规定的评标标准和方法，客观、公正地对投标文件提出评审意见。

续 表

阶段	程序	具体要求
评标阶段	b）评标委员会依法评标	2）评标委员会应对投标文件的技术、质量、安全、工期的控制能力等因素提供技术咨询建议，向招标人推荐合格的中标候选人，并对每个合格的中标候选人的特点，风险等评审情况和推荐理由进行说明；合格的中标候选人的数量以及是否排序由招标文件约定。 3）在电子采购平台自动生成评审报告的，评标委员会成员应审核并在线签章
定标阶段	a）确定中标人	企业定标委员会或其授权的采购实体依据评标委员会提供的咨询报告和推荐的候选人名单确定中标人
	b）公示中标结果	1）重要项目定标后，招标人应当在定标结束之日起3日内在电子采购平台公示中标人，公示期宜保持3日。重要项目的范围、内容由企业制度规定。 2）公示范围不包括涉及国家和企业商业秘密的项目
	c）发出中标通知书	满足4.2.4.3的要求
	d）签订书面合同	满足4.2.5.3的要求
	e）告知、备案、报告	1）招标人与中标人签订合同10日内应向采购实体有关部门告知、备案、报告； 2）告知、备案、报告的内容要求由采购实体制度规定，有关部门应通过大数据对比分析对采购活动进行审核并反馈至采购实体
	f）招标失败的处理	所有投标被否决后采购实体可依企业制度直接采用其他适当的采购方式
合同完成收尾阶段	a）验收	招标人应按照企业制度相关规定，参加对供应商履约合同的验收
	b）对供应商绩效评价	招标人应参与对供应商履约全过程的绩效考核，可推荐优秀供应商参与新品早期设计（如有）

采用资格后审方式公开的，从第二阶段开始应同资格预审的公开程序相同。招标失败的，经企业采购管理机构批准或依企业制度规定，招标人可直

接采用其他采购方式采购。

C.2 邀请招标采购程序

自愿邀请招标采购程序按表 C.2。

表 C.2 自愿邀请招标采购程序

<table>
<tr><th>阶段</th><th>程序</th><th>具体要求</th></tr>
<tr><td rowspan="4">招标阶段</td><td>a) 编制招标文件</td><td>1) 招标人或委托的招标代理机构依据招标方案或采购需求编制招标文件;
2) 招标文件不应含有与采购需求及合同执行无关或者不相适应的歧视性条款;
3) 招标文件的评审标准应围绕高质量发展要求优先考虑创新、绿色等评审因素;
4) 招标文件要求缴纳缔约担保的,应规定缴纳方式。保证金的形式:
——非现金形式的电子保函;
——对信用良好的供应商可约定通过提交保证金承诺书;
——购买缔约保证保险;
——现金或支票</td></tr>
<tr><td>b) 发出投标邀请书</td><td>投标邀请书的内容应包括:载明招标人的名称和地址、招标项目的性质、数量、实施地点和时间以及获取采购文件的办法,还应注明是否接受联合体、是否采用电子方式并注明网址、项目负责人的联系方式,以及是否接收邀请等</td></tr>
<tr><td>c) 发售招标文件</td><td>1) 招标文件的发售期应不少于 5 日;
2) 潜在投标人持单位委托书和经办人身份证购买招标文件,采用电子采购平台的项目应通过互联网注册、登记、付费、下载</td></tr>
<tr><td>d) 招标文件的澄清和修改(如有)</td><td>1) 招标人可对已经发售的招标文件进行澄清或修改,并通知所有获取招标文件的潜在投标人;可能影响投标人编制投标文件的,招标人应合理顺延提交投标文件的截止时间。
2) 潜在投标人对招标文件有异议的,应在投标截止前 2 日内提出,招标人应在收到异议后 1 日内答复,招标人针对潜在投标人的异议修改招标文件后可能影响投标文件编制的项目,投标截止时间应依法适当顺延,做出答复前,应当暂停招标投标活动</td></tr>
</table>

续 表

<table>
<tr><th>阶段</th><th>程序</th><th>具体要求</th></tr>
<tr><td>招标阶段</td><td>e)踏勘现场和预备会(如有)</td><td>1)需要时,招标人可组织潜在投标人集体踏勘项目现场;现场不集中点名、不集中签到;不应组织单个或者部分潜在投标人踏勘项目现场,应避免在现场踏勘过程中泄露潜在投标人名称、数量以及可能影响公平竞争的有关招标投标的其他情况。
2)如召开投标预备会,招标人应在投标人须知中载明预备会召开的时间、地址</td></tr>
<tr><td rowspan="4">投标阶段</td><td>a)等标期</td><td>投标文件编制的时间从招标文件发出之日起距投标截止时间的合理时间应不少于7日</td></tr>
<tr><td>b)递交投标文件</td><td>投标人应在招标文件约定的投标截止时间、地点向招标人或代理机构递交密封的投标文件或加密发至电子招标投标交易平台</td></tr>
<tr><td>c)投标保证金</td><td>招标文件要求缴纳投标保证金的,投标人应按照招标文件要求缴纳</td></tr>
<tr><td>d)回执</td><td>招标人收到投标人递交的投标文件后应出具回执</td></tr>
<tr><td rowspan="2">开标阶段</td><td>a)开标会议</td><td>1)招标人或代理机构主持开标会议。开标应在招标文件约定投标截止的时间、地点进行,开标记录应妥善保存;
2)投标人不足3人,不得开标(电子招投标的不得解密投标文件),依采购实体制度规定,可直接转入其他采购方式采购;
3)投标人现场递交纸质投标文件的,应将投标文件返还相应投标人</td></tr>
<tr><td>b)异议处理(如有)</td><td>投标人对开标活动有异议应当场提出,招标人应及时答复;采用电子招投标的,招标人或招标代理机构应明确异议时间,并及时答复</td></tr>
<tr><td>评标阶段</td><td>a)组建评标委员会</td><td>1)招标人应负责组建评标委员会;
2)专家的资格条件应符合T/CFLP 0027—2020中4.2.2的规定;
3)评标委员会的专家由招标人依照项目需要确定,可从采购实体咨询专家库随机抽取,随机抽取不能满足需要时可直接指定;企业咨询专家库专家不能满足的可在采购实体外部选聘国家或行业内资深专家参加评标委员会</td></tr>
</table>

续　表

阶段	程序	具体要求
评标阶段	b）评标委员会依法评标	1）评标委员会应依照法律和招标文件规定的评标办法进行评审；评标委员会按照招标文件规定的评标标准和方法，客观、公正地对投标文件提出评审意见。 2）评标委员会应对投标文件的技术、质量、安全、工期的控制能力等因素提供技术咨询建议，向招标人推荐合格的中标候选人，并对每个合格的中标候选人的特点、风险等评审情况和推荐理由进行说明；合格的中标候选人的数量以及是否排序由招标文件约定。 3）在电子采购平台自动生成评审报告的，评标委员会成员应审核并在线签章
定标阶段	a）确定中标人	企业定标委员会或其授权的采购实体依据评标委员会提供的咨询报告和推荐的候选人名单确定中标人
	b）公示中标人	1）重要项目定标后，招标人应当在定标结束之日起3日内在电子采购平台公示中标人，公示期宜保持3日。重要项目的范围、内容由企业制度规定。 2）公示范围不包括涉及国家和企业商业秘密的项目
	c）发出中标通知书	满足4.2.4.3的要求
	d）签订书面合同	满足4.2.5.3的要求
	e）告知、备案、报告	1）招标人与中标人签订合同10日内应向采购实体有关部门告知、备案、报告； 2）备案、报告的内容要求由采购实体制度规定，有关部门应通过大数据对比分析对采购活动进行审核并反馈至采购实体
	f）招标失败的处理	所有投标被否决后采购实体可依企业制度直接采用其他适当的采购方式
合同完成收尾阶段	a）验收	招标人应按照企业制度的相关规定，参加对供应商履约合同的验收
	b）对供应商绩效评价	招标人应参与对供应商履约全过程的绩效考核，可推荐优秀供应商参与新品早期设计（如有）

C.3　询价采购程序

询价采购程序规定按表 C.3。

表 C.3　　　　询价采购程序

阶段	程序	具体要求
准备阶段	a）询价邀请或询价公告	采购实体宜在企业电子采购平台向 3 家以上供应商发出询价邀请函或询价公告
	b）询价邀请函或询价公告内容	询价邀请函、询价公告的内容应包括： ——采购实体的名称、地址，采购的物品名称、规格型号或参数要求，供货的数量、交货的时间以及领取询价书的办法； ——报名以及获取询价书的时间、地址（平台网址）； ——对供应商的资格要求
	c）编制询价书	1）采购实体自行或委托代理机构编制询价书； 2）询价书应包括邀请公告内容的细化说明，询价规则和合同草案，明确本次询价活动的地址或平台网址，下载的办法，注册办法等信息
	d）资格审查	如参与报名的供应商数量较多，可以通过资格审查的程序确定有限数量的供应商
	e）获取询价书	参与报名的供应商在指定时间、地点领取询价书
	f）评审小组	采购实体可组建评审小组组织询价活动，如确有必要可聘请企业咨询专家参加评审小组工作
询价阶段	a）等标期	从询价邀请函或公告发出之日起至供应商提交响应文件截止之日不得少于 3 日
	b）不足 3 人的处理	采购公告发出后，在规定截止时间响应供应商数量为 2 人的，采购活动可以继续进行。响应供应商为 1 人的，依采购实体制度规定，转入单源直接采购程序
	c）询价开始	1）询价开始时间同询价响应文件提交截止时间； 2）采购实体将自动拒绝询价响应文件提交截止时间后的报价
	d）报价规则	在规定的时间、地址，供应商一次报出不可更改的价格
	e）报价范围	报价应包括国家规定的税金

续 表

阶段	程序	具体要求
成交阶段	a）确定成交人	采购实体应在询价活动结束后 3 日内，按照 4.2.4 规定的办法，确定满足询价书列明的需求、报价最低的供应商为成交人
	b）发出成交通知书	满足 4.2.4.3 的要求
	c）签订书面合同	满足 4.2.5.3 的要求
	d）公示（告知、备案、报告）	需要公示的合同类别、内容要求由采购实体制度规定，不公示的按照 4.2.4.4 规定，采购实体制度规定不需要告知、备案或报告的除外
合同完成收尾阶段	a）验收	对供应商履约的验收应按照采购实体制度的相关规定
	b）绩效考核	对询价采购供应商的绩效考核办法由采购实体制度规定

C.4 比选采购程序

比选采购程序规定见表 C.4。

表 C.4 比选采购程序

阶段	程序	具体要求
准备阶段	a）公告或邀请书	满足 4.2.2.1 的要求
	b）编制比选文件	比选文件应包含以下内容： 1）采购人及其采购需求的信息； 2）采购缔约规则和履约规则（合同草案）； 3）成交标准： ——采购实体依据企业需要的报盘确定成交人； ——采购实体依据评审小组评审结果的排序，排名第一的供应商为成交人
	c）发出比选文件	向同意参加比选采购的供应商发出比选采购文件

续 表

阶段	程序	具体要求
准备阶段	d）组建评审小组	采购实体应负责组建评审小组，小组成员应为3人以上单数。依据项目的复杂程度和技术要求，采购实体自行决定是否从企业咨询专家委员会聘请专家参加评审小组
比选阶段	a）等标期	从比选文件发出之日起至供应商提交首次比选响应文件截止之日应不少于3日
	b）不足3人的处理	响应供应商数量在规定截止时间不足3人的，采购活动可以继续进行；其中，响应供应商为1家的，可依企业制度规定的程序转入单源直接采购程序
	c）供应商递交响应文件	在比选采购文件约定的时间、地点，供应商应向采购实体递交比选响应文件。比选响应文件按照比选采购文件的要求密封，使用电子采购平台的项目应加密在网上提交电子比选响应文件
	d）比选活动开始仪式	1）比选采购可不组织比选开始仪式，但应在采购实体指定媒介或电子采购平台公示首次比选供应商名单； 2）在比选文件规定的递交截止时间前有2人以上递交比选响应文件，比选活动即可进入评审程序； 3）采购实体收到比选响应文件后分别邀请相关供应商在约定的时间、地点对比选响应文件进行沟通评议。沟通的顺序由随机抽签决定
	e）沟通询问比质比价	1）评审小组和每个供应商就采购需求和合同文本（草案）进行沟通，充分征求每个供应商的意见。比选中各种采购因素以及内容细节均可予以沟通协商，但不应改变比选采购文件的实质性内容。 2）评审小组对供应商的建议进行认真研究，并由采购实体决定是否采纳。每轮沟通协商后应将确定的需求方案书面通知所有参加比选活动的供应商并再次报价。 3）在规定轮次结束前经采购实体批准确定最终唯一的采购方案和合同文本草案。 4）在此基础上仍在程序中的供应商最终报价。 5）评审小组按照比选采购文件规定的标准对各供应商综合评审并提交咨询建议报告。依据比选采购文件规定，该建议报告提交供应商排序名单或不排序只作评价报告

续　表

阶段	程序	具体要求
成交阶段	a）确定成交供应商	满足 4.2.4 的要求
	b）公示（告知、备案、报告）	需要公示的合同类别、内容要求由采购实体制度规定，不公示的按照 4.2.4.2 规定，采购实体制度规定不需要告知、备案、报告的除外
	c）成交通知	满足 4.2.4.3 的要求
	d）签订书面合同	满足 4.2.5.3 的要求
合同完成收尾阶段	a）验收	对供应商履约的验收应按照采购实体制度的相关规定
	b）绩效考核	对比选采购供应商的绩效考核办法由采购实体制度规定

C.5　合作谈判

合作谈判的程序规定按表 C.5。

表 C.5　　**合作谈判的程序**

阶段	程序	具体要求
可行性研究阶段	a）组织可行性研究	在充分市场调研的基础上，采购实体组织专业团队对战略合作进行可行性研究
	b）可行性研究的内容	研究的内容包括但不限于： ——采购需求分析； ——采购市场分析； ——战略合作的必要性； ——同潜在供应商合作的可能性； ——战略合作模式； ——预期目标； ——风险与不确定性分析； ——结论与建议
	c）履行审批程序	确定战略合作对象后，谈判团队起草谈判大纲（包括程序安排、谈判方案、预期安排）、谈判合同草案等。根据企业制度规定，需要进行论证或审批手续的履行论证程序或审批手续

续 表

阶段	程序	具体要求
谈判邀请	发出邀请	1）在可行性研究报告通过的基础上和战略合作方初步接触并确定谈判的时间和地点，并就谈判程序达成一致意见； 2）确定本次首轮谈判时间及谈判地点
制定谈判计划	a）组建谈判团队	1）依据谈判项目的特点组建谈判团队，团队的结构包括采购实体项目相关部门的主要负责人和技术专家，必要时可聘请企业外部专家参加谈判；在国际谈判中还要注意语言人才的配备。 2）确定本轮谈判人员名单
	b）确定谈判目标	1）确定本次谈判目标：短期或长期； 2）寻找谈判问题和焦点：归纳阻碍实现目标的问题； 3）熟悉谈判对手，包括对方决策者、谈判人员及其他影响谈判的第三方； 4）风险预判：包括交易失败的应对预案，最糟糕的情形预判
	c）编制谈判计划（预案）	1）确定在谈判中可以创造的价值目标。 2）预案在谈判中采取开放的态度，共享有关信念和爱好等方面的信息。了解双方各自利益所在。在现有方案的基础上寻求更佳方案，创造出新的价值。 3）设计新选项，使每个人得到的比他们所需要的更多。 4）确定无法按照本企业计划达成协议时的其他次优方案。 5）明确本次谈判不包含的内容
	d）确定决策规则	确定采购实体内部决策的办法： ——董事会投票制； ——经理办公会协商制； ——授权谈判团队领导决策
谈判准备	a）谈判环境分析判断	1）分析双方需求或利益，包括理性、情感、相互冲突的需求； 2）了解谈判各方的想法，通过角色转换，针对文化和矛盾冲突，研究取得对方信任的钥匙； 3）注意对方的沟通风格、习惯； 4）确定谈判准则；了解对方谈判的准则、规范； 5）检查谈判目标

续 表

阶段	程序	具体要求
谈判准备	b）谈判方案的风险管理	1）集思广益：研究可以实现目标、满足需求的方案，交易条件及其关联条件； 2）循序渐进策略：确定在循序渐进谈判中降低风险的具体步骤； 3）注意第三方：分析共同的竞争对手且对有影响的人制定风险防范预案； 4）表达方式：为对方勾画蓝图、提出问题； 5）备选方案：如有必要对谈判方案适当调整或施加影响
	c）做好会议准备	会议准备包括：主持人、议题、发言顺序、座签、预计时间、茶歇、餐饮服务等；各阶段截止时间以及需要改善谈判环境的安排
谈判会议	a）开始谈判	依据双方协商确定的时间、地点和议题顺序，双方沟通协商，寻求双方利益的吻合点。团队谈判主发言人陈述己方意见，辅助发言人补充，并认真倾听对方的诉求
	b）说服让步	通过逻辑、感情、妥协、议价等手段尽量说服对方同意己方观点；必要时作出预案设定的让步并作为交易的筹码
	c）策略调整	在谈判过程中不断评价各项发生的事情，提醒己方适时调整目标和策略
	d）澄清答复	针对对方的要求，采购实体作出有余地的答复
结果评价	a）评价	在谈判取得阶段性成果时应对实现目标进行评价
	b）后续管理	1）决定是否继续谈判； 2）决定结成联盟或终止联系
合同管理	a）签订合同	双方经过多轮谈判最终实现双赢达成合意，签订正式合同
	b）履行合同	采购实体协助合同履行部门履行合同
	c）验收	对供应商履约的验收应按照采购实体制度的相关规定
后期关系	a）对合作供应商绩效评价	采购实体应参与对合作供应商的绩效考核评价
	b）接触与沟通	采购实体应主动协调企业内部通过文化、体育、专题论坛等多种形式加强与合作供应商的接触和沟通，积极主动解决落实合同履行中发生的问题，深化合作关系，共同创造价值
	c）保持双方高层的承诺和支持	采购实体应为高层定期会晤创造条件，取得双方高层的承诺和支持，保证战略合作的可持续和竞争力

C.6 竞争谈判采购程序

竞争谈判采购程序规定按表 C.6。

表 C.6　　竞争谈判采购程序

阶段	程序	具体要求
准备阶段	a）发出竞争谈判公告或邀请书	满足 4.2.2.1 的要求
	b）资格审查	竞争谈判公告或邀请书对供应商提出资格要求的，供应商应按规定提供资格申请资料。采购实体负责组织对供应商的资格进行审查
	c）编制竞争谈判采购文件	竞争谈判采购文件应包含以下内容： 1）采购人及其采购需求； 2）谈判中讨论的内容、轮次等缔约规则； 3）谈判合同草案等； 4）成交标准： ——可约定提供最符合采购人需要的最佳报盘的供应商为成交人； ——可依据评审小组提交的咨询报告和顺序名单，依次和仍在程序中的供应商针对确定的合同条款进行财务谈判。财务谈判不应涉及项目合同中的核心条款，不应与排序在前但已终止谈判的供应商进行重复谈判。最先和采购实体完成财务谈判的供应商为成交人
	d）出售或发放竞争谈判采购文件	从竞争谈判文件发出之日起至供应商提交首次响应文件截止之日不应少于 3 日
	e）组建评审小组	采购实体负责组建谈判小组，应由熟悉采购标的的商务和技术并具备专业谈判能力的 3 人以上单数的专家组成，专家聘请方式由采购实体决定，并依据企业制度规定报上级管理部门备案

续 表

阶段	程序	具体要求
谈判阶段	a）递交竞争谈判申请文件的截止期	依照采购项目需要，竞争谈判采购文件应明确递交竞争谈判申请文件的截止时间
	b）递交响应文件	1）在竞争谈判采购文件约定的时间地点，供应商递交密封的竞争谈判初始响应文件； 2）递交申请文件的供应商2人以上即可启动谈判程序，如只有1家，依采购实体制度规定转入单源直接采购程序
	c）谈判开始仪式	1）竞争谈判可不举行谈判开始仪式；但应在采购实体指定媒介或电子采购平台公示参与竞争谈判的供应商名单； 2）递交申请时间截止后依照采购文件规定的时间、地点直接进入竞争谈判程序； 竞争谈判顺序宜通过随机抽取确定； 3）竞争谈判小组分别同每个供应商单独谈判
	d）谈判活动	1）评审小组和供应商就采购项目的功能指标、参数范围进行谈判。提出实现采购目标的不同路径，供采购实体选择；或修改采购需求中的技术、服务要求，整合为唯一合同草案条款，但须经采购实体确认；也可对确定方案进行价格初步谈判。 2）每轮沟通协商后应将确定的需求方案书面通知所有参加谈判活动的供应商。 3）在采购文件规定的谈判轮次结束谈判后，采购实体应约定在某一规定期限内，要求仍在程序中的供应商就其响应文件的所有方面提出最佳和最终报盘。 4）评审小组按照采购文件约定的办法组织评审。 5）评审办法包括： ——针对一阶段评审项目，对供应商提交的最佳和最终报盘分别评审，包括技术、商务条件和价格、评审小组无须整合不同方案； ——针对两阶段评审项目，第一阶段需要评审小组最终确定唯一的采购方案和合同草案文本并经采购实体同意，第二阶段，供应商在此基础上提交最终报盘，评审小组对其进行价格评审。 6）评审小组在评审结束后，撰写评审咨询报告并依采购文件的约定推荐合格的成交人。 7）是否排队由采购文件确定

续　表

阶段	程序	具体要求
谈判阶段	e）不足3人的处理	在约定开始谈判前及在谈判程序中供应商不足3家不影响谈判的进行
	f）谈判过程应保密	谈判过程的内容应当保密
成交阶段	a）确定成交供应商	满足4.2.4的要求
	b）公示（告知、备案、报告）	需要公示的合同类别、内容要求由采购实体制度规定，不公示的按照4.2.4.4规定，采购实体制度规定不需要告知、备案、报告的除外
	c）异议处理	供应商对谈判结果有异议的应在收到成交结果通知书1日内向采购实体或其监督管理部门提出，采购实体应在1日内答复
	d）成交通知并公示	公示满足4.2.4.2的要求；成交通知满足4.2.4.3的要求
	e）签订书面合同	满足4.2.5.3的要求
合同完成收尾阶段	a）验收	对供应商履约的验收应按照采购实体制度的相关规定
	b）对供应商绩效评价	采购实体应参与对供应商的绩效考核

C.7　单源直接采购程序

单源直接采购程序规定按表C.7。

表C.7　　单源直接采购程序

阶段	程序	具体要求
准备阶段	a）市场调查评估	采购实体应根据需求计划，对采购标的物的市场价格、质量、供货能力以及税率等重要信息进行充分调查摸底

续 表

阶段	程序	具体要求
准备阶段	b）采购订单或商榷函/合同草案	1）采购订单：重复性采购订单由生产计划部门提出，或采购实体从集团内部直接采购目录内提出并填写采购订单。 2）专项直接采购由采购实体向供应商发出采购商榷函。该项采购应由采购实体制度授权的部门批准。 3）采购实体起草合同草案
	c）订单或商榷函内容要求	1）采购订单内容应包括：采购实体全称地址、供应商全称地址、订单号码、采购日期、品名、规格、数量、币种、单价、总价、交货条件、付款条件、税别、单位、交货地点、交货时间、包装方式、检验等内容； 2）采购商榷函内容应包括： ——采购实体名称和地址； ——拟采购货物或者服务的规格型号、数量、使用范围和条件说明； ——拟商榷的时间、地点； ——采购实体（采购代理机构）的联系地址、联系人和电话
	d）执行机构	1）直接采购的机构和程序由采购实体制度规定； 2）重复性订单采购依照采购实体制度规定确定实施层级； 3）专项采购需要组建采购项目组的，采购实体可根据需要决定聘请有经验的咨询专家参加采购项目，提供咨询服务
	e）发出采购订单或商榷函	采购订单或商榷函宜通过企业电子采购平台发出
协商沟通阶段	a）直接采购沟通的主要内容	应满足合适的价格、质量、交付时间、交付数量、交付地点： ——适价（Right Price）：价格是否合适； ——适质（Right Quality）：质量是否满足要求； ——适时（Right Time）：交付时间是否满足要求； ——适量（Right Quantity）：交付量是否满足要求； ——适地（Right Place）：交付地点是否满足要求
	b）撰写采购记录的要求	1）直接采购的采购小组应编写采购情况记录； 2）记录的主要内容应包括： ——采购实体管理部门批准文号或允许单源直接采购的清单目录编号； ——采购过程争议要点及解决办法； ——采购日期、地点和采购人员名单

续　表

阶段	程序	具体要求
协商沟通阶段	c）采购记录签字	采购情况记录应由采购小组参加谈判的全体人员签字认可。对记录有异议的采购人员，应签署不同意见并说明理由。采购人员拒绝在记录上签字又不书面说明其不同意见和理由的视为同意
成交阶段	a）确定成交供应商	满足 4.2.4 的要求
	b）公示（告知、备案、报告）	执行企业制度规定
	c）签订书面合同	满足 4.2.5.3 的要求
合同完成收尾阶段	a）验收	对供应商履约的验收应按照采购实体制度的相关规定
	b）绩效考核	对直接采购供应商的绩效考核办法由采购实体制度规定

C.8　多源直接采购程序

多源直接采购程序规定按表 C.8。

表 C.8　　多源直接采购程序

阶段	程序	具体要求
准备阶段	a）市场调查评估	1）采购实体应根据需求对采购标的物的市场价格、质量、供货能力以及税率等重要信息进行充分调查摸底； 2）可对货源进行质量评估并定价，依据企业生产计划通过制度规定确定多源直接采购项目
	b）邀请书/公告/合同草案	1）经常性采购起草订单邀请书； 2）一次性批量直接采购可通过公告的方式邀请符合条件的供应商参与沟通协商； 3）采购实体准备订单合同、要式合同草案
	c）采购执行机构	采购实体依据零星直接采购、重复性订单采购、一次性采购等不同情形确定采购执行单位或机构

续 表

阶段	程序	具体要求
准备阶段	d）发出要约邀请	1）由授权采购部门直接向多家供应商发出订单合同或要式合同草案； 2）采购实体在发出采购订单后，与供应商及时沟通、确认并跟踪订单
实施阶段	a）实施采购	授权采购实体与响应供应商就合同草案沟通协商
	b）采购记录	多源直接采购小组填写采购记录并依据采购实体制度规定告知、备案或报告； 记录内容同单源直接采购内容要求
成交阶段	a）确定成交供应商	满足 4.2.4 的要求
	b）公示（告知、备案、报告）	执行企业制度规定
	c）签订书面合同	满足 4.2.5.3 的要求
合同完成收尾阶段	a）验收	对供应商履约的验收应按照采购实体制度的相关规定
	b）绩效考核	对直接采购供应商的绩效考核办法由采购实体制度规定

第三篇

《国有企业采购操作规范》参考资料

资料 A 服务过程和服务产品的分类及其采购原则[①]

A.1 服务过程矩阵

在“服务过程”方面，美国学者罗杰·施迈纳（Roger W. Schmenner）在其著作《服务运作管理》中的观点是，用“资本密集程度”与“服务标准化程度”两个维度，设计了一个服务过程分类矩阵。

在这个矩阵中，垂直维度为“资本密集程度”，即资本与劳动力的比例。一方面，资本密集程度越高，说明生产者在资产与硬件设备方面投入更多，也可以说明该服务的单价成本越高；反之，则该服务的单价成本越低。“服务标准化程度”作为水平维度，顾名思义，标准化越高的服务，规范性越强，人为主观的操作与个性化程度也就随之降低。

随着社会发展和技术进步，技术对于服务成本的影响也越来越大，因此，纵坐标可以修正为“资本密集程度或技术复杂程度”[②]。

A.1.1 矩阵内容

该矩阵示意如图 A.1 所示。

---

① 本文主要内容和观点引自《政府采购服务法律制度分析研究报告》（2014），国际关系学院公共市场与政府采购研究所编写，本书作者依据企业采购特点作了归纳和补充。

② 纵坐标为“资本密集程度或技术复杂程度”是本书作者对该矩阵的修正。

资本密集程度（或技术复杂程度）↑	低 ← 服务标准化程度 → 高	
高	高资本设备投入、低标准化服务。 在各种硬件设备的支持下，生产者充分考虑消费者的各项个性要求，属于高档专业化定制服务。 示例：律师咨询、医生诊断、建筑家装设计	高资本设备投入、高标准化服务。 由于硬件环境的关系导致服务成本不菲，但服务本身标准化程度高，差异性不大。 示例：航空公司、高档酒店、旅游名胜
低	高密度人力投入、低标准化服务。 在相对高密度的劳动力成本环境下，由于成本的限制，生产者只能有限度地兼顾不同消费者的个性需求。 示例：汽车修理、连锁酒店、物流运输	高密度人力投入、高标准化服务。 在相对高密度的劳动力成本环境中提供大量同质、标准化的廉价服务，最接近传统工业模式。 示例：零售批发业务、义务教育学校、加油加气服务

图 A.1　服务过程矩阵

A.1.2　矩阵解析

罗杰·施迈纳认为：

a）资本密集度高、服务标准化低的专业定制服务复杂程度最高，单价成本也最高，单项服务之间差异巨大。拥有不同硬件设施条件与专业技术水平的生产者提供的服务，在质量与费用方面很有可能会有天壤之别。

b）资本密集度低、服务标准化高的廉价量贩式服务，相较其他服务种类而言难度最低，而且成本低廉。在选购这类服务时，很多时候消费者更关心提供服务的场所，以及生产者的诚恳热心态度。

c）资本密集度高、服务标准化也高的标准化高档消费服务，由于不同生产者提供的同类服务之间差异性与个性化程度不强，服务的价格、生产者的资质信誉等硬性指标的重要性就凸显出来了。

d）资本密集度低但服务标准化也低的低端个性化服务，由于成本的限制，导致服务生产者必须考虑服务的连贯性与完整性，难以顾及消费者的各项细节需求。但作为消费者，在选购这类服务时可以对比多家生产者提供的不同服务方案，并择优选购。

A.2 服务产品矩阵

在服务产品方面，课题组借鉴美国学者詹姆斯·菲茨西蒙斯（James A. Fitzsimmons）在其著作《服务管理——运作、战略与信息技术》中的见解，按照服务产品的最终对象以及服务产品的有形程度，从“对人或对物”“有形或无形”两个维度，构建另一个服务产品矩阵，如图 A.2 所示。

A.2.1 矩阵内容

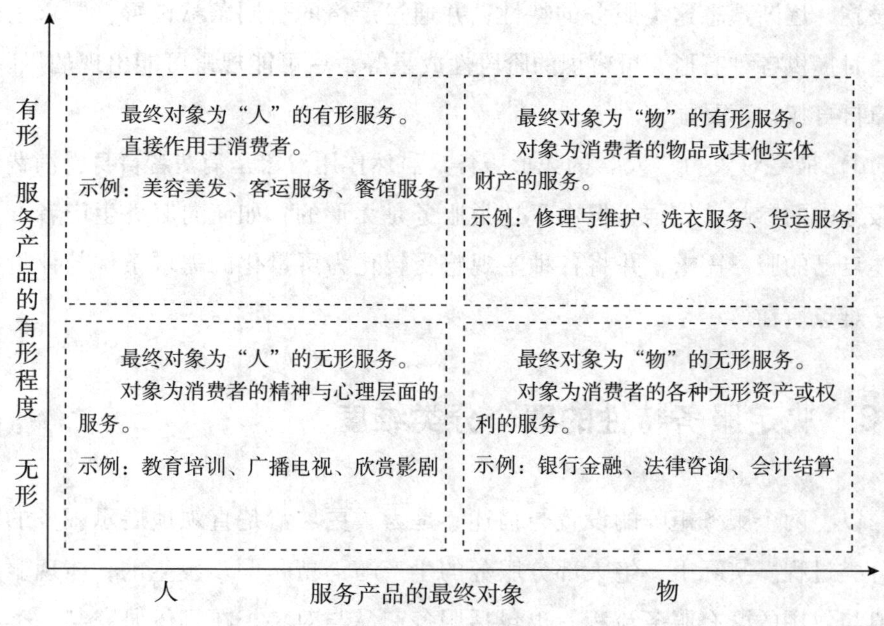

图 A.2 服务产品矩阵

A.2.2 矩阵解析

詹姆斯·菲茨西蒙斯认为：

a）针对消费者人体的有形服务，由于是直接作用于消费者自身，且属于有形载体较多、“实体化”程度较高的有形服务，消费者对这类服务的关注和参与程度是最高的；与此同时，由于这类服务是有形、可触及的，具备大量实体化载体与硬件设施，在理解与把控方面难度也较低。

b）最终对象为“物”的无形服务，与前面的服务类型形成鲜明对比。由于作用对象不是消费者自身，消费者在整个服务中的参与会受到限制，无法对服务的生产进度实施全程跟踪与监控；再加上这类服务还属于无形程度较高、可触及性较低的无形类服务，很多时候消费者会因缺乏相关知识背景、难以有效界定自身需求与服务质量评价指标而感到无所适从。

c）最终对象为“物”的有形服务，由于作用对象不是消费者本人，消费者难以对服务流程进行全程监控，可能会出现一些陌生感与风险担忧；但这类服务毕竟可触及性较强，消费者在选购时可通过各种有形的服务载体与服务设施，逐渐熟悉这类服务的特性；并通过严格的合同条款设置，要求生产者适时提供各种有形、可辨识的阶段性成果等，尽可能规避可能出现的风险，保障自身权益不受损害。

d）最终对象为“人”的无形服务，虽然作用对象是消费者自身，消费者在服务中的参与性较强，但由于这类服务是无形的，如何向服务生产者准确描述自己的服务需求，并将各种主观感受转化为可量化的需求条件与评价指标是难点所在。

A.3 决定服务特性的四个分类维度

以上两个服务矩阵的设置与描述，是为了更加清楚直观地展示服务的基本分类过程。实际上，绝大部分服务的生产与消费是同步发生的，体现服务价值与效用的既有服务流程，也包括服务产品与对象。在具体研究某一类特定服务时，需同时运用两个矩阵中涉及的四个分类维度，才能比较全面、完整地对该服务进行分类与界定。

A.3.1 服务的资本密集程度或技术复杂程度

该维度反映提供服务的生产者预先投入的资本（包括技术）与劳动力之间的比例。资本密集（包括技术）程度越高，说明生产者在资产与硬件设备和软件服务方面投入越多，也可以说明该服务的单价成本越高。越是昂贵的服务，服务产品的质量与服务生产者自身的能力水平、资质信誉等硬性指标与“品牌效应”在采购过程中的重要性也越高。

A. 3. 2 服务的标准化程度

该维度反映服务本身的标准化程度。标准化程度越高的服务，主观定制性与消费者个性化程度越低，不同生产者提供的服务产品之间的差异性越小，与传统工业商品的相似程度也越高，在采购过程中的难度也较低；而对标准化程度较低的服务类型而言，由于服务的个性化较强，在采购过程中需要消费者根据自身需求情况，与生产者之间保持密切的沟通联系，并时刻向生产者提供反馈信息。

A. 3. 3 服务产品的最终对象

该维度反映服务的对象是人还是物。一般而言，越是针对消费者个人的服务，需要消费者参与服务过程的程度越高。尤其是针对人的基本需求的一些服务，如美容美发、吃饭用餐等服务，往往需要消费者全程参与。由于消费者与服务生产者共同完成服务过程，消费者对服务流程与质量的熟悉程度与控制力就很强；相比较之下，针对“物”的服务类型，需要消费者参与的程度就会低一些。服务针对的对象与消费者个人的关系越远，消费者在服务过程中的参与度也就越低，越难把控服务的进度与阶段性成果的质量。

A. 3. 4 服务产品的有形程度

在之前对服务特征的介绍中可以看出，绝大多数服务都具备“有形性”与“无形性”两面。二者所占比例的不同，决定了服务的直观性与可触及性方面的差异，也决定了该项服务在实施采购工作时的难易程度。一般来讲，有形性程度越高的服务，其实物部分所占比例越高，越易于消费者理解与评估服务产品质量；有形性程度越低的服务，精神层面与主观感受成分越高。如何将无形的主观感受转化为有形的量化指标，成为采购、评估无形服务产品的最大难点。

A.4 专业服务矩阵分析及其应用

A.4.1 服务矩阵因素

服务项目作为一个整体来看，与货物、工程项目相比具有更强的主观性、无形性、不确定性、非标准化等特点。

依照技术属性，企业服务采购可分为通用服务和专业服务两类。

通用类如公文印刷、物业管理、公车租赁、系统维护等采购金额相对不高，采购需求明确但项目简单，可采用询价、比选或网上采购。

专业服务如物流、会展等服务，软件服务，律师、融资服务等较为复杂。对该类服务采购的原则是：

a）尽量减少对服务项目不必要的刚性限制，以采购人的价值导向为目标。

b）由于服务项目的生产和消费同时进行的特点，加强合同履行的相关条约限制，保证采购人在合同履行阶段有合理调整合同的权利，保证企业能够及时合理地调整采购合同以满足采购人的价值目标。

A.4.2 服务项目采购特点

本书重点对该类服务进行矩阵分析，选择了物流管理和会展服务、数据和软件服务以及融资和律师服务代表的三类专业服务采购项目，从“资本密集程度或技术复杂程度、标准化程度、产品对象、有形程度”四个维度进行汇总分析。汇总结果如表 A.1 所示。

表 A.1　　矩阵因素汇总①

	资本密集程度或技术复杂度	标准化程度	产品对象	有形程度
物流管理、展会服务	低	中	物	高

① 引自《政府采购服务法律制度分析研究报告》（2014），国际关系学院公共市场与政府采购研究所编写，本书在引用时依据企业采购的特点作了适当补充。

续 表

	资本密集程度或技术复杂度	标准化程度	产品对象	有形程度
电子数据及相关软件服务	高	低	物、人	中
律师、融资服务咨询	高	低	人	低

——物流管理、展会类服务项目

采购需求明确、有形程度高、具有竞争条件，可采用招标或谈判等方式采购，评审条件应当质量和成本并重。

——数据、软件类服务采购

该类服务既针对人也针对物，有些地方政府采购目录将软件采购列为货物采购，但说到底，软件还是服务采购。由于软件生命周期较短，升级换代很快，软件的伴随服务是采购人应当特别注意的问题。

软件服务的采购除了服务产品标准化程度低、可量化程度低的共性问题外，还有以下特点影响采购人采购办法的使用。

a）软件成本属于认知成本，致使其价格难以估算；

b）软件价格都有一种逐渐趋向于零的趋势，致使其质量难以判断；

c）软件的使用具有路径依赖的属性，一旦采购失误，更换成本高，所以对采购人采购的专业水平要求也较高。

因此，软件作为一种特殊的货物采购，在尽量扩大竞争范围的条件下，应当采用通过讨论、对话和谈判的采购办法竞争采购，同时在缔约阶段一般应当进行样品的演示，在合同履行期间应当要求供应商对服务的生命周期做出全面清晰的承诺。

——法律、金融类等服务

针对类似于法律、金融服务等不确定性采购。此类采购又可以称为需求采购或者不确定性采购。以律师咨询为例，因为企业需要处理的案件可能是突发性、不可预知的，难以采用招标或竞争性谈判的采购方式选择供应商。可是此类服务又不同于软件采购，往往主观性较强，也不能通过竞价的方式进行选择。建议采取框架协议采购，即企业每年通过竞争谈判的采购方式选择几家固定的律师事务所，分别针对不同类型的律师咨询服务，在签订不确定性采购合同时要说明最高限价（如律师咨询每小时单价等），并向供应商说明可能订购的最大数量以及最小数量，从而方便供应商提交最优的报价。这种模式需要在前期做好遴选工作，确保各部门在不违反合约的前提下满足其内部需求。

资料 B 《联合国国际贸易法委员会公共采购示范法》的采购方法和工具

B.1 《联合国国际贸易法委员会公共采购示范法》

B.1.1 《联合国国际贸易法委员会公共采购示范法》的背景和目标

B.1.1.1 背景

《联合国国际贸易法委员会货物、工程和服务采购示范法》(以下与《联合国国际贸易法委员会公共采购示范法》统一简称为《示范法》)是联合国国际贸易法律委员会(UNCITRAL)1994 年在其第 27 届年会上完成的。该《示范法》的目的是给那些希望遵循一个经济的、有效的采购体系通常接受的最低标准和保障措施,力图为采购立法和与国际接轨的国家提供指导。

UNCITRAL 是联合国大会的一个政府间机构,成立于 1967 年,中国是积极的参与者。《示范法》旨在促进国际贸易,帮助贸易正在受其影响的国家在制定和国际接轨的本国法律文件时具有 UNCITRAL 的授权。UNCITRAL 的法律文件具有典型的立法或“制定法律”的特性,即具有国际协定或条约的形式,或者供有关国家参照《示范法》制定本国法律。由于这些文件的制定旨在促进经济发展不同层次国家用户之间的商务交往,促进不同地区、处于不同法律体系中的用户之间的商务交往,所以 UNCITRAL 的法律文件是在政府代表和专家出席的政府间会议上一致通过的。该文件第 1 条规定了适用范围:“本法适用于采购实体进行的所有采购”,但不适用于涉及国防或国家安全的采购以及颁布国列明排除在外的其他类型的采购。2011 年该《示范法》修订后更名为《联合国国际贸易法委员会公共采购示范法》。

由于《示范法》本身在某种程度上还具有国际法渊源中“一般法律原则”的性质，鉴于我国参加 GPA（《政府采购协定》）协议的前景，参照《示范法》制定符合我国国有企业采购的技术规范势在必行。

B.1.1.2 《示范法》的目标

《示范法》基于六项主要目标，这些目标载于《示范法》序言，都应是公共采购立法的依据。这些目标可以归纳如下。

a）节省费用，提高效率；

b）供应商和承包商广泛参与，作为一般原则开放采购，允许国际参与；

c）实现最大程度的竞争；

d）确保公平、平等、公正待遇；

e）保证采购过程的廉正、公平和公信度；

f）增进透明度。

B.1.2 《示范法》主要采购方法的分类和特点

政府采购涉及各级政府酌情做出的决策，这是采购的性质使然。不仅如此，采购涉及重大国计民生项目，对经济运作和发展都会有重大影响。《示范法》中设计的各种采购方法力图实现公共采购物有所值的采购目标。

B.1.2.1 缺省方法

公开招标是公共采购中的缺省方法，即除了采购人认为出现有关规范所列、必须采用的其他采购方法外，一般应采用的方法。

B.1.2.2 采购需求明确的采购方法

该方法包括：限制性招标、询价和不通过谈判征求意见书三种采购方式。

该组方式的特点是采购实体的需求一开始就能够确定并加以说明，不需要采购实体与供应商或承包商进行讨论、对话或谈判，即招标文件在投标截止后不能修改。按照以下情形将可以使用这些方法的具体情况归纳为三种方式。

第一种是限制性招标：有限市场上专业、复杂产品或服务的采购；

第二种是询价：市场已有供应的低价值产品或服务的采购，市场上可能已有众多供应商或承包商；

第三种是不通过谈判征求建议书：针对技术和质量因素特别重要的产品或服务的采购。

B. 1. 2. 3 需要和供应商或承包商讨论、对话和谈判的采购方法

该类采购方法包括：两阶段招标程序、通过对话征求建议书程序、通过顺序谈判征求建议书程序、竞争性谈判程序、单一来源采购程序 5 种采购方式。

这些方法在使用上并无一种固定的方式，但它们有一个共同的特点，即采购实体将与供应商或承包商进行讨论、对话或谈判。

就两阶段招标和通过对话征求建议书而言，表明可使用其中一种方法的主要情形有：首先，采购实体无法按照示范法的要求确切而详细地说明其采购需要；其次，采购实体认为有必要与供应商或承包商互动。

a）以细化其对自身需求的说明并在一份通用说明中陈述这些需要（两阶段招标），或

b）以明确说明其需求并邀请提交能满足这些需求的建议书（通过对话征求建议书）。这两种方法也可用于招标失败的情形。

就通过顺序谈判征求建议书而言，适用这种方法的情形有：采购实体只有在评估了建议书的技术、质量和性能特点之后才需就建议书的财务方面进行审议和谈判；谈判对象只能是提交了具有响应性的建议书的供应商或承包商。

竞争性谈判和单一来源采购是十分特殊的采购方法，不应被视为上述其他采购方法的替代办法。之所以和上述方法归类，主要是因为它们涉及采购实体与供应商或承包商之间的互动。

竞争性谈判主要用于紧急采购或极其紧急的采购，目的是保护国家的基本安全利益。

单一来源采购也可用于其他特殊情形，例如，只有独家供应商或承包商，或者需要与以前的采购保持一致，或实现国家社会政策目标所必需，或为国家利益保密所必需的采购等。

B. 1. 2. 4 在线实时采购工具

联合国 2011 年发布的《联合国国际贸易法委员会公共采购示范法》作为国际社会关于政府采购的最新立法成果，相较于 1994 年的《联合国国际贸易

法委员会货物、工程和服务采购示范法》，其显著变化之一是增加了电子逆向拍卖制度的规定。电子逆向拍卖制度走入新示范法绝非偶然，是政府采购电子化不断发展以及相关国家、国际组织的立法、实践等促使贸易法委员会重视研究的结果。电子逆向拍卖主要是为了满足采购实体对标准化、简单和一般可购得标的的需要，在线实施的一种采购方法。该方式要求采购标的非常明确，绝大多数服务和工程的采购都不可能使用这一采购安排，除非这些服务和工程十分简单而且实际上可以量化（如简单的维护工程）。

B. 1. 2. 5　针对重复采购的制度安排

联合国贸易法委员会对《示范法》的讨论中，框架协议是讨论的重点之一，《示范法》中的框架协议对完善我国相关制度具有重要参考价值。所谓框架协议程序是一种多项授予、不确定交付且不定量的合同。总体上看，《示范法》中的框架协议与我国的协议供货类似，因为框架协议程序可以显著降低采购成本；此外，框架协议程序也适用一些紧急采购，有利于中小供应商。该程序可以与《示范法》中的所有采购方法和安排相结合，用于各种采购中，例如货物、工程或服务采购。

《示范法》针对采购实体在各种情况下进行的采购规定了必不可少的程序与原则。但是它毕竟是一项“框架”法律，其本身并未提供一个颁布国为执行这些程序而必须遵守的全部细则和条例。

B. 2　《联合国国际贸易法委员会公共采购示范法》规定的采购方法[①]

B. 2. 1　公开招标

B. 2. 1. 1　概念用途

——概念

公开招标是采用公告的方式邀请不确定的潜在供应商进行竞争性采购的活动。

① 如未经特别说明，“资料 B”正文中的仿宋体内容为《示范法》及其颁布指南的原文。

——用途

公开招标是各类采购活动的缺省办法。

B. 2. 1. 2　适用条件

只要同时满足采购需求明确、具有竞争条件、时间允许、交易成本合理四项条件。

B. 2. 1. 3　规则特点

——邀请供应商或承包商参与采购无任何限制；

——招标文件中有采购标的的周详说明和规格，使得供应商和承包商有共同的依据来编写投标书；

——向供应商或承包商充分公布评审和比较投标书以及选定中选投标书所使用的标准；

——严格禁止采购实体与供应商或承包商就投标书实质内容进行谈判；

——在投标截止时间当众开标；

——公布采购合同生效的必要手续；

——在必要情况下，供应商和承包商可通过《示范法》第八章中规定的质疑程序，要求遵守上述要求。

B. 2. 1. 4　主要程序

a）发布招标公告。

公告内容包括采购人名称地址、项目内容、合同必要条款和要求；供应商或承包商资质条件、获取招标文件的办法以及递交投标文件的方式、地点和截止时间。

b）提供招标文件（收取工本费）。

招标文件的内容和我国《招标投标法》规定的内容基本相同，增加了编制说明、文字、货币以及供应商或承包商享有的撤回、澄清、质疑、投诉等权利的说明。

c）投标书的递交。

规定了投标书递交的时间、地点、截止时间以及密封要求。

d）投标有效期。

采购人在投标有效期期满可以要求投标人延长有效期，供应商或承包商有同意或拒绝的权利和相应的义务。

e）开标。

按照招标文件列明的时间地点开标，招标人邀请所有投标人参加。开启投标文件唱标并做好记录。

f）投标书的审查和评审①。

该程序规定了细微偏差和重大偏差的条件和中标条件。

投标书即使稍有偏离但并未实质改变或背离招标文件列明的特点、条款、条件和其他要求的，或者投标书虽有差错或疏漏但可以纠正而不影响投标书实质内容的，采购实体仍然可以将其视作具响应性投标书。任何此种偏离应当尽可能量化，并在评审投标书时适当加以考虑。

中标条件是：

——价格是唯一授标标准的，应当是投标价格最低的投标书；或者

——价格标准结合其他标准授标的，应按照《示范法》第 11 条②列明的程序和标准确定最有利的投标书。

采购人在任何环节可以对其资格条件进行审查，对不合格的否决其投标。

g）采购人确定中标人。

采购实体应当根据招标文件列明的标准和程序对未被否决的投标书进行评审，以便确定中选投标书。

h）禁止与供应商或承包商谈判③。

B. 2. 1. 5　注意事项

我国《招标投标法》规定的招标程序参照《示范法》的程序规定，但是在程序上有以下重要区别：

——《示范法》明确规定对投标书审查和评审的主体是采购人，且在任何阶段都可以对其资格进行审查。

---

① 《示范法》第 43 条。

② 第 11 条指与采购标的相关的评审标准可以包括：（a）价格；（b）货物操作、保养和维修费用或工程费用；交付货物、完成工程或提供服务的时间；采购标的特点，如货物或工程的功能特点和标的的环境特点；采购标的的付款条件和保证条件；（c）涉及根据本法第 47 条、第 49 条和第 50 条进行采购的供应商或承包商以及参与提供采购标的人员的经验、可靠性、专业能力和管理能力。

③ 《示范法》第 44 条，指在招标程序中，中标后不允许再进行价格谈判。

——《示范法》在开标程序后的环节是投标书的审查和评审。审查和评审的主体是采购人，采购人在审查中可以对投标书的解释或订立合同与投标人讨论。评审中是否需要组建必要的咨询机构，或需要组建时专家的聘请方式等审查办法由采购人决定，《示范法》没有强制规定。评审办法由采购人在招标文件中约定。

——采购人依据招标文件规定的标准决定中标人。如采购人决定聘请咨询专家，采购人一般会尊重咨询专家的意见，但是专家的意见对采购人没有法律约束力。

——《示范法》规定采购实体不能和供应商或承包商就投标书进行谈判，是指不能进行价格谈判。因为此种谈判有可能导致利用某一个供应商或承包商递交的投标书对另一个供应商或承包商施压，迫使其降低价格或提出其他方面更有利的投标。许多供应商和承包商都避免参加采用此种安排的招标程序，即使参加，他们也会因预期有谈判过程而提高投标价格。禁止谈判并不包括采购实体与供应商或承包商根据《示范法》第 16 条，为解释其投标书或者为订立采购合同而进行的讨论。

我国的《招标投标法》有类似规定：

《招标投标法》第四十三条规定："在确定中标人前，招标人不得与投标人就投标价格、投标方案等实质性内容进行谈判。"

《招标投标法》第四十六条规定："招标人和中标人不得再行订立背离合同实质性内容的其他协议。"

B. 2. 2 限制招标

B. 2. 2. 1 概念用途

——概念

通过向特定的潜在投标人发出投标邀请书的招标方式。

鉴于我国《招标投标法》将招标分为公开招标和邀请招标两种，为使法律之间衔接、统一，可将这种方式视为邀请招标。

——用途

符合招标条件但由于特殊原因不能采取公开招标方式的采购。

B. 2. 2. 2　适用条件[①]

a）采购项目复杂或具有特殊性，只能在有限的供应商范围内采购；如核电设备。

b）采购项目的价值低，研究和评审投标文件所需时间长、费用高，采购人只能通过限制投标人数量来达到节省资金的目的，如供应体育赛事上出售的徽章或别针。

B. 2. 2. 3　规则特点

这种方式适用于潜在供应商数量有限或者为了提高效率、降低成本的情况，是公开招标方式的变体，是针对不同的采购环境对公开招标的修改和补充。

除公告环节外和公开招标的规则相同。

a）主要程序。除了发布公告外和公开招标相同。

b）注意事项。限制性招标的使用仅限于真正的例外情形，同时保持适当的竞争度。

B. 2. 3　询价

B. 2. 3. 1　概念用途

——概念

针对标准产品或服务，通过询问价格确定合同相对人的采购方式。

——用途

询价程序提供了适合标准化项目（通常称为“现成项目”）低价值采购的采购方法。

B. 2. 3. 2　适用条件[②]

所采购的现成货物或服务并非按采购实体特定说明专门生产或提供，并且已有固定市场的，采购实体可以根据本法第 46 条使用询价方式进行采购，但采购合同的估计价值必须低于采购条例列明的阈值。

B. 2. 3. 3　规则特点

——供应商或承包商只能一次性报出不可更改的价格。

---

① 《示范法》第二章第 29 条第 1 款。

② 《示范法》第二章第 29 条第 2 款。

B. 2. 3. 4 主要程序

a）符合询价的适用条件，采购实体询价采购。询价书应当告知每一个被询价的供应商或承包商是否需把采购标的本身费用之外的其他任何要素计入价格之内，例如，任何适用的运费、保险费、关税和其他税项。

b）只允许每一个供应商或承包商提出一个报价，不允许更改其报价。采购实体不得就供应商或承包商提出的报价与其进行谈判。

c）中选报价应当是可满足询价书中列明的采购实体需要的最低报价。

B. 2. 3. 5 注意事项

询价采购不适用重复采购和技术条件复杂的项目，因为这样做有限制市场和舞弊的风险。

我国《政府采购法》规定的询价采购方式其标的只有货物，不包含服务。

B. 2. 4 不通过谈判征求建议书

B. 2. 4. 1 概念用途

——概念

这种方法是采用一种顺序审查和评审程序，先审议建议书的技术、质量和性能特点。只有当这些特点完全响应了采购实体在采购程序开始时规定的最低限要求时，采购实体才会继续审议相关建议书的价格和财务方面的采购方法。

——用途

该方式主要解决以质量和技术为主要目标，且标准化程度较高的采购问题，也可用于一些既不复杂，价值也不高的界定明确的服务，如编写教材等适用该办法，还可用于涉及机密信息的采购。

B. 2. 4. 2 适用条件①

该款规定可使用这种方法的情形是，采购实体需要在建议书的技术、质量和功效特性审查和评审完成之后才对建议书的财务方面单独进行审议的，采购实体可以根据本法第47条使用不通过谈判征求建议书的方式进行采购。

---

① 《示范法》第二章第29条第3款。

B. 2. 4. 3 规则特点

——采购需求清晰，采购文件的技术、质量和功效特性指标明确。无须和供应商或承包商讨论、对话和细化补充。

——采购项目的首要目标是强调“标的”技术、质量和功效特性满足性。价格只能在此基础上适当竞争比选。

——在该方法中采购人不能就价格和供应商、承包商谈判。采购人依据采购文件设定的标准经过评审，把合同授予最符合标准要求的对象。

B. 2. 4. 4 主要程序①

1. 采购实体征求建议书。

2. 邀请书的内容，其中包括建议书被认为具有响应性而必须在技术、质量和性能特点上达到的最低限要求。

3. 采购实体应当将征求建议书发给合格的供应商或承包商。

4. 征求建议书的内容规定。

5. 在装有建议书财务方面内容的信封拆封之前，采购实体应当按照建议征求书中列明的标准和程序，审查和评审建议书的技术特点、质量特点和性能特点。

6. 建议书技术特点、质量特点和性能特点的审查和评审结果应当立即载入采购程序记录。

7. 建议书的技术特点、质量特点和性能特点未达到有关的最低限要求的，该建议书应当视为不具响应性，并应当以此为由被否决。否决和否决理由通知书，连同装有建议书财务方面内容的未拆封信封，应当迅速分送建议书被否决的每一个供应商或承包商。

8. 建议书的技术特点、质量特点和性能特点达到或超过有关的最低限要求的，该建议书应当视为具响应性。采购实体应当迅速向递交了此种建议书的供应商或承包商告知其各自建议书技术特点、质量特点和性能特点的得分。采购实体应当邀请所有此种供应商或承包商参加装有其建议书财务方面内容的信封的拆封。

---

① 《示范法》第四章第47条。

9. 在供应商或承包商根据本条第 8 款应邀参加装有建议书财务方面内容的信封拆封时，应当当众宣读每项具响应性建议书的技术特点、质量特点和性能特点的得分及其相应的财务方面内容。

10. 采购实体应当比较具响应性建议书的财务方面内容，并以此为基础按照建议征求书中列明的标准和程序确定中选建议书。中选建议书应当是下述两个方面综合评审结果最佳的建议书：a）建议征求书所列非价格标准；和 b）价格。

B. 2. 4. 5 注意事项

不通过谈判征求建议书不适合价格是唯一授标标准或主要授标标准之一的采购。

B. 2. 5 两阶段招标

我国《政府采购法》规定的采购方式以公开招标为主，以邀请招标以及其他采购方式为辅。目前《招标投标法》只规定了公开招标和邀请招标的方式，不能完全解决招投标实践中需求难确定的问题，虽然《招标条例》规定了两阶段采购方式，但没有相应程序规定。所以应当以《示范法》为模板，对两阶段招标的法律地位和内容予以完善，以适应采购实践的发展需求。

B. 2. 5. 1 概念用途

——概念

两阶段招标指鉴于采购人对采购需求只能提出功能性指标或相对宽泛的技术规格，需要和供应商或承包商讨论细化完善的采购方法。

第一阶段采购人发出招标文件后与供应商或承包商讨论和对话，对招标文件的技术规格细化补充完善，产生满足采购人需要的最佳招标文件；第二阶段通过招标程序邀请参加对话的供应商或承包商参加投标并最终确定中标人。

——用途

两阶段招标的主要目的是使采购标的的规格更加精确，缩小可选方法范围后只提出一种最符合采购实体需要的方法，并在此基础上最终确定一套采购条款和条件。

适宜使用两阶段招标的情形包括：大型复杂设施或专业性工程采购，技术复杂项目的采购、机械设备供应和安装，如公路修建和专业车辆采购；大型客机、通信系统、技术设备和基础设施的采购。[①] 在上述采购中，如果采购实体一开始不研究市场能供应什么，便拟订完整的采购说明，列出标的的所有技术规格、质量要求和性能特征、供应商或承包商的相关资质，以及采购的所有条款和条件，这样显然不太可能获得最佳资金效益。

因此，采购实体与供应商或承包商讨论后，关于市场现有的更先进材料或方法的信息将细化“标的”的某些技术方面内容，有利于采购人获得更佳经济效益。

B. 2. 5. 2　适用条件[②]

有下列情形之一的，采购实体可以根据本法第 48 条使用两阶段招标的方式进行采购：

（a）采购实体经评价认定，为了使采购实体的采购需要达致最满意的解决，需要与供应商或承包商进行讨论，细化采购标的说明的各个方面，并按照本法第 10 条[③]要求的详细程度拟订采购标的说明；或者

（b）进行了公开招标而无人投标，或者采购实体在接受中选提交书前任何时候取消了采购，并且根据采购实体的判断，进行新的公开招标程序或者使用本法第四章采购方法[④]将不可能产生采购合同。

该办法用于采购人需要和供应商或承包商讨论，补充细化完善采购条件的较为复杂的货物或服务项目。

B. 2. 5. 3　规则特点

两阶段招标的第一阶段，招标人负责和供应商或承包商针对招标文件的功能需求或最低技术要求进行讨论，所谓讨论就是使采购标的的规格更加精确，缩小可选方法范围后只提出一种最符合采购实体需要的方法，并在此基础上最终确定一套采购条款和条件。

---

① 《示范法颁布指南》第五章“B. 关于第五章采购方法的一般说明和主要政策问题”第 1 条第 2 款。

② 《示范法》第二章第 30 条第 1 款。

③ 《示范法》第 10 条规定了采购标的的说明以及采购合同或框架协议条款和条件的规则。

④ 第四章的采购方式指：限制性招标、询价和不通过谈判征求建议书程序。

两阶段招标的第二阶段，将修订后的采购条款和条件向提交投标书的供应商或承包商公布，投标人据此提交最后投标书（其中包括价格承诺）。

这样，在整个程序中，负责技术解决方案设计、确定工作范围并规定采购条款和条件的是采购实体。

在此之后，由获得采购合同的供应商或承包商负责执行这一设计并履行条款和条件。

应当指出的是，招标文件中对需求的初步说明很可能侧重于采购"标的"的功能方面，因此，第二阶段应细化技术方面并将其列入最后招标文件。

成功使用这种方法的前提是，参加者积极提出的技术解决方案，采购实体有能力将其综合，最后拟就采购需求以及其他采购条款和条件进行说明。提及进行的"讨论"，反映的是整个过程的互动性。

B.2.5.4 主要程序①

1. 符合招标条件和程序的采购，应当适用于两阶段招标程序。

2. 招标文件应当邀请供应商或承包商在两阶段招标程序的第一阶段递交初步投标书，在其中载明不包括投标价格的建议。招标文件可以征求关于采购标的技术特点、质量特点或性能特点的建议以及关于供应的合同条款和条件的建议，相关的，还可要求提供供应商或承包商的专业和技术能力及资质。

3. 供应商或承包商的初步投标书未根据本法规定被否决的，采购实体可以在第一阶段就其初步投标书的任何方面与其进行讨论。采购实体与任何供应商或承包商进行讨论时，应当给予所有供应商或承包商平等参加讨论的机会。

4. (a) 在两阶段招标程序的第二阶段，采购实体应当邀请初步投标书未在第一阶段被否决的所有供应商或承包商根据一套经修订的采购条款和条件递交列明价格的最后投标书。

(b) 在修订有关的采购条款和条件时，采购实体不得修改采购标的，但可以用下述方式细化采购标的说明的各个方面：

(i) 删除或修改最初提供的关于采购标的技术特点、质量特点或性能特

① 《示范法》第五章第48条。

点的任何方面，并增列符合本法要求的任何新特点；

（ⅱ）删除或修改最初提供的关于投标书审查或评审的任何标准，并增列符合本法要求的任何新标准，但此种删除、修改或增列只能是由于对采购标的技术特点、质量特点或性能特点作出改动所必需的。

（c）应当在递交最后投标书的邀请书中告知供应商或承包商根据本款（b）项作出的任何删除、修改或增列。

（d）供应商或承包商无意递交最后投标书的，可以退出招标程序而不丧失该供应商或承包商原先可能被要求提供的任何投标担保。

（e）应当对最后投标书进行评审，以确定本法第43条第3款（b）项所界定的中选投标书。

B.2.5.5　注意事项

两阶段招标方式是一种比较特殊的招标方式。在《招标条例》颁布后，两阶段招标方式被正式认可。针对一些复杂的招标项目，该方法可以发挥其独特的优势，帮助采购人选择最合适的方案。故而《示范法》对我国的招投标制度同样有示范意义。

第一阶段不允许采购人要求参加的供应商或承包商就各自提出的解决方案作出价格承诺；采购人不得在讨论期间要求出价人提供价格信息。

采购人与供应商或承包商除了采购标的外，可以增删修改采购标的技术特点、质量特点或性能特点的任何方面，以及投标书相应的审查或评审标准，并最终形成一份统一的采购需求以及其他采购条款和条件的通用说明，讨论结束后即予以公布。

在这一方法中，采购人应具有综合最终采购方案的能力，但又要求通过制度避免其权力滥用，防止其偏袒的供应商或承包商提供的技术解决方案确定为首选方案。通过公示制度进行监督是其中的一个办法。

B.2.6　通过对话征求建议书

B.2.6.1　概念用途

——概念

采购人和供应商或承包商通过对话方式，围绕确定的标准提出方案建议，所谓对话就是采购文件的标的和技术要求不能变更，供应商或承包商可提出实现目标要求的不同路径方案。采购人依照招标文件规定的标准对其进行评审，以确定依评审标准选定的中选投标书的采购方法。

——用途

通过对话征求建议书是为采购比较复杂的货物和服务而设计的程序。这一采购方法通常用于以寻求对技术问题（如节约能源、实现可持续采购或基础设施需要）的创新解决方案为目的而进行的采购。这种情况下会有不同的技术解决方案：材料多种多样，还可能包括使用一种能源代替另一种能源（在风能、太阳能、化石燃料之间进行选择）。

B. 2. 6. 2 适用条件[①]

有下列情形之一的，采购实体可以根据本法有关程序规定使用通过对话征求建议书的方式进行采购：

（a）采购实体根据本法第 10 条[②]拟订采购标的详细说明不可行，而且采购实体经评价认定需要与供应商或承包商对话才能使其采购需要达致最满意的解决；

（b）采购实体寻求为科研、实验、研究或开发目的订立一项合同，但合同所涉货品产量足以确立该货品的商业可行性或足以收回研发费用的除外；

（c）采购实体认定，所选择的方法是最适合保护国家基本安全利益的采购方法；或者

（d）进行了公开招标而无人投标，或者采购实体根据本法第 19 条第 1 款[③]取消了采购，并且根据采购实体的判断，进行新的公开招标程序或者使用本法第四章采购方法不可能产生采购合同。

通过对话征求建议书已证明颇有成效的情形包括基础设施项目（例如，提供工程技术方法和范围不同的设施，涉及不同的商业问题），以及市场正在迅速扩大的某种高技术的采购。在这一方法中，要求采购人有能力进行所设

① 《示范法》第二章第 30 条第 2 款。

② 《示范法》第 10 条规定了采购标的的说明以及采购合同或框架协议条款和条件的规则。

③ 该条规定采购人可以在接受中选提交书前任何时候取消采购；在确定成交候选人后，如果其不与采购人签订合同，或不交履约保证金，可取消其中标资格，依次递补或者重新招标。

想的那类对话，特别是在展示和说明需求方面以及审查和评审不同技术解决方案方面，还要求在制度上避免滋生舞弊，不会因偏袒某些供应商或承包商而在对话期间向每个供应商或承包商提供不同信息。

B. 2. 6. 3　规则特点

通过对话征求建议书在程序上与两阶段招标相似，但有几个显著的特点。

——这种方法同样允许采购实体与潜在供应商或承包商在透明、有序的框架内对采购实体需要的技术、质量和性能特点以及财务方面进行对话协商。

——这一过程产生可满足采购实体需要的最佳和最终报盘的建议书，但是，除提出最低限技术要求之外，不产生单一套通用技术规格。

——最佳和最终报盘可能会面对采购实体的需要提出多样技术解决方案；在这一点上，技术解决方案是由供应商和承包商负责设计的。采购实体对这些解决方案进行评审，以确定是否满足其需要；在既竞争又平等的基础上进行评审，这种程序比两阶段招标程序更为复杂。

B. 2. 6. 4　主要程序

B. 2. 6. 4. 1

通过四种方式确定并邀请符合条件的供应商或承包商。

——发出通过对话征求建议书公告，通过公开招标的方式选择供应商或承包商；

——发出通过对话征求建议邀请书，通过邀请招标的方式选择供应商或承包商；

——采购人为限制向其征求建议书的供应商或承包商的数目而进行预选程序；

——通过有限数量制的资格预审确定邀请一定数量的供应商或承包商。

B. 2. 6. 4. 2

将征求建议书发给下列供应商或承包商。

——根据公告邀请书中列明的程序和要求对邀请书做出答复的每一个供应商或承包商；

——采购人使用邀请招标办法选出的每一个供应商或承包商；

——进行了预选程序的，根据预选文件列明的程序和要求通过了预选的每一个供应商或承包商；

——进行了资格预审的，通过了资格预审的每一个供应商或承包商。

上述供应商或承包商均须支付可能对征求建议书收取的费用。

B. 2. 6. 4. 3

采购人应当根据所确定的最低限要求，审查所有收到的建议书；

凡是未达到这些最低限要求的建议书，均应以其不具响应性加以否决；

对被邀请参加对话的供应商或承包商规定了最高限数，而具响应性建议书的数量超过该最高限数的，采购人应当按照征求建议书列明的标准和程序选择最高限数的具响应性建议书（如采用随机抽取的方法）；

否决和否决理由通知书应当迅速分送给建议书被否决的每一个供应商或承包商。

B. 2. 6. 4. 4

凡是递交了具响应性建议书的供应商或承包商，采购人均应在所适用的任何最高限数之内邀请其参加对话；

采购实体应当确保被邀请参加对话的供应商或承包商的数目足以确保有效竞争，如有可能至少应为 3 个。

B. 2. 6. 4. 5

采购人应当分派若干位相同代表在同一时间进行对话。

——考虑到预防腐败的要求，此规定不应理解为采购人的不同代表分别在同一时间对话，而是采购人团队在规定时间段内逐一同供应商或承包商对话；

——对话不能增删修改征求建议书的实质性内容、评审标准和合同条款；

——对所有供应商或承包商给予平等待遇；

——采购人向某一供应商或承包商发送征求建议书的对话期间产生的任何要求、准则、文件、澄清或其他信息，应当在平等基础上同时发送给其他所有参加对话的供应商或承包商，除非保密需要。

B. 2. 6. 4. 6

最佳和最终报盘。

对话之后，采购人应当请所有仍在程序中的供应商或承包商就其建议书的所有方面提出最佳和最终报盘①。该请求应当采用书面形式，并应当具体说明提出最佳和最终报盘的方式、地点和截止时间。

B. 2. 6. 4. 7

采购实体不得就供应商或承包商提出的最佳和最终报盘与其进行谈判。

B. 2. 6. 4. 8

中选报盘。中选报盘应当是按照征求建议书列明的建议书评审标准和程序确定的最符合采购实体需要的报盘。

B. 2. 6. 5 注意事项

——采购人应当明确采购的功能要求。

在实务中，采购实体必须能够在采购开始时在功能（或性能、产出）要求层面上说明其大致需要，即对最低限要求做出规定。

——采购实体将价格作为对话的一个方面。

虽然对话的主要侧重点可能一般都放在技术、质量和性能方面或者放在法律问题或其他支助性问题上，但采购标的和市场条件可能允许甚至鼓励采购实体将价格作为对话的一个方面。另外，在有些情况下，价格标准同非价格标准是分不开的。因此，采购人可能会要求供应商或承包商在建议书中提供初步价格。最佳和最终报盘一定要列明价格。

——与供应商或承包商对话。

在比较复杂物项和服务的采购中，不与供应商或承包商对话反而造成很高的机会成本，而进行此种对话过程可带来明显的经济上的好处。如在建筑工程或建造工程方面的采购，采购人只有通过对话才能评估供应商或承包商的个人技能和专业知识。

——对话可分为若干阶段。

对话是采购人与供应商或承包商之间的互动，所涉及的内容既有供应商或承包商建议书的技术、质量和性能特点，也有建议书的财务方面。对话期间可

---

① 是卖方主动向买方提供商品信息，或者是对询盘的答复，是卖方根据买方的来信向买方报盘，其内容可包括商品名称、规格、数量、包装条件、价格、付款方式和交货期限等。

能会讨论特定技术解决方案所涉及的财务问题，其中包括价格或价格范围。

B. 2. 7 通过顺序谈判征求建议书

B. 2. 7. 1 概念用途

——概念

采购实体需要在建议书的技术、质量和功效特性审查和评审完成之后才对建议书的财务方面单独进行审查，而且采购实体经评价认定需要与供应商或承包商进行顺序谈判才能确保采购合同的财务条款和条件为采购实体接受的采购方法①。

——用途

这一方法适合专为采购人设计的大型复杂采购“标的”的采购，不适合较为标准的“标的”的采购。其显著特点是就建议书的商业或财务方面进行谈判是必不可少的——建议书的这些方面可能有很多变量，在采购开始时无法全部预测和具体规定，必须在谈判过程中加以细化和商定。实务中使用这一方法的例子包括咨询（如咨询建议）服务。

B. 2. 7. 2 适用条件

采购实体需要在建议书的技术、质量和功效特性审查和评审完成之后才对建议书的财务方面单独进行审查，而且采购实体经评价认定需要与供应商或承包商进行顺序谈判才能确保采购合同的财务条款和条件为采购实体接受的，采购实体可以根据本法第 50 条使用通过顺序谈判征求建议书的方式进行采购②。

B. 2. 7. 3 规则特点

该办法将重点放在建议书技术、质量和性能特点的竞争上。它所具有的这一显著特征既可约束供应商或承包商，又可约束采购实体本着诚信进行谈判。排名第一的供应商或承包商面临的风险是，与采购实体的谈判可能随时被终止，导致该供应商或承包商永远被排除在采购程序之外。采购人因面临

---

① 《示范法颁布指南》第五章 B. 3 一般说明和主要政策问题。

② 《示范法》第 30 条第 3 款。

否决最佳技术建议书的风险也会有所克制，不会过度重视建议书的财务方面，牺牲对技术、质量和性能的考虑。在招标文件中将谈判期固定下来，不失为对谈判双方的另一项有效约束措施。

B. 2. 7. 4 主要程序[①]

1. 符合不通过谈判征求建议书的条件，经变通后应当适用于使用通过顺序谈判征求建议书的方式进行的采购。

2. 建议书的技术特点、质量特点和性能特点达到或超过有关的最低限要求的，该建议书应当视为具响应性。采购实体应当按照征求建议书列明的建议书评审标准和程序对每项具响应性建议书进行排名，并应当：

（a）迅速向每一个递交了具响应性建议书的供应商或承包商告知其各自建议书技术特点、质量特点和性能特点的得分和排名；

（b）邀请按照这些标准和程序取得最佳排名的供应商或承包商就其建议书的财务方面进行谈判；并且

（c）告知递交了具响应性建议书的其他供应商或承包商，可能考虑在与排名靠前的一个或多个供应商或承包商谈判未产生采购合同的情况下就其建议书进行谈判。

3. 如果采购实体认为与根据本条第 2 款（b）项邀请的供应商或承包商谈判显然不会产生采购合同，采购实体应当通知该供应商或承包商将终止谈判。

4. 采购实体随后应当邀请排名靠前的供应商或承包商进行谈判；如果与该供应商或承包商谈判未产生采购合同，采购实体应当根据排名顺序，邀请其他仍然参加采购程序的供应商或承包商进行谈判，直至达成采购合同或否决其余所有建议书。

5. 谈判过程中，采购实体不得修改采购“标的”；不得修改任何资格标准、审查标准或评审标准，包括所规定的任何最低限要求；不得修改采购标的说明的任何要素；除属于征求建议书所列明谈判内容相关的财务方面之外，不得修改采购合同条款和条件。

---

① 《示范法》第三章第 50 条。

6. 采购实体与任何供应商或承包商终止谈判后不得与其重新进行谈判。

B. 2. 7. 5 注意事项

这一采购方法在谈判阶段之前的所有阶段都与不通过谈判征求建议书相同：采购实体以建议书的技术、质量和性能特点为基础设定一个门槛，然后对经评定达到或超限的建议书进行排名，确保与之谈判的供应商或承包商有能力提供所要求的采购标的。

不同的是，该方法需要就建议书的财务方面进行谈判。这说明，这一方法适合专为采购实体“私人定制”的采购，而不适合较为标准的标的的采购。因此，通过顺序谈判征求建议书程序适用于比较复杂标的的采购。采购实体先与排名最靠前的供应商或承包商就建议书的财务方面进行谈判；如果与该供应商或承包商的谈判终止，则采购实体与排名靠前的供应商或承包商进行谈判，并势必要依次继续下去，直至与其中一个供应商或承包商订立合同。这些谈判旨在确保采购实体获得公平、合理的财务建议书。

事实证明，由于谈判的范围只涉及建议书的财务或商业方面，最适合这一采购方法的谈判方式是顺序谈判，而不是并行谈判或同时谈判。如果需要就建议书的其他方面进行谈判，则不能使用这一采购方法。

B. 2. 8 竞争性谈判

我国政府采购法律体系规定的非招标采购方式中包括竞争性谈判及竞争性磋商采购方式，与《示范法》规定的竞争性谈判方式相比，适用范围过于宽泛，规定的保障措施比较欠缺。将我国的竞争性谈判及竞争性磋商与《示范法》规定的竞争性谈判方式进行比较分析，无疑可以为我国竞争性谈判及竞争性磋商今后的立法及适用提供有益的借鉴①。

B. 2. 8. 1 概念用途

——概念

在竞争条件下通过谈判选择最佳报盘的采购方法。

① 葛晓峰，《竞争性谈判如何更好地与国际接轨》，载于《中国招标》2015 年第 18 期。

——用途

出现紧急采购或特定情形需要的采购。这包括自然灾难之后需要紧急医疗用品或其他用品，或者需要替换一件已经无法正常工作的经常使用的设备。如果紧急情形是由于采购实体采购计划不周或其他作为/不作为造成的，则不能使用这一采购方法。通过这一方法采购的范围必须与紧急情形本身直接相关。换句话说，如果采购实体紧急需要某件设备，同时预期还需要几件同类设备，则只能就最急需的该件设备使用竞争性谈判。

B.2.8.2 适用条件①

——对采购标的存在紧迫需要，使用公开招标程序或者其他任何竞争性采购方法都将因使用这些方法所涉及的时间而不可行，条件是，造成此种紧迫性的情形既非采购实体所能预见，也非采购实体办事拖延所致；

——由于灾难性事件而对采购标的存在紧迫需要，使用公开招标程序或者其他任何竞争性采购方法都将因使用这些方法所涉及的时间而不可行；或者

——采购实体认定，使用其他任何竞争性采购方法均不适合保护国家基本安全利益。

B.2.8.3 规则特点

该方法针对的项目采购需求明确，无须和供应商或承包商对话，也有一定的竞争条件。只是由于情形特殊，采购人在准备了采购合同主要条款和条件概要后直接进行合同价格谈判，以满足采购需要。

B.2.8.4 主要程序②

a）发布谈判公告或出现紧急采购情形时发出谈判邀请书，确保有更多供应商或承包商参与谈判。

b）采购实体在谈判之前或谈判期间向某一供应商或承包商发送的与谈判有关的任何要求、准则、文件、澄清或其他信息，应当在平等基础上同时发送给正在与采购实体进行采购方面谈判的其他所有供应商或承包商，除非这

---

① 《示范法》第二章第30条第4款。

② 《示范法》第三章第51条。

些要求、准则、文件、澄清或其他信息是特别针对或专门用于该供应商或承包商的，或者此种发送将违反本法第 24 条的保密规定。

c）谈判完成后，采购实体应当请所有仍在程序中的供应商或承包商在某一规定日期之前就其建议书的所有方面提出最佳和最终报盘。

d）采购实体不得就供应商或承包商提出的最佳和最终报盘与其进行谈判。

e）中选报盘应当是最符合采购实体需要的报盘。

B. 2. 8. 5 注意事项

这一方法的程序十分灵活，因此有必要对其使用加以限制。这些程序没有提供其他竞争性采购方法所提供的同等程度的程序透明度、公正性和客观性，因此，这一方法出现舞弊腐败的风险较大。

B. 2. 9 单一来源采购

B. 2. 9. 1 概念用途

——概念

在特定条件下，只能向唯一供应商或承包商采购的方法。

——用途

鉴于单一来源采购的非竞争特性，单一来源采购应当是在其他所有方法均已证明不合适的情况下最后采用的方法。

B. 2. 9. 2 适用条件①

在下列特殊情况下，采购实体可以根据本法规定程序进行单一来源采购：

(a) 采购标的只能从某一供应商或承包商获得，或者某一供应商或承包商拥有与采购标的相关的专属权，所以不存在其他合理选择或替代物，并且因此不可能使用其他任何采购方法；

(b) 由于灾难性事件而对采购标的存在极端紧迫需要，使用其他任何采购方法都将因使用这些方法所涉及的时间而不可行；

① 《示范法》第二章第 30 条第 5 款。

(c) 采购实体原先向某一供应商或承包商采购货物、设备、技术或服务的，现因为标准化或者由于需要与现有货物、设备、技术或服务配套，在考虑到原先采购能有效满足采购实体需要、拟议采购与原先采购相比规模有限、价格合理且另选其他货物或服务代替不合适的情况下，采购实体认定必须从原供应商或承包商添购供应品；

(d) 采购实体认定，使用其他任何采购方法均不适合保护国家基本安全利益；或者

经批准或评议认定，向某一供应商或承包商采购系实施本国社会经济政策所必需。

以上条件可归纳为“单购”“急购”“配购”和国家利益及社会政策需要五种情形。

B.2.9.3 规则特点

这种简单性反映出单一来源采购具有极大的灵活性，只涉及单一个供应商或承包商，因此基本上是一种合同谈判程序。为避免排斥其他潜在供应商或承包商，该程序规定了公告单一来源采购理由的程序，这是一项基本的公共监督措施，任何受到影响的供应商或承包商都可以根据公布的信息对采购实体采用单一来源采购方式的正当性提出质疑，以保证采购的公正性。

B.2.9.4 主要程序

a）发布单一来源采购公告，公告的内容包括采购人及项目名称、地址，并必须指明本次采购适用单一来源，同时明确对供应商或承包商的资质条件要求以及采购主要合同条款和条件概要；

b）采购实体向其所确定的单一供应商或承包商征求建议书或报价；

c）除非极端特殊情形，采购实体应当同供应商或承包商进行谈判。谈判的内容包括要求供应商或承包商提供市场数据或澄清费用，以免出现定价不合理的建议和报价。

B.2.9.5 注意事项

作为一般规则，《示范法》不要求为使用单一来源采购而须征求特定机构的批准。这一办法与联合国国际贸易法委员会的决定是一致的。

B.3 《示范法》规定的其他采购工具和程序

B.3.1 电子逆向拍卖

B.3.1.1 概念用途

——概念

网络拍卖是在传统拍卖的基础上产生、发展起来的。网络拍卖可分为C2C（个人对个人）、B2B（企业对企业）与B2C（商对客）三种，其中最为流行、应用最广的是B2B模式的采购拍卖，又称“网络逆向拍卖”，是政府或企业利用现代信息技术系统和网络，通过数据电文形式实现无纸化招标投标。

此种网络采购拍卖能极大地提高招投标效率、降低招投标成本和预防腐败。然而，我国目前的网络逆向拍卖对采购商品或服务标准化程度要求较高，限制了其在电子采购中的应用范围。因此，《示范法》电子逆向拍卖的有关规定，对我们系统研究多属性逆向拍卖理论，弥补和完善现有的多属性逆向拍卖规定，有其特殊的意义。

《示范法》规定，“电子逆向拍卖”系指供应商或承包商在规定期限内相继提交更低出价，出价自动评审，采购实体选出中选提交书所使用的在线实时采购工具①。

——用途

独立的电子逆向拍卖最适合常用货物和服务，其市场一般高度竞争、范围广阔，采购实体可发布详细说明或提及行业标准的说明，出价人的报盘可提供相同的质量或技术特点。这些货物和服务包括办公用品、商品、标准信息技术设备、初级建筑产品和简单服务。不需要复杂的评审程序；预期不会受购后费用的影响（或影响有限）；初始合同完成后预计不会后续服务或额外收益。在此种采购中，系统作同类对比，价格可作为决定性评审标准或主要

① 《示范法》第一章第2条定义（d）。

决定性评审标准。如果有基于互联网的市场（如办公用品），结果可能最佳①。

B. 3. 1. 2 适用条件②

B. 3. 1. 2. 1

符合下列条件的，采购实体可以根据本法第六章的规定使用电子逆向拍卖方式进行采购：

（a）采购实体拟订采购标的详细说明是可行的；

（b）存在着供应商或承包商的竞争市场，预期有资格的供应商或承包商将参加电子逆向拍卖，从而可确保有效竞争；并且

（c）采购实体确定中选提交书所使用的标准可以量化，且可用金额表示。

B. 3. 1. 2. 2

采购实体可以在根据本法规定酌情使用的采购方法中，使用作为授予采购合同前的一个阶段的电子逆向拍卖。采购实体还可以根据本法的规定，在有第二阶段竞争的框架协议程序中为授予采购合同而使用电子逆向拍卖。只有满足本条第1款（c）项规定的条件，才可使用本款规定的电子逆向拍卖。

B. 3. 1. 3 规则特点

首先，借助动态、实时交易方式，电子逆向拍卖可以通过出价人竞相出价提高资金效益。使用互联网作为举行电子逆向拍卖的媒介还可鼓励更广泛的出价人参与，从而增强竞争度。

其次，电子逆向拍卖可减少简单、现成货物和标准化服务采购所需要的时间和行政费用。

再次，电子逆向拍卖可增强采购过程的内部可追踪性，因为关于电子逆向拍卖每一阶段出价的相继评审结果以及电子逆向拍卖的最后结果的信息都记录在案；所有这类信息都即时提供给采购实体。此外，电子逆向拍卖还可提高透明度，因为每个出价人可即刻知道其相对位置；电子逆向拍卖的进度

---

① 《示范法颁布指南》第六章 A。

② 《示范法》第二章第31条。

和结果亦可同时让所有出价人知道。

最后，透明度的提高以及完全自动化的评审过程限制了人为干预，可有助于防止舞弊和腐败。

B.3.1.4 主要程序

a）采购人征求出价，应当登载电子逆向拍卖邀请书。

b）采购人可以对登记参加电子逆向拍卖的供应商或承包商规定最高限数，但只能是在由于采购人通信系统能力的局限性而必须作此限制的范围内，并应当以公平的方式挑选能够进行这种登记的供应商或承包商。

c）采购人可以根据特定采购的情形，决定在电子逆向拍卖之前审查或评审初步出价。

d）电子逆向拍卖之前对初步出价进行了审查或评审的，采购人应当在初步出价审查或评审完成后：

——迅速将否决和否决理由通知书分送给初步出价被否决的每一个供应商或承包商。

——迅速向初步出价具响应性的每一个合格的供应商或承包商发出拍卖邀请书，提供与参加拍卖有关的一切必要信息。

——初步出价经过评审的，每份拍卖邀请书还应当随附与被邀请供应商或承包商有关的评审结果。

e）电子逆向拍卖的登记和举行拍卖的时间①：

——应当迅速向每一个已经登记的供应商或承包商发出电子逆向拍卖登记确认函。

——登记参加电子逆向拍卖的供应商或承包商的数目不足以确保有效竞争的，采购人可以取消拍卖。应当迅速向每一个已经登记的供应商或承包商发出取消拍卖通知。

——在顾及采购人合理需要的情况下，自发出电子逆向拍卖邀请书至举行拍卖，应当有足够时间让供应商或承包商作拍卖准备。

---

① 《示范法》第六章第55条。

f）电子逆向拍卖期间的要求[①]。

——电子逆向拍卖合同的标准，一般是最低价。

——拍卖期间：所有出价人均应当有同等、连续的机会递交出价，同时采购人不得披露任何出价人的身份。

g）电子逆向拍卖结束后的要求[②]。

——中选出价应当是电子逆向拍卖结束时的最低出价或最有利出价，以适用者为准。

——在使用拍卖方式的采购中，采购人认为该出价不具响应性，或者认为递交该出价的供应商或承包商不合格的，应当否决该出价。

——采购人认为拍卖结束时的中选出价异常偏低，由此引起采购人对该出价递交人履行采购合同能力关切的，采购人可以以其价格异常偏低否决该出价，采购人应当选择拍卖结束时的次低出价或次有利出价。

B. 3. 1. 5 注意事项

——为保证公平竞争，电子逆向拍卖之前、电子逆向拍卖期间和电子逆向拍卖之后都要保全出价人的匿名性。

——从行政角度看，电子逆向拍卖相对容易使用，因而有可能过度使用和在不当情况下使用。过度使用或不当使用可能是为了减少市场上竞争者的数目，其风险是导致采购市场集中以及在重复采购中相互串通。

——《示范法》所规定的电子逆向拍卖可以作为一种采购方法进行（“独立电子逆向拍卖”），也可以作为其他采购方法在授予采购合同前的最后阶段进行（或者，在有第二阶段竞争的框架协议中，“电子逆向拍卖作为一个阶段”），两者需酌情而定。

B. 3. 2 框架协议程序

B. 3. 2. 1 概念用途

——概念

《示范法》将框架协议程序表述为在一段时期内完成的两阶段采购安排，

① 《示范法》第六章第56条。

② 《示范法》第六章第57条。

其中涉及:

a) 按照事先确定的条款和条件征求提交书。

b) 按照这些条款和条件评估供应商或承包商的资格并审查其提交书，并且通常对这些提交书进行评审。

c) 所选定的一个或多个供应商或承包商以提交书为基础与采购实体订立框架协议。框架协议规定今后采购的条款和条件，并订立一定期限的框架协议（步骤 a)—c）为采购的“第一阶段”)。及

d) 在出现具体需要时，按照框架协议的条款，随后和（或）定期将采购合同授予已加入框架协议的一个或多个供应商或承包商（这可能涉及向某个已加入框架协议的供应商或承包商发出采购订单或者进行另一轮竞争。这是采购的“第二阶段”)。[1]

——用途

框架协议程序通常用于采购实体在一段时期内或者在今后某一时间需要但不知其确切需要量、性质或时间的“标的”的采购。从本质上说，框架协议确定了将来进行采购的条款（或者确定了主要条款，以及将用于确定其余条款或对最初确定的条款加以细化的机制：后者可以包括某一特定时间交货的数量、交货时间以及采购总量和价格)。这方面的例子包括商品类采购，如文具、零部件、信息技术用品和维护，此类采购的市场竞争可能异常激烈，通常是定期或重复采购，数量不定。框架协议程序还适合不止一个来源的货物的采购，如电力，也适合估计今后可能会紧急需要的物项的采购，如药品(其主要目的是避免因发生紧急情况和不测事件使用单一来源采购而导致价格过高或质量低劣)。这些类型的采购可能要求保证供应安全，而需要专用生产线的专门物项可能也是如此。对于这些采购，框架协议也是适当的手段。

B. 3. 2. 2　适用条件[2]

B. 3. 2. 2. 1

采购实体认定有下列情形之一的，可以根据本法第七章进行框架协议程序:

---

① 《示范法颁布指南》第七章 A。

② 《示范法》第二章第 32 条。

a）对采购标的的需要预计将在某一特定时期内不定期出现或重复出现；或者

b）由于采购标的的性质，对该采购标的的需要可能在某一特定时期内在紧急情况下出现。

B. 3. 2. 2. 2

采购实体应当在本法第 25 条[①]要求的记录中载列关于采购实体使用框架协议程序和所选择的框架协议类型所依据的理由和情形的说明。

B. 3. 2. 3 规则特点

在对重复采购使用这种程序的情况下，框架协议程序由于有效地合并了一系列采购程序而具有行政效率，采购的交易成本更低，交付时间也更短；减少了使用紧急程序的必要性；促进政府部门之间的统一性和标准化。

B. 3. 2. 4 主要程序

框架协议的组织形式是，第一阶段的采购可以选用公开招标、邀请招标以及其他采购形式如谈判、直接采购等方式，确定采购标的单价、规格型号，但不确定采购数量和确切的采购时间；第二阶段一般通过直接采购或谈判采购签订合同。具体步骤如下。

a）按照事先确定的条款和条件征求提交书。

b）按照这些条款和条件评估供应商或承包商的资格并审查其提交书，并且通常对这些提交书进行评审。

c）所选定的一个或多个供应商或承包商以提交书为基础与采购实体订立框架协议。框架协议规定今后采购的条款和条件，并订立一定期限的框架协议。

d）在出现具体需要时，按照框架协议的条款，随时或定期将采购合同授予已加入框架协议的一个或多个供应商或承包商。

B. 3. 2. 5 注意事项

框架协议招标中标人可以不止一个，即只确定单价、规格型号，不确定数量。实践中如果缺乏有效监督，在实际签订供货合同时，合同签订方随意性很大，约束管理可能流于形式。企业应当通过完善监督体制，在发挥其优越性的同时，把腐败的风险降到最低。如实行动态价格监控制度、采购公示

① 《示范法》第 25 条规定了各种情形的记录要求。

制度等。

《示范法》采购方法逻辑关系如图 B.1 所示。

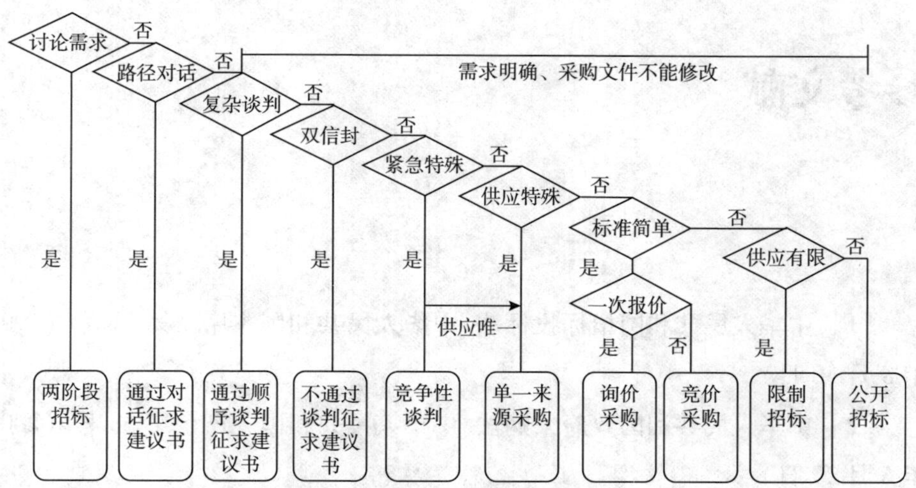

注：讨论指明确细化需求；对话指满足需求路径；谈判指讨价还价。

图 B. 1　《示范法》采购方法逻辑关系

参考文献

［1］中华人民共和国招标投标法. 中华人民共和国主席令第 21 号（1999 年 8 月 30 日）

［2］中华人民共和国政府采购法. 中华人民共和国主席令第 68 号（2002 年 6 月 29 日）

［3］中华人民共和国电子招标投标办法. 中华人民共和国国家发展和改革委员会令第 20 号（2013 年 2 月 4 日）

［4］中华人民共和国企业国有资产法. 中华人民共和国主席令第 5 号（2008 年 10 月 28 日）

［5］中华人民共和国招标投标法实施条例. 中华人民共和国国务院令第 613 号（2011 年 11 月 30 日）

［6］中华人民共和国政府采购法实施条例. 中华人民共和国国务院令第 658 号（2015 年 1 月 30 日）

［7］必须招标的工程项目规定. 中华人民共和国国家发展和改革委员会令第 16 号（2018 年 3 月 27 日）

［8］国有金融企业集中采购管理暂行规定. 财政部财金〔2018〕9 号（2018 年 2 月 5 日）

［9］ZBTB/T 01—2018 非招标方式采购代理服务规范

［10］联合国国际贸易法委员会公共采购示范法. 联合国文件 A/66/17 附件一（2010 年 4 月 16 日）